U0872360

数据与个人信息疑难问题法律指引

——基于215则典型案例的分析

万　波◎著

金茂法律丛书

法律出版社
LAW PRESS·CHINA
北京

图书在版编目(CIP)数据

数据与个人信息疑难问题法律指引：基于215则典型案例的分析/万波著. -- 北京：法律出版社，2023
(金茂法律丛书)
ISBN 978-7-5197-7409-7

Ⅰ.①数… Ⅱ.①万… Ⅲ.①数据管理-科学技术管理法规-研究-中国②个人信息-科学技术管理法规-研究-中国 Ⅳ.①D922.174

中国版本图书馆CIP数据核字(2022)第238065号

数据与个人信息疑难问题法律指引
——基于215则典型案例的分析
SHUJU YU GEREN XINXI YINAN WENTI FALÜ ZHIYIN
—JIYU 215 ZE DIANXING ANLI DE FENXI

万　波　著

策划编辑　肖　越　魏艳丽
责任编辑　肖　越　魏艳丽
装帧设计　马　帅　汪奇峰

出版发行 法律出版社
编辑统筹 法商出版分社
责任校对 王晓萍
责任印制 胡晓雅
经　　销 新华书店

开本 710毫米×1000毫米　1/16
印张 22　　**字数** 347千
版本 2023年1月第1版
印次 2023年1月第1次印刷
印刷 三河市兴达印务有限公司

地址:北京市丰台区莲花池西里7号(100073)
网址:www.lawpress.com.cn
投稿邮箱:info@lawpress.com.cn
举报盗版邮箱:jbwq@lawpress.com.cn
版权所有·侵权必究
销售电话:010-83938349
客服电话:010-83938350
咨询电话:010-63939796

书号:ISBN 978-7-5197-7409-7　　**定价**:88.00元
凡购买本社图书,如有印装错误,我社负责退换。电话:010-83938349

金茂律师著述之花持续盛开

金茂律师专业著作一本又一本、一批又一批陆续出版发行，令人欣喜。

金茂律师文集。金茂律师事务所建所以来，每隔五年，出版一本金茂律师文集，回顾总结五年间金茂律师法律服务优秀专业成果，记录金茂律师的不俗业绩和执业经验。

金茂律师专业著作系列。金茂律师在为当事人服务中，在不同领域形成了一批专业团队，不仅专业水准高超，且专业著作频出，形成系列。如吴荣良律师领衔的生态环境、员工健康、公共安全法律服务团队，单独或与复旦大学、华东理工大学等高校专家教授合作，自 2015 年以来的七年间，出版发行了《HSE 法治热点面对面》《企业环境法律风险管理实务》《企业环境健康安全风险管理》《ESG 理论与实务》等五部专著，在生态环境、员工健康、公共安全领域形成了系统性研究成果。

金茂法律丛书。继 2021 年首批法律丛书《外商投资法律实务》《科创企业运营与上市法律实务》《建设工程全流程实务指引——基于司法裁判的大数据分析》等三部丛书出版发行后，2022 年已出版了由吴荣良、万美、黄启荣律师撰写的《环境法律实务——争议解决与合规发展》一书，目前又有四部专著即将出版发行。

本次出版发行的金茂法律丛书，包括由袁青、张莹琳、韩春燕、孔瑜律师撰写的《城市更新法律实务指引——基于上海城市更新的探索与实践》，张莹琳律师撰写的《房地产全流程实务指引——基于司法裁判的大数据分析》，万波律师撰写的《数据与个人信息疑难问题实务指引》，丁钰律师撰写的《行政法实务笔记》等。这批金茂法律丛书又有了新的视角和高度，有关对特大型国际大都市上海城市更新重大课题及房地产全流程的法律观察，有关对亿万人民群众关心关注的个人信息和数据安全与保护疑难问题法律解决的方法。金茂法律丛书的创作方式也有创新与发展，用笔记形式叙述事实与法律，更形象，更生动，更贴近百姓。

金茂律师创作著述已入佳境。金茂有众多律师构成了著书立说的群体，而源源不断的高质量法律服务实践，为著述提供永不枯竭的创作源泉。金茂律师的创作热情，会催生更多更好的律师专著。

让金茂律师著述之花持续盛开，出版发行更多更优秀的金茂法律丛书，不断提高律师法律服务的专业水平和执业能力，更好地服务当事人，服务社会，引领法律服务业发展。

上海市金茂律师事务所创设律师、合伙人

吴伯庆

2022年8月

自　　序

一

2022年，对于上海的人们来说，可能将成为一段毕生难忘的记忆。看《中国医生》带来的那些心悸，逐渐淹没在日常的柴米油盐酱醋茶之中。之后，在中国抗疫的成果、国际友人们的艳羡、供应链的回流中，疫情带给上海的那点不便，也随着视频会议、电子签约、云法庭等数字化工具的运用被淡化、消弭着。

然而自2022年2月下旬上海出现Omicron变异株以来，这个城市引以为傲的“精准防控”标杆样本仿佛崩塌。“从我出生起，第一次经历黄浦江轮渡停运”，一位土生土长的“80后”上海人如是说。

居家隔离期间，生活和工作不可避免地陷入部分停摆，富余出来的时间该做些什么呢？于是就有了大家看到的这些文字。虽然作为2022年“金茂法律论丛”的出版计划之一，这些素材和文字本就在陆续收集和编排，但真正沉浸其中，才发觉原来的想法过于“理想主义”，时间真是人们最大的敌人，若不是这次意料之外的居家隔离，这个“敌人”估计我们是无论如何战胜不了的。失之东隅，收之桑榆，这是古人早就教导给我们的人生智慧。

掩卷之余，在未来回想起这段经历时，读一读这期间留下的这些文字，希望也是一副令人欣慰的良方。

二

最初起意要写这么一本有关数据和个人信息的法律工具书，首先是与2021年《数据安全法》和《个人信息保护法》（PIPL）先后出台，“数据法元年”由此开启的大背景相关，无论“枪栓打开”的同时“子弹是否填装”，《数据安全法》体现的国家数据治理方向、《个人信息保护法》体现的个人信息处理者合规需要，都实实在在地影响着大数据时代的每个亲历者。

更重要地，作为一个大数据时代的法律专业服务工作者，我们也深感国内可用于指导实践的工具书的匮乏，我国《数据安全法》和《个人信息保护法》在实践中面临疑难杂症，对比欧盟、英国、新加坡以及我国香港特别行政区和澳门特别行政区丰富的指南、意见和案例，数据法领域显得抽象、庞大而杂乱，给大家带来一个个困惑的同时，又有一股锐气，令人目不暇接、心潮澎湃。为什么不立下一个凡人的雄心，利用律师重实务的特点，把这些扑面而来的信息按照我们日常收纳、归类、输出的顺序，修剪成更有逻辑的模样呢？

三

律师执业以来，也参与编写了几本法律类专业书籍，如《商业保理培训系列教材》《商业保理基础教程》《金茂三十年》《科创企业运营与上市法律实务》之类，内心其实并不算满意，但也始终不知该如何提升。隔离期间，妻子推荐了王兴医生撰写的《病人家属，请来一下》，一口气读完后不禁掩卷沉思，律师和医生这两份职业常被用来比较，为什么这本理论上枯燥的"医书"会登上微信读书"神作榜"呢？

回想自己读过并且觉得可读的非法律专业书籍，有林毅夫的《解读中国经济》、周其仁的《城乡中国》、张五常的《新卖桔者言》、徐高的《宏观经济学二十五讲——中国视角》、何帆的《变量》、William Manchester 的《光荣与梦想》，还有《牛津通识读本》系列一本本小册子，莫不是以讲故事的方式，在读者面前铺陈一幅幅生动的场景，娓娓叙述着关于经济、历史、神学、哲学、天文的那些原本枯燥的基本概念。

苏格拉底说，承认自己的无知，才能获取新知。本书中我们会列出曾经和正在困扰我们的一个个问题，以自问自答的形式，努力用一种科普式、场景式、案例式的叙述文风探讨一些关于数据和个人信息的法律问题。它可能无法让你豁然开朗，但如果其中的一些观点和案例能激起您的思考，启发您获取新知的兴趣，余愿足矣。

四

这本书得以如期集结成册，首先，感谢“金茂法律论丛”编委会、参与2022年出版计划的金茂同事以及法律出版社肖越和魏艳丽两位编辑，是你们的鼓励、鞭策和督促使这些文字不断更新。

其次，要感谢各位专家、学者和朋友，正是你们的点拨和提供的宝贵资料，让我们在山穷水尽之际能够寻着灵光，并最终得以“竹杖芒鞋轻胜马”地一路走来。

还要对徐冰清、王书玥、张月勤、季甜甜等团队成员疫情期间在各自岗位上的辛勤努力表示感谢，著书任务告一段落，但愿各位这段时光徜徉于著书过程中散发的独立之精神、自由之思想，在今后的日子里能够发扬光大，力争与天壤同久、共三光而永光。

最后，本书要献给我的妻子、孩子和家人，是你们的欢笑和支持才让这本书的问世成为可能。

CONTENTS 目　录

第二章 网络安全审查篇

第三章 数据跨境篇

第四章 个人信息合规审计与保护影响评估篇

第五章 数据安全事件应急处置篇

第六章 个人信息直接收集和处理篇

第十一章 域外动态篇

第一章　基本通识篇

一、中国的数据法律对我有效力吗?

像界碑一样,任何法律都是有自己的效力边界的,法的效力边界决定了这部法对哪些人有效(专业术语就是“法的对人效力”),在什么地域范围内有效(也就是“法的空间效力”),何时开始生效、何时终止效力以及对法生效前的事件和行为有没有追溯力(“法的时间效力”)。

我国《网络安全法》第 2 条规定:“在中华人民共和国境内建设、运营、维护和使用网络,以及网络安全的监督管理,适用本法。”

可见,《网络安全法》是以行为“发生地”切入的“属地原则”来确定其效力范围。

我国《数据安全法》第 2 条规定:“在中华人民共和国境内开展数据处理活动及其安全监管,适用本法。在中华人民共和国境外开展数据处理活动,损害中华人民共和国国家安全、公共利益或者公民、组织合法权益的,依法追究法律责任。”

可见,《数据安全法》是以处理行为“发生地”切入的“属地原则”为主,以损害我国国家安全、公共利益或私人合法权益切入的“保护原则”为辅来确定其效力范围。

我国《个人信息保护法》(PIPL)第 3 条规定:“在中华人民共和国境内处理自然人个人信息的活动,适用本法。在中华人民共和国境外处理中华人民共和国境内自然人个人信息的活动,有下列情形之一的,也适用本法:(一)以向境内自然人提供产品或者服务为目的;(二)分析、评估境内自然人的行为;(三)法律、行政法规规定的其他情形。”

可见,《个人信息保护法》是以处理行为“发生地”切入的“属地原则”为主,以处理行为指向境内自然人切入的“保护原则”为辅来确定其效力范围。

实务中客户(特别是境外客户)经常问及的一个问题就是:我们的数据处理行为受中国法律约束吗？试以《个人信息保护法》为例,举几个案例以帮助大家辨析:

案例 1

一家总部在德国的汽车制造公司在中国有一个分公司 A,负责监督其在中国的所有业务,包括营销和广告,为此需收集和处理中国境内自然人的个人信息。

案例 2

一家总部在比利时的非营利性机构(NGO)派遣其雇员 B(非中国居民)到中国,负责具体策划一场在中国境内的大型会议,为此需收集和处理中国境内自然人的个人信息。

案例 3

一个电子商务网站是由一家位于美国的公司运营的,该公司的个人信息处理活动完全在美国进行。该美国公司在上海设立了一个中国办事处 C,以领导和实施针对中国市场的商业开发和市场营销活动。

案例 4

一家在中国没有任何机构的新加坡公司 D,出于人力资源管理,需要处理其临时到日本、韩国和中国出差的员工 E 的个人信息,来解决后续报销他的住宿费和支付他的每日津贴的问题,这些费用因他所在的国家和城市不同而有异,故需要了解其行程的详情。

案例 5

一家土耳其公司 F 提供土耳其的旅游套餐,这些旅游套餐主要通过一个有土耳其语、英语两种语言版本的网站进行宣传和提供,允许在线预订并以土耳其里拉、欧元付款。为了市场营销,F 公司委托一个位于突尼斯设立的呼叫中心 G,由其与 F 的所有老客户(包括部分中国境内的个人)进行联系,呼叫中心也配备了会讲中文的人员，以获得老客户对以前旅行的反馈，并告知他们新的优惠和目的地。

案例6

一家在美国成立的零售咨询公司H为中国境内的一家购物中心提供了零售布局的建议，其建议的依据则是通过部署在境内商场的Wi-Fi探针追踪、收集整个购物中心的顾客的活动轨迹并进行分析。

案例7

一家在美国成立的零售咨询公司I为一家美国境内的电商平台企业提供了针对中国的平台访问者的用户画像服务，其服务的依据则是通过部署在美国的服务器追踪、收集平台访问者的Cookie等网上活动轨迹并进行分析。

案例1中，分公司A在中国境内，其处理行为也发生在中国境内，符合《个人信息保护法》第3条第1款"在中华人民共和国境内处理自然人个人信息的活动"的规定，故应受《个人信息保护法》约束。

案例2中，与欧盟《通用数据保护条例》(General Data Protection Regulation，GDPR)第3(1)条不同，我国的《个人信息保护法》并不要求以有一个"稳定的安排"(stable arrangement)作为个人信息处理者设立在境内的判断标准，因此即使员工B并非"稳定的安排"而仅是临时入境，但因处理行为发生在中国境内，应受《个人信息保护法》第3条第1款约束。

案例3中，虽然对中国市场的商业开发和市场营销活动主要是为了使该电子商务网站针对中国境内自然人提供的服务有利可图，但位于上海的办事处的活动与美国电子商务网站对个人信息的处理活动不直接相关。因此，美国公司的这一处理活动不受《个人信息保护法》第3条第1款的约束，但符合《个人信息保护法》第3条第2款"以向境内自然人提供产品或者服务为目的"的规定，故应受《个人信息保护法》第3条第2款的约束。

案例4中，D的收集行为从表面上看与位于中国境内的自然人(临时在中国出差的雇员)相关，收集行为可能发生在中国境内(如正在中国出差的雇员使用内部系统向新加坡总部填报个人行踪，即"跨境收集")，同时，从字面理解，也可能属于《个人信息保护法》第3条第2款规定的"分析、评估境内自然人的行为"。

但是,D 的真实目的只是对其新加坡的雇员 E 进行管理,并没有以中国境内员工为“目标”的主观意图,不应适用我国《个人信息保护法》。正如欧盟数据保护委员会(EDPB)在《Guidelines 3/2018 on the territorial scope of the GDPR》中所指出的,仅存在处理欧盟境内数据主体信息本身不足以使未在欧盟境内设立经营场所的控制者或处理者适用 GDPR,还需要控制者或处理者主观上具有以欧盟境内主体为“目标”的主观愿望,EDPB 举了一个例子:“美国公民在假期期间正在欧洲旅行。在欧洲,他下载并使用由美国公司提供的新闻应用程序。该应用程序专门针对美国市场。美国公司通过应用程序收集位于欧洲的美国游客的个人信息的行为不受 GDPR 的约束。”

案例 5 中,突尼斯 G 中心的处理活动,目的是向中国境内的个人推广 F 公司的旅游服务,应属于《个人信息保护法》第 3 条第 2 款规定的范围。此外,F 作为决定处理活动的目的和方式的一方,是该个人信息处理活动的委托人,与该处理活动密不可分(be inextricably linked to the processing),并对 G 中心的处理活动承担最终的法律责任,故也应受《个人信息保护法》第 3 条第 2 款的约束。

案例 6 中,H 通过 Wi-Fi 探针追踪顾客在购物中心内的活动轨迹并进行分析,相当于对中国境内自然人行为的监控、分析和评估。这种情况下,H 的数据收集行为发生在中国境内,根据我国《个人信息保护法》第 3 条第 2 款的规定,H 应受《个人信息保护法》的约束。

案例 7 中,I 的数据收集和处理行为都发生在中国境外,但其针对中国用户的画像行为,属于对中国境内自然人行为的分析和评估。根据我国《个人信息保护法》第 3 条第 2 款的规定,I 也应受《个人信息保护法》的约束。

二、什么是法律意义上的“数据”?

随着大数据时代的到来,提起“数据”这个词,大概没几个人会说没听过,与其相关的一大堆词汇如元数据、大数据、数据资源、数据资产、数据资本、数据产权、数据主权、数据治理……人们即使凭感觉也多半能介绍个子丑寅卯。但偏偏法律是一个极为排斥凭感觉,特别注重讲概念,竭力要给一切概念下定义的学科。这当然是可以理解的,毕竟一个概念往往直接关系到一部法的效力,所谓

“法作用于社会的现实力量,始于其效力的发生而终于其效力的废止”①。

对于什么是“数据”这个更为基础的概念,《数据安全法》也下了一个定义:“本法所称数据,是指任何以电子或者其他方式对信息的记录。”按照这个定义,所有对信息的记录,无论是否以电子方式,也无论是数字(离散)信息还是模拟(连续)信息,都落入该法覆盖的“数据”范畴。

若确实如此,那么这些主体都将适用于《数据安全法》,需履行作为数据处理者的相关义务:(1)落实数据分类分级保护制;(2)建立健全全流程数据安全管理;(3)开展数据安全教育培训;(4)采取相应的技术安全措施;(5)发生数据安全事件时,及时告知用户并向有关主管部门报告等。

对此,客户经常问及的一个问题就是:我们的行为属于《数据安全法》规定的数据处理行为吗?是否受该法的约束?试举几个案例以作辨析:

案例1

自然人A通过网上银行平台获得了消费贷款服务后,访问了其获得服务过程中生成的所有个人信息和非个人信息。

案例2

企业B通过网上银行平台获得了互联网贷款服务后,访问了其获得服务过程中生成的所有交易数据。

案例3

自然人C使用录音设备录制、收集雇主公司项目会议中形成的声音文件,同时利用其扫描仪设备扫描项目会议中形成的决议文本生成PDF文件,声音文件和文本文件均存储在其个人电脑设备中以备归档和日后调用。

案例4

农业机械设备的厂商D通过其生产和销售的农机设备获取、生成和收集关于其使用用途、环境和性能的数据,并通过物联网传递这些数据到其数据库进行存储,以用于分析数据和改善今后服务水平。

---

① 李步云主编:《法理学》,经济科学出版社2000年版,第288页。

案例1中，因《个人信息保护法》规定的个人信息处理者是指除个人信息主体以外的第三方，而自然人A作为网络服务的用户，自身是个人信息主体，访问的也是其自身信息，故A不属于我国《个人信息保护法》规定的个人信息处理者，其无须履行我国《个人信息保护法》项下个人信息处理者的各项义务。

案例2中，因《数据安全法》规定的数据处理者不区分数据的生产者和非生产者，虽然企业B访问的也是其自身的数据，但仍属于我国《数据安全法》规定的数据处理者，仍须履行我国《数据安全法》项下数据处理者的各项义务。

案例3中，自然人C获取、收集和存储的数据不仅仅包括其自身的个人信息和非个人信息，也包括项目会议中其他与会人员的声音文件以及会议决议文本，该等声音文件和决议文本不仅包括个人的生物识别信息，也包括公司行为等数字信息，该处理行为应同时受我国《个人信息保护法》和《数据安全法》的约束。

案例4中，企业D获取、生成、收集以及存储和使用的数据不属于个人信息，而是属于使用农业机械设备的行为以及设备性能的数据，这些数据包含了数字化的用户数据，该处理行为不适用我国《个人信息保护法》，但应受我国《数据安全法》的约束。

三、什么是法律意义上的“个人信息”？

我国《个人信息保护法》对个人信息也下了一个定义：“个人信息是以电子或者其他方式记录的与已识别或者可识别的自然人有关的各种信息，不包括匿名化处理后的信息。”

这个定义和我国之前的一些规定有很大差异，例如，将《网络安全法》《民法典》定义中的“能够单独或者与其他信息结合识别自然人个人身份”的表述修订为“与已识别或者可识别的自然人有关”；又如，将《信息安全技术　个人信息安全规范》（GB/T 35273—2020）中“反映特定自然人活动情况”予以删除。总体而言，《个人信息保护法》的定义更与GDPR接轨，将原先的“识别”单一路径扩大为“识别+关联”双路径的定义模式。有关个人信息的类别和范围的规定如表1.1所示。

表 1.1 个人信息的类别和范围规定

法规名称	颁布主体	实施日期	法规主要内容
《电信和互联网用户个人信息保护规定》	工业和信息化部	2013 年 9 月 1 日	用户姓名、出生日期、身份证件号码、住址、电话号码、账号、密码及用户使用服务的时间、地点等信息
《寄递服务用户个人信息安全管理规定》	国家邮政局	2014 年 3 月 19 日	寄(收)件人的姓名、地址、身份证件号码、电话号码、单位名称,以及寄递详情单号、时间、物品明细等内容
《关于办理侵犯公民个人信息刑事案件适用法律若干问题的解释》	最高人民法院、最高人民检察院	2017 年 6 月 1 日	姓名、身份证件号码、通信通讯联系方式、住址、账号密码、财产状况、行踪轨迹等
《检察机关办理侵犯公民个人信息案件指引》	最高人民检察院	2018 年 11 月 9 日	对于企业工商登记等信息中所包含的手机、电话号码等信息,应当明确该号码的用途。对由公司购买、使用的手机、电话号码等信息,不属于个人信息的范畴,从而严格区分“手机、电话号码等由公司购买,归公司使用”与“公司经办人在工商登记等活动中登记个人电话、手机号码”两种不同情形
《互联网个人信息安全保护指南》	公安部	2019 年 4 月 10 日	姓名、出生日期、身份证件号码、个人生物识别信息、住址、电话号码等。除此之外,还包括通信通讯联系方式、通信记录和内容、账号密码、财产信息、征信信息、行踪轨迹、住宿信息、健康生理信息、交易信息等
《个人金融信息保护技术规范》	中国人民银行	2020 年 2 月 13 日	账户信息、鉴别信息、金融交易信息、个人身份信息、财产信息、借贷信息及其他反映特定个人某些情况的信息
《信息安全技术 个人信息安全规范》	国家市场监督管理总局、国家标准化管理委员会	2020 年 10 月 1 日	姓名、出生日期、身份证件号码、个人生物识别信息、住址、通信通讯联系方式、通信记录和内容、账号密码、财产信息、征信信息、行踪轨迹、住宿信息、健康生理信息、交易信息等
《信息安全技术 健康医疗数据安全指南》	国家市场监督管理总局、国家标准化管理委员会	2021 年 7 月 1 日	个人健康医疗数据,指能够单独或者与其他信息结合识别特定自然人或者反映特定自然人生理或心理健康的相关数据

《信息安全技术　个人信息安全规范》(GB/T 35273—2020)还特地以表格形式详尽罗列了个人信息的类型(见图 1.1)。

个人基本资料	个人姓名、生日、性别、民族、国籍、家庭关系、住址、个人电话号码、电子邮件地址等
个人身份信息	身份证、军官证、护照、驾驶证、工作证、出入证、社保卡、居住证等
个人生物识别信息	个人基因、指纹、声纹、掌纹、耳廓、虹膜、面部识别特征等
网络身份标识信息	个人信息主体账号、IP 地址、个人数字证书等
个人健康生理信息	个人因生病医治等产生的相关记录，如病症、住院志、医嘱单、检验报告、手术及麻醉记录、护理记录、用药记录、药物食物过敏信息、生育信息、以往病史、诊治情况、家族病史、现病史、传染病史等，以及与个人身体健康状况相关的信息，如体重、身高、肺活量等
个人教育工作信息	个人职业、职位、工作单位、学历、学位、教育经历、工作经历、培训记录、成绩单等
个人财产信息	银行账户、鉴别信息(口令)、存款信息（包括资金数量、支付收款记录等）、房产信息、信贷记录、征信信息、交易和消费记录、流水记录等，以及虚拟货币、虚拟交易、游戏类兑换码等虚拟财产信息
个人通信信息	通信记录和内容、短信、彩信、电子邮件，以及描述个人通信的数据（通常称为元数据）等
联系人信息	通讯录、好友列表、群列表、电子邮件地址列表等
个人上网记录	指通过日志储存的个人信息主体操作记录，包括网站浏览记录、软件使用记录、点击记录、收藏列表等
个人常用设备信息	指包括硬件序列号、设备 MAC 地址、软件列表、唯一设备识别码（如 IMEI/Android ID/IDFA/OpenUDID/GUID/SIM 卡 IMSI 信息等）等在内的描述个人常用设备基本情况的信息
个人位置信息	包括行踪轨迹、精准定位信息、住宿信息、经纬度等
其他信息	婚史、宗教信仰、性取向、未公开的违法犯罪记录等

图 1.1 《信息安全技术　个人信息安全规范》对个人信息的举例

上述表格的好处是一目了然,但也有两个明显的缺点:一是过于简单(如定位信息“精准”到什么程度属于精准定位信息);二是搞“一刀切”、缺乏法律逻辑推理(如个人上网记录要达到什么颗粒度才“与已识别或者可识别的自然人有关”),往往无法简单套用到现实中千变万化的场景之中。

客户经常问及的一个问题就是:我们的行为属于《个人信息保护法》所规定的个人信息处理行为吗?是否受该法的约束?试举几个案例以作辨析。

案例1

A是XYZ组织的员工,她参加了XYZ组织的企业社会责任活动。在这次活动中,她遇到了她的另一位朋友。在活动的休息时间里,他们进行了一次私人谈话,了解对方的最新生活状况,聊天过程中,A拍摄了一张她与她朋友两个人的合照,然后,A将照片上传并显示在她的个人社交媒体页面上。

案例2

商场B想根据视频监控系统捕捉到的商场客户的性别和年龄特征来定制其广告,该视频监控系统不通过收集生物识别信息以识别个人身份,而只是监测个人的身体特征以对其顾客进行性别和年龄维度的分类。

案例3

企业C进行了一次街头拦截调查,并从街头访谈的路人处收集了以下信息:年龄范围、性别、职业、工作地点。

案例4

员工D曾与自己就职的公司因劳动争议发生诉讼,历经一审、二审和再审,判决生效后经法院公布于中国裁判文书网上。汇法网是国内一家法律资讯信息网站,使用通用的爬虫技术进行信息收集,更新法律法规、司法案例、合同数据库达上万条,全文转载了上述民事判决文书。D认为汇法网的转载行为侵犯了其个人信息,故向法院提起诉讼要求赔礼道歉、赔偿经济损失和精神损害。

案例5

自然人E上网浏览相关网站的过程中,发现利用搜索相关关键词后,会在特定网站上出现与关键词有关的广告。E认为百度公司未经用户的知情和选择,利用网络技术记录和跟踪用户所搜索的关键词,将用户的兴趣爱好、生活学习、工作特点等显露在相关网站上,并根据所记录和跟踪的关键词对用户浏览的网页进行广告投放,侵害其隐私权。故请求判令百度公司停止侵权、赔偿精神损害抚慰金10,000元。

案例6

员工F因与自己就职的公司发生劳动合同纠纷,想要将其加入的钉钉企业群上的打卡考勤信息提交,来作为自己是公司员工的证据,故以考勤信息属于自己的个人信息为由,要求钉钉公司依法提供自己的考勤信息。但根据《钉钉隐私权政策》的规定,考勤信息属于企业数据,不属于个人信息。F遂起诉至法院,请求法院判令钉钉公司公开公司邀请其加入公司钉钉企业群的信息,从2017年8月30日到2018年4月30日F的钉钉考勤打卡信息。

案例7

自然人G在转卖自己的车辆的过程中,得知第三人用其提供的机动车行驶证上所载的车架号,在H公司开发、运营了一款专门提供二手车历史车况信息查询等服务的App查博士上付费查询了车辆的历史车况信息,获得了车辆的历史车况报告。G认为H公司提供的历史车况报告综合反映了其本人驾驶特征、维保行踪、消费能力、消费习惯等,可间接识别自己的身份,属于其个人信息和隐私,故以H公司为被告向法院提起诉讼。

案例8

自然人I在使用"微信读书"App时发现,由于"微信"App将微信好友关系的数据交予"微信读书"App,在原告并未进行自愿授权的情况下,在"微信读书"App的"关注栏目"下出现了使用该软件的原告微信好友名单。此外,在原告没有进行任何添加关注操作的情况下,原告账户中"我关注的"和"关注我的"页面下出现了大量原告的微信好友。不仅如此,原告还发现,即使原告与原告的微信好友在"微信读书"App中没有任何关注关系,也能够相互查看对方的书架、正在阅读的读物、读书想法等,然而上述信息属于原告并不愿向他人展示的个人信息,故以腾讯公司为被告向法院提起诉讼。

案例9

被告人J自2016年起,利用一款名为"卓讯"搜索软件在阿里巴巴网站内搜索得到大量信息并进行出售,信息中包括企业名称、地址、座机电话、法定代表人姓名、手机号码、经营范围、注册资金等。一审法院认为,J出售信息中含有的公司名称、法定代表人姓名、手机号码、公司地址、经营范围、注册资金、所属行业、企业类型等,属于能够单独识别特定自然人身份的信息,该类信息属于公民个人信息,故 J 构成侵犯公民个人信息罪。

案例 1 中,A 的拍摄和公开行为属于个人行为,根据我国《个人信息保护法》第 72 条“自然人因个人或者家庭事务处理个人信息的,不适用本法”的规定,A 无须受《个人信息保护法》的约束。《个人信息保护法》的上述规定,与欧盟 GDPR 中关于“自然人在纯粹的个人或家庭活动过程中的个人处理活动”豁免的规定也是一致的。尽管如此,在 A 不是以个人或家庭身份行事的情况下,《个人信息保护法》可能适用,例如,如果该照片随后为 XYZ 组织的宣传目的而发布(如在 XYZ 的手册或网站),而不是为了 A 的个人目的,那么在收集、使用和公开照片方面,《个人信息保护法》就可能适用于 XYZ 组织。

案例 2 中,商场 B 的视频监控系统仅监测个人的性别和年龄,而不收集生物识别信息,其收集的性别和年龄信息不足以识别特定的个人身份,不属于处理个人信息的行为,应不受我国《个人信息保护法》的约束。

案例 3 中,仅从 C 公司街头拦截访谈所获得的信息(年龄范围、性别、职业和工作地点)中的每一个点本身并不能直接识别特定自然人,故每一个信息尚不构成个人信息。但 C 公司应该注意,如由受访者的年龄范围、性别、职业和工作地点组成的数据集合能够识别到特定受访者,则构成个人信息。

案例 4 中,法院认为,首先,虽然员工的名字在判决书中作了“梁某某”等技术处理,但是在一定范围内,特别是在员工日常生活熟识的人群中,判决书公开的几个要素结合起来仍然能识别到员工个人,反映了员工的个人特征,属于个人信息。其次,汇法网使用了通用的爬虫技术进行信息的收集,并未采用裁判文书网上判例禁止的“镜像技术”,故其收集行为并不违法。再次,汇法网作为一家互联网公司,正是通过向公众提供司法文书的服务以获取流量,这种在当前数字经济背景下的商业化利用是维持数据利用和开发的驱动力和经济保障,汇法网的利用方式并无不当。最后,裁判文书公开是审判公开的内在要求,有助于发挥公众的监督作用,提高司法公信力,且裁判文书公开之时已经考虑到了个人信息权益的保护,不仅在诉讼开始时就告知当事人法院会在网上公布裁判文书的相关规则,在公布之时也会对个人信息作一定的技术处理,现 D 主要担心的是自己的社会评价降低,但这个社会评价不属于个人信息权益的范畴,而是属于广义的社会信用方面的利益。

案例5中,一审法院认为,网络活动踪迹在一定程度上标识个人基本情况和个人私有生活情况,属于个人隐私的范围;收集、使用他人信息也会构成侵犯他人隐私权的情形,百度公司收集网上活动轨迹,并展示关联的推广内容,应视为收集、使用他人隐私进行商业活动的侵权行为。而二审法院改判认为,百度公司个性化推荐服务收集和推送信息的终端是浏览器,没有定向识别使用该浏览器的网络用户身份,匿名化特征不符合"个人信息"的可识别性要求;海量Cookie信息、个性化推荐只发生在服务器、特定浏览器之间,没有对外公开、宣扬特定网络用户的网络活动轨迹及上网偏好,没有对网络用户的生活安宁产生实质性的损害。

案例6中,法院认为,判断信息是否属于个人信息的标准在于,该信息能否直接或与其他信息相结合识别定位到特定个人。员工自愿注册为钉钉用户,同意接受《钉钉服务协议》《钉钉隐私权政策》,就说明双方已就上述协议的适用达成合意。《钉钉服务协议》《钉钉隐私权政策》相关条款中,双方约定考勤信息应当属于企业控制数据,不属于个人信息,而原告的主张也不属于《钉钉隐私权政策》中约定的共享、披露信息的例外情形,故其要求钉钉公司向其提供钉钉考勤信息等请求证据不足。该判决发生在《个人信息保护法》生效之前,如按《个人信息保护法》"关联性"标准,考勤信息与特定自然人F的每日打卡行为有关,应作个人信息定性。

案例7中,法院认为:(1)从信息内容看,历史车况信息的内容没有出现身份信息、通信联系方式等能直接识别特定自然人的信息,其中的行驶数据、维保数据也未显示车辆维修保养机构的位置信息和维保的具体年月日,也不能以此识别出自然人的行踪轨迹。(2)从信息特征看,历史车况信息仅能反映所查车辆的使用情况,其内容既不涉及具体个人,也不用于评价具体个人的行为或状态,因此无法关联到车辆所有人。(3)从信息来源看,根据日常车辆使用经验,产生车况信息的主体也可能是亲友、维修人员、保险人员等,因此无法通过车况信息精准识别到车辆的实际使用人。(4)从信息重新结合识别特定自然人的成本看,将车况信息与其他信息结合识别特定自然人所需的技术门槛、经济成本、耗费时间等都较高,对于一般公众而言难以实现。因此,车况信息与其他信息结合进行关联识别的可能性较低,无法被认定为个人信息。

案例 8 中,法院认为:(1)判定某项信息是否属于个人信息,应考虑以下两条路径:一是识别,即从信息到个人,由信息本身的特殊性识别出特定自然人。同时,识别个人的信息既可以是单独的信息,也可以是信息组合。可识别性需要从信息特征以及信息处理方的角度结合具体场景进行判断。二是关联,即从个人到信息,如已知特定自然人,则在该特定自然人活动中产生的信息即为个人信息。符合上述两种情形之一的信息,即应判定为个人信息。(2)本案中,各方当事人所称的"好友关系",其信息表现形式是原告的微信好友列表。腾讯公司获取的信息包括用户的昵称、头像、OPENID 以及共同使用"微信读书"的微信好友的 OPENID。这些信息虽然不包括微信账号、手机号码等可单独识别特定个人的信息,但是,OPENID 本身就是微信生成的识别用户的识别码,根据腾讯公司陈述,用户使用"微信读书"必须用微信账号登录,微信及"微信读书"的运营者均为腾讯公司,其获取好友信息仅为"使用"已经掌握的用户好友信息,故在均由腾讯公司运营的应用软件中,获取 OPENID 即可识别用户身份;昵称、头像、OPENID 以及多个 OPENID 之间的好友关系链等信息的组合并未达到匿名化和去标识化的程度,特别是 OPENID 与用户主体身份具有强对应关系,在特定场景下结合其他数据仍可还原到相对应用户的具体主体身份信息。从"微信读书"对上述信息组合的实际使用场景来看,"微信读书"准确向用户展示了共同使用应用的微信好友的昵称、头像,实际上达到了识别性标准。故而,"微信读书"获取的好友列表包含了可以指向信息主体的网络身份标识信息,即"从信息到个人";而自然人的微信好友列表,体现了该自然人微信的联系人信息,属于"从个人到信息"。(3)同理,"微信读书"中的读书信息包含了可以指向该信息主体的网络身份标识信息,即"从信息到个人";读书信息,包括读书时长、最近阅读、书架、推荐书籍、读书想法等,能够反映阅读习惯、偏好等,符合"从个人到信息"的特征。因此,微信好友关系、读书信息属于个人信息。

案例 9 中,二审法院改判并认为,企业根据法律法规规定或为经营所需而公开的企业信息,即使包含了个人姓名、联系方式,亦不属于刑法意义上的公民个人信息,原审认定该类信息属公民个人信息有误。二审法院指出,形式上符合刑法规范意义上公民个人信息的自然人身份信息,可以存在刑法保护的例外。本案中企业在经营过程中主动公开相关企业信息,包括自然人姓名及联系电话信息,既符合国家相关法规的要求,也是企业经营所必需,从这个意义上讲,企业信息包含的自然人姓名及联系方式,不能等同于刑法意义上的公民个人信息。从刑法法益保护角度分析,当个人姓名及联系方式等信息根据国家有关规定或者为经营需要以企业基本信息的方式在互联网公开时,是企业为了符合法律规定或者经营需要选择将自然人信息从属于企业信息。如果限制该信息的流转、使用,反而与该信息公开的目的相违背,因此对于该部分自然人信息刑法并无介入保护的必要。①

从上面的案例也可以看出,虽然我国《个人信息保护法》最终采用了 GDPR "识别 + 关联"双路径的定义模式,识别个人不一定要知道用户姓甚名谁,个人信息能够"识别"或"唯一关联"到"特定"个人即可,例如,移动设备的识别符(identifier)如 MAC 地址、IMEI、IDFA 在用户数据画像、自动化决策中就有着识别同一"特定"个人的重要作用。但在实践中对个人信息的界定会更加注重个案导向和价值平衡,也正是考虑到这一点,在《加州消费者隐私法案》(CCPA)通过后,加州参议院通过议会法案874(Assembly Bill No. 874)在"个人信息"的定义中增加了"合理地(reasonably)关联或连接到",即修改为"个人信息是指直接或间接地识别、描述、能够合理地相关联或连接到特定消费者或家庭的信息"以进一步预留缩小保护个人信息的范围。

四、什么是法律意义上的"敏感个人信息"?

我国《个人信息保护法》对敏感个人信息也下了一个定义:"敏感个人信息是一旦泄露或者非法使用,容易导致自然人的人格尊严受到侵害或者人身、财产安全受到危害的个人信息,包括生物识别、宗教信仰、特定身份、医疗健康、金融账户、行踪轨迹等信息,以及不满十四周岁未成年人的个人信息。"

《信息安全技术　个人信息安全规范》(GB/T 35273—2020)也特地以表格形式详尽罗列了敏感个人信息的类型(如图1.2所示)。

---

① 吴心斌、温锦资:《公民个人信息刑法保护的例外》,载《人民法院报》2018年6月21日,第7版。

个人财产信息	银行账户、鉴别信息(口令)、存款信息(包括资金数量、支付收款记录等)、房产信息、信贷记录、征信信息、交易和消费记录、流水记录等，以及虚拟货币、虚拟交易、游戏类兑换码等虚拟财产信息
个人健康生理信息	个人因生病医治等产生的相关记录，如病症、住院志、医嘱单、检验报告、手术及麻醉记录、护理记录、用药记录、药物食物过敏信息、生育信息、以往病史、诊治情况、家族病史、现病史、传染病史等
个人生物识别信息	个人基因、指纹、声纹、掌纹、耳廓、虹膜、面部识别特征等
个人身份信息	身份证、军官证、护照、驾驶证、工作证、社保卡、居住证等
其他信息	性取向、婚史、宗教信仰、未公开的违法犯罪记录、通信记录和内容、通讯录、好友列表、群组列表、行踪轨迹、网页浏览记录、住宿信息、精准定位信息等

图 1.2　《信息安全技术　个人信息安全规范》罗列的个人敏感信息

应当注意,具体到特定行业和特定场景,更需要根据本行业、本场景的实际情况,确定敏感个人信息的类型。如中央人民银行于 2020 年 9 月 23 日颁布的《金融数据安全分级指南》(JR/T 0197—2020)附录 A 中详细列举了金融典型数据分级规则,并对应到《个人金融信息保护技术规范》(JR/T 0171—2020)中的 C3、C2、C1 以及《信息安全技术　个人信息安全规范》(GB/T 35273—2020)的敏感个人信息(如表 1.2 所示)。

表 1.2　分级指南与技术规范、安全规范对比

JR/T 0197—2020	JR/T 0171—2020	GB/T 35273—2020
4 级:非常严重影响个人隐私的信息 (1)传统鉴别信息[银行卡磁道数据(或芯片等效信息)、卡片验证码(CVN 和 CVN2)、卡片有效期、银行卡密码、网络支付交易密码、账户登录密码、交易密码、查询密码等] (2)弱隐私生物特征信息(人脸、声纹、步态、耳纹、眼纹、笔迹等) (3)强隐私生物特征信息(指纹、虹膜等)	C3	个人敏感信息
3 级:严重影响个人隐私的信息 (1)个人基本概况信息(姓名、性别、国籍、民族、婚姻、证件、住址等) (2)个人财产信息(收入、不动产、车辆、纳税额、公积金、社保、医保等) (3)个人联系信息(手机、固话、电子邮箱、微信号等) (4)个人健康生理信息(病症、住院志、医嘱、检验报告、手术麻醉记录、护理记录、用药记录、过敏信息、生育信息、病史、诊治情况、家族病史、现病史、传染病史等)	C2	个人敏感信息

续表

JR/T 0197—2020	JR/T 0171—2020	GB/T 35273—2020
(5)个人地理位置信息(国家、城市、区域、街道、经纬度等) (6)个人鉴别辅助信息(动态口令、短信验证码、密码提示问题答案、动态声纹密码等) (7)个人信贷信息(借款信息、还款信息、欠款信息) (8)个人间关系信息(父母、子女、兄弟姐妹、配偶、社交关系) (9)基础标签信息(基于基本属性如教育、职业等构建的个人标签) (10)关系标签信息(基于关联属性如家庭关系、职业关系、商业关系构建的个人标签)	C2	个人敏感信息
2级:中等或轻微程度影响个人隐私的信息 (1)个人就学信息(学校、院系、学历、学位、学科、入学日期、毕业日期等) (2)个人职业信息(单位、职位、工作地点、收入、起始时间、结束时间等) (3)个人资质证书信息(证书编号、颁发机构、生效日期、到期日期等) (4)个人党政信息(党派、加入时间) (5)公私间关系信息(职务信息) (6)个人行为信息(线上线下咨询、购买、使用记录;浏览记录、驾驶习惯等) (7)其他标签(签约标签、交易标签、行为标签、营销服务标签、风险标签、价值标签)	C1	个人信息

五、如何理解"匿名化"及其真实效用?

我国《个人信息保护法》规定了个人信息"不包括匿名化处理后的信息"。也就是说,对个人信息进行匿名化处理后,在后续的数据处理中就可以豁免一系列个人信息处理者的法定义务。

但我国法律及相关法规未直接规定"匿名化"标准,为何采取了加密等脱敏技术后还属于个人信息,如何才能达到法律意义上的"匿名化"标准,这就成为客户普遍问及的一个问题。

为了准确理解"匿名化"这个概念,我们不妨列表对比一下立法的差异(如表1.3所示)。

表 1.3　匿名化、去标识化、假名化国际立法对比

概念	中国 PIPL 等规定	欧盟 GDPR 规定	加州 CCPA 规定
匿名化 Anonymization	PIPL 第 73 条：指个人信息经过处理无法识别特定自然人且不能复原的过程。	GDPR 序言（26）：在考虑所有客观因素，例如识别所需的成本、时间、技术及技术发展，不与已识别到的或可被识别的自然人相关，也无法或不再可能识别数据主体的信息。	无
去标识化 De-identification	PIPL 第 73 条：指个人信息经过处理，使其在不借助额外信息的情况下无法识别特定自然人的过程。	无	CCPA1798.40（h）：信息无法合理地、直接或间接地识别、关联到特定的自然人，并且信息处理者通过技术措施、业务流程、自我承诺等方式确保不会重标识。
假名化 Pseudonymization	《个人信息去标识化指南》：是一种使用假名替换直接标识（或其他准标识符）的去标识化技术。	GDPR 第 4 条：是一种使用个人信息在不参照其他数据的情况下无法指向特定数据主体的个人信息处理方式。	CCPA1798.40（r）：指不使用额外信息无法识别个人，且额外信息被分开存储并受技术、管理措施的保护。

对比可以看出，我国的“匿名化”与欧盟的“匿名化”、美国的“去标识化”相似，是指个人信息经过处理无法识别特定自然人且不能复原的过程。

那么如何才能达到上述无法识别特定自然人且不能复原的法定标准呢？本书摘录了欧洲数据保护监管局（EDPS）和西班牙数据保护局（AEPD）联合发布的关于匿名化的文件《涉及与匿名化有关的 10 个误解》①，大家也可以来评估一下是否有类似的误解。

① 信通院互联网法律研究中心、CAICT 互联网法律研究中心：《域外观察　匿名化只是远方的想象吗?》，载微信公众号“信通院互联网法律研究中心”2021 年 5 月 21 日，https://mp.weixin.qq.com/s/rXRcwhxANPLQZgUBmHlR8Q。

误解1:假名化和匿名化是一样的。

假名化不同于匿名化。GDPR将“假名化”定义为一种使用个人信息在不参照其他数据的情况下无法指向特定数据主体的个人信息处理方式。一方面,这意味着“假名数据”与“额外数据”结合即可以识别到个人,这也解释了为什么假名化后仍然是个人信息。另一方面,一旦数据按照要求被匿名化,相关个人通过该数据就不再是可以被识别的,这些数据将不属于GDPR的约束范围。

误解2:加密是匿名化技术。

加密不是匿名化技术,但可以是一个强大的假名化工具。由于原始数据还有被访问和使用的必要性,所以加密算法被设计为是可逆的,即所谓的“可被解密”。用于解密的密钥就是“额外数据”,可以与加密数据结合从而识别到个人。理论上,删除加密数据的加密密钥会使数据被匿名化,但实践中并非如此,从长期来看,影响加密数据保密性的因素还有很多,如加密算法和密钥的强度、数据泄露、技术实施问题、加密数据量或技术的发展程度(如量子计算),因此不能因为解密密钥被“擦除”或“未知”,就认为加密数据无法解密。

误解3:将数据进行匿名化是绝对可能的。

匿名化是一个过程,试图在降低重识别(re-identified)风险和保持数据用于预期目的之间找到平衡。然而,根据上下文或数据的性质,重识别的风险并不能被完全消除,尤其在以下情况中,这种风险更不容易被消除或减轻:(1)当数据涉及个体的数量很少(如匿名数据集仅包含欧洲议会的705名成员);(2)当个体之间的数据类别差异太大以至于有可能在全部个体中找出这些特殊的个体时(如访问某个网站系统的设备指纹);或(3)当数据集中包括大量人口统计属性或位置数据时。

误解4:匿名化是一劳永逸的。

随着可以利用的资源和技术的发展,重识别匿名化数据的可能性不断提高。如今,云计算以几年前不可想象的水平提供了高超的计算能力。在未来,量子计算机也可能改变现在被认为是“合理手段”的技术。另外,随着额外数据不断披露(如个人信息泄露)的发生,可以参考的数据越来越多,以前被匿名的数据也存在与已识别的个人联系起来的风险,如包含高度敏感数据的记录(犯罪记录)的泄露仍可能对个人或其亲属产生严重的不利影响。

误解5:匿名化将数据被重新识别的概率降至零。

匿名化旨在将重识别的风险降低到某个阈值以下,此类阈值将取决于现实中的多种因素,如现有的安全控制措施、在重识别的情况下对个人隐私的影响、攻击者重新识别数据的动机和能力。从个人信息保护的角度来看,虽然对个人信息进行100%的匿名化是最理想的目标,但在某些情况下这是不可能的,技术人员必须要考虑个人信息存在被重识别的潜在风险。

误解6:匿名化是一个无法衡量的二元概念。

分析和衡量匿名化的程度是可能的。除了数据高度一般化的特定情况(如统计每个国家一年网站访问者数量的数据集),重识别到个人的风险永远不会为零。匿名数据这一表述不能被理解为数据可以简单地被标记为匿名或不匿名。任何数据都有被重识别的可能性。技术人员应当对所有匿名化进行评估,以确定重识别的风险程度,从而采取措施使得这些风险在一定程度内得到控制。

误解7:匿名化可以完全自动化。

匿名化过程需要对原始数据、预期目的、应用的技术以及所得数据的重识别风险进行分析。直接标识符的识别和删除是匿名化过程的一个重要部分,但必须始终考虑对其他识别来源的谨慎分析(通常通过准标识符)。直接识别符的识别风险很容易被发现,但间接识别的风险则比较隐秘。因此,自动化工具是匿名化过程中某些步骤的关键,但在识别准标识符等情况下,完全自动化并不能达到人工干预所能产生的良好效果。

误解8:匿名化使数据变得无用。

匿名化会限制数据的使用方式,如将出生日期分组为年将降低重识别的风险,但在某些情况下也同时降低了数据的效用。但这种对立并不意味着匿名数据将变得无用,匿名数据的作用取决于给定目的和可接受的重识别风险程度。

误解9:使用其他人成功使用的匿名化流程可以取得同等的结果。

由于数据处理的性质、范围、原因和目的不同,匿名化不能照抄照搬其他人的经验。当数据只对有限数量的接收者可用时,匿名化过程可能具有低于特定阈值的重识别风险,而当数据对公众可用时,重识别的风险将不能满足该阈值的要求。另外,不同的数据集在不同情况下的可用性是不一样的。例如,在瑞典,纳税人个人信息的细节是公开的,而在西班牙则不是。因此,即使包含西班牙和瑞典公民信息的数据按照相同的程序被匿名化,重识别风险也可能不同。

误解10:对匿名数据进行重识别不存在市场需求和风险。

对匿名数据进行的攻击包括:故意和非故意地对数据进行重识别、数据泄露或向公众公开数据。由于受不同场景所限,重识别对个人私生活的影响是很难被准确评估出来的,如在一般的场景下重识别一个数据主体的电影偏好,极有可能导致推断出此人的政治倾向或性取向。根据欧盟GDPR的规定,这些类型的数据属于特殊类别的个人信息,需要得到强化保护。

理论上说,不存在绝对"不能复原"的匿名化技术,匿名化数据都有可能随着可以利用的资源和技术在未来发生变化,变得更加易于被重识别。

一个非常著名的重识别实验是2006年一家视频内容服务公司Netflix公开了一个数据集,其中包含了1亿多条1~5分的评分,约50万名用户对18,000多部电影的评分,除了用户对电影的评分和评分的日期外,其他所有客户身份信息都被删除。但研究人员之后证明,将本应匿名的Netflix数据库与另一个有电影评分的公共数据库(IMDB)进行了匹配,从而找到了在相同时间相同区间内对相同的电影表达了评分的用户,由于大多数用户都表现出一对一的关系,因此在IMDB数据库中检索到的辅助信息可以被导入到Netflix的数据集中,从而可以识别到绝大多数的自然人。

案例1 WhatsApp被罚2.25亿欧元案中相关"匿名化"述评[①]

2021年9月2日,爱尔兰数据保护当局颁布WhatsApp一案最终决定:对WhatsApp违反GDPR第5、12、13、14条的多项行为,合计罚款2.25亿欧元。本案历时近三年,核心争论点涉及理论和实务上的一系列疑难问题,包括个人数据

① 参见朱悦、朱玲凤:《重大案件 | WhatsApp被罚2.5亿欧元一案核心事实与争点述评》,载微信公众号"网安寻路人"2021年10月6日,https://mp.weixin.qq.com/s?__biz=MzIxODM0NDU4MQ==&mid=2247493207&idx=1&sn=717c051c05f20c5db4446c873d513c39&chksm=97e95bbda09ed2abdae030875e460da6d0d91dab4248997a1cd3cbe121941f5157e2da8d5ab6&scene=21#wechat_redirect。

的认定、告知的具体范围、罚款金额裁量因素等。本案堪称经典,包括主要监管机构和合作监管机构的意见以及 EDPB 对其中的争议评述,对理论和实务皆有价值。

本案中,WhatsApp 认为有损哈希值(Lossy Hash)不构成个人数据,因此 WhatsApp 不需要履行 GDPR 下的告知等一系列义务。就有损哈希而言,这一技术最重要的特性有两个:首先,哈希是不可逆的加密方式,从有损哈希反求手机号码的原始值,"在计算力上属于不可能";其次,有损哈希和手机号码之间并非"一对一"的关系,而是"一对十六"的关系——每一有损哈希值,对应于十六个可能的电话号码。WhatsApp 据此辩称,哈希值无法合理地关联到个体,不构成个人数据。爱尔兰数据保护局也赞同了这一观点。

但 EDPB 针对"有损哈希是否足以实现匿名化"论证后,最终决定推翻了爱尔兰当局的初稿观点,认为有损哈希值仍然属于个人数据,EDPB 指出:

(1)在认定个人数据时,不能"孤立地考虑 Lossy Hash 这一技术步骤",而是需要考虑"所有的客观场景因素",以判断识别或再识别的概率。

(2)尽管每一有损哈希值理论上可以对应十六个号码,但在实践中,由于号码格式和号段使用率等原因,对应的数量可能远少于十六个,甚至只有一个。

(3)WhatsApp 声称有损哈希值可以实现匿名化,同时也实际用于识别特定用户,这是自相矛盾的。

(4)在识别或重识别特定用户时,WhatsApp 不仅使用了哈希值,还使用了基于号码存储而建立的社交关系数据,二者联合可以构造出具备识别能力的"关系签名"。

(5)综上,考虑"客观场景因素",Lossy Hash 应当认定为个人数据。

欧盟第 29 条工作组在其发布的《关于匿名化技术的意见》中,介绍了一系列的匿名化技术,但也说明了每种技术的优缺点,并强调:该文件中描述的每一种技术都不能肯定地满足有效匿名化的标准,然后,由于某项技术可能部分符合这些标准,因此在设计个别技术的应用时,必须谨慎,并把这些技术结合起来,以提高结果的可靠性(如表 1.4 所示)。

表1.4 相关技术的优点和缺点

技术名称	有被筛选(single out)出的风险吗?	有被关联(link)的风险吗?	有被推断(infer)出的风险吗?
假名化	是	是	是
噪声添加	是	可能否	可能否
替换	是	是	可能否
聚合或者K-匿名	否	是	是
L-多样化	否	是	可能否
差分隐私	可能否	可能否	可能否
哈希/令牌	是	是	可能否

因此,不应将我国《个人信息保护法》关于匿名化“无法识别特定自然人且不能复原”的要求机械化、绝对化,也没有必要迷信有哪一种匿名化的“灵丹妙药”能一劳永逸地免除个人信息保护的合规义务。相反,处理者应当全面理解《个人信息保护法》的立法精神,参照域内外最佳实践经验,结合其特定场景,综合考虑所有相关因素,确定有效的防止个人信息重识别到个人的技术和管理控制措施。

以新加坡个人信息保护委员会(PDPC)于2022年3月31日修订的《Advisory Guidelines on the Personal Data Protection Act for Selected Topics》①列举的“匿名化”情形为例:

案例2 同一组织的不同部门间匿名化个人信息共享

A部门和B部门是JKL组织的两个部门。A部门负责管理该组织为处理客户关系而收集的个人信息。B部门希望将这些数据用于商业分析,但不需要可识别的个人信息。A部门着手对数据进行匿名化处理,使匿名化后的数据不再能识别任何个人。

JKL组织对B部门实施控制,以防止重新识别匿名数据集。这包括访问限制(以防止B部门的人员访问A部门持有的其他可能导致重新识别的信息)以及行政限制(以防止B部门试图重新识别)。JKL组织还将未经授权试图从匿名

---

① See https://www.pdpc.gov.sg/guidelines-and-consultation/2020/02/advisory-guidelines-on-the-personal-data-protection-act-for-selected-topics.

数据集中重新识别个人的行为定为违反雇佣条款。

B部门可以被认为是在使用匿名数据,因为对B部门进行了有效的控制,以防止其对个人身份进行重新识别。

案例3 一个组织向另一个组织提供匿名化数据

ABC组织聘请市场研究和分析公司XYZ公司来增强其客户数据集。在与XYZ公司共享其数据之前,ABC对数据集进行了匿名化处理,并确保作为其合同协议的一部分,XYZ公司承诺不对数据集进行任何重新识别的尝试。ABC公司仍然保留原始数据和从匿名数据中重新识别个人的能力。

在处理数据时,XYZ公司将匿名数据与其他市场趋势信息和来自其市场研究的汇总客户细分数据相结合,以提供关于ABC个人客户的画像和其兴趣的额外建议。在处理匿名数据并与汇总的市场研究信息相结合时,XYZ公司不被认为是在处理或披露个人信息。

案例4 两个组织之间共享同一客户的匿名化数据

DEF组织和GHI组织签署了一份个人信息共享协议,利用对方的客户数据来完善共同客户的客户资料。在协议中,双方都同意他们不会重新识别对方的数据,并且只在营销活动中使用分析后的信息。

在分享他们的数据时,两个组织都用相同的哈希密钥对他们的数据进行假名化处理,以方便两个组织签约的第三方数据中介机构进行后续的数据合并和分析。基于商定的业务规则,两个组织都开发了一套客户档案。第三方数据中介机构将合并数据,并根据业务规则,将客户与适当的档案联系起来,根据其与两个组织的合同,第三方数据中介机构承诺不重新识别任何数据,同时还实施技术控制措施,以防止被任何未经授权的其他访问或披露。

第三方数据中介机构将处理过的假名化数据返回给DEF组织和GHI组织,并由DEF组织和GHI组织做进一步的分析,将得出的信息与它的客户相匹配,并设计促销套餐和营销活动。由于每个组织都在处理其客户的数据,以了解其客户并改善他们使用其服务的体验,其可以通过利用“商业改进例外”来处理个人信息,而无须征得同意。但DEF组织和GHI组织必须确保在发送直接营销信息之前征得个人客户的相关同意。

案例5 同一组织的不同部门分别发布各自数据

作为开放数据倡议的一部分,WXY公司下属两个部门独立决定发布相关的数据,而不知道其他部门的意图和行动,因此,这两个部门是在对公司其他部门发布的数据了解不完整和不准确的情况下进行的匿名化评估。如果这两组数据是相关的,可能会增加重识别的风险。

从PDPC列举的"匿名化"案例来看,我们可以感觉到,达到这个标准似乎并不是遥不可及的,这一点充分反映了"匿名化"技术的相对性。也正是考虑到这一点,加州CCPA将"集合信息"(aggregate information)排除在个人信息之外,同时又从技术和管理两个角度,既更为周全又更可实操地提出了De-identification的具体要求,包括:(1)已实施了技术保障措施,禁止重新识别信息所属的消费者;(2)已实施了明确禁止重新识别信息的业务流程;(3)已实施了业务流程防止无意中发布已识别的信息;(4)不尝试重新识别身份信息。

六、如何理解《个人信息保护法》各项基本原则?

准确理解法律的基本原则,有利于形成科学的个人信息处理法律体系,也有助于在《个人信息保护法》具体法条的规定不甚清晰时解读立法精神。因此,许多域外的个人信息保护法令都明确了个人信息处理活动应当遵循的基本原则。

例如,1980年经济合作与发展组织(OECD)发布的《关于隐私保护和个人信息跨境流动的指导原则》详细列举了收集限制原则、数据质量原则、列明目的原则、使用限制原则、安全保护原则、公开原则、个人参与原则、责任原则等八项基本原则。欧盟GDPR第5条是对"与个人信息处理相关的原则"的规定,该条明确了合法、正当与透明原则,目的限制原则,数据最小化原则,准确原则,存储限制原则,完整与保密原则,责任原则。

我国《个人信息保护法》的起草过程中,立法机关认为,应当在《民法典》《网络安全法》等法律规定的基础上,进一步充实完善个人信息处理的基本原则,并将它们贯穿于个人信息处理的全过程、各环节,最终我国《个人信息保护法》在第一章总则用了六个条文(第5~10条)对个人信息保护法的基本原则作出了规定,明确了在个人信息处理活动中应当遵循合法、正当、必要、诚信、目的限制、公开透明、质量、责任等八项基本原则。

我们不妨列表对比我国立法与 GDPR 的异同(如表 1.5 所示)。

表 1.5　个人信息保护基本原则国际立法对比

<table>
<tr><th>基本原则</th><th>中国 PIPL 规定</th><th>欧盟 GDPR 规定</th></tr>
<tr><td>合法原则
Lawfulness</td><td rowspan="4">PIPL 第 5 条:处理个人信息应当遵循合法、正当、必要和诚信原则,不得通过误导、欺诈、胁迫等方式处理个人信息。</td><td rowspan="2">GDPR 第 5(1)(a)条:以对数据主体合法、公平和透明的方式被处理。</td></tr>
<tr><td>正当原则
Fairness</td></tr>
<tr><td>必要原则
Necessity</td><td>无</td></tr>
<tr><td>诚信原则
Good Faith</td><td>无</td></tr>
<tr><td>目的限制原则
Purpose Limitation</td><td>PIPL 第 6 条第 1 款:处理个人信息应当具有明确、合理的目的,并应当与处理目的直接相关,采取对个人权益影响最小的方式。</td><td>GDPR 第 5(1)(b)条:为特定、明确和合法的目的而被收集,并且个人信息的后续处理不得违反以上目的;依据本条例第 89 条第 1 款为公共利益进行档案管理、出于实现科学研究或历史研究目的、统计目的而进一步处理个人信息的,不应被视为不符合初始目的。</td></tr>
<tr><td>最小化原则
Minimization</td><td>PIPL 第 6 条第 2 款:收集个人信息,应当限于实现处理目的的最小范围,不得过度收集个人信息。</td><td>GDPR 第 5(1)(c)条:充分、相关并且应限制于为实现该个人信息处理目的所需的最小限度内。</td></tr>
<tr><td>公开透明原则
Transparency</td><td>PIPL 第 7 条:处理个人信息应当遵循公开、透明原则,公开个人信息处理规则,明示处理的目的、方式和范围。</td><td>GDPR 第 5(1)(a)条:以对数据主体合法、公平和透明的方式被处理。</td></tr>
<tr><td>质量原则
Accuracy</td><td>PIPL 第 8 条:处理个人信息应当保证个人信息的质量,避免因个人信息不准确、不完整对个人权益造成不利影响。</td><td>GDPR 第 5(1)(d)条:准确且在必要的情形下保持不断更新;应采取一切合理行为以使就实现数据处理目的而言不准确的个人信息及时被删除或更正。</td></tr>
<tr><td>责任原则
Accountability</td><td>PIPL 第 9 条:个人信息处理者应当对其个人信息处理活动负责,并采取必要措施保障所处理的个人信息的安全。</td><td>GDPR 第 5(2)条:控制者对本条第 1 款规定负责,并应证明其符合本条第 1 款之规定。</td></tr>
</table>

续表

基本原则	中国 PIPL 规定	欧盟 GDPR 规定
存储限制原则 Storage Limitation	无	GDPR 第5(1)(e)条:存储形式允许识别数据主体的,保存时间不得长于为个人信息处理目的而必要的时间;在依据本条例第89条第1款将仅仅为公共利益进行档案管理、科学研究或历史研究目的、统计目的而处理个人信息的情形下,如已经采取本条例为保护数据主体的权利和自由而规定适当的技术与组织措施,则个人信息的存储时间可被延长。
完整和保密原则 Integrity and Confidentiality	无	GDPR 第5(1)(f)条:以能够确保个人信息安全的方式被处理,包括适用适当的技术或组织措施以防止未经授权的或非法的处理、意外遗失、灭失或损毁。

为了准确理解这上述基本原则,试举几个案例以作辨析:

案例1

某App隐私政策告知:我们可能使用您的个人信息用于开发新服务、研究目的以及向您提供个性化服务。

案例2

某网站隐私政策告知:我们将保留您的购物历史记录,并使用您之前购买的产品的详细信息,为您提供我们认为您也会感兴趣的其他产品的建议。

案例3

某网站隐私政策告知:我们将保留并评估您最近访问我们网站的信息,以及对您在我们网站的不同区域的活动进行分析,以了解人们如何使用我们的网站,从而使我们的网站更直观易懂。

案例4

某网站隐私政策告知:我们将在我们的网站上记录您点击过的文章,并使用这些信息在本网站上向您投放与您的兴趣相关的广告,我们将根据您阅读的文章来确定这些广告内容。

案例5

自然人A在一家健身房注册了一个会员,注册时在一份实物文件中包含了个人信息保护政策中最相关的部分的摘录。例如摘录指出,A的地址信息将用于向她寄送健身房会员卡和其他与她的健身房会员资格有关的通信。健身房的销售代表告诉自然人A,完整的个人信息保护政策可以在健身房的网站上找到,并向其提供了相关的信息以便找到它。

案例6

自然人B向一家银行申请信用卡,银行要求B提供相关细节,如他的姓名、地址、目前的就业状况和收入,以便评估申请。与此同时,银行要求B提供证明文件,包括身份文件和他最近的工资单,以核实他提供的信息,银行还要求B声明他所提供的信息是准确和完整的。2年后,B向该银行申请住房贷款。当银行收到房屋贷款申请时,银行没有对B的个人资料是否准确和完整进行检查和更新。

案例7

雇员C因其公司组织团建活动而参加一个探险营。探险营的主办方从该公司获得相关的健康记录,以确定C是否有足够的资格参加探险活动,但这些信息是3年前当C第一次加入该公司时所提供的。在这种情况下,探险营的主办方要求C提供更近期的健康记录。

案例8

舞蹈学校D收集了其舞蹈老师和学生的个人信息,即使老师或学生已不在该舞蹈学校工作,舞蹈学校D仍保留和使用这些数据,以维持一个校友会联络网络。

案例9

为了履行个人信息保护责任,公司E制定了一个Data Protection Management Program(DPMP)计划,采取积极主动和全面的方法保护个人信息。DPMP包含了数据保护政策,以在公司处理个人信息的方式、程序以及公司内部人员的角色、责任方面提供明确的规则,并作为企业风险管理框架的一部分。公司还制定了一个程序,以进行个人信息保护影响评估(DPIA),以识别、评估和处理个人信息保护风险。在实施了上述个人信息保护政策和实践后,E决定在数据保护信托标志(DPTM)认证下,对其政策和实践进行认证,以提高消费者的信任度并为其利益相关者提供更可靠的保证。

案例1中,不清楚将处理何种类型的个人信息,告知使用目的仅为"新服务、研究目的、个性化服务"亦不符合目的特定、明确的要求,故该等告知不符合"公开透明原则"和"目的限制原则"。

案例2、3、4中,明确告知了将处理何种类型的个人信息以及控制者将进行何种的分析,故该等告知符合"公开透明原则"和"目的限制原则"。

案例5中,在这种情况下,健身房已经告知自然人A的个人信息将被收集、使用或披露,符合"公开透明原则"。

案例6中,在申请银行信用卡时,银行已经做出了合理的努力,以确保从申请人那里收集的个人信息是准确和完整的。但在申请住房贷款时,银行未尽到合理努力,以确保审核住房贷款时B的个人信息是准确和完整的,故应认为不符合"质量原则"。

案例7中,应认为探险营的主办方已经做出了合理的努力,以确保从C那里收集的个人信息是准确和完整的。

案例8中,由于舞蹈学校保留个人信息是为了一个有效的目的,因此其不停止使用这些个人信息应符合"存储限制原则"。

案例9中,应认为公司E通过一系列强有力的措施坚持了个人信息保护的"责任原则"。

七、如何理解必要和最小化原则?

必要和最小化是指处理数据的活动都应当是对实现处理目的而言是必要的和在最小限度内的,我国《个人信息保护法》将最小化原则的适用范围限于"收集行为",因此最小化原则可以视为是必要原则在个人信息收集方面的特别规定。必要和最小化原则是公法上以比例原则在数据保护法领域的体现。在行政法领域,比例原则通常包含三项要求:其一,必要性原则,即行政机关拟实施相关行政行为时,只有认定该行为对达到相应的行政目的是必要的时,才能实施;其二,适当性原则,即行政机关在实施行政行为前必须进行利益衡量,只有确认该行为对于实现相应的行政目的是适当的且可能取得的利益大于可能损害的利益时，才能实施；其三，最小损害原则，即行政机关必须在多种方案中选择对行政相对人权益损害最小的方案实施。

为贯彻必要和最小化原则，我们需要准确辨别必要个人信息，而必要个人信息的确定与场景高度相关，不同场景下需要的个人信息的种类和程度不尽相同，难以有一个固定的量度标准。因此，必要和最小化原则既是在个人信息处理实务中最具争议的原则之一，也是执法监督的重点之一。

在2021年度国家网信办开展的4次违法违规App情况通报中，违反必要原则，收集与其提供的服务无关的个人信息的App为261款，占74.36%。（如表1.6所示）

表1.6 违反必要原则的App情况通报（2021年度）

批次	App类型	违反必要原则App数量
2021年5月1日 第一批次 （共33款）	输入法类	搜狗输入法等15款
	地图导航类	高德地图等16款
2021年5月10日 第二批次 （共84款）	安全管理类	腾讯手机管家等30款
	网络借贷类	360借条等36款
2021年5月21日 第三批次 （共105款）	短视频类	抖音等10款
	浏览器类	搜狗搜索等22款
	求职招聘类	领英等26款
	实用工具类	百度1款
2021年6月11日 第四批次 （共105款）	运动健身类	Keep等26款
	新闻资讯类	今日头条等25款
	网络直播类	虎牙直播等32款
	应用商店类	应用中心等7款
	女性健康类	亲宝宝等12款
	网上购物类	Nike 1款
	学习教育类	伴鱼绘本1款
	婚恋相亲类	珍爱网1款
合计	16类	261款

由此,客户经常问及的一个问题就是:我们的行为是否违反必要原则?是否收集使用了与提供的服务无关的个人信息?试举几个案例以作辨析。

案例 1

自然人 A 从一个在线零售商处购买商品。该数据主体希望用信用卡支付,并希望产品交付到他们的家庭地址。零售商收集了该个人信息主体的信用卡信息和家庭地址信息。

案例 2

某一特定的服务提供商向自然人 B 收集了其邮政编码,以查看 B 是否处于该特定服务提供商所在的运营服务地区。

案例 3

某一在线酒店搜索引擎监测个人用户过去的预订和支付情况,以便建立一个这些用户酒店消费的个人档案。这个档案随后被用来在返回搜索结果时向用户推荐特定的酒店。

案例 4

某一电商平台允许潜在买家浏览和购买产品。该电商平台希望根据潜在买家之前在平台上浏览过的清单来显示个性化的产品建议,以增加互动性。

案例 5

一款将自身服务定位和宣传为个性化展示新闻资讯和短视频的 App,要求收集用户在该 App 中关注的账号列表、标签或浏览操作记录,用来分析用户兴趣并进行个性化展示。

案例 6

雇员以雇主在雇员工作的地点安装了录像镜头,雇员的活动受到持续的监视,从而侵害雇员肖像权为由,诉请雇主将之拆除。雇员所持的理由是,在雇主的工作场所安装了 89 个录像镜头,其中有 69 个对准了雇员的工作岗位,这些镜头对所有雇员的工作表现进行持续录像,并有保安人员实时查看,超出了必要限度。

案例 7

自然人 C 是某视频平台会员，其因对某视频平台需手动跳过“会员专属推荐”广告和“付费超前点播”不满而提起诉讼。庭审中，某视频平台在申请不公开质证后，向法庭提交了其登录记录和 1197 条观影记录作为证据，以证明自身已尽合理的提醒注意义务。C 对此行为不满，认为某视频平台违法将其观影记录呈庭质证。其后，C 以“非法披露个人信息”为由将某视频平台及其代理律师告上法庭，要求其赔礼道歉，承担连带赔偿责任；同时，C 向北京市通信管理局申请查处某视频平台违规检索、查看、下载、传输、拷贝、使用和披露他的登录记录和观影记录的违法行为，被驳回后又向工信部申请了行政复议。

案例 1 中，为了履行合同，零售商必须处理个人信息主体的信用卡信息以进行支付，并处理数据主体的家庭地址以进行交付。此时，收集信用卡信息和家庭地址信息就是必要的。但是，如果用户已经选择了装运到取货点，那么收集个人信息主体家庭地址对于购买合同的履行来说就不再是必要的。

案例 2 中，特定的服务提供商处理个人信息主体的邮政编码，是为了核实其是否位于他们的运营服务地区，这可被视为特定的服务提供商在订立个人作为一方当事人的合同前所能采取的必要处理措施。

案例 3 中，对用户过去的行为和财务数据进行分析对酒店搜索引擎服务而言不是客观必要的。

案例 4 中，根据潜在买家之前在平台上浏览过的清单来进行个性化推荐，客观上并不是电商平台提供服务所必需的。

案例 5 中，个性化展示属于该 App 的基本业务功能，因此，收集用户在该 App 中关注的账号列表、标签或浏览操作记录，用来分析用户兴趣并进行个性化展示，应属于该 App 为实现基本业务功能而进行的必要的个人信息处理。但读取其他 App 或用户终端设备中的浏览操作记录、购物记录等，则不宜认定为实现基本业务功能所必需的个人信息处理，从而需考虑是否存在其他合法性基础。

案例 6 中，一审、二审法院认为，雇主在该情形下使用监视手段是合法的，因为雇主的目的在于保护财产的安全，而不是对雇员的工作表现进行监视。雇员不服，最终上诉至葡萄牙最高法院。葡萄牙最高法院根据比例原则判决雇员胜诉,其在判决理由中指出:录像镜头使用应当是为了法律中所规定的目的,尤其是保护人身或公私财产安全以及在可能发生犯罪的场所预防犯罪的目的,且必须遵守有关使用的一系列原则,尤其是比例原则。录像镜头的使用只有在具体个案中对维护公共秩序和安全以及预防犯罪为适当时,才应被允许,因而需根据每一个个案衡量受监视场所的具体情况、个案下使用系统的具体目的以及对个人权利的影响程度。被上诉人在雇员工作的所有地点都安装了录像镜头,超越了本要达到的保护财产安全所必要的限度。

案例7曾一度引起公众和媒体对观影记录是否构成个人信息、所提供信息是否为举证之必要展开讨论。法院未展开讨论观影记录与个人信息之间的关系,而是认为,某视频平台在被诉至法院后,在不公开审理的庭前会议程序中为证明其主张,向法庭递交并展示原告在某视频平台的登录记录和观影记录,没有侵害他人权利的主观过错,目的合法正当,该行为不构成侵权。工信部亦认为某视频平台向人民法院提交登录记录和观影记录,是依据《民事诉讼法》履行民事诉讼的举证责任,并不属于在提供电信服务和互联网信息服务过程中使用用户个人信息,没有违反《电信和互联网用户个人信息保护规定》的行为,故驳回了自然人C的行政复议申请。

另外,我国2021年《常见类型移动互联网应用程序必要个人信息范围规定》(以下简称《必要个人信息范围规定》)规定女性健康类、网络直播类、在线影音类、短视频类、新闻资讯类、运动健身类、浏览器类、输入法类、安全管理类、电子图书类、拍摄美化类、应用商店类以及实用工具类(如日历、天气、翻译)的App(含小程序)都归入"无须个人信息,即可使用基本功能服务",同时对下列App(含小程序)的基本功能服务及对应的必要个人信息作了列举。(如表1.7所示)

表1.7 App基本功能服务及必要个人信息对照

App类型	基本功能服务	必要个人信息
地图导航类	定位和导航	位置信息、出发地、到达地
网络约车类	网络预约出租汽车服务、巡游出租汽车电召服务	注册用户移动电话号码;乘车人出发地、到达地、位置信息、行踪轨迹;支付时间、支付金额、支付渠道等支付信息(网络预约出租汽车服务)

续表

App 类型	基本功能服务	必要个人信息
即时通信类	提供文字、图片、语音、视频等网络即时通信服务	注册用户移动电话号码；账号信息：账号、即时通信联系人账号列表
网络社区类	博客、论坛、社区等话题讨论、信息分享和关注互动	注册用户移动电话号码
网络支付类	网络支付、提现、转账等功能	注册用户移动电话号码；注册用户姓名、证件类型和号码、证件有效期限、银行卡号码
网上购物类	购买商品	注册用户移动电话号码；收货人姓名（名称）、地址、联系电话；支付时间、支付金额、支付渠道等支付信息
餐饮外卖类	餐饮购买及外送	注册用户移动电话号码；收货人姓名（名称）、地址、联系电话；支付时间、支付金额、支付渠道等支付信息
邮件快件寄递类	信件、包裹、印刷品等物品寄递服务	寄件人姓名、证件类型和号码等身份信息；寄件人地址、联系电话；收件人姓名（名称）、地址、联系电话；寄递物品的名称、性质、数量
交通票务类	交通相关的票务服务及行程管理（如票务购买、改签、退票、行程管理等）	注册用户移动电话号码；旅客姓名、证件类型和号码、旅客类型（旅客类型通常包括儿童、成人、学生等）；旅客出发地、目的地、出发时间、车次/船次/航班号、席别/舱位等级、座位号（如有）、车牌号及车牌颜色（ETC 服务）；支付时间、支付金额、支付渠道等支付信息
婚恋相亲类	婚恋相亲	注册用户移动电话号码；婚恋相亲人的性别、年龄、婚姻状况
求职招聘类	求职招聘信息交换	注册用户移动电话号码；求职者提供的简历
网络借贷类	通过互联网平台实现的用于消费、日常生产经营周转等的个人申贷服务	注册用户移动电话号码；借款人姓名、证件类型和号码、证件有效期限、银行卡号码
房屋租售类	个人房源信息发布、房屋出租或买卖	注册用户移动电话号码；房源基本信息：房屋地址、面积/户型、期望售价或租金

续表

App类型	基本功能服务	必要个人信息
二手车交易类	二手车买卖信息交换	注册用户移动电话号码;购买方姓名、证件类型和号码;出售方姓名、证件类型和号码、车辆行驶证号、车辆识别号码
问诊挂号类	在线咨询问诊、预约挂号	注册用户移动电话号码;挂号时需提供患者姓名、证件类型和号码、预约挂号的医院和科室;问诊时需提供病情描述
旅游服务类	旅游服务产品信息的发布与订购	注册用户移动电话号码;出行人旅游目的地、旅游时间;出行人姓名、证件类型和号码、联系方式
酒店服务类	酒店预订	注册用户移动电话号码;住宿人姓名和联系方式、入住和退房时间、入住酒店名称
网络游戏类	提供网络游戏产品和服务	注册用户移动电话号码
学习教育类	在线辅导、网络课堂等	注册用户移动电话号码
本地生活类	家政维修、家居装修、二手闲置物品交易等日常生活服务	注册用户移动电话号码
用车服务类	共享单车、共享汽车、租赁汽车等服务	注册用户移动电话号码;使用共享汽车、租赁汽车服务用户的证件类型和号码,驾驶证件信息;支付时间、支付金额、支付渠道等支付信息;使用共享单车、分时租赁汽车服务用户的位置信息
投资理财类	股票、期货、基金、债券等相关投资理财服务	注册用户移动电话号码;投资理财用户姓名、证件类型和号码、证件有效期限、证件影印件;投资理财用户资金账户、银行卡号码或支付账号
手机银行类	通过手机等移动智能终端设备进行银行账户管理、信息查询、转账汇款等服务	注册用户移动电话号码;用户姓名、证件类型和号码、证件有效期限、证件影印件、银行卡号码、银行预留移动电话号码;转账时需提供收款人姓名、银行卡号码、开户银行信息
邮箱云盘类	邮箱、云盘等	注册用户移动电话号码

续表

App 类型	基本功能服务	必要个人信息
远程会议类	通过网络提供音频或视频会议	注册用户移动电话号码
演出票务类	演出购票	注册用户移动电话号码；观演场次、座位号（如有）；支付时间、支付金额、支付渠道等支付信息

值得注意的是，从国家网信办 2021 年 5 月 10 日公开通报的 2021 年度第二批次违法违规 App 起，国家网信办已将上述《必要个人信息范围规定》增列为执法依据之一。

因此，如何在《必要个人信息范围规定》的规制下，既满足必要原则的合规要求，又不过分妨碍大数据技术合理使用和业务场景实际需求，成为客户经常询问的又一个疑难问题。

举例而言，以网络借贷类场景为例，上述规定仅将注册用户移动电话号码、借款人姓名、证件类型和号码、证件有效期限、银行卡号码这 5 类信息列为必要个人信息。2022 年 4 月颁布的《信息安全技术　移动互联网应用程序（App）收集个人信息基本要求》（GB/T 41391—2022）也与前述规定一致，以表格形式规定了必要个人信息范围和使用要求（如图 1.3 所示）。

服务类型	必要个人信息	使用要求
网络借贷	注册用户移动电话号码	用于网络借贷用户注册，满足对 App 注册用户进行真实身份信息认证的要求
	借款人姓名、证件类型和号码、证件有效期限	用于对网络借贷用户进行身份识别和认证，满足相关法律法规要求
	银行卡号码	用于实现银行卡和网络借贷账号绑定、银行卡身份认证、借款、还款功能

图 1.3　《信息安全技术　移动互联网应用程序（App）收集个人信息基本要求》对必要个人信息范围和使用要求的规定

但在大数据风控场景中，引入的一系列依托于数据挖掘、机器学习等人工智能手段正逐渐改变金融行业的审贷模式，基于用户设备维度数据（如 IP 地址、IMEI 号）、交易维度数据（如网购数据）、行为维度数据（如社交网络、出行数据）、身份维度数据（如人脸识别）、信用维度数据（如征信报告）等多源、多维、组合交叉的方式，建立欺诈、套现、信用以及身份识别等风控模型，但该等信息多未被《必要个人信息范围规定》列入上述必要个人信息范围。

就个人信息处理者角度而言，其在收集使用《必要个人信息范围规定》之外的个人信息时，可采用一系列合规优化方案，例如：

（1）充分利用行业监管部门出台的专门规定

根据《个人信息保护法》第13条的规定，如果法律、行政法规对处理个人信息有其他规定的，应当遵守其规定。

例如，以手机银行的支付转账功能为例，在《必要个人信息范围规定》中没有将地理位置信息、用户通讯录、设备唯一标识码等作为必要个人信息。但在支付机构反洗钱的监管要求中，重要步骤之一就是对恶意账号的识别，用户通讯录、设备唯一标识码就是识别过程中最常用到的信息。银行机构通过对收集到的用户通讯录、设备唯一标识码、用户行为信息进行识别，再配合反洗钱黑名单、交易信息、网络日志的同步识别筛选来判断一个账号是不是恶意账号。

又如，国家网信办2022年6月27日发布的《互联网用户账号信息管理规定》要求互联网信息服务提供者为互联网用户提供信息发布、即时通讯等服务的，应当对个人用户进行基于移动电话号码、身份证件号码等方式的真实身份信息认证。而《必要个人信息范围规定》对即时通信类、网络社区类的必要信息仅"移动电话号码"，两者就存在不一致，根据新法优于旧法、特别法优于一般法的原则，此时应以《互联网用户账号信息管理规定》的规定为准。

（2）适度区分"基本功能服务"和"拓展功能服务"

《必要个人信息范围规定》仅适用于基本功能服务，不适用于拓展功能服务。因此，在处理者提供拓展功能服务时，可以收集超出该规定的其他信息。

鉴于《必要个人信息范围规定》对基本功能服务规定得较为原则，因此可以参照前述规定，结合具体场景对"基本功能服务"和"拓展功能服务"进行合理划分。

例如，"网络借贷类"的基本功能服务为"通过互联网平台实现的用于消费、日常生产经营周转等个人申贷服务"，此时可考虑将基本功能服务限定在"贷款资质审核"和"贷款产品浏览"，除此之外的具体贷款申请则为拓展功能服务，用户拒绝提供身份维度、设备维度、信用维度等数据的，将可能导致无法使用拓展功能服务。

还有“智能家居助手类”无需个人信息，但是该类 App 所绑定的固件设备实际上为实现基本服务功能需要收集更多的必要信息，如语音音箱收录的声音信息、摄像头记录的影像、扫地机对房屋面积的丈量，该等信息可以被理解为使用拓展功能所必需的信息。

又如，“网络直播类”无须个人信息即可使用基本功能服务，应理解为是指游客状态下即可浏览信息；但如果自愿注册成为直播播主或基于使用拓展功能自愿提供更多与账户相关个人信息则不在此限，如绑定支付账户用于直播打赏。

(3)对《必要个人信息范围规定》列举的必要个人信息作合理解释

《必要个人信息范围规定》中部分“必要个人信息”为某一类型的个人信息的概括性规定，可以进行合理细分。

例如，“即时通信类”的必要个人信息包括即时通信联系人账号列表，而联系人列表可能体现联系人账号、头像、昵称等。“求职招聘类”的必要个人信息包括简历信息，简历信息可进一步细分为性别、年龄、学历、证件名称、电话号码、工作经历、头像照片等多种个人信息。

(4)为订立或者履行用户作为一方当事人的合同所必需

为订立或者履行用户作为一方当事人的合同所必须为《个人信息保护法》规定的合法收集个人信息情形之一，符合该条件的，无须个人同意即可收集个人信息，因为用户同意隐含在使用服务之中，也可以理解为推定同意。

例如，支付信息并没有成为《必要个人信息范围规定》中“旅游服务类”“酒店服务类”规定的必要个人信息。但如果在实际服务中需要发生支付，则可以认为支付信息为履行合同所必需。

又如，《必要个人信息范围规定》中“安全管理类”的基本功能为：查杀病毒、清理恶意插件、修复漏洞等，而实现这些功能很可能必需读取设备或机器使用的数据，包括设备地址，使用日志、频率、时长等。

(5)对确难列入“必要个人信息”范围的，以单独同意作为处理的合法性基础

需注意的是，必要原则虽然是包括我国《个人信息保护法》在内的各国通行立法规则，但并不意味着超出必要范围的个人信息就一概不可以收集和使用。相反，《个人信息保护法》及相关法规中多处可以体现在个人在充分告知同意、意思表达自由基础上享有的个人信息自决权。

例如，《个人信息保护法》第 24 条规定：“通过自动化决策方式作出对个人权

益有重大影响的决定,个人有权要求个人信息处理者予以说明,并有权拒绝个人信息处理者仅通过自动化决策的方式作出决定。"第 26 条规定:"在公共场所安装图像采集、个人身份识别设备,应当为维护公共安全所必需,遵守国家有关规定,并设置显著的提示标识。所收集的个人图像、身份识别信息只能用于维护公共安全的目的,不得用于其他目的;取得个人单独同意的除外。"

又如,最高人民法院《关于审理使用人脸识别技术处理个人信息相关民事案件适用法律若干问题的规定》第 5 条规定:"有下列情形之一,信息处理者主张其不承担民事责任的,人民法院依法予以支持:……(四)在自然人或者其监护人同意的范围内合理处理人脸信息的。"

八、我是"关键信息基础设施"运营者吗?

我国"关键信息基础设施"(CII)的界定经历了如表 1.8 所示的变迁。

表 1.8 CII 的法律法规界定

名称	关键信息基础设施的界定
《网络安全法》(一读)	(1)提供公共通信、广播电视传输等服务的基础信息网络。 (2)能源、交通、水利、金融等重要行业和供电、供水、供气、医疗卫生、社会保障等公共服务领域的重要信息系统。 (3)军事网络。 (4)设区的市级以上国家机关等政务网络。 (5)用户数量众多的网络服务提供者所有或者管理的网络和系统
《网络安全法》(二读)	一旦遭到破坏、丧失功能或者数据泄露,可能严重危害国家安全、国计民生、公共利益的关键信息基础设施
《网络安全法》(三审)	公共通信和信息服务、能源、交通、水利、金融、公共服务、电子政务等重要行业和领域,以及其他一旦遭到破坏、丧失功能或者数据泄露,可能严重危害国家安全、国计民生、公共利益的关键信息基础设施
《网络安全法》	同三审稿
《全国范围关键信息基础设施网络安全检查工作》	面向公众提供网络信息服务或支撑能源、通信、金融、交通、公用事业等重要行业运行的信息系统或工业控制系统,这些系统一旦发生网络安全事故,可能影响重要行业正常运行,对国家政治、经济、科技、社会、文化、国防、环境及人民生命财产造成严重损失
《国家网络空间安全战略》	包括但不限于提供公共通信、广播电视传输等服务的基础信息网络,能源、金融、交通、教育、科研、水利、工业制造、医疗卫生、社会保障、公用事业等领域和国家机关的重要信息系统,重要互联网应用系统等

综上,可将关键信息基础设施的范围大致总结为:一是军政部门的网站,信息系统或控制系统;二是重要行业和领域的信息系统或工控系统,重要行业和领域包括能源、交通、水利、金融、供电、供水、供气、医疗卫生、社会保障等;三是面向公众提供网络信息的服务网站和平台。

我国《关键信息基础设施安全保护条例》第 2 条对 CII 作出进一步明确规定:"本条例所称关键信息基础设施,是指公共通信和信息服务、能源、交通、水利、金融、公共服务、电子政务、国防科技工业等重要行业和领域的,以及其他一旦遭到破坏、丧失功能或者数据泄露,可能严重危害国家安全、国计民生、公共利益的重要网络设施、信息系统等。"

关于 CII 的认定标准,《关键信息基础设施安全保护条例》摒弃了其征求意见稿中"概括 + 列举"的认定模式,基本延续了《网络安全法》的"行业 + 风险"的双重认定模式。即下列网络设施、信息系统等可能会被认定为 CII:

(1)行业标准:公共通信和信息服务、能源、交通、水利、金融、公共服务、电子政务、国防科技工业等重要行业和领域的网络设施和信息系统,以及虽不在前述行业和领域,但达到"风险标准"的网络设施和信息系统。

(2)风险标准:一旦遭到破坏、丧失功能或者数据泄露,可能严重危害国家安全、国计民生、公共利益,或者会对其他行业或领域造成重大关联影响的重要网络设施、信息系统。

(3)其他参考标准:《网络安全法(草案)》在 CII 认定时还有"用户数量标准",即"用户数量众多的网络服务提供者所有或者管理的网络和系统"也会被认定为 CII。此外,《贯彻落实网络安全等级保护制度和关键信息基础设施安全保护制度的指导意见》还从系统功能特征的维度提出了 CII 的认定标准,即"应将符合认定条件的基础网络、大型专网、核心业务系统、云平台、大数据平台、物联网、工业控制系统、智能制造系统、新型互联网、新兴通讯设施等重点保护对象纳入关键信息基础设施"。

根据《关键信息基础设施安全保护条例》具体条款规定,CII 的相关监管部门和责任单位的主要职责如表 1.9 所示。

表1.9 CII的相关机构及职责分工

责任部门	主要职责
网信部门	(1)统筹协调有关部门建立网络安全信息共享机制,及时汇总、研判、共享、发布网络安全威胁、漏洞、事件等信息,促进有关部门、保护工作部门、运营者以及网络安全服务机构等之间的网络安全信息共享(第23条); (2)统筹协调国务院公安部门、保护工作部门对关键信息基础设施进行网络安全检查检测,提出改进措施(第27条)
公安部门	(1)在国家网信部门统筹协调下,国务院公安部门负责指导监督关键信息基础设施安全保护工作(第3条); (2)对保护工作部门制定的认定规则报国务院公安部门进行备案(第9条); (3)接收保护工作部门对关键信息基础设施认定结果的通报(第10条); (4)接收保护工作部门对特别重大网络安全事件或者发现特别重大网络安全威胁的报告(第18条); (5)对关键信息基础设施进行网络安全检查检测,提出改进措施(第27条); (6)在关键信息基础设施安全保护工作中,根据保护工作部门的需要,及时提供技术支持和协助(第29条)
本行业、本领域的监管部门(保护工作部门)	(1)制定关键信息基础设施认定规则(第9条); (2)认定关键信息基础设施(第10条); (3)收集关键信息基础设施发生的重大网络安全事件和网络安全威胁信息,及时向保护工作部门、公安部门报告(第18条); (4)在运营者发生合并、分立、解散等情况时,指导运营者对关键信息基础设施进行处置(第21条); (5)制定本行业、本领域关键信息基础设施安全规划(第22条); (6)建立关键信息基础设施网络安全监测预警制度(第24条); (7)建立网络安全事件应急预案,定期组织应急演练(第25条); (8)定期组织开展关键信息基础设施网络安全检查检测(第26条)
关键信息基础设施运营者	(1)建立健全网络安全管理、评价考核制度,拟订关键信息基础设施安全保护计划(第15条); (2)组织推动网络安全防护能力建设,开展网络安全监测、检测和风险评估(第15条); (3)按照国家及行业网络安全事件应急预案,制定本单位应急预案,定期开展应急演练,处置网络安全事件(第15条); (4)认定网络安全关键岗位,组织开展网络安全工作考核,提出奖励和惩处建议(第15条); (5)组织网络安全教育、培训(第15条); (6)履行个人信息和数据安全保护责任,建立健全个人信息和数据安全保护制度(第15条); (7)对关键信息基础设施设计、建设、运行、维护等服务实施安全管理(第15条); (8)按照规定报告网络安全事件和重要事项(第15条)

由此可见，根据《关键信息基础设施安全保护条例》第10条的规定，由本行业、本领域的保护工作部门根据认定规则负责认定本行业、本领域的关键信息基础设施，及时将认定结果通知运营者，并通报国务院公安部门。

在本行业和领域的主管部门、监督管理部门将认定结果通知运营者之前，运营者不宜自行将自身认定为属于或不属于CII运营者。

九、我是“重要数据”处理者吗？

我国《网络安全法》第21条规定：“国家实行网络安全等级保护制度。网络运营者应当按照网络安全等级保护制度的要求，履行下列安全保护义务，保障网络免受干扰、破坏或者未经授权的访问，防止网络数据泄露或者被窃取、篡改：……（四）采取数据分类、重要数据备份和加密等措施。”

我国《数据安全法》第21条规定：“……国家数据安全工作协调机制统筹协调有关部门制定重要数据目录……各地区、各部门应当按照数据分类分级保护制度，确定本地区、本部门以及相关行业、领域的重要数据具体目录，对列入目录的数据进行重点保护。”

从上述规定中可以发现立法上的一个调整：《网络安全法》中重要数据的分类主体是网络运营者，而《数据安全法》中重要数据分类主体却变成了国家。洪延青教授认为，“数据分类分级工作的主体不同，蕴含着对数据安全保护思路和工作路径的重大变化，凸显了国家对数据作为基础性战略资源的认识和管理思路的升级，更是服务于数据主权的国际竞争”①。

我国《网络安全法》和《数据安全法》都对“重要数据”做了特别的规定，例如，重要数据的处理者应明确数据安全负责人和管理机构、应按照规定对其数据处理活动定期开展风险评估、应向有关主管部门报送风险评估报告，重要数据的出境也要从严监管等。

案例1　《数据安全法》颁布后首例涉案数据被鉴定为情报的刑事案件

2022年4月13日央视网“焦点访谈”栏目报道了《数据安全法》实施以来第一例涉案数据被鉴定为情报的刑事案件。该案中，境内公司接收境外公司委托，采集中国铁路信号数据，包括物联网、蜂窝和GSM—R等轨道频谱数据，并通过开放远

① 洪延青：《国家安全视野中的数据分类分级保护》，载《中国法律评论》2021年第5期。

程端口的登录名和密码传输出境的方式给境外公司,每个月采集的信号数据约500GB。上海某信息科技公司法定代表人、销售总监、销售人员等因涉嫌为境外刺探、非法提供情报罪,于2021年12月31日被上海市国家安全局执行逮捕。

经鉴定,数据涉及铁路GSM—R敏感信号,GSM—R是高铁移动通信专网,直接用于高铁列车运行控制和行车调度指挥,是高铁的“千里眼、顺风耳”,承载着高铁运行管理和指挥调度等各种指令。上海某信息科技公司的行为是《数据安全法》《无线电管理条例》等法律法规严令禁止的非法行为,相关数据被国家保密行政管理部门鉴定为情报,相关人员的行为涉嫌《刑法》第111条规定的为境外刺探、非法提供情报罪。

中国国家铁路集团有限公司工电部通信信号处主管姜永富表示:“虽然非法采集行为本身,不会影响高铁无线通信正常进行,也不影响列车安全。但是不法分子如果非法利用这些数据故意干扰或恶意攻击,严重时将会造成高铁通信无线中断,影响高铁运行秩序,对铁路的运营构成重大威胁;同时大量获取分析相关数据,也存在高铁内部信息被非法泄露,甚至被非法利用的可能。”

但《网络安全法》和《数据安全法》都没有就重要数据下一个定义,客户经常问及的一个问题就是:我们处理的数据属于《数据安全法》规定的重要数据吗?这个问题,我们需要从相关规定(见表1.10)中寻找答案。

表1.10 重要数据有关定义的规定

颁布日期	法规名称	相关规定
2021年7月1日	《基础电信企业重要数据识别指南》(YD/T 3867—2021)	基础电信企业掌握的如下数据为重要数据:a)能够反映通信行业整体情况的数据,如网络规划、建设、关键技术信息;b)通信网络基础资源信息,一旦被恶意利用,可能会导致国家基础通信网络中断,进而对国家安全和社会稳定造成重大影响;c)能够导致通信行业发生系统性风险的、能够反映通信网络总体运行状况的数据,一旦完整性、保密性、可用性遭破坏可能对国家或社会带来负面影响的数据,如网络运行监控数据;d)通信网络与系统的设计、安全防护计划和策略方案,及其单元或设备选型、配置、软件等属性信息和脆弱性信息等;以及包括密码技术在内的其他与国家安全相关的单元、装置、设备、系统或计划、设计能力和缺陷信息;e)与意识形态、舆情等有关的文化安全相关信息;f)YD/T 3813-2020中四级数据中的用户相关数据比照重要数据管理;g)其他与国家公共安全、经济发展、社会稳定,以及公共利益密切相关的数据

续表

颁布日期	法规名称	相关规定
2021 年 8 月 16 日	《汽车数据安全管理若干规定(试行)》	重要数据包括:(1)军事管理区、国防科工单位以及县级以上党政机关等重要敏感区域的地理信息、人员流量、车辆流量等数据;(2)车辆流量、物流等反映经济运行情况的数据;(3)汽车充电网的运行数据;(4)包含人脸信息、车牌信息等的车外视频、图像数据;(5)涉及个人信息主体超过 10 万人的个人信息;(6)国家网信部门和国务院发展改革、工业和信息化、公安、交通运输等有关部门确定的其他可能危害国家安全、公共利益或者个人、组织合法权益的数据
2017 年 4 月 11 日	《个人信息和重要数据出境安全评估办法(征求意见稿)》	重要数据是指与国家安全、经济发展,以及社会公共利益密切相关的数据,具体范围参照国家有关标准和重要数据识别指南
2017 年 5 月 27 日	《信息安全技术　数据出境安全评估指南(征求意见稿)》	附录 A《重要数据识别指南》规定,重要数据是指相关组织、机构和个人在境内收集、产生的不涉及国家秘密,但与国家安全、经济发展以及公共利益密切相关的数据(包括原始数据和衍生数据),一旦未经授权披露、丢失、滥用、篡改或销毁,或汇聚、整合、分析后,可能对国家安全、国家经济和金融安全、社会公共利益、个人合法权益等造成相关严重后果的数据。 按照行业分类的方式,列举了 27 个行业的重要数据及其主管部门,并且在最后规定了一个兜底条款
2019 年 5 月 20 日	《数据安全管理办法(征求意见稿)》	重要数据,是指一旦泄露可能直接影响国家安全、经济安全、社会稳定、公共健康和安全的数据,如未公开的政府信息,大面积人口、基因健康、地理、矿产资源等。重要数据一般不包括企业生产经营和内部管理信息、个人信息等
2021 年 11 月 14 日	《网络数据安全管理条例(征求意见稿)》	重要数据是指一旦遭到篡改、破坏、泄露或者非法获取、非法利用,可能危害国家安全、公共利益的数据。包括以下数据:(1)未公开的政务数据、工作秘密、情报数据和执法司法数据;(2)出口管制数据,出口管制物项涉及的核心技术、设计方案、生产工艺等相关的数据,密码、生物、电子信息、人工智能等领域对国家安全、经济竞争实力有直接影响的科学技术成果数据;(3)国家法律、行政法规、部门规章明确规定需要保护或者控制传播的国家经济运行数据、重要行业业务数据、统计数据等;(4)工业、电信、能源、交通、水利、金融、国防科技工业、海关、税务等重点行业和领域安全生产、运行的数据,关键系统组件、设备供应链数据;(5)达到国家有关部门规定的规模或者精度的基因、地理、矿产、气象等人口与健康、自然资源与环境国家基础数据;(6)国家基础设施、关键信息基础设施建设运行及其安全数据,国防设施、军事管理区、国防科研生产单位等重要敏感区域的地理位置、安保情况等数据;(7)其他可能影响国家政治、国土、军事、经济、文化、社会、科技、生态、资源、核设施、海外利益、生物、太空、极地、深海等安全的数据

续表

颁布日期	法规名称	相关规定
2022年1月13日	《信息安全技术 重要数据识别指南(征求意见稿)》	该指南参照了美国《国家安全系统识别指南》,从“后果”及“影响”角度来判断其是否属于重要数据,放弃了按照行业分类的方式,从而避免在制定重要数据国家标准时设置不必要的限制,实质上将更多保留了各地区、各部门的最终界定权利,从而减轻该标准的行政色彩。 该指南规定的重要数据指:以电子方式存在的,一旦遭到篡改、破坏、泄露或者非法获取、非法利用,可能危害国家安全、公共利益的数据;且明确排除了国家秘密和单独的个人信息,体现了有关重要数据的立法趋势。 此外,该指南明确说明“基于海量个人信息形成的统计数据、衍生数据”,例如,基于海量用户个人信息形成的市场趋势判断、市场喜好判断等,也可以属于重要数据
2022年2月10日	《工业和信息化领域数据安全管理办法(试行)(公开征求意见稿)》	【重要数据】危害程度符合下列条件之一的数据为重要数据:(1)对政治、国土、军事、经济、文化、社会、科技、电磁、网络、生态、资源、核安全等构成威胁,影响海外利益、生物、太空、极地、深海、人工智能等与国家安全相关的重点领域;(2)对工业和信息化领域发展、生产、运行和经济利益等造成严重影响;(3)造成重大数据安全事件或生产安全事故,对公共利益或者个人、组织合法权益造成严重影响,社会负面影响大;(4)引发的级联效应明显,影响范围涉及多个行业、区域或者行业内多个企业,或者影响持续时间长,对行业发展、技术进步和产业生态等造成严重影响;(5)经工业和信息化部评估确定的其他重要数据。 【核心数据】危害程度符合下列条件之一的数据为核心数据:(1)对政治、国土、军事、经济、文化、社会、科技、电磁、网络、生态、资源、核安全等构成严重威胁,严重影响海外利益、生物、太空、极地、深海、人工智能等与国家安全相关的重点领域;(2)对工业和信息化领域及其重要骨干企业、关键信息基础设施、重要资源等造成重大影响;(3)对工业生产运营、电信网络(含互联网)运行和服务、无线电业务开展等造成重大损害,导致大范围停工停产、大面积无线电业务中断、大规模网络与服务瘫痪、大量业务处理能力丧失等;(4)经工业和信息化部评估确定的其他核心数据

十、我是“重要互联网平台”运营者吗?

我国《个人信息保护法》提出了“重要互联网平台”这一概念,但没有对这一概念作出明确的定义。鉴于重要互联网平台掌握海量用户数据,一旦发生信息泄露或滥用,可能造成严重后果,我国《个人信息保护法》专门要求其履行“守门人”(Gatekeeper)角色,并承担更多责任,包括以下内容。

(1)应按照国家规定建立健全个人信息保护合规制度体系；

(2)成立主要由外部成员组成的独立机构对个人信息保护情况进行监督；

(3)遵循公开、公平、公正的原则制定平台规则；

(4)对严重违反法律、行政法规处理个人信息的平台内产品或服务提供者停止提供服务；

(5)定期发布个人信息保护社会责任报告,接受社会监督等。

相似地,欧盟于 2022 年 7 月 18 日通过的《数字市场法案》(Digital Markets Act)①列举了数字市场“看门人”提供的核心平台服务,包括:(1)在线中介服务,例如,交易市场、应用商店和其他行业的在线中介服务(交通、运输或能源);(2)在线搜索引擎;(3)社交网络;(4)视频共享平台;(5)不使用号码的个人社交电子通信服务;(6)操作系统;(7)虚拟助理;(8)网页浏览器;(9)云计算服务;(10)在线广告服务。

值得注意的是,2021 年 10 月 29 日,国家市场监督管理总局公开发布了《互联网平台分类分级指南(征求意见稿)》《互联网平台落实主体责任指南(征求意见稿)》。其中《互联网平台分类分级指南(征求意见稿)》根据用户规模、业务种类、经济体量、限制能力四个维度,将互联网平台分类如表 1.11 所示。

表 1.11　平台分级指南

平台分级	分级依据	具体标准
超级平台	超大用户规模	在中国的上年度年活跃用户不低于 5 亿
	超广业务种类	核心业务至少涉及两类平台业务
	超高经济体量	上年底市值(估值)不低于 10,000 亿人民币
	超强限制能力	具有超强的限制商户接触消费者(用户)的能力
大型平台	较大用户规模	在中国的上年度年活跃用户不低于 5000 万
	主营业务	具有表现突出的平台主营业务
	较高经济体量	上年底市值(估值)不低于 1000 亿人民币
	较强限制能力	具有较强的限制商户接触消费者(用户)的能力

① 该法案后续将在欧洲议会主席和理事会主席签署,在《欧盟官方公报》上公布,并将在 6 个月后开始适用。See https://www.consilium.europa.eu/media/56086/st08722-xx22.pdf.

续表

平台分级	分级依据	具体标准
中小平台	一定用户规模	在中国具有一定的年活跃用户
	一定业务种类	具有一定业务
	一定经济体量	具有一定的市值(估值)
	一定限制能力	具有一定的限制商户接触消费者(用户)的能力

如果符合上述"超级平台"的认定标准的,属于"重要互联网平台"基本可以说是既定的事了;而达到"大型平台"认定标准的,是否属于"重要互联网平台"则仍有待进一步细则出台。

十一、我要设立"数据保护官"吗?

Data Protection Officer(以下简称 DPO),在国内通常称为数据保护官,泛指下列两类人员:一是个人信息保护负责人,二是数据安全负责人。

客户经常问及的一个问题就是:我们需要设立 DPO 吗?如需要,什么人员可以担任 DPO?必须是专职人员吗?让我们先看一下我国现有哪些规定(见表1.12)。

表1.12 数据保护官的有关规定

类型	法律、法规名称	相关规定
个人信息保护负责人	《个人信息保护法》	第52条第1款 处理个人信息达到国家网信部门规定数量的个人信息处理者应当指定个人信息保护负责人,负责对个人信息处理活动以及采取的保护措施等进行监督。
	《征信业务管理办法》	第34条 个人征信机构、保存或者处理100万户以上企业信用信息的企业征信机构,应当符合下列要求:……(二)设立信息安全负责人和个人信息保护负责人,由公司章程规定的高级管理人员担任……
	《儿童个人信息网络保护规定》	第15条 网络运营者对其工作人员应当以最小授权为原则,严格设定信息访问权限,控制儿童个人信息知悉范围。工作人员访问儿童个人信息的,应当经过儿童个人信息保护负责人或者其授权的管理人员审批,记录访问情况,并采取技术措施,避免违法复制、下载儿童个人信息。

续表

类型	法律、法规名称	相关规定
个人信息保护负责人	《北京市教育数据资源管理办法（试行）》	第 22 条　各单位要提高个人信息保护意识，充分保障师生、家长的知情权和隐私权。存储 100 万条以上个人信息的系统，网络安全等级保护应定为三级以上，单位要明确个人信息保护负责人，负责对个人信息处理活动及安全防护措施进行监督。
	《信息安全技术　个人信息安全规范》	11.1 明确责任部门与人员 …… b）应任命个人信息保护负责人和个人信息保护工作机构，个人信息保护负责人应由具有相关管理工作经历和个人信息保护专业知识的人员担任，参与有关个人信息处理活动的重要决策直接向组织主要负责人报告工作； c）满足以下条件之一的组织，应设立专职的个人信息保护负责人和个人信息保护工作机构，负责个人信息安全工作： 1）主要业务涉及个人信息处理，且从业人员规模大于 200 人； 2）处理超过 100 万人的个人信息，或预计在 12 个月内处理超过 100 万人的个人信息； 3）处理超过 10 万人的个人敏感信息的……
数据安全负责人	《数据安全法》	第 27 条第 2 款　重要数据的处理者应当明确数据安全负责人和管理机构，落实数据安全保护责任。
	《网络数据安全管理条例（征求意见稿）》	第 26 条　数据处理者处理一百万人以上个人信息的，还应当遵守本条例第四章对重要数据的处理者作出的规定。 第 28 条　重要数据的处理者，应当明确数据安全负责人，成立数据安全管理机构…… 数据安全负责人应当具备数据安全专业知识和相关管理工作经历，由数据处理者决策层成员承担，有权直接向网信部门和主管、监管部门反映数据安全情况。 第 29 条　重要数据的处理者，应当在识别其重要数据后的十五个工作日内向设区的市级网信部门备案，备案内容包括：（一）数据处理者基本信息，数据安全管理机构信息、数据安全负责人姓名和联系方式等……
	《数据安全管理办法（征求意见稿）》	第 17 条　网络运营者以经营为目的收集重要数据或个人敏感信息的，应当明确数据安全责任人。 数据安全责任人由具有相关管理工作经历和数据安全专业知识的人员担任，参与有关数据活动的重要决策，直接向网络运营者的主要负责人报告工作。
	《上海市数据条例》	第 6 条第 2 款　本市鼓励各区、各部门、各企业事业单位建立首席数据官制度。首席数据官由本区域、本部门、本单位相关负责人担任。

续表

类型	法律、法规名称	相关规定
数据安全负责人	《广东省首席数据官制度试点工作方案》	在广东省公安厅、人力资源社会保障厅、自然资源厅、生态环境厅、医保局、地方金融局等 6 个部门，以及广州、深圳、珠海、佛山、韶关、河源、中山、江门、茂名、肇庆等 10 个地级以上市、县设立本级政府首席数据官和本部门首席数据官，开展政府首席数据官制度试点工作。
	《江苏省工业和信息化厅关于在全省推行企业首席数据官制度的通知》	在江苏省推行企业首席数据官（以下简称 CDO）制度，并开展第一批企业 CDO 制度试点工作。对列入试点的企业，优先开展 DCMM 贯标评估；试点企业 CDO 制度建设情况，优先入选省 CDO 制度建设优秀案例并加以宣传推广。鼓励和支持各地在支持企业建立 CDO 制度方面给予政策引导。
网络安全负责人	《网络安全法》	第 21 条　国家实行网络安全等级保护制度。网络运营者应当按照网络安全等级保护制度的要求，履行下列安全保护义务，保障网络免受干扰、破坏或者未经授权的访问，防止网络数据泄露或者被窃取、篡改：（一）制定内部安全管理制度和操作规程，确定网络安全负责人，落实网络安全保护责任……
	《关键信息基础设施安全保护条例》	第 14 条　运营者应当设置专门安全管理机构，并对专门安全管理机构负责人和关键岗位人员进行安全背景审查。审查时，公安机关、国家安全机关应当予以协助。
	《网络安全等级保护条例（征求意见稿）》	第 20 条【一般安全保护义务】网络运营者应当依法履行下列安全保护义务，保障网络和信息安全：（一）确定网络安全等级保护工作责任人，建立网络安全等级保护工作责任制，落实责任追究制度…… 第 21 条【特殊安全保护义务】第三级以上网络的运营者除履行本条例第二十条规定的网络安全保护义务外，还应当履行下列安全保护义务：……（三）对网络安全管理负责人和关键岗位的人员进行安全背景审查，落实持证上岗制度……

但由于国家网信办并没有明确规定设立“个人信息保护负责人”的起始门槛，因此除了个人征信机构、保存或者处理 100 万户以上企业信用信息的企业征信机构、北京市教育机构等少数几类主体外，目前尚没有全国统一的必须设立“个人信息保护负责人”的标准。实践中，各主体可以参照《信息安全技术　个人信息安全规范》的要求。

“数据安全负责人”，若构成重要数据处理的，则均需要指定该人员。

另外，从现有规定来看，国家并未要求“个人信息保护负责人”和“数据安全负责人”必须是专职人员，这也与我国实践中许多企业委任首席技术官（CTO）、首席网络安全官（CSO）或首席合规官（CCO）兼任 DPO 的现状相符。

客户接下来问及的第二个问题就是：DPO 需要满足哪些基本条件？有哪些主要职责范围？是否可以把 DPO 角色外包？

首先，需要注意我国法律与 GDPR 的差异。在 GDPR 中并没有规定 DPO 必须要由组织内部的人员担任，仅仅在第 39 条中规定了 DPO 的相关职责：

（1）告知控制者或处理者及其相关员工应履行的义务，并提供这方面的建议；

（2）监督控制者或处理者及其相关员工遵守本条例，包括职责分配、意识培训及相关审计；

（3）对个人数据保护影响评估提出建议并予以监督；

（4）与监管机构进行合作；

（5）作为监管机构在个人数据处理及适当情况下任何其他事务的联络人。

GDPR 未规定对 DPO 的任何罚则，欧盟第 29 条工作组在其《Guidelines on Data Protection Officers》（DPOs）也明确指出，获委任的 DPO 无须为控制者或处理者违反 GDPR 而承担任何个人责任。而我国的《网络安全法》、《数据安全法》和《个人信息保护法》则不同，都对 DPO 规定了个人法律责任。因此，在我国法律语境下，把 DPO 角色外包的想法很难实现。

此外，我国的 DPO 职责主要是作为组织内部的人员，对组织负责而较难如 GDPR 项下的 DPO 作为一个与监管机构合作的中间人角色，其主要职责通常包括：

（1）全面统筹实施组织内部的数据安全工作，对数据安全负直接责任；

（2）组织制订数据保护工作计划并督促落实；

（3）制定、签发、实施、定期更新数据保护政策和相关规程；

（4）与组织内部的互联网技术（IT）、产品和合规团队合作，以确保所有系统和程序符合法律法规和政策；

（5）建立、维护和更新组织所持有的重要数据和个人信息清单（包括数据的类型、数量、来源、接收方等）和授权访问策略；

（6）开展个人信息安全影响评估，提出个人信息保护的对策建议，督促整改安全隐患；

(7)协助维护数据跨境机制,如标准合同条款和其他适用机制;
(8)开展个人信息合规审计;
(9)制定实施数据安全事件应急预案;
(10)开展数据安全风险监测,及时处置、通报或报告数据安全风险和事件;
(11)定期组织开展数据安全培训、风险评估、应急演练等活动;
(12)公布投诉、举报方式等信息并及时受理投诉举报;
(13)按照要求及时向网信部门和主管、监管部门报告数据安全情况。

需要特别指出,DPO的能力模型中,核心能力是能够构建一个数据保护管理体系,以全组织、全周期数据保护的全景视图,全面统筹实施组织内部的信息安全工作。当前国际通行的数据保护管理体系较多,包括ISO 27701、美国国家标准与技术研究院(National Institute of Standards and Technology,NIST)提供的Privacy Framework以及IAPP CIPM管理框架,涉及的相关大模块是类似的。

案例1 ISO/IEC 27701

2019年8月6日,国际标准化组织(ISO)和国际电工委员会(IEC)发布Security techniques-Extension to ISO/IEC 27001 and ISO/IEC27002 for privacy information management-Requirements and guidelines,该指南在ISO标准族系中的标号是ISO/IEC 27701:2019,因此简称为ISO/IEC 27701或ISO 27701。ISO 27701在27001 ISMS体系基础上,扩展了对隐私和个人信息保护的要求,成为第一部全球通用的数据保护标准,为各类组织提供了国际通用的隐私信息管理框架和隐私合规最佳实践。目前美国和英国等国家认可机构已颁发对ISO 27701认证机构的认可,国内企业如华为云、腾讯云、阿里云、360数科、爱奇艺、小鹏汽车、传音控股、中智上海、平安信托等多家企业已宣布通过了该ISO 27701认证。

ISO 27701的个人信息管理体系(PIMS)由三部分组成:特定要求、特定指南、附加指南。其中,特定要求(第5部分)是搭建个人信息管理体系的方法论,延续了其Plan(计划)、Do(执行)、Check(检查)和Action(处理)四阶段的质量管理标准(见表1.13)。

表1.13 四阶段质量管理标准

阶段	维度	具体要求
Plan	5.2 组织情景	5.2.1 理解组织及情境
		5.2.2 理解相关方的需求和期望
		5.2.3 确定 PIMS 的范围
		5.2.4 信息安全管理体系
	5.3 领导力	5.3.1 领导和承诺
		5.3.2 方针
		5.3.3 组织角色责任
	5.4 策划	5.4.1 应对风险和机会的措施
		5.4.2 信息安全目标和实现规划
	5.5 支持	5.5.1 资源
		5.5.2 能力
		5.5.3 意识
		5.5.4 沟通
		5.5.5 文件化信息
Do	5.6 运行	5.6.1 运行的规划和控制
		5.6.2 信息安全风险评估
		5.6.3 信息安全风险处置
Check	5.7 绩效评价	5.7.1 监视/测量/分析/评价
		5.7.2 内部审核
		5.7.3 管理评审
Act	5.8 改进	5.8.1 不符合和纠正措施
		5.8.2 持续改进

而特定指南(第6部分)是构建个人信息管理体系的措施和工具。

ISO 27701 特殊之处在于其为与 GDPR 保持一致,以“控制者”和“处理者”的不同角色来区分其义务,以附加指南(第7部分)说明不同组织的责任边界。如附件 A 列出了作为个人信息控制者的 PIMS 特定控制目标和控制措施(见表1.14)。

表1.14 ISO 27701附件A所列控制目标和控制措施

条款号	条款名称	控制措施
Table A. 1 – 控制目标和控制措施		
A7.2 收集和处理的条件 目标:根据适用的司法管辖区的法律,以明确界定和合法目的,确定并记录处理是合法的。		
A7.2.1	识别并记录目的	组织应识别并记录PII将被处理的具体目的。
A7.2.2	确定合法性基础	为已确定的目的,组织应确定、记录并遵守处理PII的相关法律依据。
A7.2.3	确定是否、何时及如何获得同意	除非有其他合法性基础,组织应确定并记录一个过程,以证明其是否、何时及如何获得PII主体的同意。
A7.2.4	获得并记录同意	组织应提供处理活动的详细信息以获得并记录PII主体的同意。
A7.2.5	个人信息保护影响评估	每当计划对PII进行新的处理或改变现有处理时,组织应评估DPIA的必要性并在适当时实施。
A7.2.6	与PII处理者签订合同	组织应与任何PII的处理者签订书面合同,并应确保在处理者的合同提出附录B中相应控制措施,并确定通过一定的措施使其得以实施。
A7.2.7	PII联合控制者	组织应与所有联合控制者约定处理和保护个人信息的各自角色和职责。
A7.2.8	与PII处理相关记录	组织应确定并安全的保存必要的记录,以支持其处理个人信息的义务。
A7.3 对个人信息主体的义务 目标:确保为个人信息主体共提供其处理个人信息的适当信息,并履行与个人信息处理相关的任何其他适用义务。		
A7.3.1	确定并履行对PII主体责任	组织应确定并记录与PII相关的对PII主体的法律、法规和合同的义务,并提供履行这些义务的方法。
A7.3.2	向PII主体提供的信息控制	组织应以文件形式确定向PII主体提供有关其PII处理的信息及提供的时间。
A7.3.3	向PII主体提供信息	组织应使用清晰且适合目标受众的语言,及时以简洁、完整、透明、易懂和易于访问的形式,向PII主体提供前述确定的信息。
A7.3.4	修改或撤销同意	组织应为PII主体提供修改或撤销其同意的机制。

续表

条款号	条款名称	控制措施
A7.3.5	反对处理	组织应为 PII 主体提供一种机制,以反对其处理 PII。
A7.3.6	访问、更正或删除	组织应实施策略、程序和机制,以履行其对 PII 主体访问、更正、删除义务。
A7.3.7	PII 控制者告知第三方责任	组织应实施适当的策略、程序和机制,告知被共享 PII 的第三方有关 PII 的所有修改、撤回或居家,并监控对方对收到信息的确认。
A7.3.8	已处理 PII 的副本	组织应能够在 PII 主体要求时,提供被处理 PII 的副本。
A7.3.9	处理请求	组织应定义并记录处理和响应来自 PII 主体的合法请求的策略和程序。
A7.3.10	自动决策	组织应确定并承担其仅基于对 PII 自动化处理而产生的与 PII 主体有关的决策的责任。
A7.4 设计的保护和默认的保护 目标:确保设计留存和系统,使收集和处理限于所确定的必要的目的。		
A7.4.1	限制收集	组织应将 PII 的收集限制在与确定目的相关的、相称的和必要的最小范围。
A7.4.2	限制处理	组织应将 PII 的处理限制在与确定的目的适当、相关和必要的范围内。
A7.4.3	准确和质量	在 PII 的生命周期中,组织应确保 PII 是准确、完整和最新的。
A7.4.4	PII 最小化目标	组织应定义和记录数据最小化目标,以及为满足这些目标采用的机制(如去标识)。
A7.4.5	处理结束时匿名或删除	一旦原始 PII 不再需要用于确定目的,组织应删除 PII 或以无法识别或重识别 PII 主体的形式呈现。
A7.4.6	临时文件	组织应按照文件化的规程,确保在规定的期限内处理(如删除或销毁)因 PII 处理而创建的临时文件。
A7.4.7	保留	组织保留 PII 的时间不应超过必要的时间。
A7.4.8	处置	组织应建立有关 PII 处置的文件化策略、程序和机制。
A7.4.9	PII 传输控制	组织应对通过网络传输的 PII 进行适当的控制,以确保数据到达预定目的地。

续表

条款号	条款名称	控制措施
A7.5 个人信息共享、转移和披露 目标:确保个人信息有无被共享、转移到其他司法管辖区,根据适用的义务被披露,当以上情况发生时是否被记录。		
A7.5.1	跨司法管辖区传输PII依据	组织应识别不同司法管辖区之间传输PII适用的相关法律依据。
A7.5.2	PII可被传输的国家和国际组织控制	组织应以文件形式详细说明PII可能被传输的国家和国际组织。
A7.5.3	PII传输记录	组织应记录PII向第三方传输的来源地和目的地,并确保与这些第三方合作,以支持与PII主体相关的未来请求。
A7.5.4	向第三方披露的记录	组织应记录向第三方披露的情况,包括披露了哪些PII、向谁披露、何时披露。

附件B则列出了作为个人信息处理者的PIMS特定控制目标和控制措施,此处不再赘述。

十二、我需要申请增值电信类业务牌照吗?

我国法律将电信业务牌照分为《基础电信业务经营许可证》和《增值电信业务经营许可证》两类,前者准入门槛极高,通常较少客户会涉及,此处不予以展开。

但会遇到《增值电信业务经营许可证》的客户就较为普遍了,因此这也是客户经常会咨询的问题,包括其是否需要取得该张牌照以及需要哪一个类别牌照。

具体而言,医药类App提供"就诊挂号"(如挂号网)、"在线问诊"(如平安好医生)、"药品销售"(如阿里健康大药房)、"医疗大数据云平台"(如蓝网科技、金豆医疗)等服务,在线数据处理、语音通信等业务形态,就可能涉及B11互联网数据中心业务、B21在线数据处理与交易处理业务、B25信息服务业务等增值电信业务牌照。

《电信业务分类目录(2019年修订)》中常见牌照的对应场景如表1.15所示。

表 1.15　增值电信牌照与适用场景对照

序号	牌照名称	适用场景	举例	法律依据
1	B11 互联网数据中心业务的《增值电信业务经营许可证》(IDC)	1. 利用相应的机房设施，以外包出租的方式为用户的服务器等互联网或其他网络相关设备提供放置、代理维护、系统配置及管理服务；或 2. 提供数据库系统或服务器等设备的出租及其存储空间的出租、通信线路和出口带宽的代理租用和其他应用服务	中国电信数据中心、世纪互联数据中心	1.《电信业务经营许可管理办法》(2017 年修订) 2.《外商投资电信企业管理规定》(2022 年修订) 3.《自由贸易试验区外商投资准入特别管理措施(负面清单)》 4.《关于中国(上海)自由贸易试验区进一步对外开放增值电信业务的意见》 5.《内地与香港关于建立更紧密经贸关系的安排》服务贸易协议(2020 年修订) 6.《内地与澳门关于建立更紧密经贸关系的安排》服务贸易协议(2020 年修订)
2	B11 互联网数据中心业务(加注互联网资源协作)的《增值电信业务经营许可证》(IDC)	利用架设在数据中心之上的设备和资源，通过互联网或其他网络以随时获取、按需使用、随时扩展、协作共享等方式，为用户提供的数据存储、互联网应用开发环境、互联网应用部署和运行管理等服务	阿里云 PaaS 平台、亚马逊云科技	
3	B12 内容分发网络业务的《增值电信业务经营许可证》(CDN)	利用分布在不同区域的节点服务器群组成流量分配管理网络平台，为用户提供内容的分散存储和高速缓存，并根据网络动态流量和负载状况，将内容分发到快速、稳定的缓存服务器上，提高用户内容的访问响应速度和服务的可用性服务	百度云加速、网宿科技	
4	B14 互联网接入服务业务的《增值电信业务经营许可证》(ISP)	利用接入服务器和相应的软硬件资源建立业务节点，并利用公用通信基础设施将业务节点与互联网骨干网相连接，为各类用户提供接入互联网的服务。用户可以利用公用通信网或其他接入手段连接到其业务节点，并通过该节点接入互联网	长城宽带、光环新网	
5	B21 在线数据处理与交易处理业务的《增值电信业务经营许可证》(EDI)	利用各种与公用通信网或互联网相连的数据与交易/事务处理应用平台，通过公用通信网或互联网为用户提供在线数据处理和交易/事务处理的业务。在线数据处理与交易处理业务包括： 1. 交易处理业务； 2. 电子数据交换业务； 3. 网络/电子设备数据处理业务	电商平台、互联网金融平台、第三方物联网平台(如京东智能)	

续表

序号	牌照名称	适用场景	举例	法律依据
6	B25信息服务业务的《增值电信业务经营许可证》(ICP证)	通过信息采集、开发、处理和信息平台的建设,通过公用通信网或互联网向用户提供信息服务的业务。信息服务的类型按照信息组织、传递等技术服务方式,主要包括: 1.信息发布平台和递送服务; 2.信息搜索查询服务; 3.信息社区平台服务; 4.信息即时交互服务; 5.信息保护和处理服务等	新浪网、Apple应用商店、百度、微博、知乎、QQ、微信、360杀毒	
7	非经营性互联网信息服务备案(ICP备)	通过互联网向上网用户无偿提供具有公开性、共享性信息的服务活动	企业官网、自营电商	1.《互联网信息服务管理办法》 2.《非经营性互联网信息服务备案管理办法》

其实,实务中存在不少的特例情形需要个案调查分析,例如:

(1)根据工信部官网《关于电信业务经营许可的办事指南》①答复:网约车平台只需做网站备案。若平台还涉及其他电信业务,还应按照业务界定申请相应的电信业务经营许可。

(2)根据工信部官网《关于电信业务经营许可的办事指南》答复:权益类、大宗商品交易平台只需做网站备案。若平台从事其他电信业务,则应按照业务界定申请相应许可。

案例1 网约车经营服务平台

根据《网络预约出租汽车经营服务管理暂行办法》的规定,网约车经营服务是指以互联网技术为依托构建服务平台,整合供需信息,使用符合条件的车辆和驾驶员,提供非巡游的预约出租汽车服务的经营活动。

前述业务可能涉及增值电信牌照项下B25信息服务业务(ICP证)中的"信息即时交互服务"和B21在线数据处理与交易处理业务(EDI证)中的"网络/电

① See https://ythzxfw.miit.gov.cn/lawGuide?data=5f19dd122cfa4482a2b64e201cbc8bfd.

子设备数据处理业务”两类业务形态。

项目组律师与江苏省通信管理局、工信部电话访谈(咨询)了解到如下信息:(1)实操层面,工信部网站《关于电信业务经营许可的办事指南》指出“网约车平台只需做网站备案。若平台还涉及其他电信业务,还应按照业务界定申请相应的电信业务经营许可”。经电话沟通工信部,其明确内部文件规定平台开展网约车业务不需要申请B25增值电信业务经营许可。(2)关于平台远程监控车辆是否需要申请B21项下物联网业务的增值电信业务经营许可,工信部未作明确答复。江苏省通信管理局受访人员表示,江苏省内目前并未要求物联网业态公司取得B21增值电信业务经营许可,其知悉该网约车平台目前资质情况,实操中并未对网约车平台就增值电信业务许可事宜进行任何处罚。

项目组律师通过互联网公开信息检索发现,同类业态公司中仅滴滴出行、货拉拉取得了B25(仅限互联网信息服务)增值电信业务经营许可。其他平台,如神州专车、首汽约车、曹操专车、万顺叫车、斑马快跑、飞嘀打车均仅办理了域名备案,未见对此的处罚案例或类似新闻。

案例2 供应链金融(应收账款电子多级流转)平台

供应链金融(应收账款电子多级流转)平台通常是指利用区块链、人工智能、大数据等数字技术,实现核心企业对供应商应付账款的线上确权,签发可拆分、可多级流转、可转让/质押融资的数字债权凭证,依托核心企业资信优势,为供应链上下游企业提供增信、应收账款管理、融资等一体化综合金融服务的平台。

前述业务可能涉及增值电信牌照项下B25信息服务业务(ICP证)中的“信息发布平台和递送服务”和B21在线数据处理与交易处理业务(EDI证)中的“交易处理业务”两类业务形态。

项目组律师与上海通信管理局电话访谈(咨询)了解到如下信息:(1)上海市内提供供应链金融平台类业务暂不认定为B21、B25类增值电信业务管理范畴,仅办理ICP备案即可;(2)金融监管部门如对供应链金融平台类业务有相关资质许可管理规定的,则还需要获得金融监管部门批准。

项目组律师通过互联网公开信息检索发现,同类业态公司中有中企云链、蚂蚁金服、随行付、联易融同时取得了B25(仅限互联网信息服务)和B21增值电信业务经营许可。国网电e金服仅取得B25(仅限互联网信息服务)增值电信业务经营许可。其他平台,如简单汇、众企安链、中铁e信、宇商金服均仅办理了域名备案,未见对此的处罚案例或类似新闻。

案例3 Software-as-a-Service(软件即服务)平台

Software-as-a-Service(以下简称SaaS)是指厂商通过其部署在云端的应用程序向客户提供服务,在线上直接交付软件服务。

在不涉及经营性互联网信息服务业务和其他特殊业务的情况下,SaaS行业的企业只需要取得适当的营业执照即可。例如,微盟集团(02013.HK)在招股书中披露了中国法律顾问认为其无须取得ICP证并得到了省级通信管理局的确认;汇量科技(01860.HK)在招股书中从法律适用的角度详细分析了其为何无须取得文网文并向省级文化主管部门寻求了确认。

如果企业除了SaaS业务,还涉及经营性互联网信息服务业务,则需要取得ICP证。例如,明源云公司(00909.HK)主要为中国房地产开发商及房地产产业链其他参与者(如建筑材料供应商和房地产资产管理公司)提供企业级ERP解决方案及SaaS产品,其招股书披露明源云公司"经营采购及供应链管理平台涉及有偿为房地产开发商及供应商提供采购信息",该公司与当地通信管理局市场监管处(互联网管理处)咨询确认经营该等业务属于向客户提供"收费信息服务"而应当取得ICP证。

第二章　网络安全审查篇

一、为什么要建立网络安全审查制度？

“棱镜门事件”曝光后，我国对网络安全的自主可控才真正开始重视起来，正如国家网信办发言人姜军所述：“过去，中国的网络安全实际上像一个没有设置屏障的房间，缺少充分的、整体的设计。我们有很多地方就像汽车上了高速公路才发现装了油门没装刹车一样，很多安全设施没有配备。现在我们采取的实际上是一个补救措施。凡是涉及国家安全和公共利益的信息系统，其中使用的信息技术产品和服务，我们都要进行安全审查。”

（1）2014 年 5 月，中央国家机关政府采购中心下发《关于进行信息类协议供货强制节能产品补充招标的通知》，招标品目包括便携式计算机、平板电脑、台式计算机、一体机、激光打印机、平推打印机、滚筒打印机等 7 个品目，并要求“所有计算机类产品不允许安装 Windows 8 操作系统”，该领域国产化替代拉开序幕。

（2）2014 年 5 月，国家网信办发布公告称，将推出中国的网络安全审查制度，以对进入我国市场的重要信息技术产品及其提供者进行网络安全审查，审查重点为产品的安全性和可控性，旨在防止产品提供者利用提供产品的便利来非法控制、干扰、中断用户系统，以及非法收集、存储、处理和利用用户信息。

（3）2014 年 12 月，国家网信办发布《关于加强党政部门云计算服务网络安全管理的意见》，规定为党政部门提供云计算服务的服务商应参照网络安全国家标准，组织第三方机构进行网络安全审查，重点审查云计算服务的安全性、可控性。

（4）2015 年 7 月，全国人大常委会审议通过了《国家安全法》，将网络信息技术产品和服务列入国家安全审查范围。

（5）2016 年 11 月，全国人大常委会审议通过了《网络安全法》，确立了关键信息基础设施运营者采购网络产品和服务的网络安全审查制度。

通过上述一系列举措,我国的网络安全审查制度1.0版得以正式建立。

但是,全球安全漏洞、数据泄露、网络诈骗、勒索病毒等网络安全威胁日益凸显,有组织、有目的的网络攻击形势愈加明显。根据国家互联网应急中心(CNCERT)发布的《2020年中国互联网网络安全报告》,从我国网络安全监测数据看,网络安全总体形势仍不容乐观:

(1)恶意程序:全年捕获恶意程序样本数量超过4200万个,日均传播次数达482万余次,涉及恶意程序家族近34.8万个。按照攻击目标IP地址统计,我国境内受恶意程序攻击的IP地址约5541万个,约占我国IP地址总数的14.2%。

(2)安全漏洞:国家信息安全漏洞共享平台("CNVD")收录安全漏洞数量共计20,704个,继续呈上升趋势,同比增长27.9%,2016年以来年均增长率为17.6%。其中,高危漏洞数量为7420个(占35.8%),同比增长52.1%;"零日"漏洞数量为8902个(占43.0%),同比增长56.0%。按影响对象分类统计,排名前三的是应用程序漏洞(占47.9%)、Web应用漏洞(占29.5%)、操作系统漏洞(占10.0%)。

(3)拒绝服务攻击:因为攻击成本低、效果明显,DDoS攻击仍是目前互联网用户面临的较常见、影响较严重的网络安全威胁之一。与2019年相比,境内各类攻击资源数量持续减少。而与此同时,境外各类攻击资源数量不断增加,境外活跃控制端数量同比增加27.6%、受控端数量同比增加37.0%、活跃反射服务器同比增加0.3%,攻击资源向境外迁移趋势明显。

(4)网络安全:全年监测发现约20万个针对我国境内网站的仿冒页面,同比增长约1.4倍。其中,大部分为关于"ETC在线认证"网站、网上行政审批等利用社会热点的仿冒页面。监测发现境内外约2.6万个IP地址对我国境内约5.3万个网站植入后门,我国境内被植入后门的网站数量同比下降37.3%。我国境内被篡改的网站约10万个,同比减少约45.9%,其中被篡改的政府网站有494个。

(5)云平台安全:随着业务不断走向云端,发生在我国云平台上的网络安全事件或威胁数量居高不下。首先,发生在我国云平台上的各类网络安全事件数量占比仍然较高,其中云平台上遭受大流量DDoS攻击的事件数量占境内目标遭受大流量DDoS攻击事件数的74.0%、被植入后门网站数量占境内全部被植入后门网站数量的 88.1%、被篡改网站数量占境内全部被篡改网站数量的 88.6%。其次，攻击者经常利用我国云平台发起网络攻击，其中云平台作为控制端发起 DDoS 攻击的事件数量占境内控制发起 DDoS 攻击的事件数量的 81.3%、作为木马和僵尸网络恶意程序控制端控制的 IP 地址数量占境内全部数量的 96.3%、承载的恶意程序种类数量占境内互联网上承载的恶意程序种类数量的 83.3%。

(6)工业控制系统安全：CNCERT 持续扩大监测和巡检范围，发现境内大量暴露在互联网的工业控制设备和系统。其中，设备类型包括可编程逻辑控制器、串口服务器等；系统涉及电力、石油天然气、轨道交通等重点行业，覆盖企业生产管理、企业经营管理、政府监管、工业云平台等几大类型。

(7)区块链安全：区块链领域共发生安全事件 555 起，每月均有新增安全事件。其中，2020 年 9 月发生安全的事件数量最多，达 69 起。下半年事件数量较上半年增长 32.1%。从发生事件的具体领域来看，DeFi、数字钱包、资产交易平台发生安全事件数量排前三名。

我国的网络安全审查制度，也与国际社会近些年对网络和数据安全高度关注，对关键基础设施、关键技术和个人数据"外泄"加大审查力度的趋势密不可分。

以美国为例，其在全球率先推出外商投资安全审查制度，为执行制度而设立的美国外资投资委员会(CFIUS)成员包括美国财政部、司法部、国土安全部、商务部、国防部、国务院、能源部、美国贸易代表办公室、科技政策办公室等 9 大部门的负责人，美国财政部长为 CFIUS 主席。CFIUS 外商投资审查的职权最初源于 1950 年的《国防生产法》第 721 节和 2007 年《外国投资与国家安全法案》对第 721 节作出的修订。2020 年 2 月 13 日，《外国投资风险审查现代化法案》(the Foreign Investment Risk Review Modernization Act of 2018，FIRRMA)及其最终规则正式生效，该法案对 CFIUS 的职权范围作出了重大修订和调整，特别是允许 CFIUS 审查涉及关键基础设施(critical infrastructure)、关键技术(critical technologies)和敏感个人数据(sensitive personal data of U. S. citizens)领域的非控制性投资，不再以"控制"作为触发审查条件[①]。

---

① See https://home.treasury.gov/policy-issues/international/the-committee-on-foreign-investment-in-the-united-states-cfius/cfius-overview.

案例1 蚂蚁金服收购 MoneyGram 案

2017年4月,蚂蚁金服与美国汇款公司 MoneyGram International(以下简称 MoneyGram)签署收购协议后,将该项交易提交至 CFIUS 进行审核。蚂蚁金服在向 CFIUS 提交的资料中承诺,MoneyGram 的数据基础设施仍将留在美国本土,个人信息都将加密,并保存在美国本土的安全设施内。然而,包括共和党参议员 Pat Roberts 和 Jerry Moran 在内的部分美国国会议员仍致信兼任 CFIUS 主席的美国财政部长 Steven Mnuchin,表达对该项交易的担忧。他们认为,此项交易可能导致泄露包括美国军方人员在内的美国公民信息,从而可能对美国国家安全构成威胁。最终,CFIUS 于2018年1月3日否决了该项交易。为此,蚂蚁金服需依据并购协议向 MoneyGram 支付3000万美元解约金。

案例2 蓝色光标收购 Cogint 案

2018年2月,北京蓝色光标品牌管理顾问股份有限公司(以下简称蓝色光标)发布公告,称公司拟与一家美国纳斯达克上市公司 Cogint(NASDAQ:COGT)旗下的部分资产进行合并以拥有其63%股权的交易,由于美国外资投资委员会拟不予对本次交易进行批准,公司决定撤销向美国外资投资委员会的申请并终止本次收购。

Cogint 旗下拥有两家子公司,分别为 IDI(金融业务)与 Fluent(数字营销业务);Cogint 主要营收及利润来自 Fluent。Cogint 拟将在交易前剥离 IDI 公司,只保留 Fluent 及相关业务;而蓝色光标看重的,也正是 Fluent 及其数字营销业务。Cogint 公告显示,该公司拥有的媒体资源为7500多万美国家庭(约1.3亿人)创建了数据库。蓝色光标曾这样评价 Cogint 的资源价值:"Cogint 不仅拥有美国消费者数据,还可以通过精准定制受众群体,通过针对性的营销服务获取有价值的客户。"

案例3 石基信息剥离 Stayntouch 案

2020年3月,美国总统公布《关于北京石基信息科技公司收购 Stayntouch 的行政命令》,宣布禁止北京中长石基信息技术股份有限公司(以下简称石基信息)及其全资子公司石基(香港)公司收购 Stayntouch,要求石基信息在120天内剥离其所收购的 Stayntouch 相关的所有权益。如经美国外国投资委员会核准,剥离期限最多可延长90天。同时,石基信息必须永久放弃对Stayntouch的收购。

Stayntouch是一家总部位于特拉华州的移动酒店物业管理公司,石基信息自2016年起开始对StayNTouch进行首轮投资,2018年9月已完成对Stayntouch的100%股权收购。此次美国总统依据修订后的《外国投资风险审查现代化法案》(FIRRMA)发布前述行政命令,认为有可靠证据表明石基信息作为中国上市公司,其与子公司可能通过收购Stayntouch采取损害美国国家安全的行动。其所称可靠证据主要是石基信息或其子公司可能接触Stayntouch酒店的顾客信息。

该案是《外国投资风险审查现代化法案》最终规则于2020年2月13日生效后,第一起中国投资者对美投资被禁止的案例。

案例4　昆仑万维剥离Grindr案

2020年3月,北京昆仑万维科技股份有限公司(以下简称昆仑万维)发布《关于转让控股子公司Grindr Inc.股权的公告》,称其与San Vicente Acquisition LLC达成初步股权转让意向,拟将其所持有的Grindr股权转让给San Vicente。公告称本次转让的目的是在履行2019年5月9日由公司、Grindr与由美国财政部和司法部代表的美国政府签署的《国家安全协议》,该协议要求,昆仑万维应在2020年6月30日之前向一个或多个主体出售持有的Grindr的100%股权。

Grindr是一家总部位于美国特拉华州的从事针对LGBTQ群体的社交网络平台运营,是全球最大的LGBTQ+社交平台之一,活跃用户主要分布在欧美等发达国家和地区。2018年度Grindr实现营业收入57,186万元人民币,总资产为21,473万元人民币。昆仑万维于2018年1月完成了对Grindr 100%股权收购的交割手续。

二、什么是网络安全审查制度3.0版?

2016年11月我国通过的《网络安全法》第35条规定:“关键信息基础设施的运营者采购网络产品和服务,可能影响国家安全的,应当通过国家网信部门会同国务院有关部门组织的国家安全审查。”2017年5月,国家网信办发布《网络产品和服务安全审查办法(试行)》(以下简称1.0版《试行办法》),可以视为我国网络安全审查1.0版。

2020年4月13日,国家网信办等12部委公布了《网络安全审查办法》(以下简称《2020年审查办法》),该办法是顺应网络空间安全形势而制定的2.0版网络安全审查制度,相比于1.0版《试行办法》,差异主要体现在下述两点:

(1)审查工作主体法定化。《2020年审查办法》首先明确了网络安全审查工作是在中央网络安全和信息化委员会领导下,由国家网信办、发改委、工信部、公安部、国家安全部、财政部、商务部、人民银行、国家市场总局、广电总局、保密局、密码管理局共12个部委建立国家网络安全审查工作机制,网络安全审查办公室设在国家网信办。将审查工作主体通过法规明确下来,较1.0版《试行办法》更加透明、清晰。同时《2020年审查办法》规定,网络安全审查办公室在规定时间内对运营者的申请进行初步审查,包括形成审查结论建议和将审查结论建议发送网络安全审查工作机制成员单位、相关关键信息基础设施保护工作部门征求意见,由此可见,除了上述12个部委外,"相关关键信息基础设施保护工作部门"也可能成为网络安全审查的工作主体。

(2)审查对象全面化。《2020年审查办法》规定:"关键信息基础设施运营者(以下简称'运营'者)采购网络产品和服务,影响或可能影响国家安全的,应当按照本办法进行网络安全审查",定义了直接审查对象为关键信息基础设施运营者对网络产品和服务的采购行为。第6条又规定:"对于申报网络安全审查的采购活动,运营者应通过采购文件、协议等要求产品和服务提供者配合网络安全审查",明确了产品和服务的提供者是间接审查对象,使审查对象明确法定。较1.0版《试行办法》仅针对"网络产品与服务"的审查,《2020年审查办法》将审查对象落实到人,责任主体更加全面。

进入2021年,《网络安全审查办法》(以下简称《2021年审查办法》)迎来再一轮修订并于2022年2月15日正式施行,其突出的修订集中在审查工作主体的扩容和审查对象的扩大两个方面,我国由此进入网络安全审查3.0版阶段。

显而易见,3.0版项下审查工作主体进一步扩容,将证监会增列了进来,从而形成了"一位统领+十三罗汉"的局面(见图2.1),而增列证监会的安排也与下述审查对象的扩容息息相关。在滴滴出行一案中,入驻滴滴出行进行网络安全审查的部门除了国家网信办、公安部、国家安全部、国家市场监管总局外,还囊括了自然资源部、交通运输部和国税总局,也证明了"相关国家主管部门"是如何成为网络安全审查工作主体的。《2020 年审查办法》《2021 年审查办法(修订草案征求意见稿)》和《2021 年审查办法》审查对象的对比如表 2.1 所示。

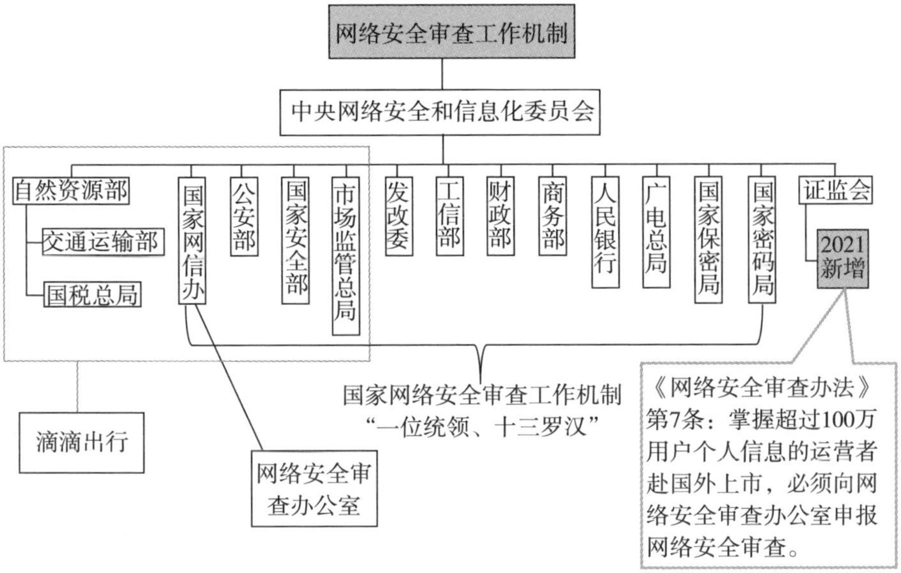

图 2.1　《2021 年审查办法》审查工作主体

表 2.1　《2021 年审查办法》审查对象对比

比较项目	《2020 年审查办法》	《2021 年审查办法(修订草案征求意见稿)》	《2021 年审查办法》
立法依据	第 1 条　为了确保关键信息基础设施供应链安全,维护国家安全,依据《中华人民共和国国家安全法》《中华人民共和国网络安全法》,制定本办法。	第 1 条　为了确保关键信息基础设施供应链安全,维护国家安全,依据《中华人民共和国国家安全法》《中华人民共和国网络安全法》《中华人民共和国数据安全法》,制定本办法。	第 1 条　为了确保关键信息基础设施供应链安全,保障网络安全和数据安全,维护国家安全,根据《中华人民共和国国家安全法》、《中华人民共和国网络安全法》、《中华人民共和国数据安全法》、《关键信息基础设施安全保护条例》,制定本办法。

续表

比较项目	《2020年审查办法》	《2021年审查办法（修订草案征求意见稿）》	《2021年审查办法》
适用范围	第2条　关键信息基础设施运营者（以下简称运营者）采购网络产品和服务，影响或可能影响国家安全的，应当按照本办法进行网络安全审查。	第2条　关键信息基础设施运营者（以下简称运营者）采购网络产品和服务，数据处理者（以下简称运营者）开展数据处理活动，影响或可能影响国家安全的，应当按照本办法进行网络安全审查。	第2条　关键信息基础设施运营者采购网络产品和服务，网络平台运营者开展数据处理活动，影响或者可能影响国家安全的，应当按照本办法进行网络安全审查。 前款规定的关键信息基础设施运营者、网络平台运营者统称为当事人。
国外上市	无	第6条　掌握超过100万用户个人信息的运营者赴国外上市，必须向网络安全审查办公室申报网络安全审查。	第7条　掌握超过100万用户个人信息的网络平台运营者赴国外上市，必须向网络安全审查办公室申报网络安全审查。
网络产品与服务范围	第20条　本办法所称网络产品和服务主要指核心网络设备、高性能计算机和服务器、大容量存储设备、大型数据库和应用软件、网络安全设备、云计算服务，以及其他对关键信息基础设施安全有重要影响的网络产品和服务。	第21条　本办法所称网络产品和服务主要指核心网络设备、重要通信产品、高性能计算机和服务器、大容量存储设备、大型数据库和应用软件、网络安全设备、云计算服务，以及其他对关键信息基础设施安全有重要影响的网络产品和服务。	第21条　本办法所称网络产品和服务主要指核心网络设备、重要通信产品、高性能计算机和服务器、大容量存储设备、大型数据库和应用软件、网络安全设备、云计算服务，以及其他对关键信息基础设施安全、网络安全和数据安全有重要影响的网络产品和服务[1]。

〔1〕对于列入国家网信办、工信部、公安部、国家认证认可监督委员会发布的《网络关键设备和网络安全专用产品目录》的设备和产品，通常都应视为有重要影响的网络产品，例如：（1）路由器；（2）交换机；（3）服务器（机架式）；（4）可编程逻辑控制器（PLC设备）；（5）数据备份一体机；（6）防火墙（硬件）；（7）WEB应用防火墙（WAF）；（8）入侵检测系统（IDS）；（9）入侵防御系统（IPS）；（10）安全隔离与信息交换产品（网闸）；（11）反垃圾邮件产品；（12）网络综合审计系统；（13）网络脆弱性扫描产品；（14）安全数据库系统；（15）网站恢复产品（硬件）。

通过简单对比，可以发现表2.1三个规定在审查对象上的差异：

（1）1.0版《2020年审查办法》的审查对象：限于关键信息基础设施运营者采购网络产品和服务。

（2）2.0版《2021年审查办法（修订草案征求意见稿）》的审查对象：除关键

信息基础设施运营者采购网络产品和服务外，新增了数据处理者开展数据处理活动、掌握超过100万用户个人信息的运营者赴国外上市两类情形。

(3)3.0版《2021年审查办法》的审查对象：将新增情形的主体范围从“数据处理者”限缩为“网络平台运营者”，即除关键信息基础设施运营者采购网络产品和服务外，新增了网络平台运营者开展数据处理活动、掌握超过100万用户个人信息的网络平台运营者赴国外上市两类情形。

另外，关于网络安全审查对象的问题，需要持续关注最新的立法进展，国家网信办于2021年11月14日发布的《网络数据安全管理条例(征求意见稿)》仍有进一步扩大审查对象范围的趋势，如该征求意见稿第13条规定：“数据处理者开展以下活动，应当按照国家有关规定，申报网络安全审查：(一)汇聚掌握大量关系国家安全、经济发展、公共利益的数据资源的互联网平台运营者实施合并、重组、分立，影响或者可能影响国家安全的；(二)处理一百万人以上个人信息的数据处理者赴国外上市的；(三)数据处理者赴香港上市，影响或者可能影响国家安全的；(四)其他影响或者可能影响国家安全的数据处理活动。大型互联网平台运营者在境外设立总部或者运营中心、研发中心，应当向国家网信部门和主管部门报告。”

三、网络安全审查适用于个人信息处理活动吗？

大家可能也发现了，《2021年审查办法》并没有将《个人信息保护法》列为其上位法依据，《2021年审查办法》第2条的表述为“网络平台运营者开展数据处理活动”。

国家网信办在2022年1月4日答记者问时特别指出：“2021年9月1日，《数据安全法》正式施行，明确规定国家建立数据安全审查制度，网信办据此对《网络安全审查办法》进行了修订，将网络平台运营者开展数据处理活动影响或者可能影响国家安全等情形纳入网络安全审查范围。”

由此引发的一个思考是，《2021年审查办法》规定的“数据处理活动”是否囊括了“个人信息处理活动”，即个人信息处理活动是否属于网络安全审查制度的审查对象？

事实上，认为个人信息处理活动不属于网络安全审查制度的审查对象的观点缺乏法律依据，具体理由如下：

(1)《数据安全法》本身并非与《个人信息保护法》相互排斥,个人信息处理活动应理解为数据处理活动的一种特殊类型,其法律依据是《数据安全法》第53条的规定:“在统计、档案工作中开展数据处理活动,开展涉及个人信息的数据处理活动,还应当遵守有关法律、行政法规的规定。”

(2)《2021年审查办法》内容本身也有多处提及“个人信息”的条款,例如,引发资本市场震动的第7条“掌握超过100万用户个人信息的网络平台运营者赴国外上市,必须向网络安全审查办公室申报网络安全审查”的规定;又如,第10条“网络安全审查重点评估相关对象或者情形的以下国家安全风险因素:……(五)核心数据、重要数据或者大量个人信息被窃取、泄露、毁损以及非法利用、非法出境的风险;(六)上市存在关键信息基础设施、核心数据、重要数据或者大量个人信息被外国政府影响、控制、恶意利用的风险,以及网络信息安全风险”的规定。

(3)在其他法规文件中,数据和个人信息也越来越表现出相互融合的迹象,最为典型的就是《汽车数据安全管理若干规定(试行)》,该法规所称的汽车数据,就包括了汽车设计、生产、销售、使用、运维等过程中的涉及个人信息数据和重要数据。将“涉及个人信息主体超过10万人的个人信息”直接界定为重要数据的一种形态。

综上,现阶段即便不是赴国外上市,若网络平台运营者开展个人信息处理活动且影响或者可能影响国家安全的,应该也是要进行网络安全审查。

当然,《数据安全法》要求建立的“数据安全审查”制度,今后是单列还是与现行“网络安全审查”合并,尚有待今后我国法律的进一步明确。

案例1 滴滴出行被网络安全审查

2021年6月11日,滴滴出行科技有限公司(以下简称滴滴出行)递交招股书;6月25日确定募资额、发行规模、定价;6月27日提前结束招股;6月30日,滴滴出行在纽交所上市。

2021年7月2日,网络安全审查办公室发布《网络安全审查办公室关于对“滴滴出行”启动网络安全审查的公告》。公告称,为防范国家数据安全风险,维护国家安全,保障公共利益,依据《国家安全法》《网络安全法》,网络安全审查办公室按照《网络安全审查办法》,对滴滴出行实施网络安全审查。为配合网络安全审查工作,防范风险扩大,审查期间滴滴出行停止新用户注册。

2021 年 7 月 4 日,国家网信办发布公告。公告称,根据举报,经检测核实,滴滴出行 App 存在严重违法违规收集使用个人信息问题。国家网信办依据《网络安全法》的相关规定,通知应用商店下架滴滴出行 App,要求滴滴出行严格按照法律要求,参照国家有关标准,认真整改存在的问题,切实保障广大用户个人信息安全。

2021 年 7 月 9 日,国家网信办发布公告。公告称,根据举报,经检测核实,"滴滴企业版"等 25 款 App 存在严重违法违规收集使用个人信息问题。国家网信办依据《网络安全法》的相关规定,通知应用商店下架上述 25 款 App,要求相关运营者严格按照法律要求,参照国家有关标准,认真整改存在的问题,切实保障广大用户个人信息安全。各网站、平台不得为滴滴出行和"滴滴企业版"等上述 25 款已在应用商店下架的 App 提供访问和下载服务。

2021 年 7 月 16 日,国家网信办会同公安部、国家安全部、自然资源部、交通运输部、税务总局、市场监管总局联合进驻滴滴出行,开展网络安全审查。

2021 年 12 月 3 日,滴滴出行宣布,将从纽交所退市,并启动研究在中国香港上市的准备工作。

根据美国期权清算公司的公告,"滴滴出行"于 2022 年 6 月 13 日正式从纽交所摘牌,开始转入场外 OTC 市场交易,最后一个交易日(2022 年 6 月 10 日)收盘报 2.29 美元/ADS。

值得注意的是,对滴滴出行、运满满、货车帮和 BOSS 直聘等启动网络安全审查时,《2021 年审查办法》并未出台,甚至《网络安全审查办法(修订草案征求意见稿)》也尚未发布,那本次网络安全审查的法律依据是什么,滴滴出行是否属于关键信息基础设施运营者?

显然,滴滴出行等只能是基于《2020 年审查办法》而被发起网络安全审查的,从现行有效的法律法规的条文来看,滴滴出行的关键信息基础设施运营者身份是肯定的,否则已经发起的网络安全审查将无法满足主体适格的启动条件要求。同时,虽然《2021 年审查办法》已经出台,但该办法属于法规修订,本身不具有溯及力,办法中亦没有溯及力条款的规定,故无法以《2021 年审查办法》中存在"掌握超过 100 万用户个人信息的网络平台运营者赴国外上市"或"网络平台运营者开展数据处理活动"为由将滴滴出行的网络安全审查的合法性基础予以追溯调整。

2022年7月21日，国家网信办公布了对滴滴出行的调查及处罚结果：依据《网络安全法》《数据安全法》《个人信息保护法》《行政处罚法》等法律法规，对滴滴全球股份有限公司（以下简称滴滴公司）处人民币80.26亿元罚款，对滴滴全球股份有限公司董事长兼CEO程维、总裁柳青各处人民币100万元罚款。

关于滴滴出行的处罚结果，国家网信办有关负责人在答记者问中表示：

1. 关于滴滴公司存在的违法违规行为。经查明，滴滴公司共存在16项违法事实，归纳起来主要是8个方面。一是违法收集用户手机相册中的截图信息1196.39万条；二是过度收集用户剪切板信息、应用列表信息83.23亿条；三是过度收集乘客人脸识别信息1.07亿条、年龄段信息5350.92万条、职业信息1633.56万条、亲情关系信息138.29万条、"家"和"公司"打车地址信息1.53亿条；四是过度收集乘客评价代驾服务时、App后台运行时、手机连接桔视记录仪设备时的精准位置（经纬度）信息1.67亿条；五是过度收集司机学历信息14.29万条，以明文形式存储司机身份证号信息5780.26万条；六是在未明确告知乘客情况下分析乘客出行意图信息539.76亿条、常驻城市信息15.38亿条、异地商务/异地旅游信息3.04亿条；七是在乘客使用顺风车服务时频繁索取无关的"电话权限"；八是未准确、清晰说明用户设备信息等19项个人信息处理目的。此前，网络安全审查还发现，滴滴公司存在严重影响国家安全的数据处理活动，以及拒不履行监管部门的明确要求，阳奉阴违、恶意逃避监管等其他违法违规问题。滴滴公司违法违规运营给国家关键信息基础设施安全和数据安全带来严重安全风险隐患。因涉及国家安全，依法不公开。

2. 关于对滴滴公司作出网络安全审查相关行政处罚的决定的主要依据。此次对滴滴公司的网络安全审查相关行政处罚，与一般的行政处罚不同，具有特殊性。滴滴公司违法违规行为情节严重，结合网络安全审查情况，应当予以从严从重处罚。一是从违法行为的性质看，滴滴公司未按照相关法律法规规定和监管部门要求，履行网络安全、数据安全、个人信息保护义务，置国家网络安全、数据安全于不顾，给国家网络安全、数据安全带来严重的风险隐患，且在监管部门责令改正情况下，仍未进行全面深入整改，性质极为恶劣。二是从违法行为的持续时间看，滴滴公司相关违法行为最早开始于2015年6月，持续至今，时间长达7

年,持续违反2017年6月实施的《网络安全法》、2021年9月实施的《数据安全法》和2021年11月实施的《个人信息保护法》。三是从违法行为的危害看,滴滴公司通过违法手段收集用户剪切板信息、相册中的截图信息、亲情关系信息等个人信息,严重侵犯用户隐私,严重侵害用户个人信息权益。四是从违法处理个人信息的数量看,滴滴公司违法处理个人信息达647.09亿条,数量巨大,其中包括人脸识别信息、精准位置信息、身份证号等多类敏感个人信息。五是从违法处理个人信息的情形看,滴滴公司违法行为涉及多个App,涵盖过度收集个人信息、强制收集敏感个人信息、App频繁索权、未尽个人信息处理告知义务、未尽网络安全数据安全保护义务等多种情形。综合考虑滴滴公司违法行为的性质、持续时间、危害及情形,对滴滴公司作出网络安全审查相关行政处罚的决定的主要依据是《网络安全法》《数据安全法》《个人信息保护法》《行政处罚法》等有关规定。

至于运满满、货车帮和BOSS直聘网络安全审查的后续结果,有待该等案例信息的进一步澄清和公开。

四、我属于"网络平台运营者"吗?

《2021年审查办法》修订重点是增加了"网络平台运营者"这一审查对象,具体包括在第2条中增加"网络平台运营者开展数据处理活动",以及第7条"掌握超过100万用户个人信息的网络平台运营者赴国外上市,必须向网络安全审查办公室申报网络安全审查"这两类情形。但《2021年审查办法》并未直接对"网络平台运营者"这个概念进行定义,由此,客户经常问及的一个问题就是:我属于该办法规定的"网络平台运营者"吗?

鉴于我国法律尚未对此予以规定,需要结合我国相关立法的语境予以理解。对于《2021年审查办法》中"网络平台运营者",应可参照《电子商务法》《国务院反垄断委员会关于平台经济领域的反垄断指南》的相关术语进行理解(如表2.2所示)。

表2.2 “网络平台运营者”的相关定义及举例

法律、法规名称	相关定义
《电子商务法》	第9条　本法所称电子商务经营者，是指通过互联网等信息网络从事销售商品或者提供服务的经营活动的自然人、法人和非法人组织，包括电子商务平台经营者、平台内经营者[1]以及通过自建网站[2]、其他网络服务销售商品或者提供服务的电子商务经营者[3]。 本法所称电子商务平台经营者，是指在电子商务中为交易双方或者多方提供网络经营场所、交易撮合、信息发布等服务，供交易双方或者多方独立开展交易活动的法人或者非法人组织。 本法所称平台内经营者，是指通过电子商务平台销售商品或者提供服务的电子商务经营者。
《国务院反垄断委员会关于平台经济领域的反垄断指南》	第2条　相关概念 (一)平台，本指南所称平台为互联网平台，是指通过网络信息技术，使相互依赖的双边或者多边主体在特定载体提供的规则下交互，以此共同创造价值的商业组织形态。 (二)平台经营者，是指向自然人、法人及其他市场主体提供经营场所、交易撮合、信息交流等互联网平台服务的经营者。 (三)平台内经营者，是指在互联网平台内提供商品或者服务(以下统称商品)的经营者。平台经营者在运营平台的同时，也可能直接通过平台提供商品。 (四)平台经济领域经营者，包括平台经营者、平台内经营者以及其他参与平台经济的经营者。
《网络数据安全管理条例(征求意见稿)》	第73条　本条例下列用语的含义： (九)互联网平台运营者是指为用户提供信息发布、社交、交易、支付、视听等互联网平台服务的数据处理者。 (十)大型互联网平台运营者是指用户超过五千万、处理大量个人信息和重要数据、具有强大社会动员能力和市场支配地位的互联网平台运营者。

[1]平台内经营者：指进驻并通过电子商务平台从事经营活动的一方，其应具有以互联网为渠道、开展经营性活动的本质特征。因此，仅在平台上引流而实际交易在线下完成(如在线扫码点餐)或非经营性交易(如闲鱼网转让二手货)并不属于电子商务经营活动。

[2]自建网站电子商务经营者：指自行搭建网站并实现整个交易的一方，同时也包括了电子商务平台的自营商品部分，如京东商城、网易严选等其中的自营商品部分。

[3]基于其他网络服务的电子商务经营者：指前述三种类别以外的其他电子商务经营者，目前最典型的就是通过朋友圈销售商品或提供服务的微商。

可见，《2021年审查办法》对“网络平台运营者”的一系列新增要求，是在我国网络平台社会数字基础设施重要性日益凸显，对国家安全和社会公共利益影响逐渐突出，大型“网络平台运营者”具有服务供给者、市场监督者双重职能的特征日益凸显,承担网络世界“看门人”职能的背景下所作出的一种立法回应。

因此,对《2021 年审查办法》项下的“网络平台运营者”,应作广义理解,将是否具有连接属性作为最重要的判断根据。所谓连接属性是指通过网络技术把人和商品、服务、信息、娱乐、资金以及算力等连接起来,由此使平台具有交易、社交、娱乐、资讯、融资、计算等各种功能,应涵盖下述国家市场监督管理总局发布的《互联网平台分类分级指南(征求意见稿)》的各种平台类型(如表 2.3、表 2.4 所示),但不应包括纯粹通过网络提供自营服务的运营者(无论是否属于平台内经营者)以及纯粹提供平台搭建等技术服务的运营者。

表 2.3　平台分类指南

平台类型	连接属性	主要功能	子平台类型
网络销售类平台	连接人与商品	交易功能	(1)综合商品交易类:专门或者主要从事提供衣帽鞋靴、箱包饰品、数码电器、食品洗护等各类商品的综合平台。 (2)垂直商品交易类:专门或者主要从事某一类型产品交易的平台,具有精准的差异化定位和独特的品牌附加值。 (3)商超团购类:专门或者主要从事供给蔬菜水果、肉蛋水产、粮油调味、酒水饮料、日用百货等生活用品,并提供团购等配送服务的平台
生活服务类平台	连接人与服务	服务功能	(1)出行服务类:专门或者主要从事提供出行相关服务的平台,如共享单车、打车软件、公交地铁查询软件等。 (2)旅游服务类:专门或者主要从事招徕、接待游客、为其提供交通、游览、住宿、餐饮、购物、文娱等服务的平台,如旅游定制、门票购买、酒店预订等。 (3)配送服务类:专门或者主要从事外卖、物流等服务的平台,如外卖送餐、同城配送、快递配送等。 (4)家政服务类:专门或者主要从事保姆、护理、保洁、家庭管理等家政服务的平台。 (5)房屋经纪类:专门或者主要从事房地产销售、租赁的平台,包括房屋买卖、房屋租赁等

续表

平台类型	连接属性	主要功能	子平台类型
社交娱乐类平台	连接人与人	社交娱乐	(1)即时通讯类：专门或者主要从事即时传递文字讯息、档案、语音与视频交流的平台。 (2)游戏休闲类：专门或者主要从事游戏运营和推广的平台，包括网页游戏、个人计算机(PC)端游戏、手机游戏等。 (3)视听服务类：专门或者主要从事供给各类多媒体资料的平台，包括歌曲、电影等。 (4)直播视频类：专门或者主要从事利用互联网及流媒体技术进行直播的平台。 (5)短视频类：专门或者主要从事几秒到几分钟不等的短视频内容推送的平台，包括技能分享、幽默搞怪、时尚潮流、社会热点、街头采访、公益教育、广告创意、商业定制等主题。 (6)文学类：专门或者主要从事网络文学、数字出版物等主要电子阅读产品的平台，包括文学、社科、教育、时尚等内容
信息资讯类平台	连接人与信息	信息资讯	(1)新闻门户类：专门或者主要从事提供新闻信息、娱乐资讯等互联网信息资源并提供有关信息服务的平台。 (2)搜索引擎类：专门或者主要从事对互联网上采集的信息进行组织和处理后，为用户提供检索服务，并将检索的相关信息展示给用户的平台。 (3)用户内容生成(UGC)类：专门或者主要从事用户将自己原创内容上传到互联网或者提供给其他用户的平台。 (4)视听资讯类：专门或者主要从事广播电台、音频分享等的平台。 (5)新闻机构类：专门或者主要从事新闻采集、制作、发布、经营等的平台
金融服务类平台	连接人与资金	融资功能	(1)综合金融服务类：专门或者主要从事为小微企业和个人消费者提供普惠金融服务等的综合平台。 (2)支付结算类：专门或者主要从事互联网支付、移动电话支付等的支付服务平台。 (3)消费金融类：专门或者主要从事向消费者提供消费贷款的现代金融服务平台。 (4)金融资讯类：专门或者主要从事为用户提供行情报价、金融数据、财经信息、分析工具、组合管理等业务的综合性金融资讯平台。 (5)证券投资类：专门或者主要从事为金融机构提供整体的互联网技术解决方案和服务、为个人投资者提供财富管理工具等的金融服务平台

续表

平台类型	连接属性	主要功能	子平台类型
计算应用类平台	连接人与计算能力	网络计算	(1)智能终端类:专门或者主要从事数据通讯设备、信息系统、智能系统、无线数据产品等终端产品的开发、生产、销售、技术服务等的平台。 (2)操作系统类:专门或者主要从事移动操作系统、分布式操作系统等操作系统的研发、生产、销售等的平台。 (3)手机软件应用商店类:专门或者主要从事分析、设计、编码、生成 App 软件的平台。 (4)信息管理类:专门或者主要从事企业资源计划(ERP)管理软件、财务系统、IT 资讯等企业管理软件研发、技术服务等的平台。 (5)云计算类:专门或者主要从事为企业提供云计算服务的平台,包括提供网络基础设施服务(IAAS)、平台服务(PAAS)、应用软件服务(SAAS)等的平台。 (6)网络服务类:专门或者主要从事域名服务(DNS)、动态主机配置协议(DHCP)、Windows 网际命名服务(WINS)、文件传输协议(FTP)、远程终端协议(Telnet)等的平台。 (7)工业互联网类:专门或者主要从事平台设计、智能制造、网络协同、个性定制、服务延伸、数字管理等的平台

表 2.4　平台分级指南

平台分级	分级依据	具体标准
超级平台	超大用户规模	在中国的上年度年活跃用户不低于 5 亿
	超广业务种类	核心业务至少涉及两类平台业务
	超高经济体量	上年底市值(估值)不低于 10,000 亿元人民币
	超强限制能力	具有超强的限制商户接触消费者(用户)的能力
大型平台	较大用户规模	在中国的上年度年活跃用户不低于 5000 万
	主营业务	具有表现突出的平台主营业务
	较高经济体量	上年底市值(估值)不低于 1000 亿元人民币
	较强限制能力	具有较强的限制商户接触消费者(用户)的能力
中小平台	一定用户规模	在中国具有一定的年活跃用户
	一定业务种类	具有一定业务
	一定经济体量	具有一定的市值(估值)
	一定限制能力	具有一定的限制商户接触消费者(用户)的能力

五、我需要主动申报网络安全审查吗?

实践中,如何把握一项数据处理活动是否会严重到"影响或者可能影响国家安全"存在很大的不确定性,由此,客户经常问及的一个问题就是:我们的处理行为是否构成"影响或者可能影响国家安全"?如何避免网络安全审查合规风险?

由此,数据处理者是否负有主动申报网络安全审查的义务,就成为判断是否未依法及时申报的一个非常关键的问题。三个文件有关网络安全审查主动申报时点的对比如表2.5所示。

表2.5 网络安全审查主动申报时点对比

《2020年审查办法》	《2021年审查办法(修订草案征求意见稿)》	《2021年审查办法》
第2条 关键信息基础设施运营者(以下简称运营者)采购网络产品和服务,影响或可能影响国家安全的,应当按照本办法进行网络安全审查。	第2条 关键信息基础设施运营者(以下简称运营者)采购网络产品和服务,数据处理者(以简称运营者)开展数据处理活动,影响或可能影响国家安全的,应当按照本办法进行网络安全审查。	第2条 关键信息基础设施运营者采购网络产品和服务,网络平台运营者开展数据处理活动,影响或者可能影响国家安全的,应当按照本办法进行网络安全审查。 前款规定的关键信息基础设施运营者、网络平台运营者统称为当事人。
第5条 运营者采购网络产品和服务的,应当预判该产品和服务投入使用后可能带来的国家安全风险。影响或者可能影响国家安全的,应当向网络安全审查办公室申报网络安全审查。 关键信息基础设施保护工作部门可以制定本行业、本领域预判指南。	第5条 运营者采购网络产品和服务的,应当预判该产品和服务投入使用后可能带来的国家安全风险。影响或者可能影响国家安全的,应当向网络安全审查办公室申报网络安全审查。 关键信息基础设施保护工作部门可以制定本行业、本领域预判指南。	第5条 关键信息基础设施运营者采购网络产品和服务的,应当预判该产品和服务投入使用后可能带来的国家安全风险。影响或者可能影响国家安全的,应当向网络安全审查办公室申报网络安全审查。 关键信息基础设施安全保护工作部门可以制定本行业、本领域预判指南。
无	第6条 掌握超过100万用户个人信息的运营者赴国外上市,必须向网络安全审查办公室申报网络安全审查。	第7条 掌握超过100万用户个人信息的网络平台运营者赴国外上市,必须向网络安全审查办公室申报网络安全审查。

续表

《2020 年审查办法》	《2021 年审查办法（修订草案征求意见稿）》	《2021 年审查办法》
第 8 条　网络安全审查办公室应当自收到审查申报材料起，10 个工作日内确定是否需要审查并书面通知运营者。	第 9 条　网络安全审查办公室应当自收到审查申报材料起，10 个工作日内确定是否需要审查并书面通知运营者。	第 9 条　网络安全审查办公室应当自收到符合本办法第八条规定的审查申报材料起 10 个工作日内，确定是否需要审查并书面通知当事人。

仔细对比可以发现，《2021 年审查办法》修订了《网络安全审查办法（修订草案征求意见稿）》主动申报的主体范围，其第 5 条中删除了“运营者”的表述，仅规定了“关键信息基础设施运营者”才负有预判风险并主动申报的义务。

由此，根据《2021 年审查办法》，处理者申报网络安全审查的场景可分为 3 类：

（1）强制申报模式，适用于处理者为关键信息基础设施运营者，在其采购网络产品和服务并预判将影响或者可能影响国家安全时。

（2）强制申报模式，适用于处理者为掌握超过 100 万用户个人信息的网络平台运营者赴国外上市时。

（3）自发申报模式，适用于上述两种场景之外的，但处理者经分析认为自身活动影响或者可能影响国家安全的。

六、国外已上市公司需要主动申报网络安全审查吗？

《2021 年审查办法》第 7 条规定“掌握超过 100 万用户个人信息的网络平台运营者赴国外上市，必须向网络安全审查办公室申报网络安全审查”，这是本次修订最引人关注的条款，并与滴滴出行事件相互呼应，引发资本市场震动。

对于那些在《2021 年审查办法》生效前，已在国外上市的“中概股”，是否还要进行网络安全审查申报，成为众多“中概股”客户广泛关注的问题之一。

有种观点认为，《网络安全审查办法（修订草案征求意见稿）》的条文新增第 10 条第 6 款，系针对国外上市情况而设定，且是针对“国外上市后”的情形，意味着已在国外上市的“中概股”们,均有被“秋后算账”的可能[①]。

我们认为,《2021年审查办法》并没有对国外已上市企业设定其向国家网信办主动申报网络安全审查的义务:

(1)从《2021年审查办法》的上位指导性文件即中共中央办公厅、国务院办公厅印发《关于依法从严打击证券违法活动的意见》中“(十九)加强跨境监管合作。完善数据安全、跨境数据流动、涉密信息管理等相关法律法规。抓紧修订关于加强在境外发行证券与上市相关保密和档案管理工作的规定,压实境外上市公司信息安全主体责任。加强跨境信息提供机制与流程的规范管理。坚持依法和对等原则,进一步深化跨境审计监管合作”的表述看,并未提出追溯既往的要求。

(2)《2021年审查办法》第7条明确规定:“掌握超过100万用户个人信息的网络平台运营者赴国外上市,必须向网络安全审查办公室申报网络安全审查。”正如国家网信办2022年1月4日答记者问时中所指出的,该条规定要求的申报时点是在网络平台运营者向国外证券监管机构提出上市申请之前。而对于那些已经在国外上市的企业,已不存在其中提出上市申请之前进行主动申报的可能性。

(3)《2021年审查办法》属于法规修订,本身不具有溯及力,办法中也没有溯及力条款的规定,依据“法不溯及既往”的一般法理,对于国外已上市企业,根据《2021年审查办法》尚无法得出国外已上市企业有主动申报网络安全审查的法定义务。

当然,在《2021年审查办法》已经建立了网络安全审查办公室主动启动网络安全审查制度的情况下,建议国外已上市企业主动评估自身被发起网络安全审查的可能性,并评估网络安全审查的应对措施是否充分有效。

七、网络安全审查的具体流程是什么?

根据《2021年审查办法》的规定,网络安全审查的流程如表2.6所示。

---

① Shairk INT:《一元复始　万象更新——数据合规与个人信息保护2021年终盘点》,载微信公众号“智能晒客”2021年12月31日,https://mp.weixin.qq.com/s/AkhBir1ZEwDgARyk6RUeyA。

表 2.6 网络安全审查流程

时间(工作日)	CII 运营者	网络平台运营者	网络安全审查办公室	成员单位和相关部门	中央网信委员会
T 日	采购网络产品或服务前进行申报	开展数据处理或者国外上市前进行申报	—	—	—
T+10 日	—	—	确定是否需要审查并书面通知当事人	—	—
T+40 日	—	—	完成初步审查征求成员单位/相关部门意见	—	—
T+55 日	—	—	情况复杂的,可以延长 15 个工作日	—	—
T+70 日	—	—	如审查各方意见一致,书面通知审查结论	收到初审建议后书面回复意见	—
T+71 日	签署协议完成采购	开展数据处理或者向国外证券监管机构提出上市申请	—	—	—
T+160 日	—	—	书面通知审查结论	—	如审查各方意见不一致时由其批准
T+161 日	签署协议完成采购	开展数据处理或者向国外证券监管机构提出上市申请	—	—	—

另外,国家网信办在其官网的《网络安全审查办法》答记者问中也明确,网络

安全审查具体工作委托中国网络安全审查技术与认证中心(CCRC)承担。CCRC在网络安全审查办公室的指导下,承担接收申报材料、对申报材料进行形式审查等任务,CCRC设立网络安全审查咨询窗口。

第三章　数据跨境篇

一、为什么要建立数据跨境制度？

数据跨境的概念最早可追溯到经济合作与发展组织在 1988 年制定的《关于隐私保护与个人信息跨境流动的指南》，该指南将其定义为点到点的，跨越国家、政治疆界的数字化数据传递。该指南是从全球视角对跨境数据流动进行规制，确立了限制收集原则、数据质量原则、目的明确原则、限制使用原则、安全保障原则、公开原则、个人参与原则以及问责原则等八项原则，为个人信息和隐私保护确立基线性标准，以尽可能消除限制跨境数据流动的因素。

数据跨境具有重要的意义，对于大多数企业，尤其是在多国设有机构的跨国公司而言，数据跨境是一项基本的业务需求，可以说，几乎所有的跨境交易都要依靠数据的跨境流动来满足基本的商业需要。但与此同时，数据的跨境传输也存在大量的风险，这关系到国家安全、公共利益和个人信息保护等。

在个人信息的跨境传输方面，国际上相关的管理机制以欧盟与美国达成的“安全港协议”和“隐私盾协议”最为典型。

“安全港”（Safe Habor）框架是依据《欧洲议会和欧盟理事会关于在个人信息处理方面保护自然人以及关于此类个人信息自由流动的指令》（《95/46/EC 指令》）的“充分性原则”及欧盟委员会 2000 年 7 月通过的 2000/520/EC 决议建立的。企业本着自愿原则，通过自我认证（self-certifying）方式加入“安全港”。美国商务部网站将公布获准进入“安全港”的企业名录，并及时进行更新，便于欧盟企业查阅，“安全港”内曾有 5500 多家企业。进入“安全港”的美国企业被欧盟认定为具有“充分保护地位”，可以享受以下好处：在接受欧盟 28 国个人信息时，不需再签订“标准合同条款”；可以自动获得欧盟的个人信息传输批准；受到欧盟居民投诉时，可以在美国解决争议；交易不会被隐私保护问题打断；节省了交易成本。这些都对Google、Facebook、Apple、Amazon等电商巨头在欧盟28国的自由贸易起到了不可估量的作用。

案例1 欧盟与美国“安全港协议”的失效

然而,“斯诺登事件”曝光后,因不满美国政府对社会公众的监视,欧洲法院(Court of Justice of the European Union)在2015年10月6日就奥地利法律学者Schrems提起的“Schrems I案”作出了判决,认定已经运行达15年之久的欧盟“安全港协议”(2000/520号欧盟决定)无效。欧洲法院认为,美国至今没有颁布全国性的覆盖私营领域的隐私保护法律,不能保证传输到美国的欧盟个人信息的安全;而且,如果欧盟居民发现其隐私受到了美国企业的侵犯,欧盟居民也没有权利向美国法庭提起诉讼。

欧盟隐私监管部门称,目前基于“安全港”框架进行的个人信息跨境传输协议行为已经不合法,欧盟方面则敦促美国在2016年1月底之前出台新的“安全港”计划,否则欧盟将全面禁止对美国输出个人信息。显然,欧盟对美国的隐私保护力度不认可,对美国不允许欧盟居民向美国法庭提起诉讼感到不满,期望新的协议可以切实向欧盟标准靠拢。

2016年7月12日,欧盟和美国正式批准“欧美隐私盾框架”(EU-U.S. Privacy Shield Framework),新的“隐私盾”框架终于达成协定。“隐私盾”框架对于欧盟个人信息的保障力度要明显大于“安全港”:

(1)新协议要求美国企业承担更强义务,参加“隐私盾”的美国企业应当完全遵守其中的所有隐私原则,而且需要公开其隐私政策、执法部门获取个人信息的请求等。此外,声明其符合并遵守“隐私盾”要求的确认书必须至少每年提交一次,否则就会被从隐私盾名单中除名。

(2)政府执法对于数据访问将更加透明。美国政府获取欧盟公民个人信息明确限于以下六个目的:侦测、反击外国势力的特定行动,反恐,反制核扩散,网络安全,侦测、反制对美国和同盟军事力量构成的威胁,打击国际犯罪威胁。企业必须报告政府提出访问数据请求的次数。

(3)新协议为欧盟公民提供了多种救济渠道:(a)欧盟公民可以直接向美国企业提出请求和投诉,后者必须于45日内作出回应;(b)参加隐私盾的美国企业必须提供免费的替代性纠纷解决机制并告知用户以便其可以进行投诉;(c)可以直接向其本国数据保护机构进行投诉,后者负责将投诉转交美国商务部,美国商务部必须于90日内作出回应,或者将投诉转交联邦贸易委员会处理;(d)如果穷尽前述方式未能解决争议,可以诉诸一个名为"Privacy Shield Panel"的仲裁程序。

(4)在新体系下,美国商务部门和欧盟数据保护部门将每年联合审核数据传输机制,以确保其持续顺利地运行。

案例2 欧盟与美国"隐私盾协议"的失效

然而,"隐私盾协议"并没有如想象中一样带来一劳永逸的解决方案。2020年7月16日,欧洲法院对"Schrems Ⅱ案"作出了先予裁决①,认定欧盟委员会的《隐私盾决定》因与欧盟《宪章》第7、8、47条规定和GDPR第45条第1款的规定不符而无效,主要理由如下:

(1)就基于《美国外国情报监控法》第702条规定的监控计划(如"棱镜计划""上游计划")而言,欧盟委员会在《隐私盾决定》第109条中认定,根据《美国外国情报监控法》第702条的规定,美国外国情报监控法院不对单个监控措施进行授权,而是基于美国司法部长以及国家情报总监提交的年度认证书对监控计划(如"棱镜计划"和"上游计划")进行授权。从第702条的规定可以看出,美国外国情况监控法院的职责是核实这些监控计划是否与获取外国情报信息的目的相关,该法院的职责并未涵盖相关个人是否获取外国情报信息的合理目标这一问题。因此,第702条规定既未指明对执行外国情报监控计划的权力的任何限制,亦未指明对非美国国籍个人的保障措施的存在。在此情况下,该条规定无法确保美国的个人数据保护水平与欧盟《宪章》保障的个人数据保护水平实质相同。

(2)根据《隐私盾决定》中的认定,《美国外国情报监控法》第702条规定的相关监控计划,其执行在事实上受制于《28号指令》的要求。美国政府在回答欧洲法院提出的问题时承认,《28号指令》并未赋予数据主体在相关法院针对美国机关提起诉讼的权利。因此,《隐私盾决定》因违反了GDPR"同等个人数据保护水平的认定,取决于其个人数据被传输至相关第三国的数据主体是否拥有有效

① See http://curia.europa.eu/juris/document/document.jsf?text=&docid=221465&pageIndex=0&doclang=en&mode=lst&dir=&occ=first&part=1&cid=2013814.

的和可强制执行的权利”的要求，故不能确保美国的个人数据保护水平与欧盟《宪章》保障的个人数据保护水平实质相同。

(3)至于根据《12333号行政命令》进行的监控计划，从在案材料可以清楚地看出，该命令亦未赋予数据主体针对美国机关的可在相关法院强制执行的权利。此外，《28号指令》允许在情报机关无法使用与特定目标相关的识别码集中收集该目标的信息的情况下，对该目标的大量信号情报信息或数据进行批量收集。因此，一方面，《28号指令》允许美国机关在基于《12333号行政命令》进行的监控项目中访问传输中的个人数据，且该访问不受任何司法审查；另一方面，该指令未以充分清晰和准确的方式，对个人数据批量收集的范围予以界定。

(4)欧盟委员会在《隐私盾决定》中认定，美国主管部门引入隐私盾监察专员机制(该监察专员在性质上属于国际信息技术外交高级协调员)，能对美国法律在相关个人司法保护方面存在的瑕疵予以补救。但在美国国务卿致欧盟司法机关、消费者和性别平等委员的函件中，隐私盾监察专员虽被描述为独立于情报界，但却得向美国国务卿直接报告。《隐私盾决定》并未指明，对该监察专员的解雇或撤职有任何特殊的保障，而这损害了该监察专员的独立性。

(5)尽管《隐私盾决定》第120条提及了美国政府所作的“对于隐私盾监察专员发现的违反规则的任何情形，情报机关的组成部门应予纠正”的承诺，但《隐私盾决定》并未指明，该监察专员有权作出对这些情报机关具有约束力的决定，且未提及数据主体可依赖的与该政治承诺相伴随的法律保障。

欧美之间“安全港协议”和“隐私盾协议”的构建和相继失效，集中体现了各国在跨境传输方面的数据主权之争。基于欧洲法院的裁决及最新形势，全球数据跨境流动政策方面或面临更多阻力，多个国家近年来纷纷在立法中提出数据本地化要求，如澳大利亚《个人控制的电子健康记录法》、加拿大部分省立法、俄罗斯《关于〈信息、信息技术和信息保护法〉的修正案及个人互联网信息交流规范》、印度《2000年信息计数法》、马来西亚《个人信息保护法》、越南《互联网服务及互联网在线内容管理、提供、利用规定》等[①]。

在此国际趋势下，我国也加快了数据跨境的立法进程(见图3.1)。

① 参见上海新金融研究院：《个人信息保护国际比较研究》，中国金融出版社2021年版，第840～854页。

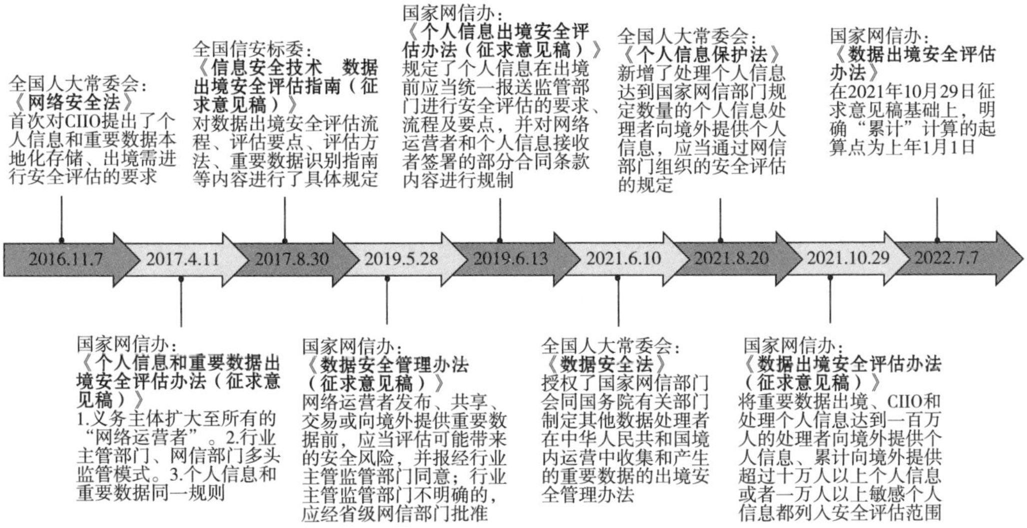

图 3.1　数据跨境立法进程

其中，《网络安全法》第 37 条规定：“关键信息基础设施的运营者在中华人民共和国境内运营中收集和产生的个人信息和重要数据应当在境内存储。因业务需要，确需向境外提供的，应当按照国家网信部门会同国务院有关部门制定的办法进行安全评估；法律、行政法规另有规定的，依照其规定。”

《数据安全法》第 31 条规定：“关键信息基础设施的运营者在中华人民共和国境内运营中收集和产生的重要数据的出境安全管理，适用《中华人民共和国网络安全法》的规定；其他数据处理者在中华人民共和国境内运营中收集和产生的重要数据的出境安全管理办法，由国家网信部门会同国务院有关部门制定。”

《个人信息保护法》第 38 条规定：“个人信息处理者因业务等需要，确需向中华人民共和国境外提供个人信息的，应当具备下列条件之一：（一）依照本法第四十条的规定通过国家网信部门组织的安全评估；（二）按照国家网信部门的规定经专业机构进行个人信息保护认证；（三）按照国家网信部门制定的标准合同与境外接收方订立合同，约定双方的权利和义务；（四）法律、行政法规或者国家网信部门规定的其他条件。中华人民共和国缔结或者参加的国际条约、协定对向中华人民共和国境外提供个人信息的条件等有规定的，可以按照其规定执行。个人信息处理者应当采取必要措施，保障境外接收方处理个人信息的活动达到本法规定的个人信息保护标准。”

二、有哪些数据本地化的规则和模式？

根据相关专家对数据出境安全治理各国模式的比较分析，可以看出国外数据出境治理主要有下述三种模式①：

（1）美国采取典型的“促进型”模式。美国处于全球数字经济领先地位，其战略旨在促进数据自由流动形成引流效应。美国通过属人保护和数据控制者等名义以国内立法建立境外执法权，以保护本国利益为由调取使用他国数据；并通过影响国际组织规则、打造多边协议等利用强权为其提供获取境外数据的通道，拓展其网络空间疆土，掌握和控制全球数据使用，以便获取自身利益。

（2）欧盟、英国、新加坡和日本等数字经济发展较为成熟的国家和地区采取不同特色的“平衡型”模式。“平衡型”模式的监管思路是：通过属人原则获取境内外高标准隐私保护，在此前提下支持数据跨境流动，以充分性认定、建立信任机制等方式维护数据立法话语权。

（3）俄罗斯、印度、巴西、南非、土耳其、沙特等国家，因缺乏强有力的数据引流能力，放开管制可能导致数据大规模向发达经济体输出而削弱竞争力。因此，采取属地原则限制重要数据出境，形成优先考虑安全保护的“本地化”政策模式。

特定国家的数据本地化规则按整个程序，可细分为以下六个级别（如表3.1所示）。

表3.1　数据本地化管理规则宽严分类

宽严级别	宽严程序	数据本地化管理规则
1级	最严格	本地化存储＋禁止出境
2级	极严格	本地化存储＋审查出境
3级	严格	本地化存储＋多样化出境条件
4级	宽松	无本地化＋审查出境
5级	极宽松	无本地化＋多样化出境条件
6级	最宽松	无本地化＋自由出境

① 梁正、张栋、于洋：《数据出境安全治理国际经验比较与启示》，载《中国信息安全》2022年第3期。

目前,尚无国家和地区完全禁止数据出境,或者对数据出境完全不加限制,大部分国家和地区集中分布于 2 ~5 级,且多基于不同数据种类、不同数据接收国和接收主体交织并行存在多种模式。

我国现行有效的关于数据跨境的行业监管法规如表 3.2 所示。

表 3.2 数据跨境的行业监管法规

数据类型	主管部门	法规名称	相关条文
国家秘密	保密局	《保守国家秘密法》	第 25 条　机关、单位应当加强对国家秘密载体的管理,任何组织和个人不得有下列行为:……(四)邮寄、托运国家秘密载体出境;(五)未经有关主管部门批准,携带、传递国家秘密载体出境。 第 30 条　机关、单位对外交往与合作中需要提供国家秘密事项,或者任用、聘用的境外人员因工作需要知悉国家秘密的,应当报国务院有关主管部门或者省、自治区、直辖市人民政府有关主管部门批准,并与对方签订保密协议。 第 37 条　涉密人员出境应当经有关部门批准,有关机关认为涉密人员出境将对国家安全造成危害或者对国家利益造成重大损失的,不得批准出境。
出口管制物项	商务部	《出口管制法》	第 2 条　国家对两用物项、军品、核以及其他与维护国家安全和利益、履行防扩散等国际义务相关的货物、技术、服务等物项(以下统称管制物项)的出口管制,适用本法。 前款所称管制物项,包括物项相关的技术资料等数据。
商用密码	密码局	《密码法》	第 28 条　国务院商务主管部门、国家密码管理部门依法对涉及国家安全、社会公共利益且具有加密保护功能的商用密码实施进口许可,对涉及国家安全、社会公共利益或者中国承担国际义务的商用密码实施出口管制。商用密码进口许可清单和出口管制清单由国务院商务主管部门会同国家密码管理部门和海关总署制定并公布。 大众消费类产品所采用的商用密码不实行进口许可和出口管制制度。

续表

数据类型	主管部门	法规名称	相关条文
国家档案	档案局	《档案法实施办法》	第18条　各级国家档案馆馆藏的一级档案严禁出境。各级国家档案馆馆藏的二级档案需要出境的，必须经国家档案局审查批准。各级国家档案馆馆藏的三级档案、各级国家档案馆馆藏的一、二、三级档案以外的属于国家所有的档案和属于集体所有、个人所有以及其他不属于国家所有的对国家和社会具有保存价值的或者应当保密的档案及其复制件，各级国家档案馆以及机关、团体、企业事业单位、其他组织和个人需要携带、运输或者邮寄出境的，必须经省、自治区、直辖市人民政府档案行政管理部门审查批准，海关凭批准文件查验放行。
征信信息	人民银行	《征信业管理条例》	第24条　征信机构在中国境内采集的信息的整理、保存和加工，应当在中国境内进行。征信机构向境外组织或者个人提供信息，应当遵守法律、行政法规和国务院征信业监督管理部门的有关规定。
个人金融信息	人民银行	《关于银行业金融机构做好个人金融信息保护工作的通知》	六、在中国境内收集的个人金融信息的储存、处理和分析应当在中国境内进行。除法律法规及中国人民银行另有规定外，银行业金融机构不得向境外提供境内个人金融信息。
		《关于银行业金融机构做好个人金融信息保护工作有关问题的通知》	为客户办理业务所必需，且经客户书面授权或同意，境内银行业金融机构向境外总行、母行或分行、子行提供境内个人金融信息的，可不认为违规。银行业金融机构应当保证其境外总行、母行或分行、子行为所获得的个人金融信息保密。
		《中国人民银行办公厅关于2013年个人金融信息保护专项检查情况的通报》	部分外资银行将数据中心设在境外、根据母国或总行监管合规要求跨境报送数据等行为，不符合监管部门的相关规定。

续表

数据类型	主管部门	法规名称	相关条文
个人金融信息	人民银行	《中国人民银行金融消费者权益保护实施办法》(2016 年 12 月 14 日实施,现已失效)	在中国境内收集的个人金融信息的存储、处理和分析应当在中国境内进行。除法律法规及中国人民银行另有规定外,金融机构不得向境外提供境内个人金融信息。 境内金融机构为处理跨境业务且经当事人授权,向境外机构(含总公司、母公司或者分公司、子公司及其他为完成该业务所必需的关联机构)传输境内收集的相关个人金融信息的,应当符合法律、行政法规和相关监管部门的规定,并通过签订协议、现场核查等有效措施,要求境外机构为所获得的个人金融信息保密。
		《银行业金融机构数据治理指引》	银行业金融机构采集、应用数据涉及到个人信息的,应遵循国家个人信息保护法律法规要求,符合与个人信息安全相关的国家标准。
保险业务数据和财务数据	银保监会	《保险公司开业验收指引》	三(九)4. 业务数据、财务数据等重要数据应存放在中国境内,具有独立的数据存储设备以及相应的安全防护和异地备份措施。
证券业务活动有关文件资料	证监会	《证券法》	第 177 条　国务院证券监督管理机构可以和其他国家或者地区的证券监督管理机构建立监督管理合作机制,实施跨境监督管理。 境外证券监督管理机构不得在中华人民共和国境内直接进行调查取证等活动。未经国务院证券监督管理机构和国务院有关主管部门同意,任何单位和个人不得擅自向境外提供与证券业务活动有关的文件和资料。
境外发行证券与上市过程中的相关信息	证监会	《关于加强在境外发行证券与上市相关保密和档案管理工作的规定》	三、在境外发行证券与上市过程中,境外上市公司向有关证券公司、证券服务机构和境外监管机构提供或者公开披露涉及国家秘密的文件、资料和其他物品的,应当依法报有审批权限的主管部门批准,并报同级保密行政管理部门备案。是否属于国家秘密不明确或者有争议的,应当报有关保密行政管理部门确定。 四、在境外发行证券与上市过程中,境外上市公司向有关证券公司、证券服务机构和境外监管机构提供或者公开披露涉及国家安全或者重大利益的档案的,应当依法报国家档案局批准。 六、在境外发行证券与上市过程中,提供相关证券服务的证券公司、证券服务机构在境内形成的工作底稿等档案应当存放在境内。 前款所称工作底稿涉及国家秘密、国家安全或者重大利益的,不得在非涉密计算机信息系统中存储、处理和传输;未经有关主管部门批准,也不得将其携带、寄运至境外或者通过信息技术等任何手段传递给境外机构或者个人。

续表

数据类型	主管部门	法规名称	相关条文
人口健康数据	卫健委	《人口健康信息管理办法（试行）》	第10条　不得将人口健康信息在境外的服务器中存储，不得托管、租赁在境外的服务器。
		《国家健康医疗大数据标准、安全和服务管理办法（试行）》	第30条　责任单位应当具备符合国家有关规定要求的数据存储、容灾备份和安全管理条件，加强对健康医疗大数据的存储管理。健康医疗大数据应当存储在境内安全可信的服务器上，因业务需要确需向境外提供的，应当按照相关法律法规及有关要求进行安全评估审核。
人类遗传资源信息	科技部	《人类遗传资源管理条例》	第27条　利用我国人类遗传资源开展国际合作科学研究，或者因其他特殊情况确需将我国人类遗传资源材料运送、邮寄、携带出境的，应当符合下列条件，并取得国务院科学技术行政部门出具的人类遗传资源材料出境证明：（一）对我国公众健康、国家安全和社会公共利益没有危害；（二）具有法人资格；（三）有明确的境外合作方和合理的出境用途；（四）人类遗传资源材料采集合法或者来自合法的保藏单位；（五）通过伦理审查。 第28条　将人类遗传资源信息向外国组织、个人及其设立或者实际控制的机构提供或者开放使用，不得危害我国公众健康、国家安全和社会公共利益；可能影响我国公众健康、国家安全和社会公共利益的，应当通过国务院科学技术行政部门组织的安全审查。 将人类遗传资源信息向外国组织、个人及其设立或者实际控制的机构提供或者开放使用的，应当向国务院科学技术行政部门备案并提交信息备份。
网约车平台个人信息和业务数据	交通运输部	《网络预约出租汽车经营服务管理暂行办法》	第27条　网约车平台公司应当遵守国家网络和信息安全有关规定，所采集的个人信息和生成的业务数据，应当在中国内地存储和使用，保存期限不少于2年，除法律法规另有规定外，上述信息和数据不得外流。
汽车重要数据	网信办	《汽车数据安全管理若干规定（试行）》	第11条　重要数据应当依法在境内存储，因业务需要确需向境外提供的，应当通过国家网信部门会同国务院有关部门组织的安全评估。未列入重要数据的涉及个人信息数据的出境安全管理，适用法律、行政法规的有关规定。 我国缔结或者参加的国际条约、协定有不同规定的，适用该国际条约、协定，但我国声明保留的条款除外。

续表

数据类型	主管部门	法规名称	相关条文
			第12条 汽车数据处理者向境外提供重要数据,不得超出出境安全评估时明确的目的、范围、方式和数据种类、规模等。 第14条 向境外提供重要数据的汽车数据处理者应当在本规定第十三条要求的基础上,补充报告以下情况:(一)接收者的基本情况;(二)出境汽车数据的种类、规模、目的和必要性; (三)汽车数据在境外的保存地点、期限、范围和方式;(四)涉及向境外提供汽车数据的用户投诉和处理情况;(五)国家网信部门会同国务院工业和信息化、公安、交通运输等有关部门明确的向境外提供汽车数据需要报告的其他情况。
地图数据	测绘地理信息局	《地图管理条例》	第16条 进口不属于出版物的地图或者附着地图图形的产品的,由进口者送审;进口属于出版物的地图,依照《出版管理条例》的有关规定执行;出口不属于出版物的地图或者附着地图图形的产品的,由出口者送审。 第24条 进口、出口地图的,应当向海关提交地图审核批准文件和审图号。 第34条 互联网地图服务单位应当将存放地图数据的服务器设在中华人民共和国境内,并制定互联网地图数据安全管理制度和保障措施。
网络出版相关服务器和存储设备	广播电视总局	《网络出版服务管理规定》	第8条 图书、音像、电子、报纸、期刊出版单位从事网络出版服务,应当具备以下条件:……(三)有从事网络出版服务所需的必要的技术设备,相关服务器和存储设备必须存放在中华人民共和国境内。
中央企业财务决算审计资料和信息	财政部	《关于会计师事务所承担中央企业财务决算审计有关问题的通知》	四、会计师事务所承担中央企业财务决算审计,应当严格遵守国家保密法规制度的规定。会计师事务所的外籍员工(含合伙人、经理和其他从业人员),不得以任何方式接触中央企业的涉密资料和信息,不得进入军工等涉密中央企业财务决算审计现场。涉密资料、信息和涉密中央企业的认定,按照国家保密主管部门的规定执行。 承担中央企业财务决算审计的会计师事务所,其信息系统和数据库(含相应的软硬件设备)应当置于境内。该会计师事务所为国际会计公司的成员所、联系所、合作所或者与国际会计公司存在其他业务合作关系的,其信息系统和数据库应当与国际会计公司物理隔离。 会计师事务所承担中央企业所属境外上市公司财务决算审计和其他审计、咨询服务的,对于资料、信息保密和档案管理的要求,执行证监会、保密局、档案局联合制定的《关于加强在境外发行证券与上市相关保密和档案管理工作的规定》(证监会公告〔2009〕29号)。

此外,另有部分行业监管法规尚在制定之中,也需要保持实时关注。如:工信部2022年2月10日颁布了《工业和信息化领域数据安全管理办法(试行)》(征求意见稿),该征求意见稿第21条规定:"工业和信息化领域数据处理者在中华人民共和国境内收集和产生的重要数据和核心数据,法律、行政法规有境内存储要求的,应当在境内存储,确需向境外提供的,应当依法依规进行数据出境安全评估。工业和信息化部根据有关法律和中华人民共和国缔结或者参加的国际条约、协定,或者按照平等互惠原则,处理外国工业、电信、无线电执法机构关于提供工业和信息化领域数据的请求。非经工业和信息化部批准,工业和信息化领域数据处理者不得向外国工业、电信、无线电执法机构提供存储于中华人民共和国境内的工业和信息化领域数据。"

为了满足数据所在地法律对数据本地化的法规和(或)取信于客户,微软公司及苹果公司都有一些数据本地化的创新模式可供研习。

案例1 微软公司与德国电信合作模式

微软和德国电信的合作,源自微软和美国FBI关于美国《Stored Communication Act》的争端。简言之,微软主张数据存储地(data location)所在国对数据具有管辖权,即美国政府的搜查令效力不能及于微软存储于爱尔兰的电邮内容,这就是所谓的"数据存储地标准"。而FBI则坚持"数据控制者标准",即微软作为数据控制者(其能在美国总部访问存储于爱尔兰的电邮内容),其总部设在美国,微软有能力在美国向FBI提供数据。因此,美国自然对微软控制的数据具有管辖权,无论微软将数据存储在美国境内还是境外。

根据相关专业人士分析,微软与德国电信(Deutsche Telekom)合作模式要点可归纳如下①:

(1)2015年12月,微软和德国电信子公司T-Systems International GmbH合作,在德国"通过数据托管方模式"提供服务。在这个模式中,客户数据只会保留在德国,由T-Systems作为德国数据托管方(data trustee)进行管控。

(2)按照德国法律的规定,"如果没有德国数据托管方的批准和监督,即使是

---

① 洪延青:《TikTok和甲骨文合作中的"可信技术提供商" | 微软和德国电信合作的模式》,载微信公众号"网安寻路人"2020年9月16日,https://mp.weixin.qq.com/s/gG880Fj23FmGJkRG1wPAJg。

微软也无权访问客户数据或数据中心”，甚至微软要进行必要的软件升级，都必须先获得 T-Systems 的授权。

(3)通过这样的安排，微软主动放弃了数据控制者的角色。即使将来美国最高法院最终判定美国《Stored Communication Act》应采取“数据控制者标准”，微软也可声称：一方面 T-Systems 作为成立于德国的数据控制者，美国政府无权直接下达数据调取命令；另一方面在没有 T-Systems 的授权时，微软无法响应美国政府的跨境调取数据的命令。

(4)因此，在微软和德国电信合作中，微软将自己局限于技术提供方的角色，主动放弃所有对数据的直接控制权利，来实现阻断美国政府调取数据的“长臂管辖”。同时其通过德国电信的加入，来保障用户对数据的控制。

案例2　苹果公司与云上贵州合作模式

2018 年 1 月，苹果正式对外宣布与云上贵州大数据产业发展有限公司合作，自 2018 年 2 月 28 日，其与中国用户(不含港澳台地区)的 Apple ID 相关的 iCloud 服务将转由云上艾珀(贵州)技术有限公司(以下简称云上贵州)运营。使用这些服务及用户通过 iCloud 存储的所有数据(包括照片、视频、文稿和备份等)都将受到《iCloud(由云上贵州运营)条款和条件》的约束。

根据作者 2022 年 4 月 28 日的查询，苹果官网公布《iCloud(由云上贵州运营)条款和条件》[①]中向用户披露的相关信息可归纳如下：

(1)用户在使用 iCloud 产品、软件、服务和网站时受到用户与云上贵州之间的本法律协议的管辖。

(2)苹果技术服务(贵州)有限公司、Apple Distribution International Limited 或 Apple Inc.，或其他苹果实体(统称苹果)，可在云上贵州提供本服务时对云上贵州提供协助。

(3)苹果具有等同本协议附加一方的法定地位，必须受本协议内所有条款和条件约束；凡提及云上贵州之处，在苹果提供支持的范围内，应视为提及云上贵州和苹果。

---

① 参见《iCloud(由云上贵州运营)条款和条件》，载苹果公司官网，https://www.apple.com.cn/legal/internet-services/icloud/cn_si/gcbd-terms.html。

(4)iCloud一旦启用,用户的内容将自动由云上贵州存储在云上贵州或第三方供应商的服务器。

(5)苹果和云上贵州有权访问用户在此服务中存储的所有数据,包括根据适用法律向对方和在彼此之间共享、交换和披露所有用户数据(包括内容)的权利。

(6)使用本服务和软件,包括经由本服务传送、发布或上传数据、信息、科技、软件或其他内容,可能需遵守美国和其他国家的进出口法律。您同意遵守所有适用的进出口法律法规,特别是软件不得出口或转口:(a)到任何遭美国禁运的国家,或(b)给美国政府的综合筛选清单(网址为 https://build. export. gov/main/ecr/eg_main_023148)上的任何人士。

(7)本协议的解释、有效性和履行受中华人民共和国法律管辖。

而在云上贵州公布的《iCloud(由云上贵州运营)隐私政策》①中亦披露:

(1)我们还可能与苹果共享您的个人信息。此类与苹果共享的信息将按照苹果的隐私政策进行处理,该政策可在 apple. com. cn/privacy. 上查阅。

(2)我们在中华人民共和国境内收集或产生的个人信息,将存储在中华人民共和国境内。为向您提供产品及服务,如管理订阅、保护服务安全和防止欺诈,您的个人信息可能会被转移到苹果位于您所在国家/地区的境外管辖区或受到包括来自苹果在内实体的来自这些管辖区的访问,以执行必要的处理活动,如管理订阅、保护服务安全和防止欺诈。

根据相关专业人士分析,苹果与云上贵州合作模式要点可归纳如下②:

(1)在中国以外的世界其他地方,苹果都是独营 iCloud,苹果统一将所有 iCloud 账户内容加密,同时将密钥(通过该密钥就能访问用户 iCloud 账户的大部分内容)仅仅存储于美国。

(2)上述安排使位于美国的苹果总部成为全球 iCloud 账户内容数据的唯一控制者,其他第三方云存储提供者(如 S3 和谷歌云)仅是数据处理者。

(3)由于密钥是在美国境内,美国政府通过法律程序能够强迫苹果交出全球用户的 iCloud 内容数据。2013 年到 2017 年,苹果对来自美国政府的 8475 项请

---

① 参见苹果公司官网:https://www. icloud. com. cn/gcbd-privacy-policy/。

② 洪延青:《TikTok 和甲骨文合作中的"可信技术提供商" | 苹果和云上贵州合作模式》,载微信公众号"网安寻路人"2020 年 9 月 17 日,https://mp. weixin. qq. com/s/z397mSLyyq73zE4 - orQkiA。

求中的 2366 项作出响应,提供了用户账户内容。

(4)由于美国《Stored Communication Act》禁止美国的数据控制者向外国政府直接提供内容数据,从 2013 年到 2017 年,苹果收到了来自我国有关部门 176 项调取数据请求,但没有一次提供用户账户内容数据。

(5)2018 年年初,由于中国云服务业务关于外资准入的监管要求,苹果做出了全球范围内的唯一一次“妥协”,通过与云上贵州合作,由云上贵州和中国用户签订 iCloud 的条款,云上贵州应和苹果一道被视为中国用户数据的共同控制者(joint controllers)。同时,苹果决定将中国区用户的 iCloud 密钥也在中国境内存储。

(6)密钥就算移存至中国,仍然由苹果单独管理;并由苹果(而非“云上贵州”)单独处理中国执法部门调取用户数据的法律文件;苹果还会将其接收到的调取数据请求,反映在其透明度报告中,且苹果不会对“批量的数据请求”作出回应。

(7)美国《Stored Communication Act》允许美国数据控制者将内容数据提供给非政府的一般商事主体,苹果与云上贵州之间的合作,满足了美国《Stored Communication Act》的要求。故苹果与云上贵州的分工应如下:云上贵州对接中国执法部门,如果数据请求合法正当,将请求转交给苹果,然后苹果对中国区 iCloud 账户内容解密,提供给云上贵州,最后由云上贵州提供给中国执法部门。

三、什么是法律意义上的“数据跨境”?

《网络安全法》、《数据安全法》和《个人信息保护法》使用了“向境外提供”“出境”等词汇来表述数据跨境,但均未作出专门的定义。各界对数据跨境的界定尚未达成统一认知。

数据跨境可以分为“跨境收集”“跨境传输”“跨境访问”三种基本场景(见表 3.3)。

表3.3 数据跨境的三种场景对比

序号	分类	概念	示例
1	跨境收集	数据的收集方直接从位于另一司法区域的数据主体处直接收集数据至数据的收集方所在地,而未在数据主体所在司法区域进行处理的行为	跨国公司的中国员工使用内部系统向总部填报个人信息,而该系统的服务器与该员工所在地不属于同一司法区域
2	跨境传输	数据的接收方向位于另一司法区域的数据处理者接收数据的行为	跨国公司的中国子公司使用内部系统向总部填报收集的个人信息,而该系统的服务器与该分支机构所在地不属于同一司法区域
3	跨境访问	数据的接收方远程访问位于另一司法区域的系统服务器,读取该服务器中的部分或全部数据的行为	跨国公司的中国子公司向总部开放其系统服务器,总部进行远程访问系统数据,该系统的服务器与总部所在地不属于同一司法区域

根据国家标准《信息安全技术　数据出境安全评估指南(征求意见稿)》,"数据出境"包括以下6种情形:(1)将个人信息和重要数据,直接提供境外的机构、组织或个人;(2)通过开展业务、提供服务、产品等方式提供给境外的机构、组织或个人;(3)向本国境内,但不属于本国司法管辖的主体提供个人信息和重要数据;(4)向本国境内,但未在境内注册的主体提供个人信息和重要数据;(5)数据未转移存储至本国以外的地方,但被境外的机构、组织、个人访问查看的(公开信息、网页访问除外);(6)网络运营者集团内部数据由境内转移至境外。

此外,《信息安全技术　数据出境安全评估指南(征求意见稿)》也提出,非在境内运营中收集和产生的数据经中国出境,无论是否在境内存储、加工处理,均不属于"数据出境"。

中国科学技术法学会、中国法学交流基金会于2021年4月发布的团体标准《个人信息处理法律合规性评估指引》(T/CLAST 001—2021)中,将"转移"(transfer)和"传输"(transmission)区分开来,前者是主体概念,即"转移"指将个人信息控制权由一个个人信息处理者向另一个个人信息处理者转移的过程;而后者是地域概念,即"传输"指靠信号将信息由一个点传送到另一点或另外多个点的过程。

2022年7月7日国家网信办出台《数据出境安全评估办法》,该办法第2条规定:“数据处理者向境外提供在中华人民共和国境内运营中收集和产生的重要数据和个人信息的安全评估,适用本办法。法律、行政法规另有规定的,依照其规定。”虽然该规定并未从正面界定什么是“数据出境”,但从其适用范围也可推论出,非在中华人民共和国境内运营中收集和产生的数据经中国出境不属于数据出境的结论。

另外,国家网信办在《〈数据出境安全评估办法〉答记者问》中进一步明确了“跨境传输”和“跨境访问”都属于该办法所称的数据出境活动:“《办法》所称数据出境活动主要包括:一是数据处理者将在境内运营中收集和产生的数据传输、存储至境外。二是数据处理者收集和产生的数据存储在境内,境外的机构、组织或者个人可以访问或者调用。”

实务中客户经常问及的一个问题就是:我们的行为属于中国法律意义上的个人信息跨境传输吗?试举几个案例以作辨析:

案例 1

居住在北京的自然人 A 在一个在线电子商务网站上填写了她的个人资料,以便完成她的订单并在她的北京住所收到她在网上购买的衣服。该在线服装网站是由一家在新加坡成立的公司运营的。在这种情况下,A 需将她的个人信息传递给新加坡公司。

案例 2

公司 B 是一个在欧盟境内设立的控制者,将其雇员/客户的个人信息(他们都是欧盟居民)发送给设立在中国境内的 C 公司,由 C 代表 B 在中国进行数据清洗。C 将数据处理完成后,再重新传输给 B。

案例 3

某美国企业看中了中国相对低廉的人力成本,在中国境内设立专门的客服中心,但该客服中心仅针对美国境内的顾客开展客户服务。

案例 4

某德国企业看中了中国相对低廉的人力成本,在中国境内聘请了第三方的客服中心,该客服中心直接向德国境内的顾客提供客户服务,为此收集了德国顾客的订单等个人信息,并需要定期传输给德国企业。

案例5

公司D是一个在中国境内设立的个人信息处理者,将其雇员/客户的个人信息(他们都是非欧盟居民)发送给设立在欧盟境内的受托者E公司,由E代表D在欧盟境内进行处理,E将数据处理完成后,再重新传输给D。

案例6

公司F(公司设立在上海)的员工G前往印度参加会议。在印度逗留期间,G打开他自己的电脑,远程访问F公司数据库中的个人信息,以完成一份备忘录的起草和修订工作。

案例7

中国公司H是美国母公司I的子公司,它向母公司I披露其中国区域雇员(既有中国居民、也有部分外国居民)的个人信息,并由母公司I储存在美国一个集中的人力资源数据库中,以进行雇员行为分析和管理。

案例8

瑞典某女士担任传教士期间,在互联网上建立了涉案网页,以允许教区信徒获取他们可能需要的信息,网页上传了其18位同事的信息(包括全名、工作、爱好、家庭情况、电话号码以及其他事项),包括其中一位同事脚部受伤并因此处于半工半薪的状态。

案例9

中国公司J是公司K的一个客户,K书面通知J,称它正在采用一个基于云的解决方案来存储和分析其客户数据,其中包括客户的身份信息、地址、联系方式和收入范围等个人数据,并要求J同意将其客户数据转移到基于云的解决方案。K还向J提供一份书面摘要,说明J的个人数据在被转移到的国家和地区将受到何种程度的保护,如果J表示同意,K就可以开始转移其个人数据。

案例1中,A需将她的个人信息传递给新加坡公司,这属于"跨境采集",但并不构成法律意义上的"向境外提供",因为个人信息不是由个人信息处理者传输的,而是由个人信息主体自己主动传输的。《个人信息保护法》第三章将向境外提供个人信息的主体限定为"个人信息处理者",即将个人信息主体排除了境外提供方的范围,《网络数据安全管理条例(征求意见稿)》和《数据出境安全评估办法》也都采用相同的立法例。因此,我国《个人信息保护法》第三章应不适用于这种个人自主向境外提供的情形。

案例 2 中,被处理的个人信息都是由 B 公司收集的,B 是个人信息的处理者,而 C 仅是作为受托人在中国境内接收、存储、加工处理这些境外自然人的个人信息,处理完成后立即重新传回给 B,这是否属于我国《个人信息保护法》项下的"跨境传输"呢?仅根据《个人信息保护法》无法得出答案。我们认为,这比较符合《信息安全技术　数据出境安全评估指南(征求意见稿)》提出的豁免情形,根据《数据出境安全评估办法》仅适用于在境内运营中收集和产生的数据的规定,此时我国《个人信息保护法》第三章应不适用于这种情况。

案例 3 与案例 2 不同,该案例中的个人信息由美国企业自身在境内设立和运营的客户中心负责收集,客户中心跨境收集美国顾客的个人信息后再经中国出境,此时我国《个人信息保护法》第三章应适用于这种情况。

案例 4 中,在中国境内运营的第三方客服中心根据德国企业的委托提供客户服务,在此过程中收集了德国境内顾客的个人信息并跨境传输给德国企业,此时客服中心为"第三方受托处理者"。国家网信办颁布的《数据出境安全评估办法》第 2 条规定,"数据处理者向境外提供在中华人民共和国境内运营中收集和产生的重要数据和个人信息的安全评估,适用本办法"。但《数据出境安全评估办法》并未明确此处的"数据处理者"是否也包括了第三方"受托处理者",我们认为,此处的"数据处理者"应作广义理解,即包括"受托处理者"更符合立法目的和更有利于真正实现对境内个人信息的保护。

案例 5 中,根据《个人信息保护法》第 3 条的规定,D 的处理行为受我国《个人信息保护法》的约束。由于 E 是第三国的处理者,从 D 向 E 披露数据应被视为个人信息的跨境提供,这也符合《信息安全技术　数据出境安全评估指南(征求意见稿)》列举的第(1)种情形和《数据出境安全评估办法》"跨境传输"的规定,即将个人信息和重要数据,直接提供给境外的机构、组织或个人,因此《个人信息保护法》第三章对这种情况应予适用。

案例 6 中,这种情形是否属于我国《个人信息保护法》项下的"向境外提供"呢?

仅从《个人信息保护法》无法得出答案。理论上来说,这种从第三国远程“跨境访问”个人信息的行为,符合《信息安全技术　数据出境安全评估指南(征求意见稿)》列举的第(5)种情形以及《数据出境安全评估办法》“跨境访问”的情形,应当属于个人信息的出境,但因员工不是另一个信息处理者,而仅仅是一个雇员,因此处理者并未发生变化,也要求按照“向境外提供”是不合理的,应予以一定的豁免为宜。

案例 7 中,中国公司 H 以其雇主的身份在中华人民共和国境内处理和披露这些个人信息,根据我国《个人信息保护法》第 3 条第 1 款应受该法的约束。而母公司则根据自己的目的和方式收集、使用这些信息,较为符合我国《个人信息保护法》第 3 条第 2 款“分析、评估境内自然人的行为”,很可能也应受《个人信息保护法》的约束。但是,无论 I 公司是否也受我国《个人信息保护法》约束,都应不妨碍在此情形下“跨境传输”的认定和我国《个人信息保护法》第三章对其的适用。

案例 8 中,因对《95/46/EC 指令》在本案中应如何适用存在疑问,瑞典歌塔法院请求欧洲法院就相关问题作出先予裁决,其中一个问题是:“如果瑞典境内的个人使用计算机将个人信息上传至存储在瑞典境内服务器上的相关主页,从而导致第三国的人可以访问该个人信息,则上述行为是否属于《95/46 指令》规定的向第三国传输数据?如果就目前所知没有第三国的人访问过该数据,或者相关服务器位于第三国境内,则在此情况下,对于前述问题的答复是否仍然相同?”2003 年 11 月 6 日,欧洲法院对该案作出判决。欧洲法院认为,互联网上的信息可为居住在不同地方的人在任何时候访问,从本案材料看,G 女士的网页并不包括将这些信息自动发送给无意访问这些网页的人的技术措施,出现在第三国个人计算机上的个人信息并非在 G 女士与该第三国个人之间直接传输,而是通过网页存储地的托管服务提供商的计算机基础设施进行传输,《95/46/EC 指令》第 25 条应解释为诸如 G 女士进行的相关操作并不构成“向第三国传输个人信息”。在此情形下,审查某个第三国的个人是否访问涉案网页或者相关托管服务器是否位于第三国已无必要。①

案例 9 中,被处理的客户个人信息都是由 J 公司收集的,J 是个人信息的处理者,而 K 仅是基于云的解决方案,作为受托人将这些个人数据跨境传输到境外国家和地区,因此我国《个人信息保护法》第三章应予以适用。

---

① See https://eur-lex.europa.eu/legal-content/EN/TXT/PDF/?uri=CELEX:62001CJ0101&from=en.

四、什么情形可认定属于“确需向境外提供”?

按照我国《网络安全法》和《个人信息保护法》的规定,无论是个人信息还是重要数据,无论是基于何种合法性基础进行数据跨境提供,都有一个前提条件,即属于“确需向境外提供的”。

国家网信办出台的《数据出境安全评估办法》亦将“数据出境的目的、范围、方式等的合法性、正当性、必要性”列为数据出境安全评估的内容。

上述的规定,体现了“必要原则”和“最小化原则”在数据跨境领域中的具体运用。由此,客户经常问及的另一个问题就是:什么情形下,可以认定数据跨境确有必要?

案例1

A公司为B公司的全资附属公司。B公司构建了内部沟通平台,以供子公司或附属公司分享资讯,当中包括公司最新的发展和业务,借以连接集团公司在世界各地的员工。A公司拟通过上述平台与B公司及其在世界各地的子公司或附属公司分享员工的公司活动影片、照片,以及他们在工作上的联络资料等。A公司在与员工缔结的劳动合同上已载明员工同意为公司参与之目的而处理其个人资料及向集团在海外地区的子公司或附属公司转移个人资料。为确保上述平台运作的合法性,A公司就上述事宜向澳门个人资料保护办公室征询意见。

案例2

游客B在一家旅行社购买了一个海外旅游套餐。为了履行与B的合同义务,进行必要的酒店预订,该旅行社将B的个人数据(如姓名、国籍和护照号码)转移到B在海外旅游期间将入住的酒店。

案例3

游客C在海外旅行时因事故受伤。为了帮助C的治疗,应C和海外医院的要求,中国医院将C的一些医疗记录(包括个人数据,如他的身份信息、血型、过敏症等)传输到海外医院,以便其能够接受治疗。

案例4

公司D在中国一个对公众开放的地点拍摄广告,该广告拍摄了路过拍摄地点的个人图像。公司D希望将该广告转给其海外合作伙伴,用于海外广告营销活动。

案例1中,澳门个人资料保护办公室于2021年12月1日就关于A公司将员工资料上传至B公司集团平台出具第0014/P/2021/GPDP号意见书,意见书的内容概括如下:

(1)负责处理个人资料的实体将个人资料转移到澳门以外的地方时,须遵守《个人资料保护法》第19~20条的规定,该第20条第1款(一)项规定:"一、当资料当事人明确同意转移或转移符合下列任一情况时,经对公共当局作出通知后,得将个人资料转移到一个法律体系不能确保上条第二款规定的适当保护程度的地方:(一)转移是执行资料当事人和负责处理个人资料的实体间的合同所必需,或是应资料当事人要求订定合同的预先措施所必需者。"

(2)一方面,考虑到A公司在与员工缔结的劳动合同上已载明员工同意向海外地区的集团子公司或附属公司转移其个人资料;另一方面,资料接收者均为同一集团的公司,所分享的资料(姓名、部门、职称、肖像、工作上的联络资料)也是与工作相关,且平台亦设有登入认证以确保属于集团公司的员工方可查阅,故初步认为转移符合第20条第1款(一)项的规定,A公司在向本办公室作出通知后,就可将资料转移到澳门以外的地方。

(3)除需具有正当性条件外,负责实体尚需遵守其他原则性规定,尤其《个人资料保护法》第5条第1款(三)项的适度原则,亦即转移资料必须为达至目的所需。有必要指出的是,A公司并没有将资料种类尽数列举,仅在资料种类中(姓名、部门、职称、肖像等)以"等"字作表述。本意见书认为,姓名、部门、职称、肖像的资料均是直接与工作相关,与属同一集团的其他公司分享,符合适度原则。至于其余的资料种类,估计是A公司于来函中所指的"公司活动影片及照片",以及员工在工作上的联络资料。同样地,由于该等资料是基于工作目的所产生的资料,也是与工作相关,故暂未见有违适度原则。

(4)最后尚需指出的是,A公司必须确保分享至平台的资料种类是与工作相关且为达至目的所需,尤其不能分享员工因病缺勤而提交的证明或病历等(涉及工作意外事故及职业病则结合具体个案而定)。

案例2中,旅行社在这种情况下进行旅客的个人数据跨境,可认为符合数据跨境的必要原则,因为这是旅行社和旅客之间履行合同所必需的。

案例3中,这种情况下,跨境提供个人医疗健康资料可认为符合必要原则,因为向海外医院披露资料是为了应对威胁到C生命、健康或安全的紧急情况。

案例4中,这种情况下,该广告的跨境可认为符合必要原则,因为如不允许广告转移出境将导致海外广告营销的通常策略无法展开。但如仅仅为了将广告制作外包给境外的广告设计公司,则不一定符合必要原则。

五、如何进行数据跨境保护认证?

与GDPR类似,我国《个人信息保护法》将"按照国家网信部门的规定经专业机构进行个人信息保护认证"作为个人信息跨境提供的另一种合法性基础。

关于认证认可制度,我国早在2003年就出台了《认证认可条例》,但在实务中,由于认证认可往往连在一起出现,我们发现有时客户对认证、认可的含义会混为一谈,因此让我们先澄清一下这两个概念。

按照我国《认证认可条例》的规定,"认证"是指由认证机构证明产品、服务、管理体系符合相关技术规范、相关技术规范的强制性要求或者标准的合格评定活动。而"认可"是指由认可机构对认证机构、检查机构、实验室以及从事评审、审核等认证活动人员的能力和执业资格,予以承认的合格评定活动。

简言之,"认可"是"认可机构"(通常是政府或政府授权的权力机构)对"认证机构"具备实施认证任务的能力或资格的一种认定活动,可以说这是"认证机构"获得认证资质的一种前置程序。而"认证"不同,它是认证机构以独立公正的第三方身份依靠自身服务来树立市场威信,以此吸引市场顾客,故通常以自愿为原则,不具有强制性。GDPR中分别用了Certification和Accreditation来表示认证和认可。

为了今后更好地利用《个人信息保护法》的数据经认证后跨境的机制,我们先对我国目前的认证认可体制和现状有一个大致了解:

(1)2018年3月,中共中央印发《深化党和国家机构改革方案》,组建国家市场监督管理总局。国家认证认可监督管理委员会(CNCA)职责划入国家市场总局,对外保留认国家监委牌子,业务职能由国家市场总局下设的认证监督管理司、认可与检验检测监督管理司承担。国家认监委负责颁发认证机构批准书。

(2)国家市场总局直属单位中国合格评定国家认可中心(CNAS)、中国网络安全审查技术与认证中心、国家市场总局认证认可技术研究中心(CCAI)等机构,根据国家认监委的授权,组织开展全国范围的认可工作。

(3)根据国家市场总局《"十四五"认证认可检验检测发展规划》统计,截至2020年年底,我国认证机构共计724家(不含港澳台),有效认证证书270万张,获证组织80万家,认证从业人员11.8万人。

(4)目前国内外与数据和个人信息保护相关的认证体系如表3.4所示。

表3.4 国内外主要的个人信息保护认证体系

认证机构	认证标准	认证范围
国际标准化组织和国际电工委员会	ISO/IEC 27001	最广泛认可的信息安全领域的体系认证,以信息资产及业务风险管理为核心的标准
	ISO/IEC 27002	基于ISO 27001提供的风险处置具体的控制目标和控制措施的标准
	ISO/IEC 27018	基于ISO 27001和ISO 27002提供的公有云个人信息安全管理体系标准
	ISO/IEC 27701	基于ISO 27001和ISO 27002提供个人数据保护方面的扩展,更全面覆盖GDPR的标准
	ISO/IEC 29100	提供了个人数据保护的通用框架,包括术语、参与者及其角色、基本原则、基本要素等
	ISO/IEC 29151	基于ISO 27002提供个人识别信息(PII)保护指南,涵盖26个控制域,181条控制措施,对开展PII保护提供了一个广泛指南的标准
云安全联盟(CSA)	CSA STAR云安全认证	CSA STAR运用了ISO 27001管理体系标准的安全管控要求,结合CSA自身提出的云端控制矩阵(Cloud Control Matrix),以评分方式来展现云安全的全球性评估与认证标准
美国注册会计师协会(AICPA)	服务组织控制报告(SOC 1)	基于AICPA审计准则SSAE No. 18中的AT-C section 320提供的服务机构内部控制相关的报告,SOC1与财务报告内部控制相关
	服务组织控制报告(SOC 2)	基于AICPA审计准则SSAE No. 18中的AT-C section 205以及TSP section 100 2017版提供的服务机构内部控制相关的报告,SOC2与安全性、可用性和保密性相关
	服务组织控制报告(SOC 3)	是SOC 2报告的简要部分

续表

认证机构	认证标准	认证范围
中国网络安全审查技术与认证中心	信息安全管理体系认证(ISMS)	基于 ISO 27001 和 GB/T 22080—2016《信息安全管理体系》提供的建立和维护信息安全管理体系的标准
	隐私信息管理体系认证	基于 ISO 27701 和 GB/T 22080—2016《信息安全管理体系》提供的涉及个人信息收集、保存、传输、处置、使用、共享、转让、披露和委托处理等安全管理能力的标准
	信息安全服务资质认证	基于 YD/T 1799—2008《网络与信息安全应急处理服务资质评估方法》、GB/T 20984—2007《信息安全技术 信息安全风险评估规范》、ISCCC—SV—002《信息安全风险评估服务资质认证实施规则》等提供的对信息安全服务商(如安全运维、风险评估、应急处理、软件安全开发、灾难备份与恢复)资质的评定标准
	数据中心服务能力成熟度认证	基于 GB/T 33136—2016《数据中心服务能力成熟度模型》提供的对数据中心整体服务能力和管理水平的标准
	移动互联网应用程序安全认证	基于 GB/T 35273—2020《个人信息安全规范》等提供的对移动互联网应用程序个人信息保护水平的一项认证
中国电子工业标准化技术协会信息技术服务分会(ITSS 分会)	ITSS 认证	基于相关国家标准(如咨询设计、集成实施、云服务、数据服务、数据管理等领域),工信部依托中国电子工业标准化技术协会信息技术服务分会组织开展的一系列信息技术服务标准测评
中国数据中心联盟和中国信息通信研究院	可信云服务评估(TRUCS)	基于 YDB144—2014《云计算服务协议参考框架》等提供的针对云服务商的专业评估标准,涵盖了基础云服务、私有云软件、开发运维、安全及风险管理能力、混合云、行业云、开源治理能力等领域
中国电子信息行业联合会	数据管理能力成熟度评估(DCMM)	基于 GB/T 36073—2018《数据管理能力成熟度评估模型》提供的对数据管理和应用能力的标准,包括数据战略、数据治理、数据架构、数据应用、数据安全、数据质量、数据标准和数据生存周期 8 个核心能力域及 28 个能力项
贵州大数据安全工程研究中心	数据安全能力成熟度评估(DSMM)	基于 GB/T 37988—2019《信息安全技术　数据安全能力成熟度模型》提供的聚焦组织数据全生命周期的防护安全架构的标准

(5)国家市场总局、国家网信办于2022年6月5日发布《关于开展数据安全管理认证工作的公告》,该认证是对企业组织的管理体系的认证而非产品认证、服务认证,适用对象为从事网络数据处理活动的网络运营者,认证标准是《信息安全技术 网络数据处理安全要求》(GB/T 41479),该公告对认证的实施程序、认证证书、认证标志、认证责任均作出了一定的规定。

(6)国家市场总局、国家网信办于2022年11月4日发布的《关于实施个人信息保护认证的公告》,该公告对认证依据、实施程序、认证证书和认证标志、认证责任等作出了一定的规定。

(7)在部分特定领域有一些专门规定。如个人金融信息保护能力认证方面,中国人民银行于2011年4月发布《关于银行业金融机构做好个人金融信息保护工作的通知》;2016年人民银行发布《金融消费者权益保护实施办法》,明确对个人金融信息保护工作提出了要求;2019年10月,人民银行就《个人金融信息(数据)保护试行办法》面向社会征求意见;2020年2月,《个人金融信息保护技术规范》(JR/T 0171—2020);2020年9月《金融数据安全 数据安全分级指南》(JR/T 0197—2020)发布;2021年1月,北京国家金融科技认证中心有限公司推出配套个人金融信息保护能力认证。

综上可见,我国已部分建立了信息安全及个人信息保护认证的体系,但实践中,数据跨境的认证标准、认证机构尚缺乏,国家网信办也尚没有作出明确规定,国际上的权威性更待逐步确立。

尽管GDPR与国内认可认证的适用环境各异,但GDPR相对完整的认证认可实践仍然值得学习与借鉴。

GDPR关于认证认可的规范主要体现在2019年6月欧盟数据保护委员会发布的《Guidelines 1/2018 on certification and identifying certification criteria in accordance with Articles 42 and 43 of the Regulation》中,该指南信息量较大,仅作归纳如下:

(1)指南适用范围:指南仅是为GDPR第42条和第43条提供了咨询意见,其包含的建议与下述场景有关:(a)认证机构起草和修订认证标准时;(b)各成员国监管机构批准认证标准时;(c)成员国监管机构起草各自的认证标准时;(d)EDPB在批准欧洲数据保护印章/标记时;(e)控制者和处理者界定自身遵守GDPR的策略并考虑将认证作为证明合规的手段时。

(2)认证目的:获得认证可以证明控制者和处理者履行了 GDPR 项下义务(如提供恰当的技术与组织措施),但认证本身并不能证明合规,而只是可以用来证明合规的一项证据,因此认证应当需要支持性的文件,尤其是书面报告。这种书面报告不能仅仅只是复述,还必须对如何达到标准进行描述。如果最初没有达到标准,则还应当对修正和改正措施及其适当性进行描述,从而提供颁发和维持认证的理由。

(3)EDPB 的作用:EDPB 将协调评估程序,根据需要批准关于欧洲数据保护印章/标记的认证标准。

(4)监管机构的作用:各成员国监管机构可以就以下一种或多种选择作出决定:(a)就其自身的认证方案自主地颁发认证;(b)就其自身的认证方案自主地颁发认证,但将全部或者部分评估程序委托给第三方;(c)创建自身的认证方案,同时委托认证机构实施认证程序;(d)鼓励市场发展认证机制。

(5)认证机构的作用:认证机构的作用是根据认证机制和批准的标准颁发、审查、更新和撤销认证。但认证机构既可以根据该成员国监管机构批准的认证标准颁发认证,也可以根据欧洲数据保护委员会批准的关于欧洲数据保护印章/标记的认证标准颁发认证。

(6)起草认证标准时必须考量的合规性因素:(a)第 6 条规定的处理的合法性;(b)第 5 条规定的数据处理的原则;(c)第 12 条至第 23 条规定的数据主体的权利;(d)第 33 条规定的报告数据泄露的义务;(e)第 25 条规定的通过设计和默认的数据保护的义务;(f)如果适用的话,是否根据第 35 条第 7 款 d 项的规定开展了数据保护影响评估;(g)根据第 32 条的规定,采取技术与组织措施。

(7)认证时必须考虑的核心要素:(a)个人数据;(b)技术系统——用于处理个人数据的基础设施,比如硬件和软件;(c)与处理相关的过程和程序。而每个核心要素都必须根据既定的标准接受评估,至少有四个不同的重要因素可以产生影响:(a)控制者或处理者的组织和法律结构;(b)处理操作所涉及的部门、环境和人员;(c)待评估要素的技术说明;(d)支持处理操作的信息技术基础设施——操作系统、虚拟系统、数据库、验证和授权系统、路由器和防火墙、存储系统、通信基础设施或者互联网接入和相关技术设施。

(8)评估目标(ToE):只有准确描述了某个认证项目的评估目标,才能开展可靠的、有意义的合格认证。同时必须清楚地描述评估对象包含哪些处理操作,然后是核心要素,即哪些数据、流程和技术基础设施将接受评定。

(9)认证标准的定义和称呼:认证标准的定义和称呼必须和认证机制或计划的认证声明相对应,对其目标受众有意义,并且没有误导性。

案例1

某银行为客户提供了用于办理网上银行业务的网站,网站上可以进行转账、购买股票、发起定期付款指令、管理账户等操作。银行希望根据以通用标准为基础的具有一般性范围的数据保护认证机制对以下内容进行认证:

(1)安全登录。安全登录是一种终端用户可以理解的处理操作,从数据保护的角度来看是它们相关的,因为它在确保所涉及的个人数据的安全方面起着重要作用。因此,这一处理操作对于安全登录来说是必要的,从而如果证书明确声明只有登录处理操作被认证,就可以构成一个有意义的ToE。

(2)网页前端。从数据保护的角度来看,网页前端可能是相关的,但终端用户无法理解,因此不能成为有意义的ToE。此外,用户并不清楚认证涵盖了网站上的哪些服务,以及涵盖了哪些处理操作。

(3)网上银行。网页前端连同后端一起是网上银行服务中提供的对用户有意义的处理操作。由此而言,两者都必须被包含在ToE之中。但是,和提供网上银行服务没有直接联系的处理操作,比如为防止洗钱的处理操作,可以被排除在ToE之外。

但是,银行通过其网站提供的网上银行服务也可能包括了其他服务,而这些服务反过来又需要它们自己的处理操作。在这种情况下,其他服务可能包括提供保险产品,由于提供保险产品服务和提供网上银行服务的目的没有直接关联,因此可以将其排除在ToE之外。如果提供保险产品被排除在ToE之外,则网站上集成的此项服务的接口就是ToE的一部分,从而必须对其进行描述,以便清晰地区分这些服务。这样的描述对于识别和评估网上银行、提高保险产品这两项服务之间的数据流是必要的。

案例2

一个名为"健康隐私标记"(Health Privacy Mark)的机制应当将其范围限制在健康领域。标记的名称提高了与健康数据相关的数据保护要求已经受到检查的期望。因此,该认证标准必须符合足以评定该领域的数据保护要求。

案例3

某云计算服务商使用了位于欧盟境外的服务器，对其云计算相关的认证标准，就必须考虑到GDPR第五章规定的向第三国传输数据的条件是否被满足。可见，认证标准需要考虑到对认证对象来说所必要的特殊技术要求。

案例4

如果某认证机制的ToE仅仅聚焦于处理操作的特定方面，比如数据收集，而不关注进一步的处理操作，比如出于后续广告营销或数据主体权利管理目的而进行的处理，那么这个认证对个人信息主体来说就缺乏意义。

案例5

一个名为"可信公司"的欧洲数据保护印章/标记，表明了整个公司的个人信息处理活动都接受了审查，如果实际上需要接受认证的只是特定的处理操作（比如在线支付程序），那么这一认证机制的ToE就存在误导性。

值得注意的是，2022年6月24日，全国信息安全标准化技术委员会秘书处发布《网络安全标准实践指南　个人信息跨境处理活动认证规范》，成为国内首个对个人信息保护认证进行探索的官方文件，其中提出的一些认证思路，值得体会，归纳其要点有：

（1）适用情形：该规范仅适用于两种情形：一是同一经济、事业实体内部的个人信息跨境处理活动；二是《个人信息保护法》第3条第2款规定的境外个人信息处理者，在境外处理境内自然人个人信息的活动。

（2）认证申请主体：对于上述情形一，申请认证主体可以由境内一方单独申请认证，并承担法律责任。对于上述情形二，可以由境外组织在境内设立的专门机构或指定代表申请认证，并承担法律责任。

（3）法律约束：规范要求参与个人信息跨境处理活动的相关方之间应当签订具有法律约束力和执行力的文件，文件应特别明确以下几项内容：（a）境外接收方承诺并遵守统一的个人信息处理规则，并确保个人信息保护水平不低于我国个人信息保护相关法律、行政法规规定的标准；（b）境外接收方承诺接受认证机构监督；（c）境外接收方承诺接受我国个人信息保护相关法律、行政法规管辖；（d）明确在我国境内承担法律责任的组织机构。

(4)组织管理:规范要求参与个人信息跨境处理活动的各相关方均应指定个人信息保护负责人(应由本组织的决策层成员担任),并设立相应的个人信息保护机构。

(5)DPIA:关于个人信息跨境处理的DPIA,规范要求至少包括下列事项:(a)向境外提供个人信息是否符合法律、行政法规;(b)对个人信息主体权益产生的影响;(c)境外国家和地区的法律环境、网络安全环境等对个人信息主体权益的影响;(d)其他维护个人信息权益所必需的事项。

(6)个人信息主体权利:(a)规范特别要求各相关方应个人信息主体的请求,提供法律文本中涉及个人信息主体权益部分的副本;(b)个人信息主体有权在其经常居住地所在法院向开展个人信息跨境处理活动的处理者和境外接收方提起诉讼。

六、如何签订数据跨境标准合同?

借鉴GDPR的做法,我国《个人信息保护法》也将"按照国家网信部门制定的标准合同与境外接收方订立合同,约定双方的权利和义务"列为我国个人信息出境的合法性基础之一,但迄今国家网信办尚未公布正式的中国版的标准合同,涉及数据跨境的相关方都在急切的等待之中。

凡事预则立,不预则废。等待不等于不可以进行必要的前瞻计划。事实上,吸收借鉴GDPR项下关于认证机制和标准合同条款(SCCs)的规定及经验,不失为一种未雨绸缪的选择方式。

迄今为止,欧盟委员会已批准了四套SCCs,分别是:

(1)2001年,欧盟委员会通过了适用于欧盟境内数据控制者与非欧盟境内数据控制者之间的传输的标准合同条款(SCCs2001—C2C),和适用于欧盟境内数据控制者与非欧盟境内数据处理者之间的传输的标准合同条款(SCCs2001—C2P)。

(2)2004年,欧盟委员会新增了一套适用于欧盟境内数据控制者与非欧盟境内数据控制者之间的传输的标准合同条款(SCCs2004—C2C),SCCs2004—C2C并不替代SCCs2001—C2C,企业可以自行选用。

(3)2010年,欧盟委员会更新了适用于欧盟境内数据控制者与非欧盟境内数据处理者之间的传输的标准合同条款(SCCs2010—C2P),取代了2001年颁布的SCCs2001—C2P。

(4)原有SCCs都是在《95/46/EC指令》下起草的,为与GDPR保持一致,

2021 年 6 月 4 日，欧盟委员会通过了最新版的标准合同条款（SCCs2021），并于 2021 年 6 月 27 日生效，并取代了全部原有的 SCCs。

SCCs2021 体例上的最大特点是采取了“一般条款 + 特别条款”的创新模式，囊括了下述四类数据跨境场景，并以不同的“特别条款”模块一一对应。SCCs2021 共有 18 个条款和 3 个附件，其合同结构如表 3.5 所示。

表 3.5 SCCs2021 合同结构

章节	条款	数据出口方	数据进口方
第一部分	一般条款	目的、范围、受益人、解释、效力、加入机制等	
第二部分	特别条款	实质性数据保护义务、救济、责任、赔偿、监督。同时区分下述四种模块：	
		控制者（Controller）	控制者（Controller）
		控制者（Controller）	处理者（Processor）
		处理者（Processor）	处理者（Processor）
		处理者（Processor）	控制者（Controller）
第三部分	一般条款	影响遵守 SCCs 的当地法律、被公共当局访问时数据进口方的义务	
第四部分	一般条款	不合规与终止、适用法律，法院管辖	
附录一	签约方等	列明签约方列表、传输的描述、欧盟监督机构	
附录二	技术和组织措施	列明控制者指示的、处理者协助的技术和组织措施	
附录三	次级处理者清单	列明特定事先授权的次级处理者名称、地址、联系人、处理活动	

下面以欧盟境内控制者发送给欧盟境外控制者（“欧盟内 C 到欧盟外 C”）和欧盟境内控制者发送给欧盟境外处理者（“欧盟内 C 到欧盟外 P”）这两种情形为例，归纳 SCCs2001 的核心条款（如表 3.6 所示）。

表 3.6 SCCs2021 核心条款

条款	核心内容	欧盟内 C 到欧盟外 C	欧盟内 C 到欧盟外 P
第 2 条	效力和不可更改	在不直接或间接地与本条款相矛盾或损害数据主体的基本权利或自由前提下，双方可以增加其他条款	
第 3 条	受益人	个人数据主体可以作为第三方受益人，对数据出口方和/或数据进口方援引并执行本条款	

续表

条款	核心内容	欧盟内C到欧盟外C	欧盟内C到欧盟外P
第5条	效力级别	如果本条款与双方之前存在的或随后签订的相关协议的约定相冲突,以本条款为准	
第7条	对接条款	经本条款双方同意,第三方可在任何时候,通过填写附录和签署附件I. A.,作为数据出口方或数据进口方加入本条款	
第8条	说明	无	数据进口方应仅根据数据出口方的书面指示处理个人数据。如果数据进口方无法遵守这些指示,应立即通知数据出口方
	目的限制	数据进口方应仅以附件I. B.中规定的特定转让目的处理个人数据。除非获得数据主体事先同意,或为建立、行使或支持法律主张所必需,或为了保护数据主体或其他自然人的关键利益所必需	数据进口方应仅为附件I. B.中规定的特定转让目的处理个人数据,除非根据数据出口方的进一步指示
	透明度	数据进口方应直接或通过数据出口方通知数据主体其身份、联系方式、处理的个人数据的类别以及获得副本的权利、再转移(如有)的接收方或接收方类别及目的和理由。除非数据主体已经获得该信息,或提供信息被证明是不可能的,或数据进口方将付出不成比例的努力	数据出口方应免费向数据主体提供一份本条款的副本,但可在保护商业秘密或其他保密信息的必要范围内,进行必要的编辑
	准确性和最小化	双方应确保个人数据的准确性,一方意识到它所转移或接收的个人数据不准确或已经过时,不得无故迟延通知另一方。数据进口方应确保个人数据是充分的、相关的,并仅限于与目的有关的处理	如果数据进口方意识到它所接收的个人数据不准确或已经过时,不得无故迟延通知数据出口方。在该情形下,数据进口方应当配合数据出口方对数据进行更正或者删除

续表

条款	核心内容	欧盟内 C 到欧盟外 C	欧盟内 C 到欧盟外 P
第 8 条	存储限制	数据进口方留存个人数据的时间不得超过处理目的所需的时间	数据进口方的处理应仅在附件 I. B. 中规定的期限内进行。处理服务结束后,数据进口方应根据数据出口方的选择,删除或归还所有个人数据。如果当地法律禁止归还或删除个人数据的,数据进口方保证它将继续确保遵守本条款,并且只在当地法律规定的范围和时间内处理这些数据
	处理的安全性	数据进口方,以及在传输过程中的数据出口方,应采取适当的技术和组织措施,以防止个人数据泄露。双方应特别考虑采用加密或假名化的方式,双方应就技术和组织措施达成一致并列入本条款附件Ⅱ。 一旦发生个人数据泄露事件,数据进口方应当采取适当措施处理,通知数据出口方、监管部门,并通知数据主体	数据进口方,以及在传输过程中的数据出口方,应采取适当的技术和组织措施,以防止个人数据泄露。双方应特别考虑采用加密或假名化的方式,双方应就技术和组织措施达成一致并列入本条款附件Ⅱ。 数据进口方应仅在委托处理所严格必要的范围内允许其工作人员访问这些数据,并确保被授权人负有适当的保密义务。 一旦发生个人数据泄露事件,数据进口方应当采取适当措施处理,通知数据出口方。数据进口方应与数据出口方合作并提供协助,使数据出口方能够遵守 GDPR 规定的义务,特别是通知监管部门和受影响的数据主体
	敏感个人数据	涉及敏感个人数据的,数据进口方应采取特定限制和/或额外保障措施	涉及敏感个人数据的,数据进口方应根据附件 I. B. 中的规定采取特定限制和/或额外保障措施
	再转移	数据进口方不得再转移,除非该第三方同意受本条款的约束,或目标国是 GDPR 充分性保护决定的国家,或第三方提供了 GDPR 的适当保障措施,或为建立、行使或支持权利主张所必需,或为了保护数据主体或其他自然人的关键利益所必需,或获得了数据主体对再转移的明确同意	数据进口方应仅根据数据出口方的书面指示将个人数据披露给第三方。并且,该第三方应同意受本条款的约束,或目标国是 GDPR 充分性保护决定的国家,或第三方提供了 GDPR 的适当保障措施,或为建立、行使或支持权利主张所必需,或为了保护数据主体或其他自然人的关键利益所必需,或获得了数据主体对再转移的明确同意

续表

条款	核心内容	欧盟内C到欧盟外C	欧盟内C到欧盟外P
第8条	数据进口方的授权处理	数据进口方应确保其授权的任何人,均仅根据数据进口方的指示处理数据	无
	问责制	双方应能证明其遵守了本条款,尤其是数据进口方应保留在其责任范围内进行的处理活动的适当文件	双方应能证明其遵守了本条款,尤其是数据进口方应保留代表数据出口方进行的处理活动的适当文件。在合理的时间间隔或有不合规迹象时,数据进口方应允许并协助数据出口方对本条款所涵盖的处理活动进行审计
第9条	次级处理者的使用	无	未经数据出口方授权,不得分包给次级处理者。可选方案包括特定事先授权或一般性书面授权,其条件是数据进口方应在分包前预留足够的时间通知数据出口方,同时提供必要的信息,以便数据出口方对分包做出决定或行使反对权。 数据进口方应与次级处理者签订书面合同的方式,规定次级处理者承担与数据进口方在本条款下相同的数据保护义务。数据进口方需应数据出口方要求,提供与该次级处理者的协议副本,但该副本可在保护商业秘密或其他保密信息的必要范围内,进行必要的编辑。 数据进口方应与次级处理者就第三方受益人条款达成一致意见,在数据进口方消失、法律上不存在或破产的情况下,数据出口方应有权终止分包处理合同并直接指示次级处理者删除或归还个人数据
第10条	数据主体权利	数据进口方需在数据出口方的协助下,使用清晰、直白和易于理解的语言,保障数据主体行使权利,包括查询(最迟应在收到查询要求后1个月内处理)、复制、更正和删除。 数据进口方为直接营销目的处理个人数据时,如数据主体提出反对,就应停止处理。 自动决策对数据主体产生法律效力或显著影响时,数	数据进口方应及时通知数据出口方其从数据主体收到的任何请求。除非得到数据出口方的授权,否则其本身不得对该请求作出回应。但数据进口方应协助数据出口方履行义务,以回应数据主体根据GDPR提出的请求

续表

条款	核心内容	欧盟内 C 到欧盟外 C	欧盟内 C 到欧盟外 P
		据进口方不得仅基于自动决策做出决定,除非得到数据主体的明确同意或目的地国法律的授权。 如果数据主体请求繁多或重复请求,数据进口方可以收取合理的费用或者拒绝回应。 如果数据进口方打算拒绝数据主体的要求,其应告知数据主体拒绝的理由以及投诉和寻求司法补救的可能性	
第 11 条	救济措施	数据进口方应提供投诉联络点(个别通知或网站公告),迅速处理其收到的任何投诉。数据进口方可以选择并告知数据主体向独立争议借鉴机构提出投诉和寻求救济。 数据进口方应尽最大努力解决争议;双方应相互通知此类争议,适当时合作解决争议。 数据进口方应接受数据主体向其主张的第三方受益权。数据主体还可以向其经常居住地或工作地点的成员国的监管机构或根据第 13 条规定的主管监管机构提出投诉,将争端提交给第 18 条规定的主管法院,或由 GDPR 规定的组织代表数据主体行使权利。数据进口方应遵守根据适用的欧盟或成员国法律具有约束力的决定	
第 12 条	责任与赔偿	双方应就自身违反本条款而给数据主体造成的物质或精神损失负责和承担赔偿责任。 如双方都对违反本条款而需对数据主体负责,双方承担连带责任,此时承担了责任的一方有权向另一方追偿。 数据进口方不得以数据处理者或次级处理者的行为为由逃避自己的责任	双方应就自身违反本条款而给数据主体造成的物质或精神损失负责和承担赔偿责任。 如数据进口方违反本条款而需对数据主体负责的,数据出口方也需要承担责任。 如数据出口方为数据进口方的行为向数据主体承担了责任,则数据出口方有权向数据进口方追偿。 如双方都对违反本条款而需对数据主体负责,双方承担连带责任,此时承担了责任的一方有权向另一方追偿。 数据进口方不得以次级处理者的行为为由逃避自己的责任
第 13 条	监督	数据进口方同意服从监管部门的管辖。特别是数据进口方同意回应询问、接收审计、遵守欧盟监管部门采取的措施,包括损害赔偿和补偿措施	

续表

条款	核心内容	欧盟内C到欧盟外C	欧盟内C到欧盟外P
第14条	影响遵守本条款的当地法律	双方保证,他们没有理由相信,接收国适用于数据进口方处理个人数据的法律和惯例,会妨碍数据进口方履行本条款规定的义务。 如果之后数据进口方有理由相信出现与前述保证不一致的情况,数据进口方应立即通知数据出口方。数据出口方应确定将采取的适当措施。如果数据出口方认为无法确保此类转移的适当保障措施,数据出口方应暂停数据转移,并有权终止合同	
第15条	被公共当局访问时数据进口方的义务	当公共当局(包括司法当局)要求披露或直接访问根据本条款转移的个人数据时,数据进口方应立即通知数据出口方,并在可能的情况下立即通知数据主体。如果数据进口方被禁止通知数据出口方和/或数据主体,数据进口方应尽其最大努力获得禁令的豁免,以尽快传达尽可能多的信息。 数据进口方应审查公共当局披露请求的合法性,如有合理理由认为根据目的地国的法律、所适用的国际法义务、国际礼让原则。若该请求是非法的,则应对该请求提出质疑,并寻求上诉。在对请求提出质疑时,数据进口方还应寻求临时措施,以在司法当局作出决定之前暂停数据的披露。 数据进口方应记录其评估和对披露请求的任何质疑,并在接收国法律允许的范围内,向数据出口方及欧盟监管部门提供这些文件	
第16条	不合规与终止	如果数据进口方违反本条款或无法遵守本条款,数据出口方应暂停向数据进口方转移个人数据,直到再次确保遵守本条款。在本条款终止前已经转移的个人数据,应根据数据出口方的选择立即返还给数据出口方或全部删除	
第17条	适用法律	本条款应受某一欧盟成员国(双方应共同指明该成员国)的法律管辖,前提是该国法律承认第三方受益人权利	
第18条	管辖法院	由本条款引起的任何争议应由某一欧盟成员国(双方应共同指明该成员国)的法院解决。 数据主体也可在其惯常居住地的欧盟成员国法院对数据出口方和/或数据进口方提起诉讼	

中国企业可以借鉴上述SCCs2021的成熟做法,结合中国的现行法律法规,制定适合自身的SCCs合同,并根据国家网信办的立法进程适时修订完善。

七、如何进行数据跨境安全评估?

我国《个人信息保护法》第38条将"通过国家网信部门组织的安全评估"作为个人信息跨境提供的合法条件之一。

2022 年 7 月 7 日,国家网信办发布了《数据出境安全评估办法》。该办法对数据出境安全评估的适用范围、评估事项、申报材料、评估流程、评估后果等进行了规定(如图 3.2 所示)。按照该办法的规定,满足下列条件的,数据处理者需要通过所在地省级网信部门向国家网信办申报数据出境安全评估:(1)数据处理者向境外提供重要数据;(2)关键信息基础设施运营者和处理 100 万人以上个人信息的数据处理者向境外提供个人信息;(3)自上年 1 月 1 日起累计向境外提供 10 万人个人信息或者 1 万人敏感个人信息的数据处理者向境外提供个人信息;(4)国家网信部门规定的其他需要申报数据出境安全评估的情形。

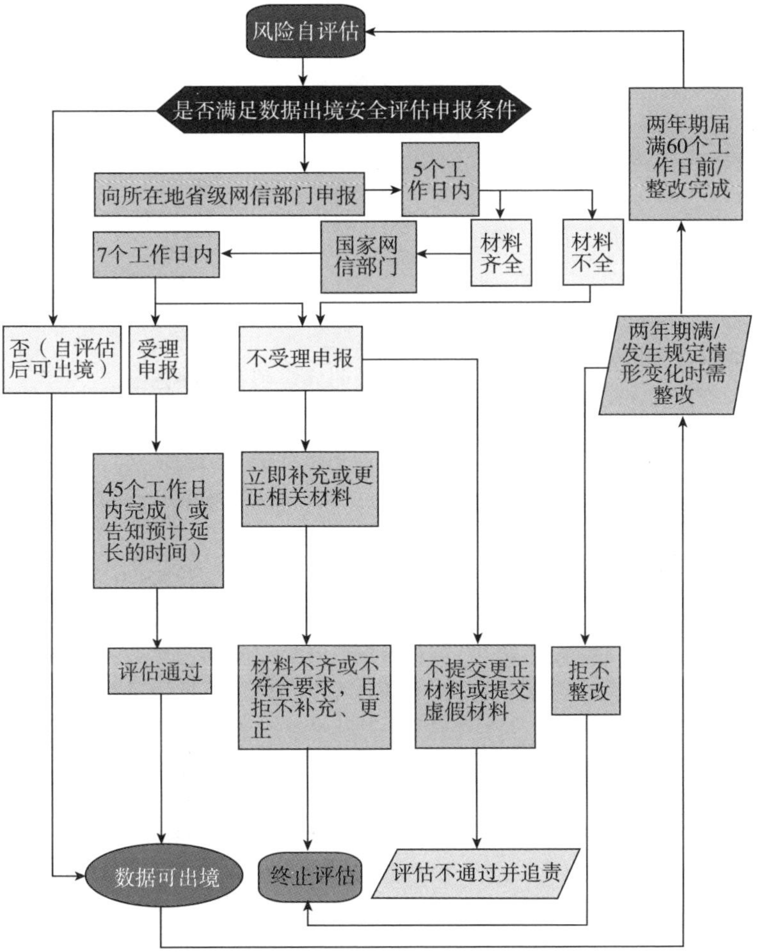

图 3.2 数据出境安全评估流程

显然,风险自评估是启动政府评估的一个前置程序,自评估既是企业做出是否需要申报政府评估或者仅通过认证,SCCs 即可出境判断的前提,也是通过政府评估(如需)必不可少的一个"前置动作"。事实上,自评估和政府评估在诸多方面是一致的(如表 3.7 所示)。

表 3.7　自评估与政府评估事项对比

序号	自评估事项	政府评估事项	简要对比
1	数据出境及境外接收方处理数据的目的、范围、方式等的合法性、正当性、必要性	数据出境的目的、范围、方式等的合法性、正当性、必要性	自评估中强调了对境外接收方的情况评估要求
2	出境数据的数量、范围、种类、敏感程度	出境数据的数量、范围、种类、敏感程度	完全一致
3	数据出境可能对国家安全、公共利益、个人或者组织合法权益带来的风险	数据出境活动可能对国家安全、公共利益、个人或者组织合法权益带来的风险	完全一致
4	境外接收方承诺承担的责任义务	—	—
5	境外接收方履行责任义务的管理和技术措施、能力等能否保障出境数据的安全	境外接收方的数据保护水平是否达到中华人民共和国法律、行政法规的规定和强制性国家标准的要求	基本一致
6	数据出境中和出境后遭到篡改、破坏、泄露、丢失、转移或者被非法获取、非法利用等的风险	出境中和出境后泄露、篡改、丢失、破坏、转移或者被非法获取、非法利用等风险	完全一致
7	个人信息权益维护的渠道是否通畅	数据安全和个人信息权益是否能够得到充分有效保障	基本一致
8	与境外接收方拟订立的数据出境法律文件是否充分约定了数据安全保护责任义务	与境外接收方拟订立的法律文件中是否充分约定了数据安全保护责任义务	完全一致
9	其他可能影响数据出境安全的事项	国家网信部门认为需要评估的其他事项	基本一致
10	—	境外接收方所在国家或者地区的数据安全保护政策法规和网络安全环境对出境数据安全的影响	政府评估中强调了对接收国法律背景的评估

续表

序号	自评估事项	政府评估事项	简要对比
11	—	遵守中国法律、行政法规、部门规章情况	政府评估中强调了对处理者自身的合规性评估

为了做好自评估,通常的程序及要点有什么呢?

第一步:拟订数据跨境的计划

企业需要首先梳理和明确数据跨境的计划,这个计划直接决定了自评估的范围。计划的内容包括但不限于:

(1)涉及的个人信息情况,包括个人信息的类型、数量、范围和敏感程度等;

(2)涉及的重要数据情况,包括重要数据的类型、数量和范围等;

(3)涉及的信息系统情况;

(4)数据发送方安全保护能力;

(5)数据接收方安全保护能力及其所在的国家或地区的基本情况。

第二步:分析特定场景下的特殊风险

由于数据跨境流转情况复杂,除了总体计划,往往需要采用工具表单和流转示意图的方式对现有的数据跨境的关键场景信息、合规管控措施进行记录和梳理,例如,可以编制数据跨境场景识别表,梳理出企业内部的数据跨境流转情况。其中识别表应包括业务场景、涉及部门、处理目的、载体形式、具体信息字段、信息数量、出境频率、安全技术措施、跨境方式、接收方、中转方(如有)、后续管控等各类信息。

企业应当意识到,由于数据跨境的情况复杂,除了总体计划,往往需要结合特定场景,分析本项目的特殊风险,譬如同一集团内与集团外的数据跨境,其面临的风险显然是不同的,即使是同一集团,发送方与接收方的上下级关系不同也会导致风险暴露和缓释措施不尽相同。通常,数据跨境面临的风险点有:

(1)多国规则冲突。企业在开展数据跨境流动活动时,需要同时考虑数据输出地、输入地甚至中转地的数据跨境规则,但不同法域数据跨境规则的不同,对企业多法域合规带来困难。由于“长臂管辖”等因素,同一法域的数据处理行为也可能需要满足多法域规则,存在法律冲突隐患,对企业数据跨境合规治理能力提出考验。

(2)属性识别难。个人信息、重要数据等在法律上通常采用“概括式”的定义形式，给企业对数据的法律属性识别带来了模糊性和不确定性；不同法域对个人信息、重要数据等概念定义存在差异甚至冲突，对企业跨境数据的属性识别和统筹管理造成困难。

（3）载体拆分难。多种类型的数据，可能同时集合在同一载体或分散在不同载体中，难以拆分、合并和精准识别，如何按照数据属性、类型、来源、内容、用途等进行数据分级分类，成为数据跨境合规的实务难题。

（4）数据流动场景复杂。数字化转型背景下，企业的业务数据往往通过线上系统进行流转处理，业务系统间产品数据、经营数据、研发数据、内部管理数据等众多数据存在交叉传输的情况。同时，出于成本、效率等多因素考虑，企业的系统服务器通常集中部署、统一管理，企业与境内外总部、客户、合作方、供应商、内部员工数据等涉及频繁、复杂的数据跨境和中转流动。

（5）数据接收方管控乏力。对外提供时，《个人信息保护法》要求接收方仅能在告知个人的处理目的、方式和个人信息种类等范围内处理个人信息；委托处理时，《个人信息保护法》要求提供方对接收方的个人信息处理活动进行监督，监督事项包括不得超范围处理和及时返还或删除个人信息等，针对接收方履约意愿和能力如何进行事先评估和事中事后管控，为数据发送方带来很大挑战。

案例1

在与欧盟的电讯运营商合作的国内手机厂商可能会碰到“不同法域属性识别难”的数据合规难点，欧盟的电讯运营商会要求合作的中国手机制造商提供其手机设备的标识符，如IMEI信息，以保障网络运营商对设备的使用。根据中国标准，设备硬件标识符属于个人信息，于是国内的手机制造商会要求欧盟运营商签署数据处理协议；但欧盟运营商依据所在国法律，认为在整个业务流程中，运营商仅获取了硬件标识符，未能获取其他任何数据，进而无法通过硬件标识符识别到特定使用该硬件的用户，不具备可识别性，不是个人信息，于是拒绝签署数据处理协议。

案例2

公司内部搭建的文档管理平台，存储了内部包括项目业务资料、商务合同、财务单据等大量文件，文件中的业务资料如果标识了他国的交通路网、能源节点、敏感区域位置则可能涉及他国重要数据；商务合同中可能包含签署双方的法人代表个人信息;财务金融单据中可能涉及敏感个人信息等。但因为数据量大,且以非结构化的形式出现,信息载体难以拆分。

案例3

某企业的系统服务器集中部署于总部所在地、由总部统一运营管理,导致在开展境外业务过程中涉及大量数据跨境流转场景,例如,数据从境外分支机构传输至总部服务器存储,境外分支机构从总部服务器调取数据,境外分支机构直接访问总部服务器数据等。若多家境外分支机构纳入数据跨境传输管控全景,各分支机构之间也可能通过总部服务器相互调取/访问数据,数据流转频率极高且路径复杂。

第三步:识别数据跨境的法律规则

完成上述两个步骤之后,企业对自身的数据跨境的目标、现状已有了较为清晰的认识。此时,企业需要自行或委托专业第三方协助搜集和研究外部监管合规规则,对其所在国家或地区关于数据跨境的法律规则进行识别,以确定数据跨境应遵守的法律规则。

第四步:评估数据跨境的风险级别

(1)通过对数据接收方所在国家或地区的政治法律环境的评估,可将数据接收方所在国家或地区的保障能力等级划分为高、中、低三个等级,可参考表3.8判定。

表3.8　数据接收国安全保障能力等级判定

类别	安全保障能力等级	国家举例	具体描述
数据接收方所在国家或地区的政治法律环境	高	欧盟、新加坡	个人信息保护方面的法律法规较为成熟且已形成体系化,广泛使用了标准作为法律法规的补充,保障了个人信息主体的各项权利,有专门个人信息保护机构,同时具备完备、有效、多层次的救济渠道
	中	美国、加拿大	个人信息保护方面的法律法规、标准基本齐备,保障了个人信息主体的部分权利,有个人信息保护相关负责部门,具备相应的行政、司法救济渠道
	低	印度尼西亚、越南	个人信息保护方面的法律法规、标准欠缺或不完备,个人仅能通过司法救济渠道维护权利

(2)根据数据发送方、接收方的主体资格，制度保障和技术手段，可将发送方、接收方的保障能力等级划分为高、中、低三个等级，可参考表3.9判定。

表3.9　数据发送方、接收方安全保障能力等级判定

类别	安全保障能力等级	具体描述
主体资格	高	资质完备齐全，股东构成或主管部门关系清晰，接收的数据与数据接收方业务完全契合
	中	资质相对齐全，股东构成或主管部门相对清晰，接收的数据与数据接收方业务基本契合
	低	缺乏合法资质或资质不真实，或接收的数据与接收方业务存在较大差异，或发生过数据安全相关事件且未得到有效处置
制度保障能力	高	组织机构健全、制度流程完备、人员能力良好、审计和应急处置机制有效，能有效防止数据泄露、毁损、篡改、滥用等事件发生，或事件发生后造成的影响可以忽略。能够提供权威、有效的数据安全合规证明以保证其达到了管理保障要求
	中	组织机构基本健全、制度流程较规范、人员能力一般，审计和应急处置机制基本有效，但存在发生数据泄露、毁损、篡改、滥用事件的可能，且会造成一定范围和程度的影响
	低	组织机构不健全、制度流程缺失、人员能力较差、缺乏审计和应急处置机制，数据被泄露、毁损、篡改、滥用等的可能性很高或事件已发生，且会造成严重影响
技术手段能力	高	具备较先进和完善的数据安全技术能力，落实了数据安全要求，能够有效保护数据安全，如果被威胁利用，造成的损害可以忽略。能提供权威、有效的数据安全合规证明以保证其达到了数据保护的技术保障要求
	中	具备一定的数据安全技术能力，基本落实数据保护安全要求，如果被威胁利用，将造成一般损害
	低	未落实数据安全的技术保障要求，或采取的安全技术存在重大缺陷，无法有效保护数据安全，如果被威胁利用，将造成完全损害

(3)根据上述接收方所在国家或地区的法律环境、发送方安全保障能力、接收方安全保障能力，可以判定数据安全事件发生的可能性，可参考表3.10赋值。

表 3.10 数据安全事件发生可能性等级判定

<table>
<tr><th>可能性等级</th><th>主要判定条件</th><th>修正条件</th></tr>
<tr><td>3</td><td>发送方管理保障能力、技术保障能力，接收方背景情况、管理保障能力、技术保障能力任何一项赋值为“低”的</td><td>政治法律环境赋值为“高”的，可能性等级可减 1</td></tr>
<tr><td>2</td><td>发送方管理保障能力、技术保障能力，接收方背景情况、管理保障能力、技术保障能力赋值有“中”和“高”的</td><td rowspan="2">政治法律环境赋值为“低”的，可能性等级可加 1</td></tr>
<tr><td>1</td><td>发送方管理保障能力、技术保障能力，接收方背景情况、管理保障能力、技术保障能力所有项赋值均为“高”的</td></tr>
</table>

(4)根据跨境数据的重要程度，分析所产生的影响大小。个人信息的安全影响等级可参考表 3.11 赋值：

表 3.11 数据安全事件影响大小等级判定

<table>
<tr><th>关键要素</th><th rowspan="2">影响大小等级</th><th colspan="3">修正要素</th></tr>
<tr><th>敏感程度</th><th>数量</th><th>范围</th><th>技术处理情况</th></tr>
<tr><td>识别出重要数据</td><td>4</td><td>出境的重要数据属于主管部门规定的大量数据时，影响等级可增加 1</td><td>如果出境重要数据超出满足出境目的的最小集，则影响等级可增加 1</td><td>使用技术措施对重要数据进行数据脱敏处理，且处理后的数据不能被还原为原始数据，影响等级可减去 1</td></tr>
<tr><td>个人敏感信息为主</td><td>3</td><td rowspan="3">一年内涉及出境的个人信息累计大于主管部门规定的大量个人信息时，影响等级可增加 1</td><td rowspan="3">如果出境个人信息超出满足出境目的的最小集，则影响等级可增加 1</td><td rowspan="3">使用技术措施对涉及出境的个人信息进行去标识化处理，能有效防止识别出个人的，影响等级可减去 1</td></tr>
<tr><td>包含少量个人敏感信息(如个人敏感信息所占比例小于 50%)</td><td>2</td></tr>
<tr><td>仅为个人信息，不包含个人敏感信息</td><td>1</td></tr>
</table>

(5)根据数据安全事件发生的可能性和发生后影响的大小两方面进行综合评价，分析数据跨境的综合风险级别，其判定可参考表 3.12。

表3.12　数据安全综合风险等级判定

发生后的影响等级	发生的可能性等级		
	1	2	3
≥5	高	极高	极高
4	中	高	高
3	低	中	高
2	低	中	中
1	低	低	中

第五步:制定合规风险治理方案

企业基于数据跨境风险评估结论,结合监管要求和同业先进实践,制定风险治理方案并进行优先级排序,适配可落地的技术和组织措施,优先处置影响重大、发生可能性高的风险,其关键环节通常包括:

(1)监管机构交流与报批报备。大多国家/地区的数据跨境管控要求涉及监管方的参与,例如,我国跨境前安全评估,包括尚未出台的认证机制、标准协议等数据跨境合法性基础,都很难完全不与监管部门打交道。因此,企业需与监管机构进行积极沟通,主动接受监管。

(2)合理部署数据存储方式和数据中心。企业在部署业务系统服务器时,应以合规为前提,综合考虑成本、技术等因素进行数据存储方式和服务器选址部署。对一般个人信息有本地化要求的国家,如俄罗斯,其人力资源管理、供应商管理等业务系统中包含较多个人信息,建议本地部署服务器;对敏感个人信息有本地化要求的国家,如印度、巴基斯坦、阿联酋、赞比亚,若业务系统中包含敏感个人数据较多,亦建议本地化存储。对于没有本地化要求的国家,在考虑数据中心选址时,应考虑接收方国家的数据保护能力被认可的程度。在被国际广泛认可的"充分保护"国家建立数据中心,实现业务和数据保护的平衡,通常有利于降低数据跨境的合规风险与合规成本。

(3)完善认证和SCCs模板体系。我国《个人信息保护法》借鉴GDPR等先进立法,引入了SCCs制度,企业需要尽快熟悉这两项新制度并建立相关组织和安全技术保障。同时,数据跨境涉及不同法域,部分国家要求签署本国监管机构的SCCs,如迪拜国际金融中心。企业需针对数据跨境涉及的国家/地区,早做谋划,期望对所有跨境场景采用一个认证机制或统一版本的 SCC,但这也很可能无法满足部分国家的特殊要求。

(4)数据跨境征得个人的单独同意。企业若以同意作为数据处理的合法性基础,在涉及个人信息出境时,需要获得个人对数据出境事项的单独同意。企业应充分履行告知义务,向个人信息主体告知境外接收方名称或者姓名、联系方式、处理目的、处理方式、个人信息的种类以及个人向境外接收方行使本法规定权利的方式和程序等事项;同时要与企业产品或服务中其他业务功能相分离,征得个人信息主体的单独同意。

(5)坚持合规与业务发展相结合、体系完善与落地执行相结合的数据合规治理原则,通过自评发现问题,总结经验,逐步制定一套符合自身实际的可落地、可推广、可持续的数据跨境风险合规治理规则、方法和工具。

八、如何评估接收国家的政治法律环境?

数据跨境评估区别于其他的境内 DPIA,就是要特别考虑数据接收国家或地区的政治法律环境。

客观来讲,由一家企业对接收国的整体政治法律环境进行评估不仅费时费力,而且容易出现完整性、权威性不足的情况。更可取的做法是由国际组织或全球知名机构、接收国一方政府、相关专业机构或行业协会定期发布针对一国法律政治环境评估的白皮书,用于指导数据跨境评估。如美国虽然因为一系列事件被国际社会诟病,但是其一些国际澄清的方法仍然值得我国借鉴。在欧洲法院宣布“隐私盾”判决后,美国商务部、司法部、DNI 立刻于 2020 年 9 月 28 日联合发布了一份白皮书指导美国企业如何对美国隐私保护法律环境进行评估。除“隐私盾”以外,美国政府就“棱镜门”、《合法使用境外数据明确法》都曾先后发布过白皮书,供企业对外澄清援引。

但是,企业作为直接的需求者,也不可能完全无所作为。因此,客户经常问及的一个问题就是:在现有条件下进行数据跨境,应如何入手进行接收国法律环境评估?

参照我国《信息安全技术　数据出境安全评估指南(征求意见稿)》以及 EDPB、英国信息专员办公室(ICO)和法国数据保护局(CNIL)等指引,建议客户可以从表 3.13 所列事项入手,开展接收国的法律环境评估(对接收方个体的

DPIA,请参照本书数据保护影响评估章节的相关内容,本处不再赘述)。

表3.13 对数据接收国的法律环境评估参考

序号	评估事项	结论	依据
1	数据跨境基本情况描述		
1.1	跨境的目的是什么? 注:如营销、人力资源、临床实验、存储、IT 支持		
1.2	跨境的数据类型是什么? 注:如金融或医疗或员工、一般或敏感以及是否涉及儿童		
1.3	发送方的类型是什么? 注:如公共或私人、控制者或处理者		
1.4	接收方的类型是什么? 注:如公共或私人、控制者或处理者		
1.5	数据格式是什么? 注:如原文、去标识化(具体到脱敏、加密的具体技术)		
1.6	是否拟再传输到第三国?		
2	关于接收国个人信息保护的立法		
2.1	该国是否制定了个人信息保护的立法?		
2.2	该国是否制定了个人信息保护的专门立法?		
2.3	该国立法是否支持对输入信息采取加密等技术保护措施?		
3	关于接收国个人信息主体的基本权利		
3.1	该国立法是否支持处理应以公开、透明、易懂规则为基础?		
3.2	该国立法是否支持信息主体知情权?		
3.3	该国立法是否支持信息主体拒绝权?		
3.4	该国立法是否支持信息主体不受自动化约束权?		
3.5	该国立法是否支持信息主体访问权?		
3.6	该国立法是否支持信息主体更正权?		
3.7	该国立法是否支持信息主体撤回同意权?		
3.8	该国立法是否支持信息主体删除权?		
3.9	该国立法是否支持信息主体携带权?		

续表

序号	评估事项			结论	依据
4	关于接收国独立的监督机制				
4.1	该国是否设立了个人信息保护的专门机构？	4.1.1	专门机构的名称是什么？		
			该机构的职权是什么？		
			这种保护活动是否对信息主体公开？		
			这种保护活动是否对社会公众公开？		
			个人对这种保护措施是否可寻求救济？		
			该机构是否具有保护能力（考虑人员、地域、经费、实践效果等）？		
4.2	就公共当局的非法行为，有无另一独立机构（立法、司法或行政当局）监督？	4.2.1	监督机构的名称是什么？		
			该机构的职权是什么？		
			这种监督是否具有独立性？		
			这种监督活动是否对信息主体公开？		
			这种监督活动是否对社会公众公开？		
			个人对这种监督措施是否可寻求救济？		
			该机构是否具有监督能力（考虑人员、地域、经费、实践效果等）？		
5	关于接收国公共当局获取个人信息				
5.1	有哪些要求向公共当局披露个人信息（包括授予公共当局处理个人信息权力）的立法？	5.1.1	法律名称是什么？		
			该法的适用范围（有无“长臂管辖”）？		
			这种处理是否无需告知个人？		
			这种处理是否符合目的限制原则？		
			这种处理是否限制在最小必要范围内？		
			是否明确个人信息的最长存储期限？		
			个人是否可就这种处理寻求司法救济？		
		5.1.2	……		
5.2	有无必须使用该国密码服务商的加密技术要求，从而导致公共当局事实上有能力获取个人信息的立法？				
5.3	有无公共当局获取个人信息的立法不公开的情况？				

续表

<table>
<tr><th>序号</th><th colspan="3">评估事项</th><th>结论</th><th>依据</th></tr>
<tr><td>5.4</td><td colspan="3">有无公共当局在缺乏立法即获取个人信息的情况？</td><td></td><td></td></tr>
<tr><td>6</td><td colspan="5">关于接收国向个人提供有效的救济措施</td></tr>
<tr><td>6.1</td><td colspan="3">该国是否设立了审理个人信息案件的专门法庭或机构？</td><td></td><td></td></tr>
<tr><td>6.2</td><td colspan="3">该国是否接受个人信息的集体诉讼？</td><td></td><td></td></tr>
<tr><td>6.3</td><td colspan="3">该国是否接受第三方(如消协)提起的个人信息代表诉讼？</td><td></td><td></td></tr>
<tr><td rowspan="9">6.4</td><td rowspan="9">该国立法是否允许个人信息主体起诉私人机构？</td><td>6.4.1</td><td>信息主体起诉私人机构有无前置程序？</td><td></td><td></td></tr>
<tr><td>6.4.2</td><td>该起诉可否交由个人所在地法院管辖？</td><td></td><td></td></tr>
<tr><td>6.4.3</td><td>可否支持信息主体要求信息发送方和接受方承担连带责任？</td><td></td><td></td></tr>
<tr><td>6.4.4</td><td>个人所在地判决能否被该国承认执行？</td><td></td><td></td></tr>
<tr><td>6.4.5</td><td>该起诉可否交由该国法院管辖？</td><td></td><td></td></tr>
<tr><td>6.4.6</td><td>该国法院起诉的收费标准？</td><td></td><td></td></tr>
<tr><td>6.4.7</td><td>该国法院起诉的审理期限？</td><td></td><td></td></tr>
<tr><td>6.4.8</td><td>该国个人信息诉讼的举证责任规则？</td><td></td><td></td></tr>
<tr><td>6.4.9</td><td>接收国法院有无赔偿最高限额？</td><td></td><td></td></tr>
<tr><td>6.5</td><td colspan="3">有无禁止信息主体起诉任何私人机构的情况？</td><td></td><td></td></tr>
<tr><td rowspan="9">6.6</td><td rowspan="9">该国立法是否允许个人信息主体起诉该国公共当局？</td><td>6.6.1</td><td>信息主体起诉公共当局有无前置程序？</td><td></td><td></td></tr>
<tr><td>6.6.2</td><td>该起诉可否交由发送国法院管辖？</td><td></td><td></td></tr>
<tr><td>6.6.3</td><td>可否支持信息主体要求信息发送方和接受方承担连带责任？</td><td></td><td></td></tr>
<tr><td>6.6.4</td><td>个人所在地判决能否被该国承认执行？</td><td></td><td></td></tr>
<tr><td>6.6.5</td><td>该起诉可否交由该国法院管辖？</td><td></td><td></td></tr>
<tr><td>6.6.6</td><td>该国法院起诉的收费标准？</td><td></td><td></td></tr>
<tr><td>6.6.7</td><td>该国法院起诉的审理期限？</td><td></td><td></td></tr>
<tr><td>6.6.8</td><td>该国个人信息诉讼的举证责任规则？</td><td></td><td></td></tr>
<tr><td>6.6.9</td><td>该国法院有无赔偿最高限额？</td><td></td><td></td></tr>
<tr><td>6.7</td><td colspan="3">有无禁止信息主体起诉任何该国公共当局的情况？</td><td></td><td></td></tr>
</table>

续表

<table>
<tr><th>序号</th><th colspan="3">评估事项</th><th>结论</th><th>依据</th></tr>
<tr><td>7</td><td colspan="5">关于其他来源的信息</td></tr>
<tr><td rowspan="4">7.1</td><td rowspan="4">本次评估是否利用了上述已列明之外其他来源的信息？</td><td rowspan="3">7.1.1</td><td>信息名称是什么？</td><td></td><td></td></tr>
<tr><td>信息来源是什么？</td><td></td><td></td></tr>
<tr><td>这些信息佐证了上述哪几项的结论？</td><td></td><td></td></tr>
<tr><td>7.1.2</td><td>……</td><td></td><td></td></tr>
<tr><td>8</td><td colspan="5">其他</td></tr>
<tr><td>8.1</td><td colspan="3">有无影响或可能影响接收方遵守 BCR 任何规则或 SCCs 任何条款的其他因素？</td><td></td><td></td></tr>
</table>

第四章　个人信息合规审计与保护影响评估篇

一、什么是个人信息合规审计？

我国《个人信息保护法》第 54 条规定："个人信息处理者应当定期对其处理个人信息遵守法律、行政法规的情况进行合规审计。"

我国《个人信息保护法》第 64 条第 1 款规定："履行个人信息保护职责的部门在履行职责中，发现个人信息处理活动存在较大风险或者发生个人信息安全事件的，可以按照规定的权限和程序对该个人信息处理者的法定代表人或者主要负责人进行约谈，或者要求个人信息处理者委托专业机构对其个人信息处理活动进行合规审计。个人信息处理者应当按照要求采取措施，进行整改，消除隐患。"

由此可见，我国的合规审计包括了两种情形：一是个人信息处理者自主发起的定期合规审计①；二是在监管部门强制下被动发起的临时合规审计。

从合规审计的范围来看，现行法律法规层面尚没有权威的"合规审计"的定义，相似的概念有"合规性审计"、"合规审查"和"安全审计"等，如《信息安全技术　个人信息安全规范》(GB/T 35273—2020)规定个人信息保护负责人和个人信息保护工作机构的职责之一为进行安全审计。

参照中国科学技术法学会于 2021 年 4 月 28 日发布的团体标准《个人信息处理法律合规性评估指引》(T/CLAST 001—2021)，我们可根据审计主体的不同分为第一方审计、第二方审计和第三方审计(见表 4.1)。

---

① 《个人信息保护法》未明确"定期"的具体频率。在未有明确规定及权威解释"定期"的具体频率之前，对于一般的个人信息处理者，参照《网络数据安全管理条例(征求意见稿)》，建议每年开展 1 次自主发起的合规审计。

表 4.1 合规审计模式对比

审计模式	审计主体	审计员	内部协调员	外部观察员
第一方审计	• 被审计方 • 被审计方委托的外部组织(代表被审计方利益)	• 被审计方人员 • 被审计方指派的外部人员	需要	不需要
第二方审计	• 对被审计方享有利益或利益冲突的组织 • 该组织委托的外部组织(代表享有利益或利益冲突的组织)	• 对被审计方享有利益或利益冲突组织的人员 • 该组织指派的外部人员	通常需要被审计方指派	通常不需要
第三方审计	• 独立于被审计方且在被审计方中不享有利益或利益冲突的组织	• 该组织指派的外部人员	需要被审计方指派	必要时可以指派

至于具体选择什么样的审计模式,则取决于合规审计的目的。举例来说,如果是出于组织内部发现是否存在个人信息处理不合规或支持组织在个人信息处理活动中改进其合规状态的目的,通常宜采用第一方审计模式;如果是出于政府监管或企业 IPO、并购、数据交易中尽职调查的一部分以证明自身的合规能力,通常宜采用第二方审计模式;如果出于获得认证或政府要求的强制审计,则应采用第三方审计模式(见表 4.2)。

表 4.2 合规审计模式选择

目的	改进	证明	认证
合规现状	宜第一方审计 可第二方或第三方审计	宜第三方审计 可第二方或第一方审计	仅第三方审计
合规能力			

《个人信息处理法律合规性评估指引》(T/CLAST 001—2021)建议识别个人信息处理活动的产品、服务、过程、程序、管理体系、信息处理设施、个人信息相关方及其他环境要素的集合,确定为评估对象的要素包括:(1)个人信息处理的目的、过程和程序;(2)所处理的个人信息的类型及其所涉及的个人信息主体的类

型;(3)个人信息处理所采用的信息处理设施,包括信息系统,如用户登录和认证系统、操作系统、存储系统、路由器和防火墙、通信基础架构或网络访问等,外包服务,信息系统清单及其所在的地点;(4)作为个人信息处理者和/或个人信息处理受托人角色的组织;(5)个人信息处理者和/或个人信息处理受托人的组织架构,以及两者之间的法律关系;(6)与评估对象中所包含的个人信息处理活动有关的组织内相关部门、人员及其相互间关系;(7)个人信息处理中存在的接口或界面,既可能是技术的接口或界面,如用户界面、API等信息系统的接口,也可能是法律意义上的接口或界面,如与个人信息相关方之间的合同;(8)评估对象中所包含的组织的管理体系、信息安全保护能力,以及已经采取的控制措施。

此外,中国信息通信研究院云计算与大数据研究所牵头组织的个人信息保护合规审计推进小组编制并于2021年12月6日发布了《关于推进个人信息保护合规审计的若干建议》,从“个人信息处理者义务”“个人权利实现方式”“个人信息处理活动”“个人信息跨境提供”四个方面叙述了合规审计的重点内容。其中“个人信息处理者义务”具体又包括下述方面的制度建立及运行情况:(1)内部制度和操作规程;(2)个人信息分类保护制度;(3)信息系统的网络安全、通信传输安全等控制措施,包括身份鉴别控制、加密和去标识化处理,操作权限表和用户清单、员工岗位清单等;(4)个人信息保护安全培训;(5)个人信息安全事件应急管理;(6)个人信息保护影响评估;(7)与“网络守门人”相关的个人信息保护合规体系;(8)个人信息保护负责人设置、岗位职责和权限。

案例1 英国信息专员办公室的协商审计与强制审计

ICO在2021年11月发布了一份《审计指南》(A Guide to ICO Audits)[①],结合2014年5月ICO发布的《审计:ICO隐私和电子通信规则审计指南》(Audit: A Guide to ICO Privacy and Electronic Communications Regulations Audit),我们可以一窥英国个人数据审计与我国合规审计的异同:

(1)2018年英国《数据保护法》赋予了ICO以数据保护强制审计(compulsory audits)的形式进行调查的权利,但ICO主要是根据《数据保护法》第129条的规定进行双方的协商审计(consensual audits)。

① See https://ico.org.uk/media/for-organisations/documents/4018944/a_guide_to_ico_audits.pdf.

(2)当ICO将某被审计方列入审计范围后,其会首先寻求双方的协商审计,ICO将发送一份希望与对方建立协商审计关系的邀请函(letter of invitation)给对方,一旦接收方接受此邀请,双方将会签订协商审计的聘任协议(consensual letter of engagement),就审计的范围和细节作出约定。如接收方在6周内没有答复或拒绝协商审计且缺乏充分理由的,ICO有权启动强制审计。

(3)双方的协商审计通常评估组织的程序、系统、记录和活动,以便:(a)确保适当的政策和程序已经到位;(b)核实这些政策和程序是否得到遵从;(c)测试现有的控制措施是否充分;(d)检测现有或潜在的违规行为;(e)建议对控制、政策、程序进行必要的修改。在审计之前,ICO将与该组织协商确定审计所涉及的范围。

(4)根据英国《数据保护法》第146条,ICO有权发布"评估通知"(assessment notice)要求控制者允许ICO评估其对数据保护立法的遵从情况。在审计之前,ICO将可能要求被审计的组织提供相关的文件,包括:数据保护政策文件、处理敏感数据的工作人员操作指南或手册、数据保护培训模块、风险登记册、信息资产登记册、信息治理结构、处理活动记录和类似文件。

(5)审计小组将出具一份报告草案,该草案将:(a)为每个范围领域提供一个合规评级;(b)详细说明不符合要求的情况和相关的风险;(c)可减轻风险的优先建议。被审计的组织将被要求接受、部分接受或拒绝这些建议,并完成一项执行计划,说明将如何、何时以及由谁来实施这些建议。

(6)审计结束后,ICO将在其网站上公布执行计划摘要,并继续跟进。后续活动是指一个组织向ICO展示在最初审计后为实现商定建议所做的努力。ICO将特别关注确保紧急的问题正在得到解决,如果没有,ICO可能会考虑根据其"监管行动政策"(ICO's regulatory action policy)采取进一步行动。

(7)ICO认为审计是一个积极的、具有教育性的过程,其支持对数据保护法的遵从,并鼓励良好做法。然而,在极少数情况下,根据违法类型和严重程度,ICO保留在审计中发现严重违规行为时运用其执法权力。

二、什么是个人信息保护影响评估?

我国《个人信息保护法》第55条是关于个人信息保护影响评估的规定,有下列情形之一的,个人信息处理者应当事前进行个人信息保护影响评估,并对处理情况进行记录:(1)处理敏感个人信息;(2)利用个人信息进行自动化决策;(3)委托处理个人信息;(4)向其他个人信息处理者提供个人信息;(5)公开个人信息;(6)向境外提供个人信息;(7)其他对个人权益有重大影响的个人信息处理活动。

我国《数据安全法》第30条第1款规定,"重要数据的处理者应当按照规定对其数据处理活动定期开展风险评估,并向有关主管部门报送风险评估报告"。

将两部法律对比一下,大家就会发现,虽然两部法律都使用了"评估"一词,但并不完全一致,《数据安全法》用的是"风险评估",而《个人信息保护法》用的是"影响评估"。这并非疏漏,而是因为网络安全或数据的风险评估针对的是组织内部的IT和数据等资产不受来自外界和内部的风险源的破坏。但在个人信息保护的语境下,外部的自然人才是保护重点,因此视角发生了由内及外的转换,为了与"风险评估"有所区别,故《个人信息保护法》使用了"影响评估"一词。

将《个人信息保护法》项下的DPIA与合规审计进行对比,我们就会发现,两者的启动条件不同,即我国的DPIA只有个人信息处理者自主发起DPIA一种情形,不存在监管部门强制被动发起的DPIA。

DPIA与合规审计的第二个区别在于DPIA的启动时间应早于处理行为,目的是评估特定的个人信息处理行为是否可行,而合规审计主要是针对既往个人信息处理行为的合规现状和合规能力的"回头看"。

DPIA与合规审计的第三个区别在于评估对象的不同。与合规审计重点关注"合规的遵从性"不同,DPIA的评估对象,除"合规"外,也十分关注"适当",即风险的大小与安全保护措施的相互匹配。因此,我国《个人信息保护法》第56条第1款规定,DPIA的评估对象应当包括:(1)个人信息的处理目的、处理方式等是否合法、正当、必要;(2)对个人权益的影响及安全风险;(3)所采取的安全保护措施是否合法、有效并与风险程度相适应。

另外,与定期合规审计通常完成全覆盖一个组织有关个人信息处理的制度、程序、系统、记录和活动不同,DPIA的评估对象通常更为聚焦,譬如针对组织处理敏感个人信息这一特定信息类型的行为,或者将评估对象界定为组织提供的某一场景中进行的所有个人信息委托处理行为。

但是,我们也要认识到,尽管理论上有上述种种不同,但实践中合规审计和DPIA有很多组织、程序、工具甚至风险点和结论都是重叠的。《信息安全技术个人信息安全影响评估指南》(GB/T 39335—2020)的起草牵头人洪延青先生提及,在该指南的起草过程中,对于个人信息保护要不要包含信息安全的问题,两方观点都存在。支持方认为该指南将来是为数据保护官所用,不能纯谈隐私,因为决策者很可能不会把隐私和安全分开;反对方认为做隐私保护就够了,安全不在考虑范围内。考虑到个人信息保护无非就是“安全”加“控制”,无论是不是个人数据,都要考虑安全,而控制则是对个人自主权的满足,因此该指南在附录中将“网络环境和技术措施”“处理流程规范性”“参与人员与第三方”“安全态势及业务特点”四个方面都纳入安全事件可能性进行评估。这也是本书将合规审计和 DPIA 合并为一个章节并进行比较的原因。

三、如何准确界定审计/评估的对象?

审计/评估对象是合规审计和 DPIA 活动所针对的具体对象,审计/评估对象范围和边界的界定至关重要。处理者应尽可能准确地界定审计/评估对象的范围和边界。

在组织决定启动评估项目时,可以将评估对象初步界定为组织的个人信息处理活动。组织可以通过场景来描述和界定评估对象,如产品场景、服务场景,也可以具体界定为一个或若干个信息处理活动,或者可以组合上述三种形式。

(1)可以将对象界定为组织在提供信息技术产品的场景中进行的所有个人信息处理活动。例如,组织在面向消费者销售智能手机的过程中进行的个人信息处理活动,以及组织在智能手机交付后、最终用户使用该手机过程中进行的个人信息处理活动。

(2)可以将对象界定为组织在提供服务的场景中进行的所有个人信息处理活动。基于信息技术的服务既包括信息技术服务,也包括组织以信息技术为手段提供的其他服务,但要在服务的过程中产生个人信息处理活动。

(3)可以将对象具体界定为一个或若干个信息处理活动,例如,基于 App 的互联网银行服务当中的网络借贷功能对应的个人信息处理环节。

(4)也可以将对象界定为由同一组织提供的若干信息技术产品、信息技术服务及其个人信息处理过程的组合。

需要注意的是,无论是合规审计还是 DPIA,在确定评估对象的边界时,应当避免一些可能影响审计/评估效果的误区。

案例1

信息技术产品是非个人用（如商用或公务用）信息技术产品，此时顾客并非个人消费者，但使用该信息技术产品的最终用户是个人信息主体，使用该信息技术产品的过程中存在组织对个人信息主体的个人信息处理。如商用或公务用人脸识别门禁设备、移动终端（如用于电子支付的近距离无线通信的移动终端）、物联网感知终端（如智能音视频采集设备）以及这些设备或终端的支持系统。此时信息技术产品的组织也应将其个人信息处理行为纳入合规审计和DPIA的对象。

案例2

如果组织仅仅提供信息技术产品而不进行任何个人信息处理，如提供照相机、耳机等个人用（消费）信息技术产品，但该组织自身并不通过该信息技术产品收集个人信息，则无须作为合规审计和DPIA的对象。但此类信息技术产品本身需在产品设计、默认设置等方面符合私密性、安全性等要求。

案例3

界定的评估对象对于合规审计或DPIA而言应该是有意义的，这意味着评估对象通常应涵盖个人信息处理的整个生命周期（如从收集到删除或匿名化），如果将其中的某个个人信息处理环节排除在评估对象之外，其应有合理的理由。例如，对于同时通过网页和移动应用程序提供在线票务预订的组织，仅将评估对象界定为网页端的个人信息收集、传输、存储、使用、对外提供等环节，而没有包含个人信息的删除或匿名化等环节和移动应用程序端的任何环节是可接受的。但如将评估对象界定为网页端的个人信息收集，而不涉及传输、存储、使用、对外提供等环节，则将导致合规审计或DPIA缺乏实际意义。

案例4

当若干个产品或服务组合成一个整体时，在其个人信息处理过程中，宜组合界定合规审计或DPIA的对象。如在同一个App中提供的定位、导航、跟踪等位置服务以及网约车服务，是该App按照应用场景将若干基于信息技术的服务预先集成后提供的信息技术服务。但是，组合界定评估对象也可能导致法律合规性评估的深度降低,所适用的合规要求过于多样、复杂而难以确定评估准则,或在评估中需要参与和协调的相关人员和组织过多增加项目的实施难度等。例如,在一个电子商务中提供的物流服务、电子支付服务,可能满足组合界定的要求,但该组合可能涉及同一集团控制下的多个组织或多个独立部门。如果组合界定的评估对象最终将不利于合规审计或DPIA的顺利实施,则不宜采用组合的方式,而宜分别界定为不同的评估对象或采用持续迭代的评估方式。

四、如何进行个人信息合规审计?

从程序上讲,处理者可以将个人信息合规审计的过程划分为项目启动阶段、计划准备阶段、现场实施阶段以及审计意见出具阶段这四个步骤。

(1)项目启动阶段

该阶段的主要任务是:(a)参与各方就合规审计的可行性、目标与目的、第几方审计的模式、初商的审计对象范围等达成一致;(b)签订委托合规审计协议;(c)组建审计项目组,并确定观察员、协调员等角色指派需求及人员;(d)召开项目启动会议,建立沟通机制,确定审计的过程与时间安排,获取制定审计方案所需的文件和信息。

该阶段结束后,交付物项通常包括:(a)合规审计目标与目的文件;(b)初商的审计对象范围及介绍;(c)合规义务清单初稿版;(d)委托合规审计协议;(e)审计组人员名单;(f)合规审计的调查问卷和所需要的文件清单;(g)项目启动会议记录。

(2)计划准备阶段

该阶段的主要任务是:(a)界定审计对象范围和边界;(b)确定审计准则;(c)确定审计内容和方法;(d)制定合规审计方案;(e)现场实施准备。

该阶段结束后,交付物项通常包括:(a)被审计方反馈的调查问卷和所提供的文件资料;(b)合规审计指标清单;(c)合规义务清单定稿版;(d)差异化合规审计维度和差异化合规指标清单;(e)合规审计方案;(f)现场实施分工和注意事项清单;(g)工具和作业指导书。

(3)现场实施阶段

该阶段的主要任务是获得被客观证据所支持的审计发现和审计结论,并对审计意见编制收集和准备文件。

该阶段结束后,交付物项通常包括:(a)实施阶段启动会议记录;(b)被审计文件摘录;(c)访谈提纲、访谈记录;(d)技术分析报告;(e)审计发现总表初步稿、审计发现局限性清单;(f)实施阶段总结会议记录。

(4)审计意见出具阶段

该阶段的主要任务是完成合规审计意见的编制、签发和终止合规审计项目。

该阶段结束后,交付物项通常包括:(a)个人信息合规审计意见书;(b)审计发现记录总表定稿版;(c)客观证据、工作底稿;(d)返还、删除被审计方文件的确认函。

从审计的合规框架上讲,参照《个人信息处理法律合规性评估指引》(T/CLAST 001—2021),客户可以从表4.3所列维度和指标入手,结合具体业务场景和特定审计对象进一步细化,用于指导个人信息合规审计。

表4.3 个人信息合规审计事项

序号	审计事项		结论	依据
1	合法维度			
1.1	合法性基础指标			
1.1.1	(1)	是否取得个人信息主体的同意/单独同意?		
	(2)	是否取得个人信息主体监护人的同意/单独同意?		
1.1.2	(1)	是否是签订个人信息主体作为一方的合同所必需的?		
	(2)	是否是履行个人信息主体作为一方的合同所必需的?		
1.1.3	(1)	是否是人力资源管理所必需的?		
	(2)	是否有依法制定的劳动规章制度作为处理依据?		
	(3)	是否有依法签订的集体合同作为处理的依据?		
1.1.4	(1)	是否是为了应对突发公共卫生事件所必需的?		
1.1.5	(1)	是否是为了紧急情况下保护生命健康和财产安全所必需的?		
	(2)	该紧急情况下是否无法及时向个人告知?		
	(3)	该紧急情况消除后是否及时向个人告知?		
1.1.6	(1)	是否是为了履行法定职责或法定义务所必需的?		
1.1.7	(1)	是否是为了公共利益实施新闻报道所必需的?		

续表

序号	审计事项		结论	依据
1.1.8	(1)	是否是为了公共利益实施舆论监督所必需的?		
1.1.9	(1)	处理的个人信息是否已合法公开?		
	(2)	是否在合理的范围内处理该个人信息?		
	(3)	有无违反 Robots 协议或 API 协议的数据抓取行为?		
1.2	主体合法指标			
1.2.1	(1)	所涉个人信息处理是否有特定主体资格要求?		
	(2)	如有,是否取得该主体资格(如个人征信牌照)?		
1.3	程序合法指标			
1.3.1	(1)	所涉个人信息处理是否有特定程序要求?		
	(2)	如有,是否满足该程序要求(如遗传资源利用批准)?		
1.4	类型合法指标			
1.4.1	(1)	所涉个人信息是否被法律禁止处理(如芯片信息)?		
1.5	来源合法指标			
1.5.1	(1)	所涉个人信息是否均具有明确的收集来源?		
2	目的明确维度			
2.1	目的具体/特定指标			
2.1.1	(1)	个人信息的处理目的是否足够具体、特定?		
2.2	目的明示指标			
2.2.1	(1)	处理目的是否以清晰、明显的方式披露或解释?		
2.3	目的合理指标			
2.3.1	(1)	个人信息的处理目的是否合理?		
3	目的限制维度			
3.1	最小必要指标			
3.1.1	(1)	个人信息处理是否与明示的处理目的直接相关?		
	(2)	是否有实现处理目的的多种方式?		
	(3)	目前采取的是否是对个人信息权益影响最小的方式?		
3.2	目的兼容指标			

续表

序号	审计事项		结论	依据
3.2.1	(1)	收集个人信息后的后续处理,有哪些目的与方式?		
	(2)	后续处理与收集时明示的目的和方式是否合理相关?		
4	公开透明维度			
4.1	信息充分指标			
4.1.1	(1)	是否披露处理者的身份(如名称、联系方式)?如有共同处理者,是否披露了其身份及各自责任?如有受托处理者,是否披露了其身份或类型?		
	(2)	是否披露收集个人信息的目的、方式、范围和规则?		
	(3)	是否披露预计后续处理的目的、方式、范围和规则?		
	(4)	是否披露个人信息的存储地域、期限、期满的处理?		
	(5)	是否披露个人的合法权益及其行使方式?		
	(6)	是否披露个人询问或投诉的渠道、处理时限等规则?		
	(7)	是否披露存在的安全风险及发生风险后的处置措施?		
	(8)	是否披露处理者具备的个人信息安全能力及采取的安全保护措施?		
	(9)	是否披露外部纠纷解决机构及其联络方式?		
	(10)	是否披露政策的发布日期、生效日期及更新规则?		
4.2	公开质量指标			
4.2.1	(1)	所披露的信息是否真实、准确和完整?		
	(2)	是否在所披露的信息发生重大变更时及时更新?		
4.3	公开形式指标			
4.3.1	(1)	披露信息的形式是否相对独立、易于区分?		
	(2)	披露的信息是否点击4次以内即可访问?		
	(3)	披露的信息是否易于一般人理解?		
	(4)	披露的信息是否易于阅读(如重要信息采用突出显示)?		
5	告知维度			
5.1	政策告知指标			

续表

序号	审计事项		结论	依据
5.1.1	(1)	政策首次告知时是否不晚于首次使用、安装、注册时?		
	(2)	间接取得个人信息时,是否在进行后续处理个人信息前或者间接取得个人信息后的合理期限内首次告知政策?		
5.1.2	(1)	政策告知时是否以明显方式提醒,并附全文或链接?		
5.1.3	(1)	政策告知时是否采用逐一送达方式(如弹窗、电子邮件、信函、电话、推送通知等)?		
5.2	事件告知指标			
5.2.1	(1)	当发生个人信息安全事件或违规行为后,是否及时、完整采取合理有效的方式告知个人?		
5.3	同步告知指标			
5.3.1	(1)	是否根据个人信息处理环节或征求个人信息同意/单独同意的进程,分阶段、即时同步地告知个人?		
6	选择维度			
6.1	选择同意指标			
6.1.1	(1)	是否有强迫个人同意的设定(如不当捆绑、频繁索权)?		
	(2)	是否存在欺诈、误导、夸大不利影响的陈述?		
6.1.2	(1)	是否区分不同处理目的和不同处理环节,就具体处理目的和处理环节逐步征求个人的同意?		
	(2)	单独同意是否是针对特定目的、环节、类型作出的?		
6.1.3	(1)	个人是否是在充分知情的前提下作出的同意?		
6.1.4	(1)	个人的同意是否是以积极行为作出(如主动勾选)?		
6.2	选择退出指标			
6.2.1	(1)	个人选择退出操作是否与选择同意一样便捷?		
	(2)	个人选择退出是否设置条件或其他障碍?		
	(3)	个人选择退出的时限有多长?		
7	权益保障维度			
7.1	通用指标			
7.1.1	(1)	执行个人请求的方式是否易于访问、易于理解?		
	(2)	是否设置了拒绝执行个人请求的规定?		
	(3)	拒绝执行个人请求时,是否告知理由并提供投诉途径?		

续表

序号	审计事项		结论	依据
7.2	查询权指标			
7.2.1	(1)	是否向个人提供查询其个人信息的途径?		
	(2)	是否对查询人进行身份验证?		
7.3	复制权指标			
7.3.1	(1)	是否向个人提供复制其个人信息的途径?		
	(2)	是否对复制人进行身份验证?		
7.4	更正权指标			
7.4.1	(1)	是否向个人提供更正其个人信息的途径?		
	(2)	是否对更正人进行身份验证?		
7.4.2	(1)	如存在共同处理者、受托处理者或其他第三方的,是否将更正请求向其他各方发送?		
7.5	删除权指标			
7.5.1	(1)	是否向个人提供删除其个人信息的途径?		
	(2)	是否对删除人进行身份验证?		
7.5.2	(1)	如存在共同处理者、受托处理者或其他第三方的,是否将删除请求向其他各方发送?		
7.6	可携带权指标			
7.6.1	(1)	是否向个人提供携带其个人信息的途径?		
	(2)	是否对携带人进行身份验证?		
7.7	问询投诉举报指标			
7.7.1	(1)	是否建立并公布个人信息问询/投诉/举报途径?		
	(2)	是否在组织内确定人员、职责、流程与时限?		
8	质量保障维度			
8.1	质量指标			
8.1.1	(1)	采取哪些技术和管理措施,以确保个人信息准确、完整,并在必要时保持更新?		
	(2)	采取了哪些技术和管理措施,及时删除或更正不准确、不完整或失去时效性的信息?		

续表

序号	审计事项		结论	依据
9	安全保护维度			
9.1	安全保护能力指标			
9.1.1	(1)	个人信息处理系统是否获得等保备案?		
	(2)	个人信息处理系统是否取得其他认证?		
9.1.2	(1)	数据传输是否采用了安全通道、数据加密等措施?		
	(2)	数据传输前是否对对方进行身份验证?		
	(3)	采用 API 传输个人信息时,是否采取措施防止未经授权的接口访问和使用?		
9.1.3	(1)	个人信息处理系统还采取了哪些安全技术和管理措施?		
	(2)	是否定期评估所采用的技术和管理措施的有效性?		
9.2	事件管理指标			
9.2.1	(1)	是否制定了个人信息安全事件应急预案?		
	(2)	应急预案是否适当地涵盖个人信息安全事件?		
	(3)	是否存在定期培训和应急预案演练?		
	(4)	安全事件发生后是否记录事件和进行报告、通知?		
9.3	数据最小化指标			
9.3.1	(1)	是否采用匿名化、去标识化等技术?		
	(2)	是否采用个人信息分类分级标识技术?		
9.3.2	(1)	是否采取适当的访问权限控制措施,最小化被赋予个人信息访问权的人员数量?		
	(2)	是否限制访问权限,最小化个人信息访问权的权限?		
10	可问责性维度			
10.1	合规管理体系指标			
10.1.1	(1)	是否建立旨在促进个人信息合规的组织管理架构?		
	(2)	是否有个人信息保护负责人及其团队?		
	(3)	是否通过组织流程确保合规团队的知情和参与决策权?		
	(4)	是否建立合规团队与其他部门之间的信息通报流程?		
	(5)	重要互联网平台是否存在主要由外部成员组成的独立机构对个人信息保护情况进行监督?		

续表

序号	审计事项		结论	依据
10.1.2	(1)	是否建立个人信息处理合规的原则和方针?		
	(2)	是否建立数据分级分类的制度?		
	(3)	是否建立数据处理合规管理的制度?		
	(4)	是否建立数据访问控制、密码管理的制度和工具?		
	(5)	是否建立数据备份与恢复的制度和工具?		
	(6)	是否建立物理环境安全的制度和工具?		
	(7)	是否建立安全存储和存储介质的制度和工具?		
	(8)	是否建立传输、通信、网络使用安全的制度和工具?		
	(9)	是否建立响应个人行使权益的制度和工具?		
	(10)	是否建立安全投诉和举报管理制度?		
	(11)	是否建立个人新安全事件管理与应急预案?		
10.1.3	(1)	是否定期向相关部门及人员提供合规意识与知识培训?		
10.2	权责一致指标			
10.2.1	(1)	是否与共同处理者签订合同?		
	(2)	所签合同是否明确了合规要求及各自的义务和责任?		
	(3)	是否向个人明确告知共同处理者的身份、义务和责任?		
10.2.2	(1)	是否与受托处理者签订合同?		
	(2)	所签合同是否明确了合规要求及各自的义务和责任?		
	(3)	是否定期对受托人的处理行为进行审计评估?		
	(4)	委托处理终止时,是否确保受托人返还或删除信息?		
10.3	文件管理指标			
10.3.1	(1)	是否建立和维持与个人信息处理有关的活动记录和文件(如历次隐私政策版本),以便在必要时能够及时举证以证明其合规性?		
10.4	合规审计指标			
10.4.1	(1)	是否存在合规审计的制度或流程?		
	(2)	上述制度和流程是否被定期再评估?		
	(3)	个人信息处理系统是否启用日志功能并持续记录?		
	(4)	是否定期对日志或记录进行审计,并及时对可疑或违规事件进行处置?		

续表

序号	审计事项		结论	依据
10.5	个人信息保护影响评估指标			
10.5.1	(1)	是否存在个人信息安全影响评估的制度或流程?		
	(2)	上述制度和流程是否被定期评审和再评估?		

五、如何进行个人信息保护影响评估?

DPIA 的程序和步骤与合规审计并无本质不同,可以参照合规审计的程序开展。《信息安全技术　个人信息安全影响评估指南》(GB/T 39335—2020)也给出建议的 DPIA 实施流程(见表 4.4)。

表 4.4　国家标准建议的 DPIA 流程

步骤	主要内容	主要工作
1	评估必要性分析	• 合规差距评估 (1)整体合规分析 (2)局部合规分析 • 尽责性评估
2	评估准备工作	• 组建评估团队 • 制定评估计划 • 确定评估对象和范围 • 制定相关方咨询计划
3	数据映射分析	• 梳理个人信息处理具体场景 • 对个人信息处理活动进行分类并描述具体情形
4	风险源识别	• 网络环境和技术措施 • 个人信息处理流程 • 参与人员与第三方 • 业务特点和规模及安全态势
5	个人权益影响分析	• 个人权益维度 (1)限制个人自主决定权 (2)引发差别性待遇 (3)个人名誉受损或遭受精神压力 (4)人身财产受损 • 个人权益影响分析过程 (1)个人信息敏感程度分析 (2)个人信息处理活动特点分析 (3)个人信息处理活动问题分析 (4)个人权益影响程度分析

续表

步骤	主要内容	主要工作
6	安全风险综合分析	• 评价安全事件发生的可能性 • 评价对个人权益影响的程度等级 • 综合分析个人信息处理活动的安全风险等级
7	评估报告	• 审批页面、适用范围、人员信息 • 参考的法律、法规和标准 • 评估对象、内容、相关方 • 个人权益影响分析结果 • 安全保护措施分析结果 • 安全事件发生的可能性分析结果 • 风险判定准则 • 合规性分析结果 • 风险分析过程及结果 • 风险处置建议
8	风险处置和持续改进	• 立即处置 • 限制处置 • 权衡影响和成本后处置 • 接受风险
9	制定报告发布策略	• 收集和处理个人信息的类型和必要性 • 收集和处理的个人信息类型 • 个人信息处理的例外情况 • 合规性分析的概况 • 评估过程和结果概况 • 风险处置措施概况 • 对个人信息主体的建议 • 实施评估责任部门和人员的联系方式 • 解答疑问的渠道

同时,因 DPIA 的场景化特征更为突出,根据《个人信息保护法》的规定,DPIA 发生的前提是存在处理敏感个人信息、自动化决策、委托处理、对外提供、公开、向境外提供等处理活动,故更需要将 DPIA 与特定场景中进行的个人信息处理活动结合在一起制定和实施评估方案。

以"对外提供"为例,除了合规审计所列的维度和指标,建议额外关注的评估要点有以下事项(见表4.5)。

表 4.5 “对外提供”合规审计扩展事项

扩展评估事项		结论	依据
公开透明维度			
信息充分指标			
扩展(1)	产品或服务中接入第三方产品、服务或插件的，是否通过查询机制了解第三方是否收集个人信息？		
扩展(2)	产品或服务中接入第三方收集个人信息的，此类第三方是否直接向个人征求同意？		
扩展(3)	产品或服务中接入第三方收集个人信息且未直接向个人征求同意的，是否向个人告知了此类第三方的名称、联系方式、处理目的、处理方式和个人信息的种类？		
扩展(4)	以其他方式对外提供个人信息的，是否向个人告知了此类第三方的名称、联系方式、处理目的、处理方式和个人信息的种类？		
告知维度			
同步告知指标			
扩展(1)	产品或服务中接入第三方收集个人信息且未直接向个人征求同意的，是否在对外提供前同步告知了第三方的名称、联系方式、处理目的、处理方式和个人信息的种类？		
选择维度			
选择同意指标			
扩展(1)	是否在对外提供前获得了个人的单独和明示同意？		
选择退出指标			
扩展(1)	是否在个人选择退出（如撤回同意）时，停止向第三方提供，并要求第三方停止已经被选择退出的个人信息处理？		
权益保障维度			
查询机制指标			
扩展(1)	是否提供查询机制以允许个人查询第三方的名称、联系方式、处理目的、处理方式和个人信息的种类？		
可问责性维度			
权责一致指标			
扩展(1)	是否建立第三方的产品、服务、插件等接入管理机制和工作流程？		
扩展(2)	是否建立其他对外提供个人信息的管理机制和工作流程？		

续表

扩展评估事项		结论	依据
文件管理指标			
扩展(1)	是否保留有关提供环节“合法性基础”的成文文件?		
扩展(2)	是否保留有关提供环节“提供目的”的成文文件?		
扩展(3)	是否保留有关提供环节进行DPIA的成文文件?		
扩展(4)	是否保留第三方接入的合同、清单和相关日志或记录?		
扩展(5)	是否保留有关的第三方管理机制和工作流程等文件?		
合规审计指标			
扩展(1)	是否在其产品和服务与第三方的产品和服务的边界启用日志记录,持续记录和定期审计第三方接口数据使用情况?		
扩展(2)	是否设置自动警报机制,以便及时发现通过接口违规获取个人信息的行为?		
个人信息保护影响评估指标			
扩展(1)	是否在对外提供前进行了相应的DPIA?		

需要注意的是,我国《个人信息保护法》并未将DPIA的适用情形限定在前述列举的处理活动范围内,相反,只要个人信息处理活动符合“其他对个人权益有重大影响”,都需要开展DPIA。客户还会咨询,什么情况下会构成对个人权益的重大影响?

《信息安全技术　个人信息安全影响评估指南》(GB/T 39335—2020)在附录B中列出了高风险的个人信息处理活动示例,剔除其中涉及“敏感个人信息、自动化决策、委托处理、对外提供、公开、向境外提供”的处理行为后,其余属于高风险场景的情形如下(见表4.6)。

表4.6　高风险的个人信息处理获得及场景示例

个人信息处理活动	场景示例
系统性的监控分析个人或个人信息,如在公共区域监控、采集个人信息等,但仅在涉及违规事件分析时才使用的视频监测系统除外	示例1:大规模公共空间监测系统,用于人员追踪,并且能够收集超出提供服务范围的个人信息。 示例2:设置在公共场所的IT监测系统,监控员工的电子邮件、所使用的应用程序等,用于分析员工工作时间及使用工具(如电子邮件、互联网)的情况

续表

个人信息处理活动	场景示例
数据处理的规模较大,如涉及 100 万人以上、持续时间久、在某个特定群体的占比超过 50%、涵盖的地理区域广泛或较集中等	示例 1:社交网络、在线浏览器、有线电视订阅服务大规模收集用户浏览网站、购买记录、观看记录、收听及记录等数据。 示例 2:百货商店、购物中心或其他类似营业场所中,通过收集路人和顾客的 GPS、蓝牙或移动通信信号,对客流情况进行监测,跟踪顾客的购物路线和购物习惯
对不同处理活动的数据集进行匹配和合并,并应用于业务	示例 1:基于防欺诈或风险管控目的,电商平台合并处理不同来源的数据集,以便根据分析或测试结果显示的风险值采取相应管控措施。 示例 2:电商平台、零售商店通过分析顾客的购物、优惠券使用等行为数据,结合顾客的信用数据、第三方和社交网络数据等,获得提高销售额的营销策略
数据处理涉及弱势群体的,如未成年人、病人、老年人、低收入人群等	示例 1:在远程医疗场景中,医生通过网站或应用程序与患者进行视频通话,通过各类传感器收集分析患者的血糖、血氧等健康数据
创新型技术或解决方案的应用,如生物特征识别、物联网、人工智能等	示例 1:通过人工智能提供客户服务或支持,呼叫中心利用人工智能技术处理呼叫者的音频数据,自动评估呼叫者的心情,并根据评估结果确定与呼叫者的沟通方式或向呼叫者提供的建议

而对个人权益影响大小的问题,则可以参考表 4.7 判定。

表 4.7　个人权益影响程度判定

影响类别	影响描述	影响程度
限制个人自主决定权	例如,个人人身自由受限	严重
	例如,被强迫执行违反个人意愿的操作、被蓄意推送消息影响个人价值观判断、可能引发个人人身自由受限	高
	例如,缺乏相关知识或缺少相关渠道更正个人信息、为使用应提供的产品或服务而付出额外的成本等	中
	例如,被占用额外的时间	低
引发差别性待遇	例如,因信息泄露造成歧视性对待以致被用人单位解除劳动关系	严重
	例如,造成对个人合法权利的歧视性待遇、造成对个人公平交易权的损害(无法全部或部分使用所提供的产品或服务)	高
	例如,造成误解,为使用所提供的产品或服务而需付出额外的成本(包括资金成本、时间成本等)	中
	例如,耗费额外的时间获取公平的服务或取得相应的资格等	低

续表

影响类别	影响描述	影响程度
个人名誉受损和遭受精神压力	例如,名誉受损以致长期无法获得财务收入,导致长期的心理或生理疾病以致失去工作能力、导致死亡等	严重
	例如,名誉受损以致被用人单位解除劳动关系、导致心理或生理疾病以致健康遭受不可逆的损害等	高
	例如,造成误解、名誉受损(通过澄清可全部或部分恢复)、产生害怕和紧张的情绪,导致心理或生理疾病(通过治疗或纠正措施短期可痊愈)等	中
	例如,被频繁打扰、产生厌烦和恼怒情绪等	低
个人财产受损	例如,造成重伤、遭受无法承担的债务等	严重
	例如,造成轻伤、遭受金融诈骗、资金被盗用、征信信息受损等	高
	例如,造成轻微伤、社会信用受损,为获取金融产品或服务,或挽回损失需付出额外的成本等	中
	例如,因个人信息更正而需执行额外的流程(或提供额外的证明性材料)等	低

第五章　数据安全事件应急处置篇

一、什么是数据或个人信息安全事件？

我国《数据安全法》第29条规定："开展数据处理活动应当加强风险监测，发现数据安全缺陷、漏洞等风险时，应当立即采取补救措施；发生数据安全事件时，应当立即采取处置措施，按照规定及时告知用户并向有关主管部门报告。"

《个人信息保护法》规定得就更加细致，其第57条规定："发生或者可能发生个人信息泄露、篡改、丢失的，个人信息处理者应当立即采取补救措施，并通知履行个人信息保护职责的部门和个人。通知应当包括下列事项：(一)发生或者可能发生个人信息泄露、篡改、丢失的信息种类、原因和可能造成的危害；(二)个人信息处理者采取的补救措施和个人可以采取的减轻危害的措施；(三)个人信息处理者的联系方式。个人信息处理者采取措施能够有效避免信息泄露、篡改、丢失造成危害的，个人信息处理者可以不通知个人；履行个人信息保护职责的部门认为可能造成危害的，有权要求个人信息处理者通知个人。"

对比两部法律的规定可以发现，《个人信息保护法》将个人信息安全事件的内涵界定得较为简单，仅包括"泄露、篡改、丢失"三种情形，而《数据安全法》对数据安全事件的内涵和外延则完全未作界定。

那么，什么情况下属于法律意义上的数据或个人信息安全事件呢？

例如，数据或个人信息的"毁损"是否属于安全事件呢？毕竟理论上，"丢失"(loss)与"毁损"(destruction)并不完全一致，前者强调的是数据或个人信息仍然存在但处理者不再能够找到和使用，而后者强调的是数据或个人信息因各种主客观原因不再存在。

又如，对数据或个人信息"勒索攻击"是否属于安全事件呢？毕竟"勒索攻击"往往是指攻击者通过对目标数据强行加密(具体又可分为对文件加密、对磁盘分区加密、劫持操作系统引导区禁止用于正常登录等方式）要挟受害者支付赎金进行解密，如同我们把钱放在保险箱，勒索者没有撬开保险箱偷钱，只是在放保险箱的房间上再加了把锁，此时数据本身并没有发生泄露、篡改或丢失。

以全国信息安全标准化技术委员会于 2021 年 1 月 6 日颁布的《信息安全技术　信息安全事件分类分级指南（征求意见稿）》为例，其将数据攻击事件分为以下几类：

（1）数据篡改（TWD）是指未经授权接触或修改数据，如服务请求数据篡改、服务响应数据篡改等；

（2）数据假冒（DC）是指非法或未经许可使用、伪造系统数据，如身份数据假冒、网页数据假冒等；

（3）数据泄露（DLE）是指通过技术手段或恶意操作使信息系统中的数据对外透露，如社会工程、网络钓鱼等；

（4）数据窃取（ToD）是指未经授权利用技术手段恶意主动获取信息系统中的数据，如窃听、间谍、位置检测等；

（5）数据拦截（DIN）是指在数据到达目标接收者之前捕获数据；

（6）数据丢失（DLO）是指因误操作、人为蓄意或软硬件缺陷等因素导致信息系统中的数据缺失；

（7）数据错误（DE）是指输入或处理数据时发生错误；

（8）数据勒索（DB）是指主动瞄准目标，通过劫持信息系统重要数据或个人敏感信息向目标勒索赎金，从而达到敲诈的目的；

（9）其他数据攻击（ODA）是指不能被包含在以上子类之中的数据攻击。

除了上述“数据攻击事件”，《信息安全技术　信息安全事件分类分级指南（征求意见稿）》还进一步列举了有害程序事件（如计算机病毒、蠕虫、木马）、网络攻击事件（如拒绝服务、APT）、有害内容事件（虚假信息内容、网络欺诈）、设备设施故障事件（如技术故障、基础设施故障）、违规操作事件（如权限伪造、误操作）、不可抗力事件、其他事件等其他 7 种分类，每个基本分类分别包括若干个子类。

参考上述指南，宜将“数据安全事件”和“个人信息安全事件”作广义理解，将因人为故意或意外行为引起的，也可能是由某些控制失效或不可抗力等原因引起的数据或个人信息泄露、篡改、丢失、毁损、错误、被勒索等均归入安全事件范围。

二、何时触发数据安全事件报告义务?

《数据安全法》和《个人信息保护法》都要求处理者在发生安全事件时履行向政府部门的报告义务。那么报告义务从何时触发呢?

对比《个人信息保护法》和《数据安全法》的规定可以发现,《个人信息保护法》关于报告/通知义务触发的规定比《数据安全法》更为严格,不仅要求在“发生”个人信息泄露、篡改、丢失时需要报告/通知,在“可能发生”前述情形时,也需要进行报告。

对于已经“发生”的数据安全事件,相对容易理解,全球一些知名的处罚案例也确实是在数据已经泄露的情况下发生的。

案例1 英国航空公司数据泄露事件

2018 年 6 月起英国航空公司网站发生了数据泄露事件,9 月英国航空公司向 ICO 通报了此事。该事件导致约 50 万名英国航空公司乘客的个人信息被泄露。在该事件中,用户流量被移转到虚假网站,攻击者通过这个虚假网站收集了客户详细信息,包括客户个人信息和银行卡信息,如姓名、地址、邮箱,以及信用卡的号码、有效期和背面的验证码(Card Verification Value,CVV)等。事件爆发后,英国航空公司配合 ICO 调查,对安全系统进行整改,并因缺乏保障信息安全的技术和组织措施,被 ICO 处以 2.04 亿欧元罚款。

案例2 万豪国际集团数据泄露事件

2018 年 11 月,万豪国际集团公开披露其旗下喜达屋酒店客房预订系统数据泄露事件。该事件导致3.39 亿条酒店客户信息被黑客窃取,涉及3000 万名来自 31 个欧洲经济区(European Economic Area,EEA)国家的居民,其中包括700 万名英国居民。万豪国际集团在2016 年9 月收购了喜达屋酒店。据 ICO 调查,喜达屋酒店客房预订系统因黑客攻击导致的数据漏洞自2014 年7 月起便存在,直到2018 年才被发现。针对此次事件,ICO 于 2019 年 7 月 9 日依据 GDPR 第 32 条对万豪国际集团作出 1.1 亿欧元罚款的决定。

但是,对于“发生”在实践中的认定标准以及什么是“可能发生”,客户经常会存在一些困惑,试举几例以作辨析。

案例3

装有未加密的个人数据的USB丢失了,公司还不能确定是否有未经授权的人员获得了该数据。

案例4

第三方通知个人信息处理者,声称其意外地收到了处理者的客户的个人信息,并提供了相关证据。

案例5

某个人通知他的个人信息处理者,声称其收到了一个冒充者的电话,其中包含与他使用处理者服务有关的个人信息,表明处理者可能遭到了数据泄露。处理者进行了短时间的调查,发现其网络受到了入侵,个人数据受到了未经授权的访问。

案例6

某医院关于病人的一些重要医疗数据,在短期内因医院的设备设施故障导致不可访问。这时医疗数据并未泄露、篡改或真正丢失,而且在较短的时间内(如几小时)即恢复正常。

案例7

一家媒体公司的系统因为设备设施故障而不可访问,虽然该故障仅持续了几天时间,但其间该公司无法给它的订阅者发送简讯(newsletters)。

案例8

一家制造公司的计算机系统受到勒索软件攻击,其数据被攻击者加密,但该公司已使用了最先进的加密技术,因此勒索软件访问的所有数据都是加密数据,解密密钥在攻击中并没有泄露。该公司在分析了日志和其他监测系统收集的数据后确定,攻击者只是对数据进行了加密,而没有将数据外流,受攻击影响的数据与公司的员工和客户有关,备份是现成的,在攻击发生后几个小时就恢复了。

案例9

一家农业公司使用的一台电脑遭遇勒索软件攻击,其数据被攻击者加密。该公司利用一家外包网络安全公司来监测其网络,在分析了日志和其他监测系统收集的数据后确定,攻击者只是对数据进行了加密,而没有将数据外流,受攻击影响的数据与公司的员工和客户有关。这些数据大部分是通过纸质备份恢复的,恢复数据需要5个工作日,这使该公司向客户交付订单的时间略有迟延。

案例3中,即使处理者无法马上确定是否实际已发生了信息泄露,这种情况也很可能触发报告义务,因为有合理程度地确定未来“可能发生”安全事件,故处理者意识到USB丢失时就触发了报告义务。

案例4中,虽然该证据是传来证据,但由于处理者已经得到了明确的通知,证明了数据保密性遭受到破坏,故处理者收到第三方通知时就触发了报告义务。

案例5中,由于处理者已经得到了可靠的证据,证明很可能发生了数据泄露,故处理者调查得出初步结论时就触发了报告义务。

案例6中,虽然医疗数据并未被泄露、篡改或真正丢失,而且在较短的时间内(如几小时)即恢复正常,但这种事件可能造成的风险却是极高的,因为它可能给个人的生命和自由造成损害,譬如一台手术可能因此失败或无法开展从而影响病人的健康,故医院意识到故障发生时就触发了报告义务。

案例7中,无法发送简讯是不太可能给个人的生命和自由造成损害的,因此在故障发生时媒体公司不一定触发了报告义务。

案例8中,勒索软件攻击没有对制造公司日常运营造成影响,此时没有触发报告义务。

案例9与案例8相比,主要的区别是农业公司缺乏电子备份数据库,这导致其数据的恢复需要一些时间,除了造成交付订单的延误,还可能造成大量的元数据(如日志、时间戳)无法检索,故该公司有必要向政府部门履行报告义务。

而具体的报告形式,大多数国家的监管部门在其官网上都有数据安全事件报告的模板可供下载,以新加坡PDPC官网公布的Report a Data Breach incident① 为

① See https://eservice.pdpc.gov.sg/case/db.

例，除了报告主体的信息，要求报告的其他事项主要包括：

(1)这是一次新报告还是一次更新报告？

(2)这次报告涉及金融部门、健康部门还是其他部门？

(3)组织何时意识到发生数据安全事件？

(4)何时发生数据安全事件？

(5)发生数据安全事件的原因/怀疑原因？

(6)受影响的数据库/服务器所在国？

(7)对个人信息主体可能带来的风险？

(8)数据安全事件是否已被纠正或仍在继续发生？

(9)涉及个人数据的类型、数量？

(10)是否已经通知个人信息主体？

(11)是否已经通知其他主体(如监管机构、数据控制者等)？

(12)组织是否已经或者准备发布一个媒体声明？

三、何时触发数据安全事件通知义务？

我国《数据安全法》第29条要求发生数据安全事件时，应当按照规定及时告知用户并向有关主管部门报告。

而《个人信息保护法》虽然规定发生或者可能发生个人信息安全事件时，应当通知履行个人信息保护职责的部门和个人；但也约定了一个例外情况，即个人信息处理者采取措施能够有效避免信息泄露、篡改、丢失造成危害的，个人信息处理者可以不通知个人。

因此，对于个人信息安全事件，处理者需要判断其采取的措施能否有效避免信息泄露、篡改、丢失造成危害。试举几例以作辨析。

案例1

一家医院的信息系统遭到勒索软件攻击，医院在分析了日志和其他监测系统收集的数据后确定，攻击者只对数据进行了加密，而没有使数据外流。受该事件影响的个人数据涉及员工和患者数千人。备份以电子方式完成，大部分数据已恢复，但恢复耗费了2个工作日，导致取消/推迟手术的患者治疗严重延误，并由于系统不可用而降低了服务水平。

案例2

一家银行的其中一个网上银行网站遭到了网络攻击。由于该网站存在漏洞,在某些情况下,有关信息(姓名、性别、出生日期、出生地址、财务代码、用户识别码)可能泄露给了攻击者。这影响了大约10万个数据对象,其中,攻击者通过尝试成功登录了大约2000个账号。事后,银行能够识别并确认所有非法登录的账户,且根据反欺诈检查,这些账户在攻击期间没有执行任何交易。

案例3

黑客利用结构化查询语言(Structured Query Language,SQL)注册漏洞非法访问了某烹饪网站服务器的数据库。该网站的用户只能选择任意假名作为注册用户名,不鼓励为注册网站使用电子邮箱地址。存储在数据库中的数据用一种强大的散列算法进行加密,因此直接受影响的数据是1200个用户的散列密码。

案例4

一家公司的雇员在任职期间,从公司的数据库中复制了他有权访问的商业数据,这是他完成自己工作的需要。几个月后他申请了辞职,并利用由此获得的数据(主要是联系人和联系方式)与公司的客户进行联系,吸引这些客户加入他的新业务。

案例1中,医院向政府部门履行报告义务是必要的;同时由于系统不可用期间对计划在医院接受治疗的患者已经产生了影响,医院也应当通知这些受影响的患者。

案例2中,虽然银行及时采取了措施,且事后还纠正了网站的漏洞,如在网站上增加了双因素认证,以防止今后类似的数据泄露事件发生,但这次数据泄露事件涉及的个人众多,涉及的数据不仅仅是身份信息。因此该事件的性质特别严重,该银行不仅需要报告政府部门,还应通知所有可能受到影响的自然人,这也有利于个人能够采取必要的措施。

案例3中,数据库中数据是用强大的散列算法加密的,这降低了个人信息的性质、敏感性和数量方面的风险。此外,个人的联系信息没有被泄露,意味着个人不存在被欺诈的重大风险,这时通知个人不是强制性的要求。但是,对于密码泄露,我们仍然建议告知个人,因为这样个人也能够采取必要的措施,如更改密码,以避免泄露行为造成进一步的伤害。

案例4中,敏感个人信息尚没有泄露,前雇员恶意复制仅是为了自己的商业目的,不会对个人权利造成高风险,通常向政府部门发出通知即可。然而,由于公司对前雇员的行为没有任何形式的控制,因此,虽然泄露行为的后果可能限于客户受到前雇员的自我推销骚扰,但也不能排除前雇员进一步滥用被盗信息的可能性。由此可见,该公司向个人作出通知对公司也有好处,这样可以防止前雇员的不实信息误导。

四、如何制定安全事件应急预案?

《个人信息保护法》第51条规定,个人信息处理者应当根据个人信息的处理目的、处理方式、个人信息的种类以及对个人权益的影响、可能存在的安全风险等,制定并组织实施个人信息安全事件应急预案。

企业可以参照《信息安全技术　网络安全事件应急演练指南》(GB/T 38645—2020)、《银行保险机构应对突发事件金融服务管理办法》以及《上海市网络安全事件应急预案》(2019年版)等建立适合自身的个人信息安全事件应急预案。

企业建立的安全事件应急预案,应有能力对个人信息安全事件进行及时响应和处置,可从组织建设、制度流程、技术工具、人员能力四个方面进行建设完善(见表5.1)。

表5.1　企业安全事件应急预案建设

类别	基础级	优秀级	先进级
组织建设方面	应设置相关工作岗位和人员负责在核心业务层面、根据业务需求建立安全应急响应机制,当出现个人信息安全事件时,能够根据工作相关性组织应急工作	应设立负责个人信息安全事件管理和应急响应的部门、岗位和人员	同优秀级

续表

类别	基础级	优秀级	先进级
制度流程方面	明确核心业务中个人信息安全事件的管理,以及应急响应策略和具体方案的制定	(1)应明确数据安全事件管理和应急响应工作指南,界定数据安全事件类型,明确不同类别事件的处置流程和方法。 (2)应在组织内部对应急响应、数据安全事件处置工作制度、策略、方法进行培训宣传,培养人员的基本应急响应意识。 (3)应制定个人信息安全事件应急预案,并定期开展应急演练活动	在优秀级的基础上,从制度流程进行强化: (1)应建立对数据安全事件管理及执行的有效性量化评估,向管理层呈现数据安全事件应急处置效果。 (2)应根据法律法规政策、公司业务调整对数据安全事件管理、应急响应制度进行优化,定期复核制度流程有效性,复核周期不低于每年一次。 (3)建立数据安全事件复盘机制,总结应急响应经验
技术工具方面	应提供技术平台记录数据安全事件处理情况、应急演练情况	应建立统一的安全事件管理系统,对日志、流量等内容进行关联分析	在优秀级的基础上,从技术工具上进行强化: (1)能够基于分析的内容实现预警及自动化响应决策,及时辅助安全事件应急响应。 (2)提供知识库平台,记录应急演练安全事件处置结果和应急策略
人员能力方面	信息安全人员能够准确理解应急方案,并按照指定的策略开展相应的应急活动	(1)人员应能够进行安全事件的分析判断,熟悉安全事件应急响应措施。 (2)人员应具备实践经验,能够应对应急事件处理过程中的决策工作。 (3)应定期对人员进行培训,考核人员能力与岗位的匹配程度	同优秀级

第六章　个人信息直接收集和处理篇

一、如何取得“同意”？

我国《个人信息保护法》第 14 条第 1 款前半部分规定：“基于个人同意处理个人信息的，该同意应当由个人在充分知情的前提下自愿、明确作出。”因此，取得“同意”需要同时满足“充分知情”“自愿”“明确作出”这三个条件。

很多企业知道同意的必要性，但以为只要用户选择了“同意”就万事大吉，让我们先看一则案例。

案例 1　荷兰数据保护局处罚 TikTok 案

2018 年 7 月，荷兰数据保护局发起了一项针对 TikTok 个人数据处理的调查，并于 2020 年 10 月形成了一份调查报告。2021 年 7 月，荷兰数据保护局宣布，TikTok 未能采取措施以儿童能够清晰了解的语言向其提供与个人数据处理有关的信息，被处以 75 万欧元的罚金。这一事件意味着 GDPR 实施以来中国企业首次因违反 GDPR 相关条款而遭受处罚，具有一定标志性意义。

本案中，根据 GDPR 第 56 条的规定，数据控制者或处理者的主要营业机构所在地的监管机构应作为主导性监管机构，同时 EDPB 第 8/2019 号意见中规定，正在进行的调查程序中，如果主要营业机构发生变化，主导性调查权限可以随之发生转移。据此，TikTok 辩称其主要营业机构已于 2020 年 7 月 29 日转移至爱尔兰，因此荷兰数据保护局不再享有调查权。然而，荷兰数据保护局认为，TikTok 提供的证据不足以证明其已在爱尔兰拥有足够的人员和资源开展运营，且 TikTok 在爱尔兰设立营业机构举动具有规避荷兰数据机构执法的嫌疑，故其有权对 TikTok 采取执法行动。

荷兰数据保护局认为，在 2018 年 5 月至 2020 年 7 月，TikTok 仅向荷兰数据主体（由于 TikTok 在年轻群体中流行，其中包括大量儿童）提供英文版隐私政策，这意味着 TikTok 提供的信息无法轻易被 16 周岁以下只掌握荷兰语的儿童理解。虽然，TikTok 设置的弹出窗口增强了透明度，但这一措施并不能替代隐私政策，因为后者才包含了数据控制者有义务提供的所有信息。由此造成的结果是，不会英语的儿童必须主动搜集信息才能知晓数据控制者的完整义务，从而增加了儿童未能被及时告知的风险，也背离了弱者保护的原则。TikTok 未能以儿童能够清晰了解的语言向其提供与个人数据处理有关的信息，忽视了儿童在 GDPR 项下享有的额外保护，构成严重的侵权。

本案罚金的认定依据是《2019 年行政处罚管理规则》，而该规则是荷兰为了执行 GDPR 而制定的，且相对于 GDPR 的处罚规定优先适用。根据荷兰颁布的《2019 年行政处罚管理规则》，TikTok 的行为属于附件二中第三类违法行为，处罚金额为 30 万 ~75 万欧元。由于 TikTok 的侵权行为持续时间长、影响人数众多，依照比例原则，荷兰数据保护局决定对 TikTok 处以 75 万欧元的顶格罚款。如果荷兰没有制定这类处罚管理规则，TikTok 理论上将自动适用 GDPR 项下更为高昂的处罚规定。

从上面这个案例可以看出，“同意”不是一劳永逸的灵丹妙药，如果“同意”没有建立在“充分知情”“自愿”“明确作出”的基础之上，将会极大削弱“同意”的实际作用。

各国现行的同意规则主要有两种模式：

（1）以个人信息敏感度为维度的分级同意模式。如加拿大《个人信息保护和电子文件法》（PIPEDA）规定，处理个人敏感信息应征得信息主体的同意，而对于个人非敏感信息，遭到信息主体的反对才不能处理。澳大利亚《1988 年联邦隐私法》规定收集个人敏感信息应征得同意或满足其他合法性事由，而收集个人非敏感信息只需通知信息主体即可。

（2）以处理目的为维度的分级同意模式。如欧盟《2009/136/EC 指令》（又称《欧洲 Cookie 指令》）规定网站存储 Cookie 或获取用户端存储的 Cookie 的，应当获得用户同意，但同时又规定，为提供用户明确要求的信息服务而极其需要（strictly necessary）Cookie，或者 Cookie 仅用于传输通信目的，无须取得用户同意。[①]

---

① 参见崔丽莎：《知情同意规则的构建设想》，载腾讯研究院：《网络法论丛》第 6 卷，中国政法大学出版社 2020 年版，第 27 ~28 页。

我国《个人信息保护法》及配套的《App违法违规收集使用个人信息行为认定方法》兼采了上述两种模式,既对敏感个人信息和非敏感个人信息分别采用"单独同意"和"明示同意",又强调根据不同的处理目的确定收集个人信息的"必要性",将"用户不同意收集非必要个人信息或打开非必要权限,拒绝提供业务功能"认定为"强制同意",仅认可"用户不同意收集必要个人信息,拒绝提供业务功能"的合法性。

案例2

某时装店拟收集客户的个人信息进行后续直接营销。为此,其在让客户填写的服务申请表上设计了两个选项请用户勾选,选项一为:"我同意你使用我的个人资料做直接促销。"选项二为:"不,我不同意你使用我的个人资料做直接促销。"只有当用户在服务申请表选项一前「」的空格内加上✓号后才会进行直接营销。

案例3

时装店收集客户的个人信息进行后续直接营销,但仅在服务申请表上提供空格让用户表示反对,如用户没有在"我反对我的个人资料被用作直接促销"的选项前空格上加上✓号的,时装店就会进行后续直接营销。

案例4

在一个企业研讨会的登记处,出席者A把她的名片扔进了登记处边上的一个名片盒里,因为她希望能加入研讨会组织者的邮寄名单,以便在将来收到类似研讨会的邀请。A的名片上有她的姓名、职位、公司电话号码、公司地址、公司电子邮箱地址和公司传真号码。

案例5

某款用于照片编辑的App要求用户在使用服务时激活GPS定位功能。该App还告诉用户,它将把收集到的数据用于行为广告。

案例6

某个网站供应商设置了一个脚本,该脚本将阻止内容的可见性,并要求用户接受 Cookies 被设置和同意数据被处理。如果用户不点击"接受 Cookies"按钮，就不能访问内容。

案例 7

某家零售商在同一个同意请求中，要求用户同意其通过电子邮件向用户发送营销信息，并与零售商集团内的其他公司分享用户的详细信息。

案例 8

某雇主刊登招聘广告要求求职者递交个人信息，但不想在招聘广告上公开雇主的真实名称，以防止商业信息的泄露。

案例 9

Sziget 音乐节和 Volt 音乐节的组织者为实现安保目的，收集和存储了数据主体的以下信息：国籍、姓名、性别、证件类型、证件编号、有效期、出生日期、图像和声音数据。

案例 10

社交媒体平台通过如下措辞引导用户分享他们的地理位置："嘿，你是孤狼吗？但与他人分享和联系使世界变得更美好！分享你的地理位置！让你周围的地方和人唤醒你！"

案例 2 中，时装店要求用户主动勾选后才视为"同意"的"opt-in"模式，符合我国《个人信息保护法》中规定的同意必须"明确作出"的要求。

案例 3 恰好与案例 2 相反，时装店采取"默认同意"的"opt-out"模式，不符合我国《个人信息保护法》中规定的同意必须"明确作出"的要求。

案例 4 中，A 通过主动提供名片这一肯定行动，清晰地表明了其同意研讨会组织者收集、使用信息的意愿。因此，研讨会组织者收集她名片上的信息不再需要征得 A 的额外同意。

案例 5 中，地理定位或在线行为广告都不是提供照片编辑服务所必需的，而且超出了提供核心服务的范围。由于用户不能在不同意这些目的的情况下使用该 App，因此不能认为用户的同意是自愿的。

案例 6 中，由于没有向个人信息主体提供真正的选择，自然人不得不点击

“接受 Cookies”按钮,否则无法获得服务,这时的同意并不构成有效的同意。

案例7中,这种要求同意不够细化,因为没有为这两个不同目的的处理行为(直接营销以及共享数据)分别征得同意,因此同意很可能也是无效的。

案例8中,我国《个人信息保护法》规定,个人的同意应当是在充分知情的情况下做出的,雇主应当向求职者提供可辨识雇主身份的途径,否则有可能涉及求职者向其本不愿意的处理者提供个人信息。求职者有权访问及更正所提供的个人资料,若求职者无法得知其个人信息被提供给谁,便不能有效地行使其访问及更正资料的权利,对应聘者不公平。雇主如不想在招聘广告上公开身份,可以采用的方法很多,如在招聘广告中提供联络方法供求职者查询,在求职者提出要求时才提供载有雇主身份的职位申请表格,或聘用中介公司并在广告中刊登中介公司的身份等。

案例9中,匈牙利数据保护机构国家数据和信息自由管理局(NAIH)认定,活动组织者错误地适用活动参与者的“同意”作为合法性基础,事实上,其以维护活动参与者的生命和人身安全、避免其遭受大规模恐怖事件为合法性基础。同时,其获得的“同意”也不是有效的,因为如果活动参与者拒绝提供相关信息,其将被拒绝入场。组织者可以通过不涉及个人数据的筛查措施,如金属探测器或安全筛查等措施实现安保目的。

案例10中,依据欧盟数据保护委员会(EDPB)《社交媒体平台界面的黑模式的准则》(Guidelines 3/2022 on Dark Patterns in Social media platform interfaces: How to recognisc and avoid them)的意见,属于“刺激—情绪引导”的黑模式(dark patterns),通过向用户传达高度消极的信息,使用户感到焦虑或内疚,诱导个人作出非其本意的同意,这是一种实质违法的行为。而我国《App违法违规收集使用个人信息行为认定方法》也有“以欺诈、诱骗等不正当方式误导用户同意收集个人信息或打开可收集个人信息的权限,如故意欺瞒、掩饰收集使用个人信息的真实目的”的类似规定。

二、如何取得“单独同意”?

我国《个人信息保护法》出台之前,很多监管部门都基于各自角度制定了多种“告知—同意”规则,例如,《信息安全技术　个人信息安全规范》则将敏感个人信息和个人生物识别信息区分为“明示同意”和“单独告知+明示同意”。又如,2021 年 3 月 15 日颁布的《网络交易监督管理办法》规定,收集、使用个人生物特征、医疗健康、金融账户、个人行踪等敏感信息的,应当逐项取得消费者同意。

随着《个人信息保护法》的出台,"告知—同意"规则实现了统一,特别是《个人信息保护法》列举了需要取得"单独同意"的五种特殊情形如下:(1)个人信息处理者向其他个人信息处理者提供其处理的个人信息;(2)个人信息处理者公开其处理的个人信息;(3)处理敏感个人信息;(4)个人信息处理者向中华人民共和国境外提供个人信息;(5)在公共场所安装图像采集、个人身份识别设备,并将所收集的个人图像、身份识别信息用于维护公共安全以外的目的。

具体到单独同意的实现方式,其实是多样的,如可以是一个单独的弹窗,或直接跳转到另一个页面,或一个嵌套的网页等。

但是,由于目前法律对"单独同意"的要求并不清晰,再加上实践中业务模式、收集渠道和方式等多有不同,导致个人信息处理者也面临很多疑惑。

特将客户关于"单独同意"经常会问的问题,汇总如下并尝试略做分析:

(1)什么是"一项个人信息""一种处理活动"取得"一次单独同意"?

关于"单独同意"的定义,目前最引人关注的莫过于《网络数据安全管理条例(征求意见稿)》里的规定:"单独同意是指数据处理者在开展具体数据处理活动时,对每项个人信息取得个人同意,不包括一次性针对多项个人信息、多种处理活动的同意。"

《网络数据安全管理条例(征求意见稿)》又规定:"数据处理活动是指数据收集、存储、使用、加工、传输、提供、公开、删除等活动。"因此,对于"单独同意"定义中的"多种处理活动",可以理解为收集、存储、使用、加工、传输、提供、公开、删除都各自属于一种处理活动。

上述规定虽然尚是征求意见稿,而且业界反对声音很大,他们认为一味地从严把控会使互联网企业毫无操作空间,但至少代表了当时监管部门的一种倾向性态度。按照该征求意见稿,"单独同意"的最佳实践就是"一项个人信息""一种处理活动""一次单独同意"。

我们以图 6.1 所示的某商业银行 App 收集人脸信息为例,看一下其是否达到了"一项个人信息""一种处理活动"取得"一次单独同意"的高标准?

(a)采集人脸信息页面　　(b)用户授权书展示页面

图 6.1　某银行 App 采集人脸信息"单独同意"示例

首先，该页面是独立展示的，并未与"用户协议"和"隐私政策"捆绑在一起。

其次，该页面以显著方式告知了用户其采集的个人信息类型是"人脸信息"，处理目的是"核实身份"，处理的方式是"我行会使用您在我行电子、自助、柜面等渠道留存的可信照片，或通过法律法规允许或政府机关授权的权威机构(包括但不限于中国人民银行、公安部及其授权的机构)查询及使用您在上述机构留存的身份信息及人脸照片信息。在必要时，我行会将您提交的身份信息及人脸照片信息等提供给上述权威机构，用于验证您的身份"。

再次，除了上述验证身份所必要的"间接收集"和"对外提供"，授权书亦未"一揽子"索取其他"对外提供""向境外提供"等其他处理活动的同意。

最后，用户需要主动勾选人脸识别服务用户授权书而非默认同意。

但是，大家应该也发现了，上述示例中，其实存在"直接收集"、"间接收集"和"对外提供"三种处理活动(如果将直接收集和间接收集视为一种处理活动，那也至少涉及了“收集”和“对外提供”两种处理活动）。因此，此 App 并没有真正符合“一项个人信息”“一种处理活动”取得“一次单独同意”的高标准。

（2）“一项个人信息”“多种处理活动”可否仅取得“一次单独同意”？

综上所述，上面的案例其实应该归类为“多项处理活动”，仅取得“一次单独同意”的情形。那么是否只有将“收集”和“对外提供”这两个处理活动再进行一次拆分，取得用户两次同意才能达到“单独同意”的合规标准呢？

我们认为，不应机械理解《个人信息保护法》和《网络数据安全管理条例（征求意见稿）》，对“单独同意”应该区分情况作不同要求。

以上面的案例来讲，因为“直接收集”、“间接收集”和“对外提供”这三个处理活动本质上都统一在“核实身份”这个单一处理目的之下，属于密不可分的同一项业务功能。

这种观点，也可以从标准中找到依据。例如，《信息安全技术　个人信息安全规范》（GB/T 35273—2020）第5.4条a）注1指出：“如产品或服务仅提供一项收集、使用个人信息的业务功能时，个人信息控制者可通过个人信息保护政策的形式，实现向个人信息主体的告知；产品或服务提供多项收集、使用个人信息的业务功能的，除个人信息保护政策外，个人信息控制者宜在实际开始收集特定个人信息时，向个人信息主体提供收集、使用该个人信息的目的、方式和范围，以便个人信息主体在作出具体的授权同意前，能充分考虑对其的具体影响。”

又如，《信息安全技术　移动互联网应用程序（App）收集个人信息基本要求》（GB/T 41391—2022）第6.4.3条指出：“当 App 提供多种类型服务时，App 收集个人信息应满足以下告知同意要求。……b）应按照服务类型分别向用户申请处理个人信息的同意。c）App 类型之外的其他服务类型，宜由用户自主选择启用。当用户首次使用时，宜采用增强式告知方式明示该服务类型的个人信息处理规则，并取得用户明示同意……”

因此，上面案例中的三个处理活动，都是基于“同一业务功能”或“同一服务类型”，应认为是符合个人“充分知情”“自愿”的情况下以“明确”方式作出的有效“单独同意”。

那么，如果换一个场景，“多项处理活动”并非基于“同一业务功能”或“同一服务类型”呢？如一款 App 需要收集用户的精准定位信息用于提供地图服务，同时又希望使用该精准定位信息用于推荐附近服务，对于这两项处理活动，可否仅作一次单独同意？

我们认为，“告知—单独同意”机制的目的是赋予个人信息主体在个人信息处理上更大的自主决定权，地图服务和推荐附近服务的业务功能并非密不可分，不能排除个人只希望接受其中一类服务的可能性，如此时允许仅作一次单独同意，将导致个人面临“take it or leave it”的处境，与保护个人自主决定权的立法和监管初衷有悖，因此仍存在较大的合规风险。

(3)“多项个人信息”“一种处理活动”可否仅取得“一次单独同意”？

我们先以图6.2所示的某地图App为例，看一下其为了提供网约车打车而需要“多项个人信息”时，如何取得“单独同意”？

(a)索取位置权限页面　　(b)发送通知页面　　(c)网约打车页面

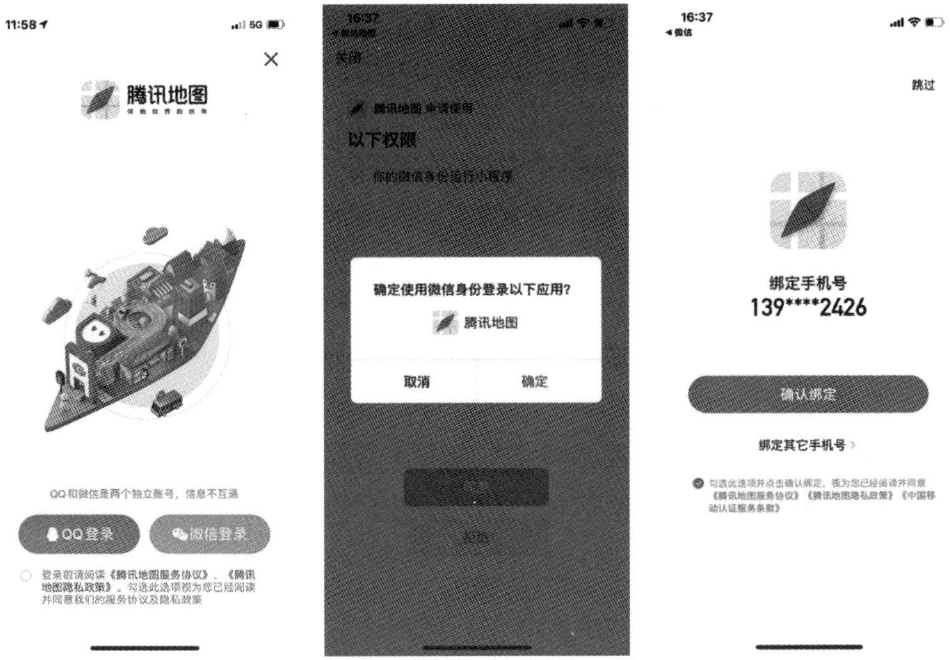

(d)选择登录方式页面　　(e)微信身份授权页面　　(f)绑定手机号页面

图 6.2　某地图 App 网约车打车"单独同意"示例

上例中，在登录环节暂时仅存在"直接收集""间接收集"两种处理活动(如果将直接收集和间接收集视为一种处理活动，那就只涉及一种处理活动)。但是，收集的个人信息不止一项，包括精准定位信息、手机号和微信身份等信息并获得了短信通知权限等权限。在取得这些个人信息时，都采用专门页面和单独步骤等方式向用户告知，并取得单独同意。因此，此 App 确实做到了"多项个人信息"取得"多次单独同意"的高标准。

但是，是否必须如此才是合规的呢？举一个例子，在"对外提供"场景中，如果必须提供个人的多项个人信息，如电子商务业务需要提供姓名、手机号和收货地址三项个人信息，缺少任何一项个人信息的授权将必然使第三方物流公司难以提供配送服务，那么此种情况下是否还有必要将姓名、手机号、收货地址的对外提供逐一说明，逐一取得用户同意呢？

我们认为，与第二个问题的分析思路一致，如处理"多项个人信息"是基于"同一业务功能"或"同一服务类型"，即使不是"一种处理活动"，只要是符合个人“充分知情”“自愿”的情况下以“明确”方式作出的“一次单独同意”，也应该认为是可被允许的。

(4)非基于“同意”处理个人信息，还需要取得“单独同意”吗？

关于这个问题，自《个人信息保护法》颁布以来就争议不断，兹把代表性的争议观点罗列出来，并静待有权机关的权威解释出炉。

支持者认为还需要取得个人的“单独同意”，其主要理由是《个人信息保护法》正式颁布时，将《个人信息保护法(草案二次审议稿)》“基于个人同意处理敏感个人信息的，个人信息处理者应当取得个人的单独同意”的表述修改成了“处理敏感个人信息应当取得个人的单独同意”。由此推断，立法者专门删除了“基于个人同意处理敏感个人信息”作为获取“单独同意”的前提条件，表明了“单独同意”并非“同意”的子集，而是更高标准的“同意”，故“单独同意”不能因为基于“同意”以外的合法性基础就豁免掉。①

反对者则引用了程啸教授、龙卫球及薛颖等众多大咖观点，并举出了如下四个场景，以证明在不是基于“同意”而处理个人信息的情形下，若还需要取得个人的“单独同意”是不现实的。②

案例1

在电商购物时，商家把客户的姓名、地址、手机提供给快递公司。这属于“履行合同所必需”，但同时也属于“个人信息共享”，依照《个人信息保护法》第23条的规定需要取得“单独同意”。

案例2

某人在街头病危，路人直接用其指纹解锁手机，电话通知家属。这属于“紧急情况下为保护自然人的生命健康所必需”，但同时也属于“处理敏感个人信息”，根据《个人信息保护法》第29条的规定需要取得“单独同意”。

---

① 史宇航：《非基于同意处理个人信息，“单独同意”能豁免吗？》，载微信公众号“送法上网”2021年10月29日，https://mp.weixin.qq.com/s/JC5j7-HfxnS3bbXr2z22mA。

② 小何要开心：《商榷 | 非基于同意处理个人信息，“单独同意”可以被豁免！》，载微信公众号“数据法盟”2021年10月13日，https://mp.weixin.qq.com/s/IZt_hzR61S1k-PD2KKDqdA。

案例 3

公安机关为追捕犯罪嫌疑人,将其个人信息制作成通缉令在全网公开。这属于“履行法定职责所必需”,但同时也属于“公开个人信息”,依照《个人信息保护法》第 25 条的规定需要取得“单独同意”。

案例 4

公司为了给员工发放工资需要收集员工的银行账户信息。而“银行账户”又属于“金融账户信息”,是“敏感个人信息”。收集员工银行账户信息的行为属于“人力资源管理所必需”,但也属于“处理个人敏感信息”,根据《个人信息保护法》第 29 条的规定需要取得“单独同意”。

三、使用 Cookie 有什么注意事项?

Cookie 是指当用户浏览或访问网站或其他网络内容时,网站服务器存放在用户本地设备内的载有一连串文字的小型文本文件(主要由名称、域、路径、失效时间、安全标志等部分组成,可以存储用户 ID、密码、浏览过的网页、停留的时间等用户身份信息和浏览记录)。

举个例子,当我们在网络上买东西,下单一个鼠标后再去买键盘,此时浏览器已经离开了鼠标商品页面,由于 HTTP 没有记忆功能,所以在我们浏览键盘的时候,鼠标的购买记录已经被后一个访问记录覆盖了,此时就算我们买了 100 件商品,最终结账时也只能看到最后一样商品。为了避免这种情况,电商网站会在每次下单后,都在我们的电脑上写下一小段 Cookie 来进行记录,最后结账时,读取所有 Cookie,从而汇总出我们的购物清单。

Cookie 可以分为不同种类。

(1)按照实现功能和目的的不同,可将 Cookie 分为基本 Cookie 和非基本 Cookie. 其中基本 Cookie 通常用于实现网站正常运行,而非基本 Cookie 则指基本 Cookie 以外的任何 Cookie,通常又分为:(a)性能和分析 Cookie,其用于收集关于访问者如何使用网站以分析访问者行为和改进网站服务的信息;(b)功能性 Cookie,其用于收集并记住访问者的选择,以提供更加个性化和功能化的用户体验;(c)定位和广告 Cookie,其用于根据用户偏好定位和显示内容,如定推广告。

(2)按照存储时间的长短,可将 Cookie 分为对话 Cookie 和持久 Cookie。其中对话Cookie只在浏览器上保存一段时间,一旦超过该时间就会被系统清除,而持久Cookie则保存在用户本地硬盘的浏览记录文件中,下一次用户返回时,仍然可以对它进行浏览。

(3)按照主体的不同,还可以将Cookie分为第一方Cookie和第三方Cookie,其中第一方Cookie是由用户访问或与其发生交互的网站的服务器放置在用户终端设备的Cookie,而第三方Cookie则是由与用户访问的网站相关的其他第三方放置在用户终端设备上的Cookie。其中,第三方Cookie因具备"跨站追踪"的能力,常被用于用户数据画像、个性化推荐而有更大的合规风险。

近些年因不当使用Cookie引发的案件可谓屡见不鲜,譬如以下案件。

案例1　法国数据保护机构对Google罚款1亿欧元案

2020年12月10日,法国数据保护机构(CNIL)宣布对Google(Google LLC及Google Ireland Limited)公司违反法国数据保护法规定使用Cookie的行为处以1亿欧元的罚款。①

案例2　Cookie技术引发数据隐私问题,Meta支付9000万美元和解诉讼

2010年,Facebook推出了一款名为Open Graph的新工具,并创建了一个"like"(点赞)的按钮。人们可以点击这个按钮,表达对某些网络内容的喜爱,并与好友分享兴趣。而此款新工具推出的第三方Cookie技术,成为十年曲折诉讼的焦点。2011年,一名来自澳大利亚的独立研究员透露,即使Facebook用户未登录账号,Facebook依旧能通过借用第三方Cookie技术,未经同意秘密盗用个人信息。

2012年后,多名Facebook用户向加利福尼亚州北区联邦地方法院提出集体诉讼,声称他们的信息被Facebook跟踪且利用。他们指控Facebook违反了《联邦窃听法》、《存储通信法案》(SCA)、《加州侵犯隐私法》(CIPA)等多部法律。但该诉讼于2015年被地方法院驳回,原因是原告并未充分阐述Facebook所截获的内容,也没有提供事实证明Facebook是如何使用机器、工具或设计来获取通信内容。随后原告先后向美国地方法院及第九巡回上诉法院再次提出上诉。

---

① 载https://www.cnil.fr/en/Cookies-financial-penalties-60-million-euros-against-company-google-llc-and-40-million-euros-google-ireland,最后访问日期:2022年2月27日。

案例 1 中,CNIL 认为,Google 的违规行为主要体现在以下三个方面:

(1) Google 在用户访问 google. fr 网站时,自动将用于广告营销用途的 Cookie 放置在其计算机中,但并没有要求用户对此做出同意。由于这种类型的 Cookies 只有在用户表示同意后才能放置,CNIL 认为,Google 没有遵守法国《数据保护法》第 82 条的要求,即在放置对服务非必需的 Cookies 之前要事先征得用户同意。

(2) 当用户访问 google. fr 页面时,页面底部显示了一个信息横幅,上面写着"Privacy reminder from Google",横幅前面有两个按钮:"Remind me later"和"Access now"。这个横幅并没有向用户提供任何关于 Cookies 的信息,而这些 Cookies 在用户登录网站时已经被放置在其电脑上了。即使用户点击"Access now"按钮,也没有提供关于 Cookies 的信息。因此,CNIL 认为,Google 提供的信息没有让居住在法国的用户事先清楚地了解在他们的电脑上存放的 Cookies,也没有让他们了解这些 Cookies 的目的和可以拒绝 Cookies 的方法。

(3) 当用户通过使用"Access now"按钮中的可选机制停用 Google 搜索上的广告个性化时,其中一个广告 Cookies 仍然存储在用户的电脑上,并不断读取针对它所连接的服务器的信息。因此,CNIL 认为,Google 设立的"反对"机制有部分缺陷,违反了法国《数据保护法》第 82 条。

案例 2 中,美国第九巡回上诉法院于 2020 年重启此案,裁定 Facebook 的数据收集确实造成了"经济损害",而且这种所谓的数据收集需要根据《联邦窃听法》明确规定的用户同意。Facebook 向最高法院提出上诉,最高法院拒绝审理此案,于是双方开始谈判解决方案。2022 年 2 月,美国加利福尼亚州北区地方法院圣何塞分庭宣布,Facebook 的母公司 Meta 同意支付 9000 万美元,以了结一项持续十年的数据隐私诉讼。

实践中对 Cookie 记录是否属于个人信息有不同认识,其中被称为"中国 Cookie 隐私第一案"的朱某与百度公司隐私权案最为有名,该案一审法院与二审法院判定截然不同,曾引起社会广泛讨论。

案例 3　朱某与百度公司"中国 Cookie 隐私第一案"

原告朱某诉称,2013 年其在家中和单位上网浏览相关网站过程中,发现利用"百度搜索引擎"搜索关键词后,会在特定网站上出现与关键词相关的广告。朱某认为，百度公司未经其同意，利用网络技术记录和跟踪朱某所搜索的关键词，将其兴趣爱好、生活学习、工作特点等显露在相关网站上，并利用记录的关键词，对其浏览的网页进行广告投放，侵害了其隐私权，遂诉至法院。

案例3中，一审法院认定百度公司利用Cookie技术收集朱某信息，并在朱某不知情和不愿意的情形下进行商业利用，侵犯了朱某的隐私权，对朱某要求百度公司停止侵权的诉讼请求予以支持，但由于朱某未能证明严重后果，故对其要求赔偿精神抚慰金的诉讼请求不予支持。但二审法院在判决中却认定，百度公司收集、利用的Cookie信息不属于个人信息，故不构成侵犯隐私权，主要理由如下：

（1）百度公司收集、利用的是未能与网络用户个人身份对应识别的数据信息，该数据信息的匿名化特征不符合个人信息的可识别性要求。因此，百度个性化推荐服务收集和推送的信息终端是浏览器，没有定向识别该浏览器的网络用户身份。

（2）百度公司并未直接将数据向第三方或向公众展示，其没有任何的公开行为。百度利用Cookie等网络技术向朱某使用的浏览器提供个性化推荐服务不属于最高人民法院《关于审理利用信息网络侵害人身权益民事纠纷案件使用法律若干规定》第12条规定的侵权行为。同时，个性化推荐服务客观上存在帮助网络用户过滤海量信息的便捷功能，网络用户在免费享受该服务便利性的同时，应对该服务的不便性持有一定的宽容度。

（3）针对一审法院认为百度公司没有尽到显著提醒说明义务的问题，二审法院认为，Cookie技术是当前互联网领域普遍采用的一种信息技术，基于此而产生的个性化推荐服务仅涉及匿名信息的收集、利用，网络服务提供者对此依法明示告知即可。而“使用百度前必读”中已经予以说明并为用户提供了退出机制，这时朱某仍使用百度搜索引擎服务，应视为默认同意。

但是，上述案件中Cookie信息不属于个人信息的论断，随着我国立法的不断推进以及人们认识的逐步加深，已显得有些保守。例如，《信息安全技术　个人信息安全规范》（GB/T 35273—2020）已明确将“网络浏览记录”规定为个人信息。

而国际上的类似立法或司法认定亦不在少数，譬如以下规定。

（1）GDPR序言第30条指出：自然人可能与其设备、应用、工具和通信协议（例如，国际互联网通信协议地址、Cookie身份信息或射频识别标签等其他身份识别信息)提供的在线身份识别信息联系在一起,这些信息可能会在互联网上留下痕迹,尤其当这些信息与唯一标志及服务器接收到的其他信息结合后,可能被用于建立自然人的画像,并最终识别相关自然人。

(2)2012 年美国联邦贸易委员会(FTC)发布的一项命令,将"Cookie 用户编号"作为一种持续的识别符,与姓名、邮件地址等并列为个人信息。2013 年 FTC 依据《儿童网络隐私保护法》授权颁布了 Children's Online Privacy Protection Rule,其第 312. 2(7)条规定了 Cookie 用户编号作为可识别个人身份的信息,即通过一段时间可以被用来识别个人的一种持续识别符。

案例 4 德国消费者组织联合会诉 Planet 49 案①

Planet 49 公司是一家网络博彩公司,该公司在其网站 www. deinmacbook. de 上组织了一次促销博彩活动,其网站相关地址的输入区域之下的复选框带有预选勾,相应文字的内容为:"本人同意将 Remintrex 公司的网络分析服务用于本人。该等使用的后果是,在进行博彩注册之后,该博彩的组织者,即 Planet 49 公司将设置 Cookies,该浏览记录将使得 Planet 49 公司能够评估本人在其广告合伙人网站上的浏览和使用行为,并可使 Remintrex 公司能够基于本人的兴趣而进行相关广告活动。本人能够于任何时间删除该浏览记录。您能够在此阅读与此有关的更多信息。"

后德国消费者组织联合会向德国法兰克福地区法院提起诉讼,请求法兰克福区法院发布禁令,责令 Planet 49 公司停止使用这些声明,并最终上诉至德国联邦最高法院。因本案涉及《欧盟电子隐私指令》及 GDPR 的解释,德国联邦最高法院请求欧洲法院先予裁决。

案例 4 中,欧洲法院在其 2019 年 10 月 1 日的判决中首先认定:根据德国联邦最高法院提交的先予裁决申请,案涉浏览记录(该浏览记录被设置于参与 Planet 49 公司组织的促销博彩的互联网用户的终端设备之中)含有一个分配给相关用户(该用户必须在该促销博彩的登记表中输入其姓名和地址)的登记数据代码。在相关人员使用互联网的情况下,通过将该代码与相关登记数据相连接

---

① See http://curia. europa. eu/juris/document/document. jsf? text = &docid = 218462&pageIndex = 0&doclang = en&mode = lst&dir = &occ = first&part = 1&cid = 2013814.

即可建立该个人与浏览记录存储的登记数据的联系。因此,通过浏览记录收集该登记数据系一种个人数据处理。对此,Planet 49 公司已经予以确认,因为在其提交给欧洲法院的书面意见中,Planet 49 公司陈述,前述复选框所提及的同意旨在授权对相关个人数据而非匿名数据进行收集和处理。

实务中客户经常问的一个问题就是:我们通过 Cookie 技术追踪网络浏览记录需要如何合法进行?让我们继续看一下上述的德国消费者组织联合会诉 Planet 49 GmbH 案中欧洲法院的态度。

欧洲法院在其 2019 年 10 月 1 日的判决中继续指出,根据《欧盟电子隐私指令》第 5 条第 3 款的规定,欧盟成员国应确保在用户终端设备中存储信息或者访问已存储在该设备中的信息,满足两个前提条件:(1)处理者已向该用户提供了有关数据处理目的的清晰和全面的信息;(2)用户已作出同意。

对于什么是"清晰和全面的信息",欧洲法院认为,其意味着相关信息必须是清晰易懂、充分详尽的,以使互联网用户能够理解所使用的浏览记录的运作。鉴于案涉浏览记录意图收集信息以用于相关广告,该浏览记录的"运作期间"以及"第三方是否能够获取该浏览记录",均构成了依照《欧盟电子隐私指令》必须向用户提供"清晰和全面的信息"的一部分。

(1)关于运作期间这一信息,可在 GDPR 第 13 条第 2 款(a)项的规定中获得佐证。该条明确规定,数据控制者在获取个人数据时,出于满足公正透明原则的需要,应向数据主体提供个人数据的存储时限,或在无法提供具体存储时限的情况下,提供确定该存储时限的标准。

(2)至于第三方能否访问浏览记录这一信息,该信息被规定在《95/46/EC 指令》第 10 条(c)项以及 GDPR 第 13 条第 1 款(e)项中,因为这些规定明确提及了数据的接收方或接收方的种类。

对于相关用户的同意应以何种方式作出,《欧盟电子隐私指令》虽未予明确,但欧洲法院认为,只有个人数据主体作出以同意为目的的积极行为,才符合用户同意的要求。理由如下:

(1)《欧盟电子隐私指令》中"作出同意"这一用语,宜进行文义解释,即相关用户应采取行动以作出同意。此点亦可从《欧盟电子隐私指令》"序言"部分第 17 条"就本指令而言,用户的同意可以通过任何恰当的方式作出,以使用户得以自由作出具体和知情的意思表示,包括通过在访问网站时勾选选项框的方式"

之规定清楚地看出。

(2)《欧盟电子隐私指令》规定的“同意”应与《95/46/EC 指令》规定的“同意”具有相同含义。而《95/46/EC 指令》将数据主体的同意界定为数据主体自愿作出的、具体和知情的意思表示。该定义所提出的“表示”这一要求明确指向了数据主体的积极行为而非消极行为。

(3)实践中,用户未阅读与带预选勾的复选框相伴的信息,甚至未注意到该复选框也并非不可能。

(4)就《欧盟电子隐私指令》的立法进程而言,起先,《欧盟电子隐私指令》规定,互联网用户在收到依照《95/46/EC 指令》的规定向其提供的有关数据处理目的等清晰和全面的信息之后,“有权拒绝”存储浏览记录。之后,欧盟《2009/136/EC 指令》对该规定进行了实质性修改,将“有权拒绝”改为“作出同意”。上述修改之后,用户的同意已不能推定,而应以积极行为作出。

(5)数据主体积极的同意已明确规定于 GDPR 之中,如 GDPR 序言部分第 32 条有关数据主体的同意“可以包括访问互联网时勾选选项框,但沉默、预选框或不作为均不构成同意”的规定足以佐证。

四、使用 SDK 有什么注意事项?

2020 年 7 月央视 3·15 晚会点名国内 50 多款手机 App 涉嫌窃取用户隐私信息,这些 App 中植入了第三方软件开发工具包(software development kit, SDK),这些 SDK 除收集用户手机号码、设备信息之外,还会收集用户手机通讯录、短信信息、传感器信息甚至带有验证码的短信等用户个人信息,在采集之后还会发送至指定服务器进行存储。这引起人们对 SDK 的广泛关注。

SDK 是辅助开发某一类应用软件的相关文档和软件代码的集合。App 运营者借助 SDK,可以无须了解 SDK 技术细节即可迅速实现某一特定的功能,从而提高开发效率。但是,绝大多数第三方 SDK 并非开放源代码,而是只提供了使用接口进行功能的调用的方法,App 运营商在嵌入第三方 SDK 的时候,无法确定 SDK 收集个人信息的数量、场景、频率,面临的不可知、不可控风险比较突出。

由此客户经常问的一个问题是:当 SDK 存在非法收集个人信息的情况下,集成该 SDK 的 App 运营者是否也要承担法律责任?让我们看一则域外案例。

案例 1　时尚公司诉德国消费者协会、第三人 Facebook 案①

时尚公司是一家在线服装零售商,该公司在其网站上嵌入了来自 Facebook 的“Like”社交插件。当访问者访问含有该按钮的时尚公司的网站时,这些访问者的个人数据将被传输给 Facebook 爱尔兰公司。该传输将在访问者不知情的情况下发生,无论这些访问者是否为 Facebook 的成员,或者是否单击 Facebook 的“Like”按钮。

德国消费者协会认为,时尚公司向 Facebook 传输其网站访问者的个人数据,未经用户同意。为此,其向法院提起诉讼,请求德国杜塞尔多夫区法院发布禁令,责令时尚公司停止前述传输行为。因本案涉及欧盟《95/46/EC 指令》的解释问题,德国法院遂决定中止本案诉讼,请求欧洲法院就相关问题先予裁决。

案例 1 中,欧洲法院基于本案的具体情况,对诸如时尚公司这样的网站运营商,并在其网站上嵌入了相关社交插件,该插件导致网站访问者的浏览器向该插件的提供商请求相关内容,并为此将访问者的个人数据传输给该提供商的情况下,网站运营者的责任进行了诠释和认定。欧洲法院认为,时尚公司能够与 Facebook 共同决定涉及个人数据处理操作的目的和方式,可以视为《95/46/EC 指令》第 2 条(d)项规定的控制者,理由如下:

(1)考虑到时尚公司系在充分意识到无论其网站的访问者是否为 Facebook 社交网络的成员,Facebook 提供的“Like”按钮均系收集其网站访问者的个人数据并传输给 Facebook 的工具的情况下,在其网站上嵌入了“Like”按钮。因此,通过在其网站上嵌入该按钮,时尚公司对该收集和传输行为产生了决定性的影响,应认定 Facebook 和时尚公司共同决定了个人数据处理的方式。

(2)时尚公司同意在其网站上嵌入该按钮,是为了使其网站的访问者在点击该按钮时,更易于看见其商品,从而优化其商品的宣传。就 Facebook 而言,能够出于自身的商业目的使用这些数据,是其给予时尚公司相关利益的对价。据此,可以认定时尚公司和 Facebook 共同决定了个人数据处理的目的。

---

① See https://curia. europa. eu/juris/liste. jsf? oqp = &for = &mat = or&jge = &td = % 3BALL&jur = C% 2CT% 2CF&page = 1&dates = &pcs = Oor&lg = &parties = fashion% 2BID&pro = &nat = or&cit = none% 252CC% 252CCJ% 252CR% 252C2008E% 252C% 252C% 252C% 252C% 252C% 252C% 252C% 252C% 252C% 252Ctrue% 252Cfalse% 252Cfalse&language = en&avg = &cid = 2210038.

（3）此外，由欧洲法院的判例可见，诸如时尚公司这样的网站运营商，本身无法访问已收集并传输给社交插件提供商的个人数据这一事实，并不妨碍其成为《95/46/EC 指令》第 2 条（d）项规定的控制者。

（4）另须强调的是，在数据传输给 Facebook 之后，时尚公司不可能决定 Facebook 所进行的后续个人数据处理操作的目的和方式，这意味着对于这些后续操作，时尚公司不能视为控制者。因此，时尚公司的责任仅限于收集并传输该数据的行为，而不包括后续操作行为。

因此，参考时尚公司案例，App 运营者需要清晰认识其与 SDK 提供者之间的法律关系。我们可结合《信息安全技术　个人信息安全规范》（GB/T 35273—2020）的规定，根据不同的情况进行分析：

（1）当第三方 SDK 是接受 App 运营者的委托而处理个人信息时，App 运营者属于处理者，接入 SDK 的第三方仅构成受托处理者。例如，运营者在 App 中部署了第三方统计分析类的 SDK，第三方完全按照 App 运营者的要求将个人信息用于统计分析，不超出委托处理范围的情形。

（2）当 App 运营者与第三方 SDK 共同处理个人信息时，App 运营者与 SDK 第三方共同决定了个人信息处理的目的和方式，则可能如上述案件中时尚公司那样，被认定为与 Facebook 构成共同处理者。在《信息安全技术　个人信息安全规范》（GB/T 35273—2020）第 9.6 条也提出了一个简捷的辨别标准，即当处理者部署了收集个人信息的 SDK 等第三方插件，且该第三方并未单独向个人信息主体征得收集个人信息的授权同意，则个人信息控制者与该第三方在个人信息收集阶段为共同处理者。

（3）当满足《信息安全技术　个人信息安全规范》（GB/T 35273—2020）第 9.7 条规定的条件（如 App 运营者向个人明确标识第三方 SDK，并由第三方 SDK 自行向个人征得收集个人信息的授权同意等标准），则可以不构成“委托处理”、“共同处理”或“对外提供”，此时，第三方 SDK 对个人信息处理的目的和方式享有决定权，第三方 SDK 为独立的个人信息处理者。

从我国监管实践看，2022 年 2 月 18 日工业和信息化部在其发布的《关于侵害用户权益行为的 App 通报》（2022 年第 1 批）中公示了 13 款内嵌的第三方 SDK 存在违规收集用户设备信息的行为，其中包括讯飞语音识别 SDK、百度定位 SDK 等产品。该通报要求，上述 App 及 SDK 应在 2022 年 2 月 25 日前完成整改落实工作;逾期不整改的,将依法依规组织开展相关处置工作。可见,SDK违规时整改的对象不仅限于SDK提供者,App运营者也难以置身事外。

此时,App运营者将陷入两难境地,其可选择的整改路径无非四种:

(1)等待被通报的SDK自行更新,被通报SDK整改完成后替换为合规的SDK。

(2)删除被通报的SDK,不再使用相应的功能。

(3)删除被通报的SDK,更换同等功能的SDK进行替换。

(4)删除被通报的SDK,自主研发相应功能。

很显然,无论选择哪一条路径,对任何一个"临阵磨枪"的App而言,要在短短7天之内完成整改,几乎都是一个"不可能完成的任务",由此引发思考:当App运营者集成第三方SDK时,应如何早做谋划,避免自己将来突然陷入合规不能的窘境?

(1)在准入方面,选择正规的第三方SDK。目前很多第三方SDK也在逐步将收集行为合规化,很多第三方SDK供应商也提供了隐私政策,将SDK的个人信息收集行为进行公示,说明SDK在收集个人信息时的目的、类型等。第三方SDK的行为之所以会失控,主要是因为App在嵌入第三方SDK并且初始化以后,SDK在信息收集行为方面就不再受App的控制了,SDK可以采用异步或者其他的技术手段在后台运行代码,恶意SDK很可能在后台隐蔽执行恶意行为,App是无法察觉的,因此App运营者集成第三方SDK时,应尽可能选择正规的第三方SDK。

(2)在对内关系方面,准确界定自身与SDK提供商之间的法律关系(如各自独立收集和处理、对外提供、委托处理等关系)。参照《信息安全技术　移动互联网应用程序(App)收集个人信息基本要求》(GB/T 41391—2022)第6.6.2条做好对SDK的一系列安全管理工作,如:(a)应对SDK是否存在违法违规收集使用个人信息行为、个人信息出境行为进行事前评估;(b)应与第三方SDK明确双方的个人处理处理规则和保护责任,包括SDK收集个人信息的目的、方式和范围,SDK申请的系统权限和申请目的,保存期限,停止嵌入后的个人信息处理方式,个人信息安全责任和保护机制,是否存在热更新机制,是否存在自启动或关联启动,是否涉及向境外提供,协助App响应用户个人信息权利请求的措施等;(c)停止使用某SDK时,及时从代码中移除该SDK的相关代码。

(3)在对外关系方面,向用户充分告知。App 在集成第三方 SDK 时,应向用户告知嵌入的第三方 SDK 名称、收集的个人信息种类、使用目的、申请的系统权限、申请目的等,并取得个人在“充分知情”“自愿”的情况下的“明确”同意。这样让 SDK 对个人信息的处理行为更加透明化,防止两个法律主体之间的“处理目的和处理方式”无法有效区分,进而被推定为“共同处理者”或“委托处理者”。

(4)在技术管理方面,使用动态行为拦截等技术实现 App 自主可控。App 中一般包含自研代码、SDK、开源代码,SDK 和开源代码、自研代码具有同等运行权限,App 无法掌控闭源的 SDK 行为。而动态行为拦截技术,就像在 App 中加入了一个合规审核员,这个审核员的职责就是,对代码每一次收集用户个人信息的行为进行合规审计,拦截掉违规收集行为,有了这个合规审核员以后,哪怕 SDK 存在违规收集的行为,也能被我们的合规审核员给拦截下来。动态行为拦截技术的应用,能够实现个人信息收集清单中描述的业务场景与个人信息的收集关系,与运行过程中实际的收集行为保持一致。比如,在购物下单业务场景中,按照最小必要的原则,只需要收集手机号、收货人姓名、收货地址。从技术层面,为了方便用户输入地址信息,可以采用获取 GPS 信息来帮助用户填写地址,此场景就需要用到一次 GPS 定位功能。我们可以在购物下单业务场景进入时,采用配置策略的方式,使业务场景只能获取一次 GPS 信息,在这个业务场景下,无论是 SDK 还是其他代码,均不能获取其他个人信息(如 IMEI 等),从而实现了单一业务场景只获取对应的最小个人信息的目的,达到对个人信息合法合规的收集。①

五、什么属于人脸识别行为?

人脸识别技术(face recognition technology)是一种概率性软件应用程序,能够从面部数字图像中验证或辨别特定人,以进行身份验证或个体识别的技术。摄像设备捕捉个人的面部影像,然后人脸识别技术软件生成一个特征模板,系统评估两部特征模板之间的相似程度,如果该可能性超过了系统中预定的某个阈值,则系统判定为匹配。

---

① 彭根:《第三方 SDK 合规问题的解决之道》,载微信公众号“网安寻路人”2022 年 2 月 21 日,https://mp.weixin.qq.com/s/m4xAnzBizFXEvEn9chY6bg。

涉及人脸识别技术的三类主要场景包括：

（1）人脸验证（face authentication），指用于确认特定自然人是否为其所声明的身份。此时，系统将预先记录的面部特征模板（如存储在身份证的智能卡上）与被验证人的单张面容进行比较，以验证是否是同一个人。典型应用包括机场、火车站的人证比对，移动智能终端的人脸解锁功能等。

（2）人脸辨识（face identification），指用于在一个数据库中，从一组人中找到一个人。此时，系统需对捕捉的每个面容进行测试以生成特征模板，并检查其是否与系统已知的某个人匹配，故此功能依赖将一个特征模板与模板数据库进行比较，如判断在人群中拍摄到的某个人是否被列入全国违法犯罪人员信息系统。

（3）人脸分析（face analysis），指不用于人脸验证或人脸辨识，仅对采集的人脸图像进行统计、检测或特征分析。典型应用包括公共场所人流量统计、体温检测、图片美化等。

自从2021年中央电视台3·15晚会曝光人脸识别摄像头以来，人脸识别一度成为众矢之的，最高人民法院专门于2021年7月27日颁布《关于审理使用人脸识别技术处理个人信息相关民事案件适用法律若干问题的规定》（以下简称《人脸识别司法解释》）。此后《个人信息保护法》第26条也对公共场所使用人脸识别技术作出了特别规定，即："在公共场所安装图像采集、个人身份识别设备，应当为维护公共安全所必需，遵守国家有关规定，并设置显著的提示标识。所收集的个人图像、身份识别信息只能用于维护公共安全的目的，不得用于其他目的；取得个人单独同意的除外。"

实践中，人脸识别技术按照收集人脸图像的来源不同，也可以分为两类：

（1）第一类是刷脸活体验证，例如，App通过其嵌入的人脸识别功能SDK或调用相关数据接口等，采用动作指令、近红外人脸、3D人脸等活体检测方式验证用户身份真实性；又如，网上购物类App在开店或者订单金额达到一定数额确认支付时，金融类App在用户取款、借款、转账、支付绑定银行卡时，在商城第一次信用支付等场景下，均可能使用刷脸活体验证的方式核验用户真实身份。这种验证方式收集的人脸识别信息更全面，此行为属于人脸识别信息的收集行为，业内对此并无争议。

（2）第二类则是仅收集人脸照片，而不涉及刷脸活体验证，例如，智能门禁类App通过线下收集个人的房产证明确认其为小区居民后，要求个人在线上传免冠证件照片，用于门禁开门时对比人脸使用；又如，注册时收集用户身份证正反面照片，采用光学字符识别（OCR）等图像识别技术提取照片中的信息后验证用户身份。

客户易问的问题是第二类行为属于人脸识别行为吗？

我们认为，通过活体刷脸还是通过照片采集人脸图像，并非区分是否构成收集人脸识别数据的关键因素，人脸识别收集行为的核心在于通过收集的人脸图像，通过后续处理提取、生成人脸特征模板，达到直接或间接识别特定自然人的目的。

事实上，在全国信息安全标准化技术委员会于2021年4月22日起草完成的《信息安全技术　人脸识别数据安全要求（征求意见稿）》中就明确规定，人脸图像是自然人脸部信息的模拟或数字表示，且人脸图像可通过设备收集，也可对视频、数字照片等进行处理后获得，主要包括可见光图像、非可见光图像（如红外图像）、三维图像等。

案例1　CNIL关于人脸识别的报告

法国数据保护机构CNIL于2018年出具了一份名为《人脸识别：为了应对挑战的辩论》（*Facial Recognition for a Debate Living Up to the Challenges*）的报告，报告列举了法国和欧洲人脸识别的常用应用方式。

（1）自动识别图像中的人物：如用来识别该人在社交网络（如Facebook）上的人际关系，将社交网络上的图像与网络上同意该功能的其他人的生物模板进行比较，以识别这些人际关系。

（2）访问服务：通过比较摄像设备捕捉的人脸和银行持有的人脸数据库，在一些ATM前识别客户。

（3）跟踪运输服务中乘客每阶段的旅程：将乘客在旅途中某特定阶段的登记点（如行李托运点、登机口等）实时计算得出的生物模板与先前在系统中记录的模板进行比较，得出乘客的行踪线路。

（4）搜索：在照片数据库中搜索身份不明的公民（受害人、犯罪嫌疑人等）。例如，通过法国处理犯罪记录的系统完成搜索。

（5）监视：将某人的面容与在监视区域内旅行的人的人脸特征模板进行比较，以监视一个人在公共场所的活动。

(6)在公共场所识别通缉犯：视频保护(video-protection)摄像设备实时捕捉的所有人脸都将实时与安全部门持有的数据库进行交叉检查。

(7)通过闭路电视(CCTV)监控行人的交通违法行为或打击欺诈行为。

报告特别指出：一般而言，任何照片都可能通过直接或间接的技术处理而成为生物特征识别数据。但智能视频不是人脸识别的代名词，如闭路电视可以在特定区域内拍摄人物，尤其是他们的脸，但是不能简单将闭路电视看作人脸识别。简单摄影也是如此，摄像机不是人脸识别系统，所谓的智能相机仅检测面部也不构成人脸识别系统，因为人脸识别需要以特定的方式处理人的照片以提取生物特征模板以验证或识别自然人。

但是，这也并非意味着闭路电视、智能视频就与人脸识别完全无关，上述技术可以与其他系统结合使用，人脸识别是可以在现有系统(相机、图像数据库等)的基础上实现的软件功能，因此，人脸识别技术可以与多个系统连接或交互，并与其他功能组合。

六、如何为维护公共安全目的进行人脸识别？

人脸识别技术使用的场景通常可分为两类，第一类涉及"一对一"的处理，个人本身参与其中，知悉其个人信息为何以及如何被收集使用。第二类与第一类不同，它针对的是特定区域的所有人，而不是特定的个人，这种数据收集是实时的，并很可能是大规模的，典型的部署场景就是公共场所的CCTV。

事实上，恰恰是因为在第二类场景中，人脸识别能够自动、不加选择地捕捉所有在摄像设备范围内经过的个人的面部信息，在不需要个人的合作甚至个人无感的情形下完成相应工作，即所谓的"非接触式系统"(contactless system)，使人脸识别在一众生物识别技术(如指纹)中脱颖而出。

由此引发的问题是如何基于维护公共安全目的使用这种实时人脸识别技术？

综合《人脸识别司法解释》和《个人信息保护法》第26条，主要有以下三方面的要求值得注意。

一是"适用场景"。此时的场景限于"公共场所"，《人脸识别司法解释》明文列举的公共场所包括宾馆、商场、银行、车站、机场、体育场馆、娱乐场所。参照国务院《公共场所卫生管理条例》，"公共场所"应作广义理解，至少包括：(1)宾馆、饭馆、旅店、招待所、车马店、咖啡馆、酒吧、茶座；(2)公共浴室、理发店、美容店；(3)影剧院、录像厅(室)、游艺厅(室)、舞厅、音乐厅；(4)体育场(馆)、游泳场(馆)、公园；(5)展览馆、博物馆、美术馆、图书馆；(6)商场(店)、书店；(7)候诊室、候车(机、船)室、公共交通工具。

二是满足"必要原则"和"最小化原则"。《人脸识别司法解释》和《个人信息保护法》要求公共场所使用人脸识别技术应当"为维护公共安全所必需"。此时，需要处理者在实施人脸识别前必须"小心翼翼"地进行利益衡量，在多种方案中选择对个人权益损害最小的方案。即使是政府部门也不得草率行事，勿论一般商业企业，特举一例：

案例1　英国上诉法院首例警方使用人脸识别技术案

南威尔士警方自2017年起开始试点使用自动人脸识别技术(automated facial recognition technology，AFR)，即对从闭路电视中获取的公众人脸进行实时处理，抽取面部生物识别信息，并将该信息与监视名单上的人的面部生物识别信息进行对比。若匹配未成功，抽取的面部生物识别数据和相关人员的照片不会被存储；若匹配成功，与成功匹配相关的数据则最多会被保留24个小时。闭路电视记录根据相关标准保存31天。

在南威尔士警方2017年12月21日和2018年3月27日的两次试点中，一审原告Edward Bridges称其曾出现在试点摄像机附近，其图像被系统记录了下来。Edward Bridges于是向英格兰及威尔士高等法院提起司法审查之诉，理由是南威尔士警方的这两次试点行为以及持续进行的AFR试点行为违反《欧洲人权公约》第8条、《2018年数据保护法》以及《2010年平等法案》的规定。

2019年9月4日，英格兰和威尔士高等法院行政庭作出判决，认为南威尔士警方使用人脸识别技术合法，驳回了Edward Bridges的全部诉讼请求。

就使用AFR是否满足判例法确立的"合比例标准"的问题，原审法院认为，南威尔士警方被诉的两次使用行为并非不成比例。具体的事实有：警方部署AFR时进行了一系列措施告知公众，保持了部署的透明性；每次使用该技术都有时限且覆盖的范围有限；使用目的为识别符合警方利益的特定个体，并确实帮助找到了特定个体且被诉的两次使用都未导致误捕；除原告外没有人对自己受到的待遇提出异议；对于原告的权利限制仅限于对其生物识别信息近乎即时的算法处理及删除,而不涉及对原告信息的披露、存储;并未意图识别原告;原告并未被警察询问。

Edward Bridges 不服一审判决,提起上诉,并提出了以下五点上诉理由:

(1)原审法院认为南威尔士警方使用 AFR Locate 的行为对上诉人根据《欧洲人权公约》第 8 条第 1 款享有的"私人和家庭生活受到尊重"的权利之干预属于第 8 条第 2 款允许的必要干预,这一结论是错误的。

(2)原审法院在审查南威尔士警方使用 AFR 的行为对权利的干预是否合比例时适用法律错误。

(3)原审法院判决南威尔士警方的"数据保护影响评估"符合《2018 年数据保护法》第 64 条的规定,是适用法律错误的结果。

(4)原审法院拒绝认定南威尔士警方提供的政策文件是否符合《2018 年数据保护法》第 42 条对"适当的政策文件"的要求是错误的。

(5)原审法院关于南威尔士警方履行了"公共部门平等保护职责"的义务的结论错误。南威尔士警方的"平等影响评估"明显不充分,没有认识到基于性别或种族的间接歧视的风险。

2020 年 8 月 11 日,英格兰及威尔士上诉法院(以下简称上诉法院)支持了上诉人提出的理由一、三、五,但否定了理由二、四,因此推翻了原审法院此前的判决,最终改判认为南威尔士警方使用 AFR 是非法的,主要理由是:

(1)《欧洲人权公约》第 8 条第 2 款规定,公共部门只能在"依照法律规定"且满足特定条件的情况下才能对私人、家庭生活及其通信的权利进行干预。因此,判断南威尔士警方使用 AFR 行为是否为"依照法律规定"的关键在于使用 AFR 是否有足够的法律框架。上诉法院认为现有法律框架存在两大根本缺陷:第一,"谁"可以被放入监视名单这一问题并不明确;第二,如何决定在"何处"部署 AFR 也无清晰的标准。这两个问题目前都过于依赖警察的个人判断,现有政策并未充分规定警察如何实施自由决定权。综上所述,上诉法院认为现有法律框架并不满足《欧洲人权公约》第 8 条第 2 款规定的"依照法律规定",所以南威尔士警方采取对上诉人"家庭生活、家庭和通信"造成干预的措施并无法律依据。因此,上诉法院采纳了上诉人申述的理由一。

(2)《2018 年数据保护法》第 64 条规定了当数据处理可能导致对个体权利和自由产生风险时,数据控制者的数据保护影响评估义务和评估的具体内容。

然而,正如在理由一中论述的那样,上诉法院认为南威尔士警方使用 AFR 没有满足《欧洲人权公约》第 8 条第 2 款规定的条件,由于存在上述缺陷,“数据保护影响评估”没有恰当地评估对数据主体的权利和自由造成的风险,也没有提出解决这些风险的措施,违反了《2018 年数据保护法》第 64 条第 3 款 b) 项和 c) 项的规定。因此,上述法院采纳了上诉人的理由三。

(3) 公共部门平等保护职责是一项程序义务。公法往往关注的是作出决定的过程,而不是该决定的实质内容。在本案中,该职责要求公共部门采取合理的步骤,调查拟议的决定或政策对种族和性别的潜在影响,确保公共部门不会无意中忽略了其应当考虑的信息。对上诉法院来说,最重要的是南威尔士警方从未试图直接或通过独立验证来确认,其使用 AFR Locate 是否会因种族或性别而产生不可接受的偏见。因此,上述法院采纳了上诉人的理由五。

三是满足“公开透明原则”。“公开透明原则”是《个人信息保护法》第 7 条确立的个人信息保护基本原则之一。《人脸识别司法解释》和《个人信息保护法》要求公共场所使用人脸识别技术应当“设置显著的提示标识”以告知个人信息主体,确保个人信息主体享有知情权。如在 EDPB 颁布的 2019/3 指南《通过摄像设备处理个人数据的指南》(guidelines 3/2019 on processing of personal data through video devices) 就特别列举了张贴的警告标识示例。

需要注意的是,对此情形下,《个人信息保护法》第 26 条并未要求征得个人“同意”,这是否意味着在出于维护“公共安全目的”时,公共场所使用人脸识别技术可以不征得个人的同意?我们认为答案应是肯定的,显然这是立法区别对待这种 CCTV 类“一对多”实时人脸识别与一般的“一对一”人脸识别场景的结果。

但是,免除同意并不等同于不用告知,告知虽然是取得同意的前提,但告知义务并非依附于同意而存在。举例说明,《个人信息保护法》第 13 条规定在“为应对突发公共卫生事件,或者紧急情况下为保护自然人的生命健康和财产安全所必需”的情形下处理个人信息可以不取得个人同意,但第 18 条第 2 款同时规定“紧急情况下为保护自然人的生命健康和财产安全无法及时向个人告知的,个人信息处理者应当在紧急情况消除后及时告知”。

2022 年 5 月,新加坡个人数据保护委员会(PDPC)发布了《关于在安全应用中负责任使用生物识别信息的指引》(Guide on Responsible Use of Biometric Data in Security Applications),提供了一份企业在公共场所使用摄像头的自评估模板,可供参考(见表6.1)。

表6.1　企业在公共场所使用摄像头的自评估模板

S/N	第1步:确定收集、使用和/或披露的背景/目的	
1	依靠合法利益例外来收集、使用或披露个人数据的目的是什么?	此处描述该组织或其他人的合法利益,并解释收集、使用或披露个人数据的目标或目的是什么。如安全面部识别系统将检测和防止对[场所]恐怖主义和犯罪预防的人身安全和安保的威胁。
2	请列出将被收集、使用和/或披露的个人数据类型。	如通过从[场所]闭路电视录像和闭路电视记录中获得的嫌疑人的面部图像。
3	说明将如何收集、使用和/或披露个人数据。	如当场所内有一个嫌疑人时,保安人员将得到提醒。安保人员将手动抓拍嫌疑人的正面面部特征的截图。嫌疑人正面面部特征的截图、嫌疑人的闭路电视录像和嫌疑人的活动将被归档并存储在安全面部识别系统中,供保安使用。如果安保人员通过捕捉到的信息确定该参与机构存在安全风险,例如与恐怖主义有关,他们可以向当局(如警察)报告该参与机构,与当局分享收集到的关于该参与机构的信息,和/或采取进一步措施确定该参与机构的动机。若嫌疑人的行为也需要进一步监测,那么,如果嫌疑人回到该物业,安全面部识别系统将捕捉其面部特征,用于未来的检测。
4	收集、使用或披露是一次性的还是持续性的?	如果是连续的,请说明发生情况。如安全面部识别系统将持续检测[场所]的嫌疑人。
S/N	第2步:确定收集、使用和/或披露的收益	
5	合法利益如何有利于组织或他人?	这应着重于组织或他人的合法利益所带来的直接利益。如保持[场所]的安全不受恐怖主义和犯罪影响,对[公司]、[公司]的员工、访客都有好处。这将保护公司的生存能力。确保[场所]不受恐怖分子的攻击,保护员工、访客的生命。
6	这对谁有益?	受益者可能包括部分公众或组织,如客户、雇员、经济部门或行业。
S/N	第3步:评估是否对个人有任何可能的不利影响	
	个人数据的敏感程度	

续表

7	正在收集、使用或披露的个人数据(如步骤1中所列)是否具有敏感性?	我们的闭路电视记录中的参与机构的个人数据在性质上并不敏感,因为被监测场所内的活动是在公众可进入的区域,因此可以被其他游客或甚至在[场所]内的保安人员观察。我们只是利用监控摄像技术来提高我们监测的能力。	
	收集、使用和/或披露个人数据的目的的合理性		
8	数据收集的范围有多大?	请说明是否有任何大规模的数据收集,要考虑收集的数据量和收集的数据字段类型的数量。如嫌疑人的活动一旦被保安部门确定将危及安全目的,就会被安全面部识别系统长期监控,以收集这些嫌疑人的活动录像。其他顾客的活动不受监控。	
9	收集、使用和/或披露个人数据的目的有多合理?	从安全目的来看是合理的。在无法获得个人同意的情况下尤其要注意合理性,要防止那些非监测非法活动或恐怖行为目的。	
	对个人可能产生的不利影响		
10	有哪些可预见的对个人的不利影响(例如:财务、社会、身体、心理影响)?	如果个人发现,根据他们的访问请求,[场所]正在使用面部识别技术长期监测他们在财产上的活动,他们可能会感到震惊或痛苦。然而,我们认为,一个合理的人,如果得到解释,说明该技术只是为了监测主要景点,以及这样做的理由,就不会遭受任何心理上的困扰。这种监测不会造成不利的经济、社会或身体影响。 如果其他顾客站在嫌疑人旁边,那么这些顾客的图像可能会被不经意地捕捉到嫌疑人上的闭路电视录像中。	
11	是否会使用其他数据集的信息来进行预测或决策?	是/否	如果是,请描述用于合并的数据集,以及个人是否知道你们掌握了该数据集,还请描述将利用这些数据做出的决定/预测的类型。
12	预测或决定是否会排斥、歧视、诽谤或伤害个人?	是/否	如果是,请说明利用这些数据做出的预测或决定的类型,并说明为什么这些预测或决定可能是不准确的。
13	对个人的潜在影响是什么?	应该相对于现行的社会规范来考虑这个问题。如当安全面部识别系统监测到一个嫌疑人,安保人员将确认该嫌疑人的身份,并采取措施与该嫌疑人交谈,以确定其行为的动机,然后确定是否有必要将该嫌疑人报告给当局进行进一步调查。如果嫌疑人员没有采取积极措施破坏财产或伤害他人,则安保人员不会妨碍嫌疑人员在财产上的行动。因此,对个人的潜在影响是有限的,因为对其行为的任何调查都必须由当局根据新加坡法律进行。	

续表

14	如何提供可以向个人提供有关收集、使用或披露个人数据的更多细节的联系人的详细资料的？	请描述如何提供详细信息。如[公司]的数据保护官的联系方式已经在公开的隐私声明中列出，供观众联系。在公开的隐私通知中，读者可以用来联系数据保护官，以协助查询。	
	应对措施		
15	是否采取措施来减轻、消除不利影响？	是/否	如果不是，请说明原因。 如果是，请描述这些措施，并说明这些措施如何能够缓解或减少不利影响。如当发现了一个嫌疑人，安全面部识别系统将提醒保安。当发出警报时，保安部将核实所识别的人是否与记录中的嫌疑人图像相符。然后，安全部将应用一套标准（载于我们公司的SOP）来评估是否需要将嫌疑人活动的闭路电视录像存档（保留期限载于我们公司的数据政策），以减少对个人的过度监控和/或对个人录像的过度储存。只有获得授权的保安人员才能接触到参与机构的闭路电视录像。闭路电视录像将仅由这些保安人员用于评估该参与点是否对[场所]构成安全风险，以及用于向当局报告，不会用于其他目的。
S/N	第4步：评估可能的其他不利影响		
16	在采取了缓解上述不利影响的措施后，对个人可能产生的其他不利影响是什么？	唯一可能对个人产生不利影响的情况是，某人实际上没有安全风险，但其行为恰好导致他或她被归类为主要目标，因此被安全面部识别系统监控。这也会导致他或她的录像被安全面部识别系统储存。这些录像可能不会被用于任何目的，但会被保存起来，以便系统能够根据其程序检测出此人在一段时间内的类似行为模式。	
S/N	第5步：平衡测试		
17	确定的合法利益是否超过了剩余的不利影响？	是/否	如果是，请解释并说明理由。确定的合法利益超过了剩余的不利影响，即上文第5条中确定的保护[前提]的合法利益及其对新加坡和公众的保护意义超过了上文第16条中描述的剩余不利影响。
18	是否依靠合法利益的例外情况来收集、使用和/或披露个人数据以达到这一目的？	是/否	如果是，请解释并说明理由。 见上文第1条。

续表

19	是否有进一步的行动要采取?	是/否	如果是,请说明。如嫌疑人的闭路电视录像存档后存储在现有的[场所]监控系统中,该系统具有[相关部门,如信息技术和网络安全]建议的既定控制协议。只有在[运营场所]工作、处理事件和/或按照[特定权限,如安保主管]的指示,经授权的安保人员才可查看嫌疑人的 CCTV 录像。如果经过合理的时间或进行某些调查后,评估认为此人没有安全风险,安全部将清除嫌疑人数据。
20	成果日期	评估日期	
21	完成时间	评估日期	
22	批准者	DPO 官员的姓名和职务	
23	同意	根据责任制原则,评估应该由具有足够权限的管理层成员进行审查。	

七、如何为员工管理等非公共安全目的进行人脸识别?

人力资源管理是使用人脸识别技术的高频场景之一,如利用人脸信息考勤打卡等,此时,需注意的合规要点有:

(1)如仅为考勤打卡的目的,考勤设备涉及的生物资料信息一般应只限于指纹或掌形(包括掌型、红外线特征等)。原则上不应扩充至人脸信息,原因是人脸信息可应用于被动式采集系统,较容易被用于个人不知道的其他用途,对个人的潜在影响较大。

(2)用人单位不宜简单基于员工的"单独同意"处理人脸信息。例如,某机构使用人脸考勤系统,而员工可以自由选择是否同意,且如员工不同意,用人单位也提供了其他合理方式作考勤之用,这时才符合"自愿原则"。又如,某医疗机构使用人脸考勤系统,其正当性基础是"履行劳动合同所必需",原因是医疗机构因为医疗卫生问题不宜采用指纹、掌型一类对个人信息影响较小的设备,也应认为符合"必要原则"。

(3)用人单位有责任确保设备能够正常运作及维持高准确率。如相关设备是不可靠的设备,不仅达不到考勤目的,而且单位也有可能违反《个人信息保护法》的"质量原则"。

(4)未经个人同意,仅为考勤的目的而收集的生物识别信息不可再用于其他用途,也不可共享给其他人员或单位。

(5)不得无限期保存这些生物识别信息。在员工离职后,应尽快永久删除其用作考勤的生物识别信息。

(6)宜使用独立的设备储存生物识别信息,确保信息安全,避免资料的遗失或其他不当处理。

(7)当委托第三方处理生物识别信息时,应慎重选择供应商,与其签订合约规范信息的安全和保密,并对供应商的工作进行适当的监督。

(8)如技术保障措施不足或不可行,用人单位不宜考虑使用涉及生物识别信息的考勤设备。不能仅贪图使用的方便,而忽视因此而引起的法律风险成本、劳资关系成本及技术投资成本等。

此外,商家有时更多是为了通过使用人脸识别技术来获得市场的洞察力和提供广告直接营销。譬如,一个支持人脸识别技术的广告牌可以“观察”站在它前面的路人,捕捉他们的人脸信息,生成一个生物特征模板,并对这个模板呈现的人群特征进行分类,比如年龄、性别、肤色,甚至服装款式或品牌,从而评估广告的投放效果或显示相匹配的实时广告。

显然,这种处理人脸信息的方式,必须取得个人信息主体的“单独同意”。在上述人脸识别技术的广告牌中,如无法设置交互界面以取得个人信息主体“充分知情”“自愿”的情况下以“明确”方式作出的“单独同意”,则不应收集人脸信息。

境内外监管和司法机构关于使用人脸识别技术的案例很多,再举几个案例以作辨析。

案例1

法国监管机构对普罗旺斯-阿尔卑斯-蓝色海岸地区委员会委托进行的一项人脸识别实验表示异议。该实验在两所学校进行,目的是控制学生未经许可的进入。法国监管机构的异议在2020年得到了一个地区法院的支持,其判决在没有获得学生的知情同意情况下,控制者未能证明其目标不能通过其他侵犯性较小的方式实现。①

---

① See https://ico. org. uk/media/about-the-ico/documents/2616184/live-frt-law-enforcement-opinion-20191031. pdf.

案例2

2019年,瑞典的数据保护机构(DPAs)根据GDPR对地方当局发出了罚款通知,该当局要求学校使用人脸识别来跟踪学生的出勤率。学校试图在同意的基础上进行人脸信息处理,然而,DPAs认为"同意"不是有效的合法性基础。①

案例3

加拿大隐私专员办公室和加拿大艾伯塔省和不列颠哥伦比亚省的专员们调查了一家加拿大购物中心使用人脸识别技术,监测人流模式和预估人流量的情形。调查的结论是,人脸识别行为不符合消费者的合理预期,透明度方面措施不足,以及购物中心没有取得有效的同意。加拿大隐私专员办公室建议该购物中心需要获得"有意义的明示同意",并允许个人在无须同意处理他们的人脸信息时也可以进入商场,或停止使用人脸识别系统。②

案例4

在被称为"国内人脸识别第一案"的郭某与杭州野生动物世界有限公司(以下简称野生动物世界)服务合同纠纷案中,郭某向野生动物世界购买以指纹识别方式入园的双人年卡,但是在实际履行合同过程中,野生动物世界以年卡系统升级为由,要求郭某激活人脸识别系统,否则将无法正常入园。郭某不同意接受人脸识别,要求野生动物世界退卡,双方协商未果,郭某遂提起诉讼。该案历经杭州市富阳区人民法院一审、杭州市中级人民法院二审,最终杭州市中级人民法院认为生物识别信息作为敏感的个人信息,深度体现自然人的生理和行为特征,具备较强的人格属性。经营者只有在消费者知情同意的前提下方能收集和使用生物识别信息,且须遵循合法、正当、必要原则。经营者违反双方约定处理信息或者因违约而停止提供某项产品或服务,消费者有权要求经营者删除与其违约情形相对应的个人信息,故最终判决该案野生动物世界删除郭某的面部特征信息、指纹识别信息。

---

① See https://ico.org.uk/media/about-the-ico/documents/2616184/live-frt-law-enforcement-opinion-20191031.pdf.

② See https://ico.org.uk/media/about-the-ico/documents/2616184/live-frt-law-enforcement-opinion-20191031.pdf.

八、如何收集处理儿童的个人信息？

我国《个人信息保护法》将 14 周岁以下儿童的信息作为敏感个人信息，其第 31 条规定：“个人信息处理者处理不满十四周岁未成年人个人信息的，应当取得未成年人的父母或者其他监护人的同意。个人信息处理者处理不满十四周岁未成年人个人信息的，应当制定专门的个人信息处理规则。”

另外，国家互联网信息办公室曾颁布《儿童个人信息网络保护规定》并于 2019 年 10 月 1 日起实施，其中提出了若干更为具体和严格的要求，譬如：

(1)网络运营者应当设置专门的儿童个人信息保护规则和用户协议，并指定专人负责儿童个人信息保护。

(2)网络运营者应当采取加密等措施存储儿童个人信息，确保信息安全。

(3)网络运营者对其工作人员应当以最小授权为原则，严格设定信息访问权限，控制儿童个人信息知悉范围。工作人员访问儿童个人信息的，应当经过儿童个人信息保护负责人或者其授权的管理人员审批，记录访问情况，并采取技术措施，避免违法复制、下载儿童个人信息。

另外，《未成年人节目管理规定》(2021 年修订)中也有“网络用户上传含有未成年人形象、信息的节目且未经未成年人法定监护人同意的，未成年人的法定监护人有权通知网络视听节目服务机构采取删除、屏蔽、断开链接等必要措施。网络视听节目服务机构接到通知并确认其身份后应当及时采取相关措施”等特定要求。

事实上，正如国家互联网信息办公室在《常见类型移动互联网应用程序必要个人信息范围规定》所指出来的，许多网络服务对于使用者是不是儿童其实并没有鉴别的必要，譬如对输入法、日历、天气等应用程序，运营者完全没有必要区分儿童或非儿童，此时若一概要求运营者区分儿童与非儿童，不仅浪费了运营者和全社会不必要的成本，甚至也很可能为了识别而“倒逼”运营者不得不收集更多的个人信息(如身份证号)，结果可能反而南辕北辙。

客观地讲，我国的儿童个人信息保护规定刚起步，还不尽完善，实践中有许多未决之处。相较而言，美国未成年人个人信息保护立法走在各国前列，1998 年就通过了 Children’s Online Privacy Protection Act(COPPA)，此后联邦贸易委员会陆续颁布了 COPPA rules、A Six-Step Compliance Plan for Your Business、

COPPA FAQs 等官方文件。①

儿童个人信息收集和处理的关键点为：(1)某个特定场景下，是否有必要区分儿童与非儿童？(2)如第一个问题的答案是肯定的，那么应该如何识别儿童？如何识别监护关系？试结合 COPPA 举几个案例以作参考辨析：

案例1　某网站直接面向 13 周岁以下儿童提供在线服务，其需要遵守 COPPA 吗？

需要。COPPA 明确规定其适用于针对 13 周岁以下儿童的商业网站和在线服务(包括移动应用程序和物联网设备)运营商，该网站需要遵守 COPPA 的要求，譬如通知家长和取得家长同意。

案例2　某网站面向一般受众，但其在网站注册页面要求用户提供年龄信息，其需要遵守 COPPA 吗？

需要。COPPA 规定其适用于那些虽然面向一般受众，但对其正在收集和处理 13 周岁以下儿童个人信息有实际认知(actual knowledge)的网站和在线服务运营商。

案例3　某网站面向一般受众，用户注册时也无须提供任何年龄信息，但运营者后来收到了该网站导致儿童沉迷的大量投诉，其需要遵守 COPPA 吗？

需要。网站虽然面向一般受众，但运营者收到了监护人的明确投诉，可以证明其对存在大量儿童用户有实际认知。

案例4　某搜索引擎网站提供面向一般受众的在线搜索服务，其需要遵守 COPPA 吗？

不需要。网站面向一般受众，网站没有单独以儿童用户为导向的内容和服务。虽然运营商对儿童可能使用其搜索引擎不可能完全没有预料，但没有证据表明运营商有区分儿童与非儿童的意图和行为，不应认为运营商对儿童用户有实际认知。

---

① See https://www.ftc.gov/business-guidance/privacy-security/childrens-privacy.

案例5 某网站直接面向13周岁以下儿童提供在线服务，其委托了一家处理者提供广告网络或插件服务，受托方也需要遵守COPPA吗？

需要。COPPA明确规定其适用于那些明知其正在直接从另一个针对儿童的网站运营商那里收集个人信息的第三方网站或在线服务运营商。

案例6 某网站收集的信息是儿童自愿提供的，而不是强制性的，COPPA是否仍然适用？

是的。COPPA适用于网站运营商在线收集儿童的个人信息，即使儿童自愿提供信息而运营者并不要求他们输入信息以接收网站服务；COPPA还适用于允许儿童公开发布个人信息的运营商。COPPA规定收集包括通过持久性标识符被动跟踪儿童的个人信息，而不仅仅是主动收集。

案例7 用户通过谎报年龄来注册一般受众网站或在线服务，运营者需要承担COPPA规定的责任吗？

不需要。COPPA并不要求一般受众网站的运营商询问访问者的年龄，如果运营商选择以中立的方式（如询问访问者的出生年月）对其用户进行年龄筛选，则运营者可以依赖该用户输入的年龄信息，即使该年龄信息不准确。在某些情况下，这可能意味着儿童能够在违反运营商服务条款的情况下注册网站或服务。但是，如果运营商后来确定某个用户是13周岁以下的儿童，则会触发COPPA规定的通知家长和得到家长同意的要求。

案例8 为了取得监护人的同意，某网站需要在监护人同意之前，先收集儿童及其监护人的姓名、监护人的网络联系方式，这种做法是否合法？

合法。对于这种合理的个人信息收集，网站和在线服务运营商有其合法性基础，但是如果监护人没有在合理期间内作出同意的回复，运营商应当及时删除儿童及其监护人的个人信息。

案例9 某网站使用信用卡或者政府签发的身份验证信息作为父母身份核实即父母表示同意的方式，是否已经足够？

已经足够。这两种方式足以证明运营者履行了COPPA规定的义务。

案例10　某网站允许儿童发送电子邮件咨询特定问题,其是否需要通知父母并征得父母的同意?

不需要。如果网站只是回答儿童的提问然后删除儿童的邮件地址,那么就符合“一次联系”的例外情形,此时并不需要取得父母的同意。

案例11　某网站面向一般受众,其中有一个特定的儿童部分,其是否可以为整个网站发布一个单一的隐私政策将两者结合起来,或者其必须为儿童个人信息制定一个单独的隐私政策?

可以合并。在1999年的基础和目的声明中,联邦贸易委员会指出:“运营商可以自由地将隐私政策合并到一个文件中,只要儿童隐私政策的链接将访问者直接带到文件中讨论关于儿童隐私政策的地方,或者在通知的顶部明确披露有一个讨论关于儿童个人信息的具体部分。”这一建议仍然有效。

案例12　某App是针对儿童的App,孩子们可以将照片上传到App中,并以不同的方式处理和装饰照片,但该App不会将儿童设备中的任何个人信息(照片或其他)传输到其他地方。其是否需要取得父母的同意?

不需要。该App没有收集个人信息,其与存储在儿童设备上的个人信息仅仅是信息互动,这些个人信息并没有被收集。

案例13　运营者是否必须列出所有在其网站上收集儿童个人信息的主体的名字和联系信息?

不需要。COPPA规定,如果有多个运营商通过你的网站(包括通过插件)收集儿童个人信息,你可以列出一个运营商的名称、地址、电话号码和电子邮件地址,该运营商将回应家长关于所有运营商隐私政策的询问,只要所有运营商的名称都列在这个在线通知中。

案例14　某App是否必须要在应用商店购买或下载时,就披露其隐私政策?

鼓励但不强制。COPPA要求经营者在网站或在线服务的主页或登录页面上,以及在网站或服务中收集儿童个人信息的每个区域,披露一个清晰和醒目的在线隐私政策链接。此外,拥有单独儿童区的一般受众网站或在线服务运营商必须在儿童区的主页或登录页面上张贴一个链接,以说明其对儿童个人信息的做法。但COPPA并不强制要求在应用商店购买或下载App时就披露隐私政策，只是鼓励将其作为最佳做法。

九、如何理解“为订立、履行合同所必需”?

我国《个人信息保护法》将“为订立、履行个人作为一方当事人的合同所必需，或者按照依法制定的劳动规章制度和依法签订的集体合同实施人力资源管理所必需”与“取得个人的同意”，都作为处理个人信息的合法性事由。

客户会问的问题是：两个合法性基础有什么区别？选哪一个对企业更为合适？

在《个人信息保护法》中，处理个人信息是基于“取得个人的同意”，还是基于“为订立、履行合同所必需”，存在非常重大的差别，就是该法规定的撤回同意权的问题，根据该法第15、16条的规定，基于个人同意处理个人信息的，个人有权撤回其同意，而个人信息处理者不得以个人不撤回同意为由，拒绝提供产品或者服务；属于提供产品或者服务所必需的除外。

因此，对于特定的产品或者服务所必需的个人信息，应当采用“为订立、履行合同所必需”这个合法性事由，如果错误采用了“取得个人的同意”这个合法性事由，就会面临几个实践中的困难：

(1)满足《个人信息保护法》第14条对“同意”的“充分知情”“自愿、明确作出”的要求。

(2)满足《个人信息保护法》第23、25、26、29、39条规定的在特定情形下取得“单独同意”的高标准要求。

(3)面临《个人信息保护法》第15、16条下个人行使撤回同意权时的窘境。

实践中，有的数据保护机构甚至以处理者错误选择“取得个人的同意”的合法性事由作为认定为违法并给予处罚的理由之一。

案例1

Sziget音乐节和Volt音乐节的组织者为实现安保目的，收集和存储了数据主体的以下信息：国籍、姓名、性别、证件类型、证件编号、有效期、出生日期、图像和声音数据。该案例中，匈牙利数据保护机构NAIH对活动组织者处以92,146欧元的罚款，理由是：(1)活动组织者错误地适用活动参与者的“同意”作为合法性基础，并且其获得的同意也不是有效的，因为如果活动参与者拒绝提供相关信息，将被拒绝入场。但事实上组织者出于维护活动参与者的生命和人身安全、避免其遭受大规模恐怖事件的目的，收集和存储信息，其应当使用的合法性基础是GDPR第6(1)(f)条"为追求合法利益所必需"这一合法性基础。(2)未遵守目的限制原则。组织者可以通过不涉及个人数据的筛查措施，如金属探测器或安全筛查等措施实现安保目的。①

客户经常提到的问题是：如何理解属于"为订立、履行合同所必需"和"实施人力资源管理所必需"？2020年10月，德国汉堡数据保护局就曾宣布对H&M集团过度收集员工信息处以3530万欧元的罚款，如何把握好尺度是实践中的一个焦点，试举几例以作辨析：

案例2

雇主收集有关雇员所从事的项目信息，以决定是否提升他的职位（评估目的），并审计他的财务数据（公司财务管理和反舞弊的目的）。

案例3

海外总公司要求查阅境内分公司员工的薪金、红利等方面的个人资料。这是不是履行合同所必需的，是否需要取得员工的单独同意？

案例4

雇主在对外发放的刊物中刊登载有雇员容貌的照片（如公司活动的花絮照及团体照等）是否属于履行合同所必需？

案例5

雇主可否为保护商业秘密在社交平台监督其员工上传在社交平台的资料，若发现有不恰当之处，惩处甚至开除该员工？

案例6

雇主要求员工经由直属上司及总经理将其病假申请文件交与人事部。若员工不

---

① 中兴通讯数据保护合规部、数据法盟：《GDPR执法案例精选白皮书》(2018—2019)，第59页。

希望直属上司及总经理知道病况,可否略过他们直接把病假申请文件交给人事部?

案例2中,雇主可以只告知雇员他的个人资料是为审计目的而收集的。雇主不需要征得雇员的同意来收集他的个人数据,也不需要通知其正在接受评估,以确定是否晋升职位或是否存在舞弊行为。

案例3中,分公司应确定海外总公司收集有关资料的目的,假如该目的与分公司当初收集该资料的目的(为履行人力资源管理方面的职能)直接有关,则分公司可以在未取得雇员同意的情况下,向海外总公司提供个人信息。不过,分公司仍应遵守《个人信息保护法》中规定的告知义务和数据跨境安全审查等相关义务。

案例4中,刊登公司活动的花絮照及团体照并不被认为是履行劳动合同所必需的,假如刊登有关照片将导致从照片上可以直接或间接地识别某一员工身份,雇主应事先取得该员工的同意。

案例5中,收集的资料对该目的是必需的,但不超过必要限度,收集的方法应该是合法和透明的。为了保护公司的商业秘密,对员工进行必要的监督,是合法的。但如将监督范围扩大到本就不承担商业秘密保护义务的员工身上,则不属于为履行合同所必需。

案例6中,一般来说,雇主只需获得申请病假所需最低限度的个人信息(如病因及医生建议的病假日数),以核实员工是否有资格申请病假,并应只让获授权的人员查阅有关资料。至于有关递交文件的流程,每家公司有其特别情况及安排,不能一概而论,但一般而言,公司的管理层及员工的直属上司应知道员工的健康状况,并就其工作内容、工作量及人手调配等事宜作出安排。

2007年9月,澳门个人资料保护办公室发布了《关于工作场所个人资料保护原则——雇主对雇员活动监察的指引》,该指引适用于雇主通过电话、电邮、浏览互联网及摄录监察等方法对雇员活动进行监察,值得参考,其中部分摘录如下:

该指引明确了合法性、适度、确保资料当事人权利三项原则。

(1)合法性原则

合法性原则包括三方面:目的合法性、方式合法性及范围合法性。

a.目的合法性

作为雇主,在其机构的经营范围或权责范围内,基于运作、业务及整体需要

而对雇员的活动进行监察,其目的是合法的。在实施监察时,雇主应考虑的因素主要有:

- 是否采取保障雇员安全的必要措施;
- 是否存在重要财产遗失或受损的风险;
- 是否因机构的性质而有强烈的保安需要;
- 是否存在雇员将机构秘密资料向其他机构或个人泄露的风险;
- 有否有雇员在工作时间从事私人活动,影响工作成效;
- 是否因雇员不当使用电脑设备使机构的系统受到影响;
- 雇员是否为服务对象提供良好的服务,在遇到服务对象投诉时,如何保障机构、雇员及服务对象三方的利益;如何减少因此而产生的,对雇主与雇员之间的良好合作及互相信任关系的不利影响。

b. 方式合法性

要以合法的方式进行监察,这些方法须为达到目的所必需。监察方式必须向雇员公开,不能以秘密的手段进行。所取得资料的保存期应在为达到目的所需的合理期间内。建议保存期为3个月,特殊情况不超过6个月。

c. 范围合法性

监察的范围以雇员与工作有关的活动为限,不包括与雇员私人生活有关的内容。例如,摄录机或闭路电视不应安装在员工休息室或更衣室,不应监察雇员在非办公时间向其家人发出的电邮内容等。

(2) 适度原则

这里所指的适度原则主要包括适当及最低限度介入原则。

- 如果其他代替措施也可以达到收集个人资料的目的,即收集个人资料非为必需时,不应收集。例如,为了避免电脑病毒的入侵,雇主可以在电脑系统中装上防火墙、过滤软件等,以及给雇员作出明确的指引,说明不可以浏览何种网页,但不应收集雇员浏览互联网的资料。
- 监察只针对高风险业务,在高风险的范围进行,以保障雇主的合法利益及消除潜在风险为限。对于不掌握机构保密资料,或不构成风险的雇员的个人资料不予收集;对标明为私人邮件的电邮不应进行监控;对于非高风险的区域不进行摄录监察。例如,只将摄录机或闭路电视装在存有机密或敏感资料、档案、物料、系统的地方。

• 尽量减少监察的时段,对于非办公时间雇员的活动不应监察。

• 监察的程度为达到目的所必需,将对个人资料的收集和处理减到最少。例如,只记录雇员收发电邮的电邮地址,打出及接听电话的号码,非必须时不检查其中的内容。只有当为达到原定目的所必需时,才翻查电话、电邮的内容或摄录的情况。例如,接到服务对象对雇员的投诉,在调查时需翻查电话录音或查看电邮内容。在翻查相关记录时,除因违纪、行政违法调查或刑事侦查的需要外,最好有当事人在场。

(3)确保资料当事人权利的原则

对雇员工作场所的监察活动须公开(以透明的方式)进行,以保障资料当事人权利的行使。根据《澳门个人资料保护法》的规定,资料当事人有资讯权、查阅权及反对权。

3.1 资讯权

在收集个人资料时,有关机构应告知资料当事人下列资讯(如有收集个人资料的文件,应在文件中提供):

• 负责处理个人资料实体的身份及其代表人的身份(如有代表人时)。

• 处理的目的。例如,确保机构商业秘密的安全、确保服务素质、确保高价值物料的安全等。

• 资料的接收者或接收者的类别,即指出在监察过程中,收集的资料是否会交由其他机构知悉或进行处理。如由次合同人处理相关个人资料,也应让雇员知悉。一般来说,这些资料被记录在相关机构的系统中,无需再由第三者进行处理。雇主应指定监察和处理资料的人员,且应说明相关资料会因违纪或违法调查而交由有权限的部门、刑事侦查当局或司法当局翻查。

• 当事人回复的强制性或任意性,以及不回复可能产生的后果。这点适用于在收集资料时涉及一些问答及调查的情况。

3.2 查阅权

作为资料当事人的雇员有权自由地、不受限制地要求查阅其个人资料,雇主应在合理的期限内向其提供相关资料。雇员的查阅权包括:

• 确认与当事人有关的资料是否被处理,处理的原因,被处理资料的类别,资料接收者或接收者的类别;

• 了解需要处理的资料及有关资料的来源;

●了解对与其有关的资料自动化处理的原因；

●对未依据《个人资料保护法》规定处理的资料，尤其是对不完整或不准确的资料的更正、删除或封存；

●对资料进行更正、删除或封存时，通知曾知悉有关资料的第三人同样对资料进行更正、删除、销毁或封存，但证实不可能通知或作出通知的成本过高者除外。

3.3　反对权

在不抵触法律的前提下，资料当事人有权随时以与其个人情况有关的正当和重大理由反对处理与其有关的个人资料。如反对理由合理时，负责处理的实体不得再对该资料进行处理。

需要注意的是，在发生“为订立、履行合同所必需”时，“无须同意”不等于“无须告知”。依据我国《个人信息保护法》第18条的规定，只在“有法律、行政法规规定应当保密或者不需要告知的情形的”，才可以不向个人履行告知义务；另外，在“紧急情况下为保护自然人的生命健康和财产安全无法及时向个人告知的”，可以不用事先告知个人信息主体，而是“应当在紧急情况消除后及时告知”。

十、如何理解“为履行法定职责或者法定义务所必需”？

我国《个人信息保护法》将“为履行法定职责或者法定义务所必需”与“取得个人的同意”，都作为处理个人信息的合法性事由。

法定职责，是执法机关依据法律法规的规定而享有的职权以及必须履行的义务。为确保执法机关能够履行法定职责，必须处理个人信息的，不需要取得个人同意。例如，《出境入境管理法》第30条第2款规定：“申请办理外国人居留证件，应当提交本人的护照或者其他国际旅行证件，以及申请事由的相关材料，并留存指纹等人体生物识别信息……”据此，外国人所持签证注明入境后需要办理居留证件的，必须向拟居留地县级以上地方人民政府公安机关出入境管理机构提供相应的个人信息。又如，我国《刑事诉讼法》第132条第1款规定：“为了确定被害人、犯罪嫌疑人的某些特征、伤害情况或者生理状态，可以对人身进行检查，可以提取指纹信息，采集血液、尿液等生物样本。”在这种情形下，公安部门为侦查犯罪而收集个人信息，就属于履行法定职责，无须取得个人同意。

法定义务，是指处理者依据法律、法规而负有的义务。例如，根据《反洗钱法》的规定，金融机构应当按照规定建立客户身份识别制度。金融机构在履行反洗钱的法定义务时所收集的用户相关个人信息，不需要取得个人同意。又如，《社会保险法》、《劳动合同法》、《劳动法》和《工伤保险条例》等法律法规要求，职工应当参加工伤保险，由用人单位缴纳工伤保险费，职工不缴纳工伤保险费。据此，用人单位在为职工投保工伤保险时，必须收集职工的相关个人信息，否则就无法履行该义务。

实践中，法律、行政法规设定的义务属于“法定义务”，大家普遍没有异议。但是对于一些部门规章、地方性法规、地方规章甚至政府红头文件设定的义务，是否属于“法定义务”呢？客户对“法定义务”中“法定”的边界普遍感到不好把握。

例如，国家互联网信息办公室2021年10月26日颁布的《互联网用户账号名称信息管理规定（征求意见稿）》拟要求“互联网用户账号服务平台应当以显著方式，在互联网用户账号信息页面展示账号IP地址属地信息”。

2022年5月，新浪微博公告称，其于今年3月上线展示用户“IP属地”功能。具体包括：全量开放评论展示发评IP属地小尾巴功能；上线个人主页一级页面展示IP属地功能；显示规则为国内显示到省份/地区、国外显示到国家。微博表示，该功能旨在更透明地向广大用户呈现真实情况，无法由用户主动开启或关闭（见图6.3）。

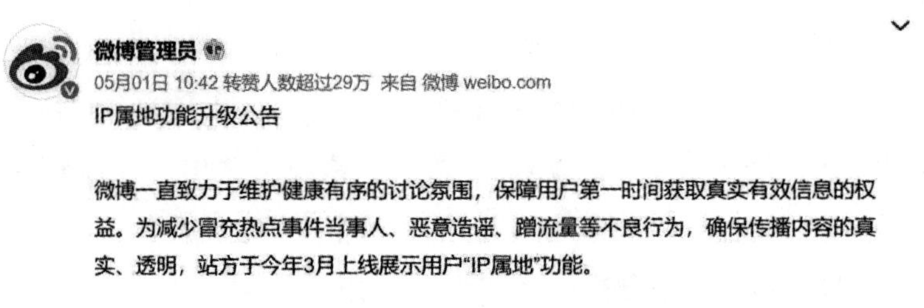

图6.3　新浪微博显示用户IP属地公告

此后，今日头条、抖音、百家号、快手、知乎、小红书六大互联网内容平台同时在2022年4月15日宣布公开账号IP属地。

2022年6月27日，国家网信办正式颁布了《互联网用户账号信息管理规定》,其第12条规定:“互联网信息服务提供者应当在互联网用户账号信息页面展示合理范围内的互联网用户账号的互联网协议(IP)地址归属地信息,便于公众为公共利益实施监督。”第13条规定:“互联网信息服务提供者应当在互联网用户公众账号信息页面,展示公众账号的运营主体、注册运营地址、内容生产类别、统一社会信用代码、有效联系方式、互联网协议(IP)地址归属地等信息。”

由此引发了社会热议,就《互联网用户账号名称信息管理规定》的“规章义务”能否达到“法定义务”的级别,就有不少人提出了质疑。

我们认为,将“规章义务”认定为属于或不属于“法定义务”都是有失偏颇的。个人信息处理者在作个案判断时,要依据《立法法》第8、65、80条和《个人信息保护法》的规定慎重判断“规章义务”的性质,特别是要在考量该规章的制定主体、所保护的法益类型、违法行为的法律后果等因素的基础上认定其性质,通常而言下列“规章义务”,应认定为“法定义务”:

(1)该“规章义务”涉及的事项属于执行法律或者国务院的行政法规、决定、命令的事项的。

(2)该“规章义务”是由履行个人信息保护职责的部门设定或者其内容与个人信息保护密切相关的。

(3)该“规章义务”涉及国家安全、网络安全、信息安全、金融安全、市场秩序、国家宏观政策等公序良俗,监管强度以及社会影响较大的。

另外需要注意的是,“免于同意”不等于“免于告知”,根据《个人信息保护法》第18条“个人信息处理者处理个人信息,有法律、行政法规规定应当保密或者不需要告知的情形的,可以不向个人告知前条第一款规定的事项。紧急情况下为保护自然人的生命健康和财产安全无法及时向个人告知的,个人信息处理者应当在紧急情况消除后及时告知”的规定,只有在“法律、行政法规规定”情形下,可以免除告知义务;只有在“紧急情况无法及时告知”情形下,可以免除事先告知义务。

十一、如何理解“紧急情况下为保护自然人的生命健康和财产安全所必需”?

我国《个人信息保护法》将“紧急情况下为保护自然人的生命健康和财产安全所必需”与“取得个人的同意”,都作为处理个人信息的合法性事由。

第一处值得注意的地方在于,此处关于“紧急情况下为保护自然人的生命健康和财产安全所必需”,源于我国《民法典》第1036条“处理个人信息,有下列情形之一的,行为人不承担民事责任:……(三)为维护公共利益或者该自然人合法权益,合理实施的其他行为”的规定。但是,与《民法典》的规定有所不同,《个人信息保护法》进一步扩大处理个人信息的范围,即由《民法典》维护合法权益的对象限于该自然人扩大到所有自然人,因此,只要是为保护自然人的生命健康和财产安全所必需,均可不经过本人的同意而合理实施个人信息的处理行为,无论被保护的自然人是否是个人信息主体本人。

例如,A突发疾病而生命垂危,急需在掌握其既往病史等个人信息的基础上进行对应的抢救治疗,为了挽救A的生命,此时可以实施个人信息的处理行为,而不需要征得其本人或者亲属同意。又如,为了寻找失踪儿童或者追踪犯罪分子的行踪,而使用远距离人脸识别设备进行识别比对等。

第二处需要注意的地方在于,此规定不仅需要满足“为保护自然人的生命健康和财产安全所必需”条件,还需要同时满足“紧急情况下”这一特定条件。为强调这一点,《个人信息保护法》第18条第2款规定:“紧急情况下为保护自然人的生命健康和财产安全无法及时向个人告知的,个人信息处理者应当在紧急情况消除后及时告知。”

我们知道,GDPR中有一个“为实现控制者或者第三方所追求的合法利益所必需”(processing is necessary for the purposes of the legitimate interests pursued by the controller or by a third party)的合法性基础。如下述例子所示:

案例1　TK诉罗马尼亚A梯业主协会案①

TK居住在其个人所有的公寓之中,该公寓位于罗马尼亚布加勒斯特市M5A楼。根据该楼一些业主的要求,该楼A梯业主协会在业主大会上通过了一项决议,同意在该楼安装视频监控设备。之后,为执行前述决议,三个监控探头被安装于该楼的公共区域,三个探头分别指向该楼的前部、第一层门厅以及电梯。

① See http://curia.europa.eu/juris/document/document.jsf? text = &docid = 221465&pageIndex = 0&doclang = en&mode = lst&dir = &occ = first&part = 1&cid = 2013814.

TK以其私人生活获得尊重的权利遭受侵犯为由,请求布加勒斯特法院命令业主协会拆除三个监控探头并停止这些探头的运作。法院决定中止本案诉讼,并请求欧洲法院对通过视频监控系统记录影像是否属于"为保护数据主体的生活、身体完整和健康或第三方的生活、身体完整和健康"例外情形先予裁决。

案例1中,2019年12月11日欧洲法院作出判决,就本案中数据收集行为是否符合《95/46/EC指令》中"为实现控制者或第三方或接收数据披露的一方所追求的合法利益所必需"的例外进行了阐释。

欧洲法院指出,如同罗马尼亚、捷克、爱尔兰、奥地利、葡萄牙政府以及欧盟委员会所指出的,该例外的第一个条件是:所追求的合法利益必须在数据处理之日是现存和有效的,而不能是假定的。但是,相关财产和个人的安全在审查本案的全部情况之前已陷入危险之中却并非必然要求。本案已满足上述"存在现存和有效利益"的条件,因为布加勒斯特法院认定,尽管此前在M5A楼的入口安装了对讲(磁卡)安全系统,但是,在案涉视频监控系统安装之前,盗窃和破坏公物的行为仍时有发生。

该例外的第二个条件是:涉案视频监控系统所追求的合法利益不能通过其他方式合理地、有效地实现。从在案材料可以看出,有关案涉数据处理的比例要求似乎已在本案中被考虑。因为原先采取的替代措施,包括安装于M5A楼入口的对讲(磁卡)安全系统已经被证明是不充分的。此外,案涉视频监控设备的监控区域仅限于大楼的公共区域以及通往该区域的道路。但是,鉴于视频监控设备进行数据处理的"比例",需根据安装和操作该设备的特定方法予以评估,故数据控制者必须就视频监控系统日常工作时间之外的运行是否即已足够等因素进行审查,并屏蔽或遮挡在无须监控区域所采集的图像。

该例外的第三个条件要求所追求的合法利益并不劣后于个人数据主体的基本权利和自由。该利益平衡是强制性的,数据主体的基本权利和自由以及控制者的合法利益必须仔细地予以评估和平衡。具体的评估和平衡方法包括以下方面:一是相关决定必须逐案作出,抽象的情形或比较是不够的。决定性的标准是对相关个人的权利和自由的干预强度,该强度可基于收集信息的类型(信息内容)、范围(信息密度、空间和地理范围)、相关数据主体的数量(特定数量或与相关人口数量的比例)、案件的情况、数据主体的实际利益、替代措施以及数据评估的性质和范围等予以界定。如对于在边远地区使用视频监控(如观察野生动物以保护诸如私人所有的无线电天线这样的重要设施),以及在行人区域或购物中心使用视频监控这两种情况应当进行不同的评估。二是对个人信息主体的合理预期予以评估。对合理预期这一概念的解释不能仅基于其主观预期,决定性的标准应该是一个客观的第三人在特定的情形下,是否可以合理地预期并断定其受到监控。例如,在工作场所工作的员工在大多数情况下不可能预期其被雇主监控。此外,在私家花园、居住区或者考试和治疗室这些地方,监控也是不可预期的。

对比之下,我国《个人信息保护法》增加了"紧急情况下"这一特定条件,就意味在上述案例中的这种"有计划的"安装视频监控设备情形就无法适用"为保护自然人的生命健康和财产安全所必需"这一合法性基础。

十二、如何理解"为公共利益实施新闻报道、舆论监督等所必需"?

我国《个人信息保护法》第13条将"为公共利益实施新闻报道、舆论监督等行为,在合理的范围内处理个人信息"作为处理个人信息的合法性基础之一。适用这个规定,需要同时符合下述三个条件:

(1)必须是新闻报道、舆论监督等行为。

(2)必须是为了公共利益。

(3)必须在合理的范围内处理个人信息。

客户比较容易提及的一个问题是:本规定是否仅限于新闻报道或舆论监督?

我们认为,本规定的表述并没有将适用场景仅仅限制在实施新闻报道或舆论监督领域,为了与其他基于公共利益的信息流通规则相协调,本规定中的"等"宜作扩展解释。因为将公共利益的必要性作为考量,对个人信息进行处理的情形种类繁多,譬如为了"人道主义救援""人口普查""反恐和反腐败""新闻和文学艺术创作自由""科学研究"等,以防挂一漏万。

客户更多提及的另一个问题是:什么属于公共利益?营利性组织的新闻报道是否属于公共利益?让我们看一则域外案例:

案例1　芬兰数据保护申诉专员诉萨塔昆市场交易公司、萨塔媒体公司案[①]

萨塔昆市场交易公司从芬兰税务机关收集公共数据，以便每年在《税务交换报》的地区版本中发布这些数据的摘要。该摘要涵盖的信息包括约120万收入超过特定门槛的自然人的姓名、劳动收入、非劳动收入、征收的财产税等，上述信息一般以字母顺序排列，并根据城市和收入档次予以汇总。《税务交换报》中刊载的个人数据被萨塔昆市场交易公司以只读光盘的形式传输给关联公司萨塔媒体公司。萨塔昆市场交易公司、萨塔媒体公司与一家移动电话公司签署了相关协议，根据该协议，该移动电话公司代表萨塔媒体公司提供相关短信服务，该服务允许用户通过移动电话接收《税务交换报》上刊载的信息，费用约为2欧元/次。

后因相关个人投诉，芬兰数据保护申诉专员对萨塔昆市场交易公司、萨塔媒体公司进行了调查，并于2004年3月10日请求芬兰数据保护委员会禁止萨塔昆市场交易公司和萨塔媒体公司从事案涉个人数据的处理活动。因芬兰数据保护委员会拒绝了芬兰数据保护申诉专员的请求，芬兰数据保护申诉专员遂向芬兰赫尔辛基行政法院提起诉讼。在芬兰赫尔辛基行政法院驳回了芬兰数据保护申诉专员的诉请之后，芬兰数据保护申诉专员向芬兰最高行政法院提起上诉。因本案涉及对《95/46/EC指令》的解释，芬兰最高行政法院遂决定中止本案诉讼，并请求欧洲法院就以下问题作出先予裁决。

芬兰最高行政法院请求欧洲法院就先予裁决的问题之一是：在包含相关个人数据文件的材料已经在媒体上刊载过，且以不可更改的形式予以存储的情况下，该个人数据文件是否仍在《95/46/EC指令》适用范围之内？

案例1中，欧洲法院认为，该问题实质上是询问萨塔昆市场交易公司、萨塔媒体公司的行为是否属于《95/46/EC指令》第9条规定的仅出于“新闻目的”而进行的个人数据处理活动。对此，欧洲法院指出，考虑到言论自由权的重要性，有必要对新闻业等概念进行宽泛解释：

(1)从《95/46/EC指令》的立法历史可以清楚地看出，该指令第9条所规定

① See https://curia. europa. eu/juris/liste. jsf? oqp = &for = &mat = or&jge = &td = % 3BALL&jur = C% 2CT% 2CF&page = 1&dates = &pcs = Oor&lg = &parties = satakunnan&pro = &nat = or&cit = none% 252CC% 252CCJ% 252CR% 252C2008E% 252C% 252C% 252C% 252C% 252C% 252C% 252C% 252C% 252C% 252Ctrue% 252Cfalse% 252Cfalse&language = en&avg = &cid = 6358249.

的豁免和减损不仅适用于媒体企业,而且也适用于新闻界中的每一个人。

(2)出于牟利目的而刊载公共领域内的数据这一事实,并不能将该刊载排除于仅为“新闻目的”而进行的活动之外。正如萨塔昆市场交易公司和萨塔媒体公司在其意见中所指出的,每个企业均从其活动中寻求获利,而一定程度的商业成功对于专业新闻活动是必要的。

(3)信息传递和传播方法的演变和增加需予以考虑。因为,正如瑞典政府指出的,用于传输被处理数据的介质无论是传统的(如纸张或无线电)还是电子的(如互联网)都不是确定某一活动是否仅为“新闻目的”而进行的决定性因素。

综上所述,欧洲法院认定,本案所涉的活动,在其目的是向公众披露信息、意见或观点的情况下,可以归入“新闻活动”,无论用于传输这些信息、意见或观点的介质为何。新闻活动并不限于媒体企业,可以为牟利目的而进行。

因此,根据最高人民法院民法典贯彻实施工作领导小组主编的《中华人民共和国民法典人格权编理解与适用》(2020年版)一书观点并参考上述域外判例,判断是否属于为公共利益而实施新闻报道、舆论监督等行为,应以对象是否面向公众,内容是否涉及国家权力机关为了制定国家经济、社会政策的需要,或是为了国家安全、公共安全、公共卫生,以及与刑事侦查、起诉、审判和判决执行相关等事务而需要处理个人信息为依据,而与处理者是否具有盈利动机无关。

十三、如何理解“在合理的范围内处理已合法公开的个人信息”?

我国《个人信息保护法》将“依照本法规定在合理的范围内处理个人自行公开或者其他已经合法公开的个人信息”作为处理个人信息的又一合法性基础。

其中,“个人自行公开”就是个人主动将自己的某些个人信息向社会公开,如患者主动向社会公开自己的生病经历,自然人主动公开自己的宗教信仰。个人自行公开自己的个人信息意味着其在一定程度上同意他人对这些信息进行处理。

“其他已经合法公开的个人信息”,是指除个人自行公开外,其他以合法形式公开的个人信息,例如,通过合法的新闻报道、政府信息公开、刑事侦查、司法判决等渠道产生的个人信息;又如,依据网络报道、企事业单位依法公示等方式获得的个人信息。

案例 1

被告人 J 自 2016 年起,利用一款名为“卓讯”的搜索软件在阿里巴巴网站内搜索得到大量信息并进行出售,信息中包括企业名称、地址、座机电话、法定代表人姓名、手机号码、经营范围、注册资金等。一审法院认为,J 出售的信息中含有公司名称、法定代表人姓名、手机号码、公司地址、经营范围、注册资金、所属行业、企业类型等能够单独识别特定自然人身份的信息,该类信息属于公民个人信息,故 J 构成侵犯公民个人信息罪。

案例 1 中,二审法院认为,企业根据法律法规规定或为经营所需而公开的企业信息,即使包含了个人姓名、联系方式,亦不属于刑法意义上的公民个人信息,原审认定该类信息属公民个人信息有误。二审法院法官指出,形式上符合刑法规范意义上公民个人信息的自然人身份信息,存在刑法保护的例外。本案中企业在经营过程中主动公开相关企业信息,包括自然人姓名及联系电话等信息,既是国家相关法规的要求,也是企业经营所必需,从这个意义上讲,企业信息包含的自然人姓名及联系方式,不能等同于刑法意义上的公民个人信息。从刑法法益保护角度分析,当个人姓名及联系方式等信息根据国家有关规定或者为经营需要以企业基本信息的方式在互联网公开时,是企业为了符合法律规定或者为经营需要选择将自然人信息从属于企业信息。如果限制该信息的流转、使用,反而与该信息公开的目的相违背,因此对于该部分自然人信息刑法并无介入保护的必要。①

其实,二审法院关于企业信息包含的自然人姓名、联系方式不属于公民个人信息的认定是比较牵强的。如二审法院以该等个人信息属于企事业单位依法公示信息且已经合法公开为由进行说理,更具说服力。

实践中,客户往往会难以辨别个人信息的公开是合法的还是非法的,此时应当怎么办呢?良好的实践建议是:

(1)对已经公开的个人信息保持“疑罪从有”的审慎合理态度。例如,对于敏感个人信息(如染病史)而言,通常情况下个人不会主动公开,即使该信息出现

---

① 参见吴心斌、温锦资:《公民个人信息刑法保护的例外》,载《人民法院报》2018 年 6 月 21 日,第 7 版。

在公开的环境中,如没有可靠的证据表明该信息是合法公开时,基于合理怀疑,处理者也不应直接处理或与其他信息进行关联处理。

(2)基于"举证责任倒置"的归责原则考虑,不应收集和处理可能对他人带来重大风险的信息,例如信用卡号、验证码(CVN和CVN2)、卡片有效期等可能使他人遭受财产损失的个人信息。

(3)即便是以公共利益为依据进行的个人信息处理活动,也必须满足合法、正当、必要、诚信等基本原则,如不对实现目的必要范围之外的个人信息进行收集和处理。

第七章　个人信息外部交互篇

一、如何进行个人信息的“间接收集”？

在数据资源已经成为企业重要的竞争优势及商业资源的情况下，除直接收集个人信息外，第三方数据源共享和提供也成为获取个人信息的重要渠道。在现实语境下企业如何做到规范地“间接收集”个人信息，成为个人信息合规的重中之重。

我国《个人信息保护法》没有对个人信息的收集按“直接收集”或“间接收集”作出区分规定，因此“间接收集”理论上应当准用“直接收集”同一规则，包括间接收集行为也需要取得个人信息主体的同意。

司法实践中的判例也支持上述观点，北京知识产权法院在北京淘友天下技术有限公司（以下简称淘友公司）等与北京微梦创科网络技术有限公司（以下简称微梦公司）不正当竞争纠纷一案中首次提出了“三重授权原则”，其核心就是间接收集个人信息的主体，需要获得个人用户的再次授权。随后天津滨海新区法院在深圳市腾讯计算机系统有限公司等与北京微播视界科技有限公司、北京拍拍看看科技有限公司不正当竞争纠纷案中也重申了上述“三重授权原则”。

案例1

微梦公司是新浪微博的运营商，淘友公司等是脉脉软件的运营商。双方签订《开发者协议》，并通过微博平台 OpenAPI 方式开展用户数据（指用户通过微博平台提交的或因用户访问微博平台而生成的信息）共享合作。其后，新浪微博认为脉脉软件实施了非法抓取、使用新浪微博的用户信息，非法获取并使用脉脉用户手机通讯录联系人与新浪微博用户的对应关系等不正当竞争行为，故最终引发诉讼。

本案两审法院在判决中提出了“三重授权原则”等重要观点，特归纳如下：

(1)法院认为,互联网中对用户个人信息的采集和利用必须以取得用户的同意为前提,这是互联网企业在利用用户信息时应当遵守的一般商业道德。在大数据和云计算的时代,包括个人信息在内的数据,只有充分地流动、共享、交易,才能实现集聚和规模效应,最大限度地发挥价值。但数据在流动、易手的同时,可能导致个人信息主体及收集、使用个人信息的组织和机构丧失对个人信息的控制能力,造成个人信息扩散范围和用途的不可控。因此,在涉及个人信息流动、易手等再利用的情况下应给予用户、数据提供方保护及控制的权利。同时,尊重个体对个人信息权利的处分和对新技术的选择,是在个人信息保护和大数据利用的博弈中找到平衡点的重要因素。故OpenAPI开发合作模式中数据提供方向第三方开放数据的前提是数据提供方取得用户同意,同时,第三方平台在使用用户信息时还应当明确告知用户其使用的目的、方式和范围,再次取得用户的同意。因此,在OpenAPI开发合作模式中,第三方通过OpenAPI获取用户信息时应坚持"用户授权+平台授权+用户授权"的"三重授权原则"。

(2)淘友公司主张其获取并使用非脉脉用户的新浪微博信息,就非脉脉用户相关信息的权利主张应当由用户提出,微梦公司不能就此主张权益。对此,法院认为,获取并使用非脉脉用户的新浪微博信息,无正当理由地截取了被上诉人微梦公司的竞争优势,一定程度上侵害了被上诉人微梦公司的商业资源,被上诉人微梦公司基于其OpenAPI合作开发提供数据方的市场主体地位,可以就开发方未按照《开发者协议》约定内容、未取得用户同意、无正当理由使用其平台相关数据资源的行为主张自己的合法权益。

间接收集的一种情形是收集者通过一位自然人间接收集其他自然人的个人信息,此时需要注意什么呢?兹举两个小例子以作提示。

案例2

A女士向其水疗中心的销售顾问提供了她的朋友B女士的个人资料,作为该水疗中心正在实施的会员推荐计划的一部分。在记录B的个人资料之前,销售顾问向A提出了几个问题,以确定B是否已被告知她的个人信息将被对外披露、用于何种目的以及B是否确实表示了同意。在获得A对这些问题的口头确认后,销售顾问开始收集B的个人资料。

案例3

某公司的职位申请表上，有一栏要求应征者填报配偶及子女的职业。收集这些资料的目的是要确定应征者的亲属是否为公司的竞争对手工作。这是否可以接受呢？

案例2中，这种情况下，该水疗中心间接收集个人信息的行为应被认为已经行使了适当的尽职调查。同时，作为最佳实践，在水疗中心第一次与B联系时，其应告知B她的个人信息是由A披露的，以核实B本人是否同意这样做。

案例3中，为达到确定应征者的亲属是否为公司竞争对手工作的目的，公司只需询问应征者是否有亲属在同一行业或类似行业工作，并解释查询有关资料的原因便可。如应征者填写“是”的话，才进一步询问以确定有关情况是否值得关注；如填写“否”的话，则无须知道亲属的职业。

间接收集的另一种情形是收集者通过另一位个人信息处理者间接收集其他自然人的个人信息。此时另一位个人信息处理者的处理行为是否合法，相对于第一种情形较难判断，故更为棘手。

《信息安全技术　个人信息安全规范》(GB/T 35273—2020)给出了一种“间接获取个人信息”的最佳实践，即收集者应当做到下述三点：

(1)要求个人信息提供方说明个人信息来源，并对其个人信息来源的合法性进行确认。

(2)了解个人信息提供方已获得的个人信息处理的授权同意范围，包括使用目的，个人信息主体是否授权同意转让、共享、公开披露、删除等。

(3)开展业务所需进行的个人信息处理活动超出已获得的授权同意范围的，应在获取个人信息后的合理期限内或处理个人信息前，征得个人信息主体的明示同意，或通过个人信息提供方征得个人信息主体的明示同意。

间接收集者需要明白，按照国家标准的要求，间接收集者需要进行合理必要的尽职调查，仅仅签一份协议或取得一份承诺书，并不能免除间接收集方的法律责任。因此，这类客户关心的问题是，必要的尽职调查需要做到什么深度才算达到合规标准？

案例 4

某保险公司从事保险业务,E 公司拟向保险公司投保一项员工保险,并为此而将员工的个人资料交与保险公司。因此,保险公司间接地通过 E 公司收集了该公司员工的个人资料,保险公司负有合法收集个人信息的法定义务。在保险公司和 E 公司签订的合同中,E 公司保证在将员工个人资料转交保险公司前,已经将代为投保和提供个人信息的事宜告知了员工并取得员工同意。

案例 4 中,间接收集个人信息的处理者(保险公司)利用用人单位向员工直接收集资料的便利,通过 E 公司向个人间接收集投保相关个人信息。此时,保险公司基于本项目中收集个人信息的目的、类型、E 公司的特殊地位,有合理理由相信员工是在“充分知情”、“自愿”和“明确同意”的情况下提供的个人信息,故保险公司无须再专门联络各个员工重复获得授权。

间接收集者应当明白,所谓合理必要的尽职调查就是一个“度”的判断问题,没有也不可能有一个固定的标准,需要结合特定场景作出判断。

那么,当间接收集过程中存在不够审慎、尽职调查不够合理的问题时,间接收集者需要承担什么样的不利法律后果呢?我们认为,尽管《个人信息保护法》没有对“间接收集”作出专门规定,但可以适用《民法典》的相关规定,根据间接收集者在指示、选任等方面的过错大小确定责任大小,具体而言包括:

(1)若间接收集者与数据来源方构成承揽关系或委托关系的,可根据《民法典》第 1193 条的规定,数据来源方在完成工作过程中造成个人信息主体损害的,间接收集者不承担侵权责任。但是,间接收集者对定作、指示或者选任有过错的,应当承担相应的责任。

(2)若间接收集者与数据来源方不构成承揽关系或委托关系,但各自的行为对个人信息主体造成同一损害的,可根据《民法典》第 1172 条的规定,能够确定责任大小的,各自承担相应的责任;难以确定责任大小的,平均承担责任。

(3)若间接收集者与数据来源方存在共同故意的(如数据来源方将非法收集的个人信息提供给间接收集者,而间接收集者对此也是明知的),则构成共同侵权行为,可根据《民法典》第 1168 条的规定,由双方对由此给个人信息主体造成的损害承担连带责任。

因此,虽然由数据来源方向个人取得同意是比较经济有效的做法,但也存在一定的风险，未必适合某些机构或某些类型的个人信息处理。间接收集人有义务认真考虑自己收集的个人信息的类型、数量、周期、处理目的、风险可能性、风险大小以及数据来源方的情况。假如有关处理的确可能对个人造成比较大的风险，间接收集人认为依赖数据来源方的作为风险过高，自己再重复获得一次用户授权，也不失为一个能够降低自身风险的做法。

二、如何进行个人信息的"委托处理"？

我国《个人信息保护法》第 21 条对委托处理作了专条规定："个人信息处理者委托处理个人信息的，应当与受托人约定委托处理的目的、期限、处理方式、个人信息的种类、保护措施以及双方的权利和义务等，并对受托人的个人信息处理活动进行监督。受托人应当按照约定处理个人信息，不得超出约定的处理目的、处理方式等处理个人信息；委托合同不生效、无效、被撤销或者终止的，受托人应当将个人信息返还个人信息处理者或者予以删除，不得保留。未经个人信息处理者同意，受托人不得转委托他人处理个人信息。"

需要注意的第一个问题是，要准确区分"个人信息处理者"和"受托处理者"这一组概念。根据《个人信息保护法》第 73 条的规定，只有"在个人信息处理活动中自主决定处理目的、处理方式的组织、个人"才是"个人信息处理者"，故受托处理个人信息的组织或个人不属于我国《个人信息保护法》中规定的"个人信息处理者"。在本书中，我们把前者称为"个人信息处理者"（有时也简称为"处理者"），把后者称为"受托处理者"，其概念类似于我国香港特别行政区的"资料处理者"和 GDPR 的"Processor"。

由此引申的第二个问题是，要准确区分"委托处理"和"对外提供"这一组概念。《个人信息保护法》第 23 条规定的"提供"是指一位个人信息处理者向另一位个人信息处理者提供。虽然在《个人信息保护法》第 21 条规定的"委托处理"的情况下，委托人也会向受托人"提供"个人信息，受托人也会向委托人"提供"（如返还）个人信息，但由于受托处理者并非个人信息处理者，故此委托处理下的"提供"与对外提供下的"提供"也并非同一含义。

实践中，客户准确识别一个处理行为是否属于"委托处理"有时并非易事。试举几例探讨：

案例1

A是一名自由职业摄影师,受雇于F公司,担任其某场私人活动的摄像师。A和F公司签署了一份合同,其中明确规定A将代表F公司并为F公司在活动中进行拍照。私人摄影活动结束后,A挑选了一些照片,并将其发布在他自己的网页和微博上,以推广他的工作。该场景下F公司和摄影师A分别属于受托处理者还是个人信息处理者?

案例2

B公司希望知悉其个人客户的财务资信情况,为此将该客户的姓名及身份证号码提供给C机构,C机构借助其自身掌握的大数据库信息,给B公司一个结果:该客户财务状况好坏(如是否有逾期记录)。这种场景下C机构给B公司的信息中添加了一条财务信息,B公司和C机构之间是否属于委托处理?

案例3

如果案例2的情况稍作变化,B公司仅提供其个人客户的姓名、身份证号码、手机号码给C机构,C机构则告知B公司该客户提供的姓名、身份证号码与该手机号绑定的姓名、身份证号码是否匹配。此时B公司和C机构之间是否属于委托处理?

案例4

某基金公司发行新基金产品,与一家银行签订代销合同,由银行借助其销售渠道代基金公司销售一款基金产品。通过该种方式认购该基金的自然人,通常是在该银行开有账户的银行用户。此种情况下,银行并不会将其掌握的自然人的所有个人信息提供给基金公司,仅会提供与购买基金产品相关的信息,如姓名、身份证号码、联系方式、风险评测等信息。此时基金公司和银行之间是否属于委托处理?到底是基金公司委托银行处理个人信息,还是银行将其掌握的个人信息对外提供给基金公司?

案例5

D企业聘请E公司管理其员工的工资支付,D企业对支付对象、金额、日期、银行、信息存储时间、应向税务机关披露的信息等均作出明确指示。E公司可以决定处理过程中的一些具体问题，如使用哪一款软件，如何在自己的公司内部分配访问权限等。此时 D 企业和 E 公司之间是否属于委托处理？

案例 6

作为案例 5 中 D 企业指示的一部分，E 公司将工资支付信息传输给银行，以便银行能够向 D 企业的员工进行转账支付。在这项支付活动中，银行会独立于 D 企业和 E 公司决定必须处理哪些信息、信息必须存储多长时间等。此时 D 企业、E 公司和银行之间是否属于委托处理？

案例 1 中，在受雇拍摄的情况下，A 将被视为代表 F 公司并为其目的处理个人数据，因此 A 不需要为其拍摄行为获得个人的同意。但后来 A 公开这些照片的行为不再被视为个人信息的受托处理，A 应遵守法律关于个人信息处理者的各项义务，包括取得自然人对公开其照片的单独同意。

案例 2 中，问题的核心在于，"委托处理"是否还可以添加新的个人信息，即"提供姓名 + 身份证号码" + "财务好坏"？因为 B 公司一开始没有掌握"财务好坏"这条个人信息，若通过这个名为"委托处理"的行为，获取新的个人信息，就规避了"告知—同意"的义务。因此，我们认为，B 公司向 C 机构"提供"姓名和身份证号码的行为虽然属于"委托处理"，但 C 机构向 B 公司告知财务好坏的行为已经不再属于"委托处理"，而构成 C 机构向 B 公司"对外提供"个人信息的行为，故需要取得个人的单独同意。

案例 3 中，C 机构仅接受 B 公司的委托进行身份校验，确认三要素（姓名、身份证号码、手机号码）与实名制认证的信息是否一致，B 公司并未获取额外的个人信息。但是，此时仍存在一个与"委托处理"不同之处，即 C 机构并没有运用自身的技术而是利用掌握的数据源，协助 B 公司完成一个类似"撞库"的比对动作，其目的是帮助 B 公司将个人信息与已识别或者可识别的自然人关联起来。因此，我们认为，B 公司向 C 机构"提供"姓名、身份证号码、手机号码的行为虽然属于"委托处理"，但 C 机构向 B 公司告知三要素比对也构成一次 C 机构向 B 公司"对外提供"个人信息的行为，也需要取得个人的单独同意。

案例 4 中，我们认为，个人信息的处理目的是销售基金，该目的是由基金公司决定的，因此仍应是基金公司委托银行处理投资者的个人信息，只不过此时的处理不是加工或核验，而是收集和传输。同时，由于银行在基金公司委托之外，基于其自身的业务收集和保存了很多个人信息,所以银行除了在销售基金环节属于“受托处理者”外,在其他环节则属于“个人信息处理者”。也正是基于银行的双重身份,其在收集和传输投资者的相关个人信息给基金公司后,可以不需要像一般的“受托处理者”那样删除相关的个人信息。

案例 5 中,信息处理是基于 D 企业向员工发放工资的目的,E 公司不得将个人信息用于自己的其他目的,E 公司进行信息处理的方式在本质上是明确的,E 公司可以决定处理过程中的某些细节问题,不应改变其作为“受托处理者”的角色。

案例 6 中,银行独立于 D 企业和 E 公司。银行除了基于向 D 企业的员工发放工资的目的外,还会为了履行自己的法定义务(如反洗钱义务)而收集、保存、传输个人信息,这时银行自行决定处理的目的和方式,并不以与 D 企业或 E 公司达成合意、取得同意甚至知晓为基础。我们倾向认为,在后续处理环节银行由一开始的“受托处理者”转化为了“个人信息处理者”。

在准确界定委托处理的法律性质后,对于委托方而言,就是要考虑如何避免因为受托处理者的不当行为而“无辜”承担责任的问题。正如最高人民法院在《中华人民共和国个人信息保护法条文理解与适用》所指出的:“由于委托人和受托人之间仅仅是委托合同关系,受托人并非委托人的雇员或工作人员,并不受委托人的控制,所以,由此产生的侵权责任属于定作人责任。《民法典》第 1193 条规定‘承揽人在完成工作过程中造成第三人损害或者自己损害的,定作人不承担侵权责任。但是,定作人对定作、指示或者选任有过错的,应当承担相应的责任’。具体到委托处理个人信息中,所谓定作人就是委托人,承揽人就是受托人。只有当定作人就个人信息处理存在定作、指示、选任的过错的,才需要承担相应的责任。”

而判断个人信息处理者是否“对定作、指示或者选任有过错”,应按照《个人信息保护法》第 21 条的规定。

(1)是否明确、合理地约定了委托处理个人信息的目的和方式。例如:不能含混地表述为“为了向客户提供更好的服务”,而要明确地表述为“为了向客户提供身份验证/语音识别/广告推送功能”。处理方式不能笼统表述为处理,而要明确是委托收集、存储、使用、加工、传输等行为中的哪种行为。

(2)是否明确、合理地约定了委托处理的期限。例如:若个人信息主体撤回同意,受托处理者的授权期限同时终止。委托处理合同不生效、无效、被撤销或者终止的,受托处理者应当将个人信息返还个人信息处理者或者予以删除,不得保留。

除非法律、行政法规规定的保存期限未届满,或者返还、删除个人信息从技术上难以实现的,受托处理者应当停止除存储和采取必要的安全保护措施之外的处理等。

(3)是否明确、合理地约定了受托处理者应采取的保护措施,例如是否建立《个人信息保护法》规定的内控制度、分类管理、加密措施、人员管理、应急预案等制度,以及处理个人信息的信息系统的安全等级等。

(4)是否明确、合理地约定了受托处理者的权利和义务,并由个人信息处理者对受托处理者的履约情况和个人信息处理活动进行合理、必要的监督。

三、如何进行个人信息的"共同处理"?

我国《个人信息保护法》第20条对"共同处理"作了专条规定:"两个以上的个人信息处理者共同决定个人信息的处理目的和处理方式的,应当约定各自的权利和义务。但是,该约定不影响个人向其中任何一个个人信息处理者要求行使本法规定的权利。个人信息处理者共同处理个人信息,侵害个人信息权益造成损害的,应当依法承担连带责任。"

上述《个人信息保护法》的规定与GDPR第4条第7款"共同控制者"的定义类似,都是以是否"共同决定个人信息的处理目的和处理方式"作为标准。让我们先看下EDPB出具的Guidelines 07/2020 on the concepts of controller and processor in the GDPR中的部分示例:

案例1

一家旅行社将其客户的个人资料发送给航空公司和一家连锁酒店,以便预订旅行套餐。航空公司和连锁酒店确认所要求的座位和房间的可用性,旅行社为其客户签发旅行文件和凭证。每个行为者都开展自己的活动和使用自己的手段处理数据。在这种情况下,旅行社、航空公司和连锁酒店是三个不同的数据控制者,基于各自不同的目的处理数据,不存在共同控制的问题。

案例2

旅行社、连锁酒店和航空公司决定共同建立一个基于互联网的平台,以达到提供"一揽子"旅游交易的共同目的。他们就使用的基本手段达成协议,如哪些数据将被存储,如何分配和确认预订,以及谁可以访问存储的信息。此外,他们决定分享其客户的数据，以开展联合营销行动。在这种情况下，旅行社、航空公司和连锁酒店共同决定如何处理各自客户的个人数据，因此在与共同的互联网预订平台和联合营销行动有关的处理操作方面，它们将成为共同控制人。然而，对于基于互联网的共同平台之外的其他处理活动，他们各自仍保留唯一的控制权。

案例3

一个医疗机构（调查者）和一所大学（赞助者）决定共同发起一项临床试验。他们共同合作制定研究方案（包含研究的目的、方法/设计、要收集的数据、受试者排除/纳入标准、数据库的再利用等）。他们可被视为本临床试验的共同控制人，因为他们共同确定并同意相同的目的和处理的基本手段。基于研究目的从病人的医疗记录中收集的个人数据，应与基于病人护理目的而储存和使用的数据区分开来。对于后者，医疗机构仍是唯一控制者。

案例4

案例3中，如果医疗机构不参与研究方案的制定，而只是接受大学已经拟定的研究方案，那么这家医疗机构就应被视为该临床试验的处理者，而这所大学则是唯一的控制者。

案例5

X公司通过其增值服务“全球匹配”帮助Y公司招聘新员工。X公司在Y公司直接收到的简历和它自己的数据库中已经有的简历中寻找合适的候选人，这种数据库是由X公司自己创建和管理的。尽管X公司和Y公司没有正式地共同作出决定，但他们共同参与了处理，目的是根据趋同的决定寻找合适的候选人。为X公司创建和管理“全球匹配”服务的决定和Y公司用它直接收到的简历丰富数据库的决定是相辅相成的，是不可分割的，也是进行寻找合适候选人的必要条件。因此，在这种特殊情况下，他们应被视为这种处理的共同控制者。但是，X公司是管理其数据库所需处理的唯一控制者，Y公司是基于其自身目的（组织面试、签订合同和管理人力资源数据）的后续招聘处理的唯一控制者。

案例6

一家公司收集和处理其雇员的个人资料，目的是管理工资、医疗保险等。而一项法律规定，公司有义务将所有关于工资的数据发送给税务机关，以加强财政控制。在这种情况下，即使公司和税务机关都处理相同的工资数据，但由于缺乏共同确定的数据处理目的和手段，这两个实体被定性为两个独立的数据控制者。

另外，下述案例中，欧洲法院再次明确了"共同控制者"的解释原则。在其2014年判决的谷歌西班牙公司、谷歌公司诉西班牙数据管理局、马里奥·科里哈·冈萨雷斯案中，欧洲法院认为，欧盟法律规定的数据控制者的概念应予宽泛界定，以确保对数据主体进行有效和完整的保护。本案中，欧洲法院再次强调了这一解释原则，因为确认粉丝主页管理人应就Facebook个人数据收集活动之中的相关数据处理承担责任，将有助于确保给予访问此类页面的个人更大的保护。通过将粉丝主页管理人认定为数据控制者，从而积极主动地将粉丝主页管理人纳入个人数据保护规则的规制之下，这有可能产生鼓励社交网络自身遵守个人数据保护规则的连锁效应。

案例7　德国州独立数据保护中心诉州经济学院、第三人Facebook案①

德国石勒苏益格－荷尔斯泰因州经济学院（以下简称经济学院）通过Facebook上的粉丝主页提供教育方面的服务。粉丝主页管理人可通过一款Facebook免费提供的名为Facebook Insights的工具获取粉丝主页访问者的匿名统计信息。该信息通过Cookies收集，每一浏览记录均含有一个独特的用户码，该用户码可与Facebook注册用户的连接数据匹配，并由Facebook存储于粉丝主页访问者使用的计算机硬件或其他设备之中。Facebook通过浏览记录收集其个人数据，并在此后对该等数据进行处理。

2011年11月3日，德国石勒苏益格－荷尔斯泰因州独立数据保护中心（以下简称数据保护中心）作出决定，要求经济学院停用其在Facebook上创建的网址为www. facebook. com/wirtschaftsakademie的粉丝主页，理由是经济学院与Facebook均未告知该粉丝主页的访问者，Facebook通过浏览记录收集其个人数据并在此后对该等数据进行处理。之后，经济学院因不服向德国行政法院提起诉讼，主要理由是Facebook对相关个人数据的处理不能归咎于经济学院，因为经

① See http://curia. europa. eu/juris/document/document. jsf? text = &docid = 202543&pageIndex = 0&doclang = en&mode = lst&dir = &occ = first&part = 1&cid = 2013814.

济学院并未委托 Facebook 处理该学院控制的或能够施加影响的数据。鉴于此，数据保护中心应针对 Facebook 而不是经济学院采取行动。

德国联邦行政法院请求欧洲法院对经济学院是否属于"共同控制者"等相关问题作出先予裁决。

案例7中，欧洲法院基于本案的具体情况，对前述数据控制者的定义进行了诠释并认定，认为社交网络上的粉丝主页的管理人与社交网络平台，属于欧盟法律规定的共同数据控制者。

(1)粉丝主页管理人在 Facebook 创建粉丝主页时，需与 Facebook 爱尔兰公司就创建该主页订立特定的合同，并同意使用该主页的相关条件，包括浏览记录政策等。因粉丝主页管理人同意 Facebook 预先设定的数据处理的方式和目的，故粉丝主页管理人应视为参与了这些方式和目的的决定。

(2)在 Facebook 上创建粉丝主页涉及管理人对相关参数的界定，该界定所依据的因素包括目标受众以及对管理人的相关活动予以管理和提升的目标等。这些因素对于 Facebook 基于粉丝主页的访问情况制作相关统计数据而进行的个人数据处理能够产生影响。管理人可以在 Facebook 提供的过滤器的帮助下，界定统计数据的制作标准，甚至指定其个人数据将被 Facebook 使用的相关人员的类别。

(3)粉丝主页管理人在个人数据将如何被 Facebook 处理方面起到了主要作用。该管理人通过对数据处理的方式和目的施加实际影响，从而参与了数据处理方式和目的的决定。

(4)在 Facebook 以及经济学院作为共同数据控制者而需对该主页访问者的个人数据处理承担共同责任的情况下，两者之间各自的责任应根据案件的相关情况予以评估，连带责任并非必然出现在所有案件之中。

构成共同处理后的具体责任形态，依据《个人信息保护法》的规定，是"依法承担连带责任"。我国学者通过对"依法承担连带责任"和"应当承担连带责任"的立法变更及其区别做了深入分析后，认为法院在认定共同处理者的连带责任时，必须依据《民法典》第1168条至第1172条的规定区分不同情况(如共同危险行为、无意思联络的数人侵权、多人共同处理部分侵权)分配不同的责任比例。[①]

---

① 参见程啸:《论个人信息共同处理者的民事责任》，载《法学家》2021年第6期。

但无论如何，对处理者而言，在产品上线阶段就审慎考量相关法律问题，避免被误认为“共同处理”才是风险防范的上策，譬如在 App 运营者选择接入第三方 SDK 时，就应当注意避免与 SDK 提供者成为共同处理人。

以银联云闪付 App 隐私政策为例，其在第三方 SDK 服务商的相关信息中披露，“我们的产品包含第三方 SDK，如您在我们的平台上使用相关服务，您知悉由其直接收集和处理您的个人信息，我们会约束该类第三方严格按照合法、正当、必要的原则进行处理，您可以通过点击此处查阅我们的产品包含的第三方 SDK 服务”，并列明每一款第三方 SDK 的名称、所属公司、收集信息、使用目的及场景（如图 7.1 所示）。由此可见 App 运营者在这方面的尝试和努力。

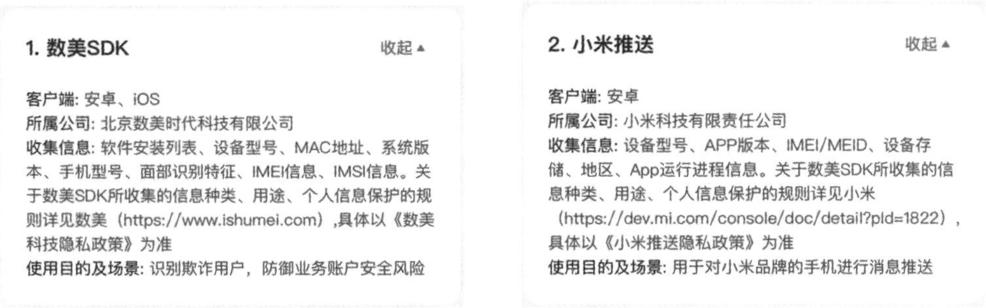

1. 数美SDK　　收起▲

客户端：安卓、iOS
所属公司：北京数美时代科技有限公司
收集信息：软件安装列表、设备型号、MAC地址、系统版本、手机型号、面部识别特征、IMEI信息、IMSI信息。关于数美SDK所收集的信息种类、用途、个人信息保护的规则详见数美（https://www.ishumei.com），具体以《数美科技隐私政策》为准
使用目的及场景：识别欺诈用户，防御业务账户安全风险

2. 小米推送　　收起▲

客户端：安卓
所属公司：小米科技有限责任公司
收集信息：设备型号、APP版本、IMEI/MEID、设备存储、地区、App运行进程信息。关于数美SDK所收集的信息种类、用途、个人信息保护的规则详见小米（https://dev.mi.com/console/doc/detail?pId=1822），具体以《小米推送隐私政策》为准
使用目的及场景：用于对小米品牌的手机进行消息推送

图 7.1　银联云闪付隐私政策的 SDK（节选）

四、如何进行个人信息的“对外提供”？

我国《个人信息保护法》第 23 条对“对外提供”作了专条规定：“个人信息处理者向其他个人信息处理者提供其处理的个人信息的，应当向个人告知接收方的名称或者姓名、联系方式、处理目的、处理方式和个人信息的种类，并取得个人的单独同意。接收方应当在上述处理目的、处理方式和个人信息的种类等范围内处理个人信息。接收方变更原先的处理目的、处理方式的，应当依照本法规定重新取得个人同意。”

如前述委托处理章节所做分析，《个人信息保护法》第 23 条规定的“提供”是指一位个人信息处理者向另一位个人信息处理者提供。与《个人信息保护法》第 21 条规定的“委托处理”的情况下，委托人向受托人“提供”个人信息，受托人向委托人“提供”个人信息不同，要准确区分“委托处理”和“对外提供”这一组概念，此处不再赘述。

另一个经常与“对外提供”混在一起使用的概念是“共享”。如工业和信息化部在2021年11月1日颁布的《关于开展信息通信服务感知提升行动的通知》中，要求各相关企业应建立已收集个人信息清单和第三方共享个人信息清单(“双清单”)，并在App二级菜单中展示。以首批设立“双清单”的企业之一的腾讯公司提供的微信产品为例，从其2022年4月28日更新的《微信隐私保护指引》第4条规定，可以看出微信是将个人信息的“共享”在“对外提供”的意义上使用的。

案例1 《微信隐私保护指引》第4条

4.1 为了投放广告，评估、优化广告投放效果等目的，我们需要向广告主及其代理商等第三方合作伙伴共享你的部分数据，要求其严格遵守我们关于数据隐私保护的措施与要求，包括但不限于根据数据保护协议、承诺书及相关数据处理政策进行处理，避免识别出个人身份，保障隐私安全。具体可见第三方信息共享清单。

4.2 我们不会向合作伙伴分享可用于识别你个人身份的信息，除非你明确授权。

4.3 当你在第三方主体运营的网站或者应用中使用微信登录功能时，我们将向该等第三方主体提供你的个人信息，具体的对外提供范围以交互页面中你确认的为准。除此之外，在未征得你的明示同意前，我们不会向该等第三方主体提供你的个人信息。你可以通过“我—设置—个人信息与权限—授权管理”查看你已授权的应用清单，并管理、解除你授权的信息。

4.4 为确保部分独立功能的实现，使你能够使用和享受更多的服务及功能，我们会在应用中嵌入第三方的SDK，我们将审慎评估该等SDK的使用目的。了解更多有关SDK处理个人信息的目的、方式及范围等信息，请查看第三方信息共享清单。

随着我们业务的持续发展，我们有可能进行合并、分立等交易，若涉及个人信息转移的，我们将告知你相关情形，按照法律法规及不低于本指引所要求的标准继续保护或要求新的处理者继续保护你的个人信息。

对外提供环节是个人信息保护中的风险高发领域，大量行政处罚案件、刑事案件都发生在这个环节，为此我国《刑法修正案(九)》还单列了一个“非法向他人出售或者提供公民个人信息”的罪名，由此可见一斑。

大家要特别当心，确保“公开透明原则”在这个环节的真正落地。大家需要理解,无论是告知的内容还是告知的形式,都应当采取“用户中心”的视角,即考虑用户会不会看不懂或不理解以及用户能不能顺利地行使自己的权利。让我们一起看一则欧盟的著名案例:

案例 2 WhatsApp 被罚 2.25 亿欧元案①

2021 年 9 月 2 日,爱尔兰数据保护当局颁布 WhatsApp 一案最终决定:对 WhatsApp 违反 GDPR 第 5、12、13、14 条的多项行为,合计罚款 2.25 亿欧元。本案历时近三年,核心争点涉及理论和实务上的一系列疑难问题,包括个人数据的认定、告知的具体范围、罚款金额裁量因素等。

爱尔兰数据保护当局针对“WhatsApp 和 Facebook 之间分享数据是否符合透明性要求”认定 WhatsApp 违反了告知规定,体现在至少四个方面:

(1) WhatsApp 的隐私政策未能详尽地告知数据事宜。尽管 Facebook 网站上确有一比较完整地告知共享的页面(FAQ),但在 WhatsApp 的隐私政策里,只在“我们如何与其他 Facebook 公司合作”一节链接了一次 FAQ,而没有在用户更有可能去寻找数据共享内容的“你和我们共享的信息”一节链接到 FAQ。因此,仅仅按照各节目录浏览政策的用户,将错过“关于数据共享”的最完整的信息。

(2) 有关何为“Facebook 公司”,列举“Facebook 公司”“Facebook 产品”“Facebook 商业工具”的若干页面彼此不一致,导致难以确定这一范围内究竟包含哪些实体。例如,难以确定 Oculus 是否属于 Facebook 公司。

(3) 告知并未明确 WhatsApp 与 Facebook 间究竟是“控制者—处理者”关系还是“控制者—控制者”关系。假使二者关系确属后者,仅告知为了安全而共享,而不告知为了安全所需的具体处理行为,不能满足对信息质量的要求。

(4) WhatsApp 实质上未基于安全原因与 Facebook 进行数据分享,所以陈述内容存在误导,其他关于分享的陈述过于概括,并不具有实质意义。

此外,大家也要注意我国现行有效的限制对外提供数据的行业监管法规,如表 7.1 所示。

① 参见朱悦、朱玲凤:《WhatsApp 被爱尔兰数据保护当局因违反 GDPR 罚款 2.25 亿欧元》,载网安网 2021 年 10 月 6 日,https://www.wangan.com/p/7fygfybc4dede2b7。

表7.1 限制对外提供数据的行业监管法规

数据类型	主管部门	法规名称	相关条文
国家秘密	国家保密局	《保守国家秘密法》(2010年修订)	第二十六条　禁止非法复制、记录、存储国家秘密。 禁止在互联网及其他公共信息网络或者未采取保密措施的有线和无线通信中传递国家秘密。 禁止在私人交往和通信中涉及国家秘密。
核心密码、普通密码、商用密码	国家密码管理局	《密码法》	第十五条　从事核心密码、普通密码科研、生产、服务、检测、装备、使用和销毁等工作的机构(以下统称密码工作机构)应当按照法律、行政法规、国家有关规定以及核心密码、普通密码标准的要求,建立健全安全管理制度,采取严格的保密措施和保密责任制,确保核心密码、普通密码的安全。 第三十一条　…… 密码管理部门和有关部门及其工作人员不得要求商用密码从业单位和商用密码检测、认证机构向其披露源代码等密码相关专有信息,并对其在履行职责中知悉的商业秘密和个人隐私严格保密,不得泄露或者非法向他人提供。
国家档案	国家档案局	《档案法实施办法》(2017年修订)	第十七条　属于国家所有的档案,任何组织和个人都不得出卖。 国有企业事业单位因资产转让需要转让有关档案的,按照国家有关规定办理。 各级各类档案馆以及机关、团体、企业事业单位和其他组织为了收集、交换中国散失在国外的档案、进行国际文化交流,以及适应经济建设、科学研究和科技成果推广等的需要,经国家档案局或者省、自治区、直辖市人民政府档案行政管理部门依据职权审查批准,可以向国内外的单位或者个人赠送、交换、出卖档案的复制件。
履行反洗钱职责获得的客户身份资料和交易信息	中国人民银行	《反洗钱法》	第五条　对依法履行反洗钱职责或者义务获得的客户身份资料和交易信息,应当予以保密;非依法律规定,不得向任何单位和个人提供。 反洗钱行政主管部门和其他依法负有反洗钱监督管理职责的部门、机构履行反洗钱职责获得的客户身份资料和交易信息,只能用于反洗钱行政调查。 司法机关依照本法获得的客户身份资料和交易信息,只能用于反洗钱刑事诉讼。

续表

数据类型	主管部门	法规名称	相关条文
个人信息、征信信息	中国人民银行	《征信业管理条例》	第二十条　信息使用者应当按照与个人信息主体约定的用途使用个人信息,不得用作约定以外的用途,不得未经个人信息主体同意向第三方提供。 第四十条　向金融信用信息基础数据库提供或者查询信息的机构违反本条例规定,有下列行为之一的,由国务院征信业监督管理部门或者其派出机构责令限期改正,对单位处5万元以上50万元以下的罚款;对直接负责的主管人员和其他直接责任人员处1万元以上10万元以下的罚款;有违法所得的,没收违法所得。给信息主体造成损失的,依法承担民事责任;构成犯罪的,依法追究刑事责任: (一)违法提供或者出售信息; (二)因过失泄露信息; ……
个人金融信息	中国人民银行	《个人存款账户实名制规定》	第八条　…… 金融机构不得向任何单位或者个人提供有关个人存款账户的情况……但是,法律另有规定的除外。
		《人民币银行结算账户管理办法》	第九条　银行应依法为存款人的银行结算账户信息保密。对单位银行结算账户的存款和有关资料,除国家法律、行政法规另有规定外,银行有权拒绝任何单位或个人查询。对个人银行结算账户的存款和有关资料,除国家法律另有规定外,银行有权拒绝任何单位或个人查询。
		中国人民银行《关于银行业金融机构做好个人金融信息保护工作的通知》	四、银行业金融机构不得篡改、违法使用个人金融信息。使用个人金融信息时,应当符合收集该信息的目的,并不得进行以下行为: (一)出售个人金融信息; (二)向本金融机构以外的其他机构和个人提供个人金融信息,但为个人办理相关业务所必需并经个人书面授权或同意的,以及法律法规和中国人民银行另有规定的除外; …… 五、银行业金融机构不得将客户授权或同意其将个人信息用于营销、对外提供等作为与客户建立业务关系的先决条件,但该业务关系的性质决定需要预先做出相关授权或同意的除外。

续表

数据类型	主管部门	法规名称	相关条文
个人金融信息	中国人民银行	中国人民银行办公厅《关于2013年个人金融信息保护专项检查情况的通报》	在使用环节上,机构内部提取客户信息程序不规范。存在查询原因与实际用途不符等情形。未经客户授权与其他机构在合作协议中约定共享客户信息,合作协议中缺乏保密条款或保密条款不完整。协助司法部门及其他有权部门查询个人金融信息时审核不严密,未建立登记簿,或登记档案缺少有效法律文书。国有商业银行和股份制商业银行通过内部业务系统对所掌握的客户个人金融信息的挖掘和利用比其他类型的银行业金融机构更深入,存在未经客户明确授权在行内各部门共享客户信息的情况。
		《中国人民银行金融消费者权益保护实施办法》(中国人民银行令〔2020〕第5号)	第三十四条 …… 银行、支付机构及其工作人员应当对消费者金融信息严格保密,不得泄露或者非法向他人提供。在确认信息发生泄露、毁损、丢失时,银行、支付机构应当立即采取补救措施;信息泄露、毁损、丢失可能危及金融消费者人身、财产安全的,应当立即向银行、支付机构住所地的中国人民银行分支机构报告并告知金融消费者;信息泄露、毁损、丢失可能对金融消费者产生其他不利影响的,应当及时告知金融消费者,并在72小时以内报告银行、支付机构住所地的中国人民银行分支机构。中国人民银行分支机构接到报告后,视情况按照本办法第五十五条规定处理。
个人金融信息	中国银行保险监督管理委员会	《银行保险机构消费者权益保护管理办法(征求意见稿)》	第四十三条 【格式条款】对于使用格式条款取得个人信息授权的,银行保险机构应当在格式条款中明确收集、使用和对外提供的范围和具体情形,并在协议的醒目位置明示与消费者存在重大利害关系的内容。 第四十四条 【外部合作】银行保险机构应在消费者授权同意的基础上与合作方处理消费者信息,与合作机构的协议中应约定数据保护责任、保密义务、监督、处罚、合同终止和突发情况下的应急处置条款。 合作过程中,应通过加密传输线路、安全隔离、数据加密、权限管控、监测报警等方式,严格控制合作方行为与权限,开展数据分析等方面合作应使用脱敏后的数据,防范数据滥用或泄露风险。 第四十五条 【互联网平台】银行保险机构应督促和规范与其合作的互联网平台企业有效保护消费者个人信息,未经消费者授权同意,不得在不同平台间传递消费者个人信息。不得利用痕迹数据对消费者开展未经授权的营销活动。

续表

数据类型	主管部门	法规名称	相关条文
金融控股公司客户信息	中国人民银行	《金融控股公司监督管理试行办法》	第二十二条　金融控股公司与其所控股机构之间、其所控股机构之间在开展业务协同,共享客户信息、销售团队、信息技术系统、运营后台、营业场所等资源时,不得损害客户权益,应当依法明确风险承担主体,防止风险责任不清、交叉传染及利益冲突。 第二十三条　金融控股公司及其所控股机构在集团内部共享客户信息时,应当确保依法合规、风险可控并经客户书面授权或同意,防止客户信息被不当使用。 金融控股公司所控股机构在提供综合化金融服务时,应当尊重客户知情权和选择权。
证券、基金、期货客户信息	中国证券监督管理委员会	《证券法》(2019年修订)	第四十一条　证券交易场所、证券公司、证券登记结算机构、证券服务机构及其工作人员应当依法为投资者的信息保密,不得非法买卖、提供或者公开投资者的信息。 ……
		《证券基金经营机构信息技术管理办法》(2021年修正)	第三十四条　…… 除法律法规和中国证监会另有规定外,证券基金经营机构不得允许或者配合其他机构、个人截取、留存客户信息,不得以任何方式向其他机构、个人提供客户信息。
		《期货公司监督管理办法》(2019年)	第九十三条　期货公司应当通过自身具有管理权限的信息系统直接接受客户交易指令,不得允许或者配合其他机构、个人截取、留存客户信息,不得以任何方式向其他机构、个人违规提供客户信息,法律、行政法规以及中国证监会另有规定的除外。 ……
人口健康数据	原国家卫生和计划生育委员会	《人口健康信息管理办法(试行)》	第十三条　人口健康信息的利用实行分类管理,逐步实现互联共享。 人口健康信息的利用应当以提高医学研究、科学决策和便民服务水平为目的。 依法应当向社会公开的信息应当及时主动公开;涉及保密信息和个人隐私信息,不得对外提供。
		《国家健康医疗大数据标准、安全和服务管理办法(试行)》	第三十二条　责任单位委托有关机构存储、运营健康医疗大数据,委托单位与受托单位共同承担健康医疗大数据的管理和安全责任。受托单位应当严格按照相关法律法规和委托协议做好健康医疗大数据的存储、管理与运营工作。

续表

数据类型	主管部门	法规名称	相关条文
人类遗传资源信息	科学技术部	《人类遗传资源管理条例》	第九条　采集、保藏、利用、对外提供我国人类遗传资源,应当符合伦理原则,并按照国家有关规定进行伦理审查。 采集、保藏、利用、对外提供我国人类遗传资源,应当尊重人类遗传资源提供者的隐私权,取得其事先知情同意,并保护其合法权益。 采集、保藏、利用、对外提供我国人类遗传资源,应当遵守国务院科学技术行政部门制定的技术规范。 第十条　禁止买卖人类遗传资源。 为科学研究依法提供或者使用人类遗传资源并支付或者收取合理成本费用,不视为买卖。
网约车平台个人信息和业务数据	交通运输部	《网络预约出租汽车经营服务管理暂行办法》(2019年修正)	第二十七条　网约车平台公司应当遵守国家网络和信息安全有关规定,所采集的个人信息和生成的业务数据,应当在中国内地存储和使用,保存期限不少于2年,除法律法规另有规定外,上述信息和数据不得外流。 ……
汽车重要数据	国家互联网信息办公室	《汽车数据安全管理若干规定(试行)》	第六条　国家鼓励汽车数据依法合理有效利用,倡导汽车数据处理者在开展汽车数据处理活动中坚持:(一)车内处理原则,除非确有必要不向车外提供…… 第八条　…… 因保证行车安全需要,无法征得个人同意采集到车外个人信息且向车外提供的,应当进行匿名化处理,包括删除含有能够识别自然人的画面,或者对画面中的人脸信息等进行局部轮廓化处理等。 第十条　汽车数据处理者开展重要数据处理活动,应当按照规定开展风险评估,并向省、自治区、直辖市网信部门和有关部门报送风险评估报告。 风险评估报告应当包括处理的重要数据的种类、数量、范围、保存地点与期限、使用方式,开展数据处理活动情况以及是否向第三方提供,面临的数据安全风险及其应对措施等。 第十三条　汽车数据处理者开展重要数据处理活动,应当在每年十二月十五日前向省、自治区、直辖市网信部门和有关部门报送以下年度汽车数据安全管理情况:……(四)向境内第三方提供汽车数据情况……

续表

数据类型	主管部门	法规名称	相关条文
工业和电信数据	工业和信息化部	《工业和信息化领域数据安全管理办法(试行)》(公开征求意见稿)	第十八条 【数据提供】工业和信息化领域数据处理者提供数据,应当明确提供的范围、类别、条件、程序等,并与数据获取方签订数据安全协议。提供重要数据和核心数据的,应当对数据获取方数据安全保护能力进行评估或核实,采取必要的安全保护措施。 第二十四条 【核心数据跨主体处理】跨主体提供、转移、委托处理核心数据的,应当评估安全风险,采取必要的安全保护措施,并经由地方工业和信息化主管部门(工业领域)或通信管理局(电信领域)或无线电管理机构(无线电领域)报工业和信息化部。工业和信息化部按照有关规定进行审查。

五、如何进行个人信息的"转移"?

我国《个人信息保护法》第22条专条规定了"个人信息转移"的情形:"个人信息处理者因合并、分立、解散、被宣告破产等原因需要转移个人信息的,应当向个人告知接收方的名称或者姓名和联系方式。接收方应当继续履行个人信息处理者的义务。接收方变更原先的处理目的、处理方式的,应当依照本法规定重新取得个人同意。"

工业和信息化部《工业和信息化领域数据安全管理办法(试行)》(公开征求意见稿)第22条规定:"工业和信息化领域数据处理者因兼并、重组、破产等原因需要转移数据的,应当明确数据转移方案,并通过电话、短信、邮件、公告等方式通知受影响用户。涉及重要数据和核心数据的,应当及时向地方工业和信息化主管部门(工业领域)或通信管理局(电信领域)或无线电管理机构(无线电领域)更新备案。"

所以,个人信息转移时的个人信息处理者义务可归纳为:

(1)告知个人信息主体的义务。告知的内容包括接收方的名称(或者姓名)和联系方式,无须征得个人信息主体的同意。

(2)如变更处理目的或处理方式的,重新取得个人信息主体同意的义务。

(3)根据主管部门的特别要求向政府进行报告或备案的义务。

客户会咨询的第一个常见问题是:《个人信息保护法》第22条是否仅仅适用

于法条明文列举的“合并、分立、解散、被宣告破产”这四种情形？

一种观点认为，《信息安全技术　个人信息安全规范》（GB/T 35273—2020）曾在其“9.3 收购、兼并、重组、破产时的个人信息转让”中规定：“当个人信息控制者发生收购、兼并、重组、破产等变更时，对个人信息控制者的要求包括：a）向个人信息主体告知有关情况；b）变更后的个人信息控制者应继续履行原个人信息控制者的责任和义务，如变更个人信息使用目的时，应重新取得个人信息主体的明示同意；c）如破产且无承接方的，对数据做删除处理。”可见，国家标准对转移规则的适用场景是更为宽泛的，涵盖了“收购、兼并、重组、破产”四大场景。但在《个人信息保护法》的立法过程中，最终未采纳《信息安全技术　个人信息安全规范》（GB/T 35273—2020）的规定，法条明文列举的仅有“合并、分立、解散、被宣告破产”这四种情形，虽然还使用了一个“等”字，但结合立法变迁应当认为此处的“等”宜作“等内等”理解。

另一种观点认为，“收购、兼并、重组、破产”都具备相同的“业务经营主体变更”的特质：（1）新经营主体取得了对外经营主体地位和业务所涉及用户数据（如有）的个人信息处理者地位，以自己名义展业并决定用户数据的处理目的、方式和范围，但其行为乃是对原经营主体的原业务经营活动和用户数据处理活动的整体承继和延续；（2）同时，原经营主体则不再继续处理用户数据。因此，《个人信息保护法》第22条的实质性适用条件是：接收方对原个人信息处理活动的概括承继，满足该实质性适用条件的下列情形都可适用该条（如表7.2所示）：[①]

表7.2　《个人信息保护法》第22条的适用情形

适用情形	具体的经营主体变更情形	原处理者的具体义务
吸收合并或新设合并	企业之间根据各自决策进行公司合并，发送解散的主体其项下业务如计划继续经营，则整体转由合并后的主体经营	（1）须经公司权力机构批准并到登记机关办理有关公司注销登记，客观上退出业务经营及个人信息处理活动。 （2）个人信息转移完成后，对剩余用户数据（如有）进行销毁。 （3）应负责提前通知有关用户个人信息接收方的名称、联系方式
解散分立	一个公司解散并设立两个以上新的公司，原公司业务全部或部分转由某一新设公司经营	

① 邹恬圆、高震：《告知还是单独同意？——业务经营主体变更时〈个人信息保护法〉第22条与23条适用之辨析》，载微信公众号“网安寻路人”2022年6月22日，https://mp.weixin.qq.com/s/kXBptbXHdRCRNaB4drPQeg。

续表

<table>
<tr><th>适用情形</th><th>具体的经营主体变更情形</th><th>原处理者的具体义务</th></tr>
<tr><td>存续分立</td><td>一个公司分立成两个以上公司,原公司继续存在并设立一个以上新公司,经内部决策将原公司部分或全部业务转由新设公司经营</td><td rowspan="2">(1)通过合同等法律行为,确保原经营主体完全退出需承继部分数据所涉业务。
(2)个人信息转移完成后,未经再次取得用户同意,不得继续保存、访问或处理已转移给新主体的用户数据。
(3)应负责提前通知有关用户个人信息接收方的名称、联系方式</td></tr>
<tr><td>集团内经营调整</td><td>集团公司内,因经营策略调整,经集团决策和评估后,将集团内部分业务经营主体调整至其他受同一主体控制的主体经营</td></tr>
<tr><td>资产收购/重组</td><td>企业资产收购、重组等情形下,将旗下特定板块业务作为一个资产整体作价出售,由买方承接该业务下资产及后续经营</td><td>(1)通过合同等法律行为,确保原经营主体完全退出需承继部分数据所涉业务。
(2)个人信息转移完成后,未经再次取得用户同意,不得继续保存、访问或处理已转移给新主体的用户数据。
(3)应负责提前通知有关用户个人信息接收方的名称、联系方式。
(4)考虑到资产收购/重组场景,相关受让方与原主体间无关联关系,在人员、管理、技术能力方面存在不确定性,作为卖方,应进一步确保:
a)买方系以承接所收购业务经营活动而购买标的业务,承诺继续为历史用户提供该业务项下服务;
b)相关用户数据作为整体业务资产不可分割的部分进行转移,且仅转移买方为维系原业务持续平稳经营所必须部分用户个人数据,避免构成变相买卖个人数据;
c)买方须具备继续经营标的业务的能力和经验;
d)涉及数据物理意义上迁移的,应依法采取相应安全措施,保障传输过程安全</td></tr>
</table>

客户会咨询的第二个问题是:什么是处理目的和处理方式?

如委托处理的章节提到的,是否决定处理目的和方式也是区分属于个人信息处理者和受托处理者的关键要素,处理目的和方式代表了个人信息处理者的实质部分,即一方决定什么才会成为个人信息处理者。同样,处理目的和方式也代表了个人信息主体同意的实质部分,变更了这个实质部分,会导致后续处理行为超出个人信息主体之前的同意范围。因此,有必要准确地弄清楚什么是处理目的和什么是处理方式。

处理目的应理解为采取计划行动所预期达到的结果,而处理方式应理解为如何获得预期结果或达到预期目的,前者决定了一个处理行为的“why”,后者决定了一个处理行为的“how”。

相对而言,处理目的及处理目的的变更比较好理解。处理方式涉及的内容很多,结合EDPR的Guidelines 07/2020,下列事项可视为区分不同处理方式的关键:

(1)个人信息主体的类别,即谁的个人信息需要被处理?

(2)被处理的个人信息的类型,即应处理哪些信息?

(3)处理的持续时间,即处理多长时间?

(4)接收者的类别,即谁有权访问它们?

试举几个案例以作辨析:

案例1

D公司聘请一家人力资源公司E公司管理其员工的工资支付,D公司对支付对象、金额、日期、银行、信息存储时间、应向税务机关披露的信息等均作出明确指示。E公司可以决定处理过程中的一些具体问题,如使用哪一款软件,如何在自己的公司内部分配访问权限等。

案例2

作为案例2中D公司指示的一部分,E公司将工资支付信息传输给银行,以便银行能够向D公司的员工进行转账支付。在这项支付活动中,银行会独立于D公司和E公司决定必须处理哪些信息,信息必须存储多长时间等。

案例3

D公司还聘请会计师事务所对其账簿进行审计,因此将有关业务数据(包括个人信息)提供给会计师事务所。会计师事务所在未经D公司详细指示的情况下处理了这些数据,根据管理审计活动任务的法律规定,会计师事务所自行决定其收集的数据仅用于审计D公司,并决定其需要处理哪些数据,需要登记的人员类别、保存时间以及使用何种技术方式。

案例4

D公司还希望了解哪类消费者最有可能对其产品感兴趣,为此与市场调研公司签订合同,以获取相关信息。D公司向市场调研公司说明其感兴趣的信息类型,并向参与市场调研的人员提供了一份问题清单。调研完成后,D公司只接受市场调研公司提供的统计信息(例如确定每个地区的消费者趋势),而无法访问个人信息本身。

案例1中,D公司决定了处理个人信息的目的(发放工资)和核心的处理方式(哪些员工的个人信息需要被处理,应处理哪些个人信息,处理多长时间,聘请哪家人力资源公司来负责具体发放)。

案例2中,D公司仍然决定了处理个人信息的目的(发放工资)和核心的处理方式,但银行为了履行自己的法定义务(如反洗钱义务),会独立决定一些核心的处理方式,如必须收集哪些个人信息以提供服务,个人信息必须存储多长时间等。因此,银行应被视为决定了个人信息的处理方式,其与D公司一样也是一个独立的个人信息处理者。

案例3中,会计师事务所在为D公司提供审计服务时,应被视为决定了个人信息的处理方式,故属于个人信息处理者。但是,根据D公司的指示级别,这种认定可能会有所不同。在法律没有规定会计师事务所的具体义务,而客户提供了非常详细的处理指示的情况下,会计师事务所也可能扮演受托处理者的角色。区分会计师事务所是否决定了个人信息处理方式的依据是,会计师事务所是根据规范这一行为的法律来处理个人数据,还是作为客户活动的一部分进行辅助性任务。

案例4中,虽然D公司只接受市场调研公司提供的统计信息,但D公司决定了个人信息处理的目的,D公司已经向市场调研公司提供了关于收集哪些信息的详细说明。因此,D公司决定了个人信息的处理目的和方式。

第八章　个人信息主体权利篇

一、如何实现个人的“查阅权”和“复制权”?

我国《民法典》第1037条确认个人信息主体享有查阅权、复制权、更正权及删除权四种权利。我国《个人信息保护法》第45条专条规定:“个人有权向个人信息处理者查阅、复制其个人信息;有本法第十八条第一款、第三十五条规定情形的除外。个人请求查阅、复制其个人信息的,个人信息处理者应当及时提供……”

与该两项权利相关的一个问题是,个人信息处理者应在多长时间内进行响应?《个人信息保护法》对响应期限并未作出明确规定,但《App违法违规收集使用个人信息自评估指南》第9.32项、《网络安全标准实践指南——移动互联网应用程序(App)收集使用个人信息自评估指南(征求意见稿)》第6.3项、《App违法违规收集使用个人信息行为认定方法(征求意见稿)》第6点中均提出15个工作日的时限要求。2021年11月14日《网络数据安全管理条例(征求意见稿)》也在其第23条中直接规定自收到申请起“十五个工作日”内处理并反馈。因此,为达到合规要求,个人信息处理者需注意尽快规范并畅通内部个人信息响应流程,保障在规定期限内完成处理并反馈。

客户关于“查询权”和“复制权”的常见问题还有不少,譬如:

(1)个人可以在什么范围内要求查询和复制?

(2)返还个人信息的形式是否有什么要求?

(3)可否就返还个人信息而收取合理的费用?

(4)对个人频繁的或不切实际的查询和复制请求可否拒绝?

原则上说,大家应该意识到,知情权、查询权、更正权、删除权的行使方式和程序并非绝对的,在确保个人权利的基础上需要避免给企业造成过多的合规成本,同时防止权利滥用。国外实践中已意识到这一问题,例如,在Rijkeboer案中,欧盟法院指出："欧盟成员国应为信息查询与获取确定内容范围与时限，这构成了两者之间权利义务关系的合理平衡。一方面，考虑数据主体的利益，特别是在处理数据不符合指令的情况下，以查询为基础，进而纠正其删除和阻止数据处理的权利，以及反对信息处理和提起法律诉讼的权利；另一方面，存储、配合查询该信息的义务对数据控制人造成的负担。"[①]又如，新加坡《个人信息保护法》第21(1)条规定，如果个人要求行使访问权时，处理者需提供的仅是有关该个人信息在过去一年中如何被使用或披露的信息。

对于个人信息处理者而言，如何在合规的同时，避免不合理的成本，防止个人滥用权利，也是实务中需斟酌考量的问题，试举几个相关案例以作参考：

案例1

A机构收到了某自然人的请求，希望知道在过去一年中，A机构与B机构之间的通信中披露了哪些与他有关的个人信息。A机构向该自然人提供了经A机构整理后的由其掌握的个人信息，但未提供实际通信副本。

案例2

F公司收到一个客户的访问请求，要求查看他的个人信息，该个人信息的格式只能由一台特殊机器读取。该公司拥有两台这样的机器，但都有问题。为了及时回应客户的请求，F公司购买了另一台机器，并将其费用作为访问费的一部分转移给客户。由于这个原因，查询费达到了50,000美元。

案例3

一个人要求C公司提供其个人信息的纸质副本。C公司对打印在50页纸上的信息收取50美元的费用，这是根据制作副本的增量成本计算的。该费用是合理的，因为它反映了提供个人信息的增量成本。

案例4

一家购物中心收到一个人的请求，要求查看过去一年中他在该购物中心的所有闭路电视录像。

---

① 王锡锌：《国家保护视野中的个人信息权利束》，载《中国社会科学》2021年第11期。

案例5

购物中心的一家商店收到一个人的请求,要求查看官方摄影师在该商店最近举行的该人参加的私人活动中拍摄的他的照片。

案例6

一个人每两周提交一次查阅申请,要求查阅D机构所拥有的同一组个人信息。

案例7

E女士向一家电视台提出访问请求,要求获得该电视台闭路电视系统在特定日期和时间拍摄的她的录像。该电视台寻找其所请求的闭路电视录像后,发现所请求的录像拍摄了E女士和另外两个人。

案例1中,A机构必须向个人信息主体提供关于他的个人信息,即使A机构与B机构之间的通信没有在正式的系统(如数据库)中存档。但是,需要注意的是,我国《个人信息保护法》并没有强制要求查询后返回信息的具体形式,因此,A机构的义务仅限于向该自然人提供他所要求、由其掌握的个人信息,但A机构可以合理决定返还信息的形式,不一定需要提供实际通信副本。

案例2中,这个收费不会被认为是一个合理的费用,因为F公司应该有更通常的手段来满足其客户的访问请求。

案例3中,C公司对打印在50页纸上的信息收取50美元的费用,这是根据制作副本的成本计算的,该费用是合理的。

案例4中,购物中心查阅过去一年的所有闭路电视录像以找到提出请求的个人的记录需要大量的时间和精力。如果提供访问的成本对购物中心来说是不合理的,并且与个人的利益不相称的情况下,购物中心可以拒绝提供所要求的个人信息。

案例5中,个人向购物中心提供了足够的信息,以确定该活动的举行时间。在这种情况下,其行使访问权是合理的,购物中心应该提供个人要求的照片。

案例6中,由于这些请求的重复性或系统性,这些请求应被认为是不合理地干扰个人信息处理者的运作,故可以拒绝个人的访问请求。

案例7中,电视台应先评估是否有可能在不泄露其他自然人的个人信息的情况下,为E女士提供其个人信息。假定可以通过掩盖同一录像中其他个人的图像,让E女士访问她的个人信息而不泄露其他人的个人信息,且投入的成本合理的,则电视台应该提供个人要求的录像。

二、如何实现个人的“更正权”?

我国《个人信息保护法》第46条第1款规定:“个人发现其个人信息不准确或者不完整的,有权请求个人信息处理者更正、补充。”此处所规定的错误就包括不准确和不完整,更正权相应地也包括更正、补充两类措施。

个人信息处理者在面临个人要求行使更正权的问题时,需注意的要点包括:

(1)需发现个人信息错误。这意味着个人信息主体行使更正权时负有举证责任,要证明其个人信息出现错误。个人信息的错误并非仅为狭义的错误,即个人信息收集时是不准确或不完整的,也包括个人信息收集时无错误,但是经过一段时间的发展,过去的个人信息已不符合当前的情况或者产生了新的之前没有被纳入考虑的个人信息。

(2)更正有必要。《民法典》第1037条第1款“自然人可以依法向信息处理者查阅或者复制其个人信息;发现信息有错误的,有权提出异议并请求及时采取更正等必要措施”的规定表明,发现信息有错误采取必要措施并非只有“更正”这一个途径。个人信息错误类型的多元化,导致对应的“更正等必要措施”中,还包括更新、补充、删除等。而处理者选择采取何种措施的标准是“必要”,这一标准也应作为事后检验处理者针对个人信息主体请求的处理是否得当的重要标尺。

案例1

一个在线零售商收到了一位自然人顾客的请求,要求更新他的联系地址(客户个人数据的一部分)。零售商认为没有合理的理由拒绝顾客的请求,于是着手在其数据库中更正顾客的联系地址。

案例2

案例1中的零售商进一步将更正后的地址发送给负责为客户提供保修服务的关联公司,因为该关联公司可能因后续维修而需要这些信息。但关联公司认为,由于客户的保修期已过,它不需要更正后的联系地址。因此,关联公司决定不对其所有的与客户有关的记录进行更正,并注明它没有进行更正。

案例3

由于预料到新雇主将对其进行背景调查,一名员工对他的前雇主保存的业绩考核记录提出异议,要求前雇主将他的业绩考核记录修改为该员工认为的、比前雇主保存的记录更有利和准确的记录。

案例4

一个在线金融交易平台将个人的借贷信息存储在区块链上,其后收到某个人的请求,要求更正其存在的错误信息。平台运营者核实后认为某些信息确有错误,但以区块链技术的去中心化、不可篡改、不可删除等特性为由,拒绝了个人的更正请求。

案例1中,在线零售商的处理方式是合法的。值得讨论的是在案例2中,保修关联公司以由于客户的保修期已过,它不需要更正后的联系地址为由,决定不对其所有的与客户有关的记录进行更正,是否符合更正权的法律规定?

案例3中,在个人的绩效考核记录不存在欺诈、错误的情况下,前雇主没有义务进行修改。

案例4涉及如何在区块链上实现个人更正权、删除权的问题。目前关于个人信息保护的法律规定,各国立法思路大体一致,都是源于单一的、中心化的数据控制人的前提假设,比如,GDPR中的数据控制者和数据处理者是该法的核心抓手、我国《网络安全法》的"网络运营者"、我国《个人信息保护法》的"个人信息处理者"皆是如此。区块链技术的发展已经提出了几种在区块链应用中达到删除和更正个人信息类似程度的技术方案,比如,交易记录回滚、分叉就是删除最常用的方法,更正则可以采用新区块信息取代旧信息的方法,平台以技术上无法删除为由拒绝失之草率。

建议平台在应用区块链技术时未雨绸缪,充分评估区块链技术可能对个人实现更正权和删除权的不利影响,以更透明的方式揭示此风险并取得个人的事先同意。在将区块链技术应用到个人信息的处理过程之前,平台需要秉持更为谨慎的态度,具体可参考欧盟区块链观测站及论坛(EU Blockchain Observatory and Forum)在《区块链与GDPR》报告中提出的使用区块链处理个人信息的4项原则建议:(1)评估区块链的实际需求;(2)避免在区块链上存储个人数据,充分利用数据混淆、加密和聚合技术对数据进行匿名化处理;(3)在链外收集个人数据,如果无法避免使用区块链,则在私有的、经过许可的区块链网络上收集个人数据;(4)对用户尽可能清晰透明。

三、如何实现个人的"同意撤回权"?

我国《个人信息保护法》第15条第1款规定:"基于个人同意处理个人信息的,个人有权撤回其同意。个人信息处理者应当提供便捷的撤回同意的方式。"

归纳起来,实现个人同意撤回权的合规要点包括:

(1)我国学者普遍将同意撤回权定性为人格权体系下的撤销权,撤销权属于形成权而非请求权,故个人信息主体单方面向处理者发出撤回同意的意思表示即可产生法律效力,不以处理者同意为生效条件。

(2)除非个人信息主体具有故意或重大过失,即使行使同意撤回权会给处理者造成损失,处理者也不享有损害赔偿请求权,目的是防止架空同意撤回制度。

(3)同意撤回权体现了人格利益的特性,不受诉讼时效、除斥期间等限制。

(4)撤回同意不具有溯及力。该溯及力的规定见于《个人信息保护法》第15条第2款的规定:"个人撤回同意,不影响撤回前基于个人同意已进行的个人信息处理活动的效力。"

(5)用户撤回同意后,处理者应当停止处理相应的个人信息,但如果用户没有要求删除的意图,处理者不一定需要删除个人信息。有关是否应当删除的规定见于《个人信息保护法》第47条的规定:"有下列情形之一的,个人信息处理者应当主动删除个人信息;个人信息处理者未删除的,个人有权请求删除:……(三)个人撤回同意……"

(6)同意撤回权须受到一定的限制,不应影响处理者数据信息留存义务的履行(具体见本书"个人信息保存期限的规定"相关内容),且宜留存用户误操作需要找回账户信息的必要期限。如Facebook与美国FTC在"剑桥分析案"最终达成的和解协议中,关于个人信息删除的约定为:a. 最长在用户终止、删除信息或者账户后30日内,Facebook应停止第三方访问用户删除的信息,法律另有规定、反欺诈和反非法活动留存除外;b. 最长在用户终止、删除账户后120日内,从服务器删除用户生产的信息,法律另有规定、反欺诈和反非法活动留存、灾备或者技术不可行除外。

(7)如果用户撤回同意的个人信息不属于提供产品或者服务所必需,处理者不得以用户撤回同意为由拒绝提供产品或者服务。也正是基于此点,应专门设置撤回同意的按钮,不能以注销账号或卸载 App 作为撤回同意的唯一途径。

(8)撤回同意是个人信息主体主动积极作出的行为,而不是被动消极的行为,因此,个人主动注销账户应视为撤回同意的情形之一,而被动注销账号(如被强制封号)不应视为撤回同意。当然,由于目前我国《个人信息保护法》尚未对注销账户做出明确界定,但国家互联网信息办公室在 2021 年 11 月颁布的《网络数据安全管理条例(征求意见稿)》第 22 条的规定已有将个人注销账户视为撤回同意的立法倾向。处理者如希望在个人主动注销账户后仍可以保留或处理个人信息的,宜在产品功能设计、开发时,考虑增加询问框,让用户在注销账户时仍有机会选择其同意继续处理个人信息的选项。

案例 1

经某客户同意,某公司在其分发给股东和客户的年度报告中公布了该客户的照片。客户事后撤回了他对公布该照片的同意。

案例 2

某自然人希望从电信服务运营商 A 获得电信服务,并被运营商 A 要求同意其提供服务的条款和条件。该等条款和条件规定,作为提供服务的条件,个人需同意运营商收集、使用和披露特定类型的个人信息。这些类型的个人信息可能包括个人的姓名和地址,以及在提供服务过程中收集的数据,如个人的位置数据。个人对这些特定类型的个人信息表示同意,但随后又撤回该同意。

案例 3

企业 C 已获得女士 B 的同意,通过电子邮件和传真向她发送营销信息。公司 C 向女士 B 发送了一封电子邮件,告知她最新的店内促销活动,并附上了让她退订的链接:“如果您想停止接收我们通过电子邮件发送的营销信息,请点击‘退订’链接。如果您希望停止通过其他渠道接收来自我们的市场营销信息,请向我们发送电子邮件,地址是 dpo@ companyc. com。”

女士 B 点击“退订”链接后,被引导到一个网站上,上面写着:“您已经成功退订了来自我们的电子邮件营销信息。”

案例 4

自然人 D 之前已经同意电子公司 E 收集、使用和披露他的联系方式，以便向他提供计算机和其他 IT 产品的营销信息和促销优惠。电子公司 E 将自然人 D 的联系方式披露给其外包的营销代理和其他一些提供电脑和其他 IT 产品的第三方公司，以实现这一目的。后来自然人 D 改变了主意，并提交了一份通知，要求撤回他对电子公司 E 推销电脑和其他 IT 产品的同意。

电子公司 E 可以通知自然人 D 撤回同意的后果，比如：(1) 电子公司 E 及其营销代理将停止向其发送有关计算机和 IT 产品的信息；(2) 电子公司 E 将停止向任何第三方披露其个人信息；(3) 电子公司 E 将停止使用其联系方式来推销计算机和 IT 产品，并将同样指示其外包的营销代理停止相应行为。

案例 5

自然人 F 购买了 1 年的影视平台付费会员，快到期时影视平台询问该个人是否续订，自然人 F 决定不再续订并且主动注销了会员账号。

案例 6

自然人 G 购买了 1 年的影视平台付费会员，快到期时影视平台询问该个人是否续订，自然人 G 决定不再续订，但并未注销会员账号。

案例 1 中，某公司今后必须停止对该照片的公布，除非其有同意以外的其他合法性基础。然而，某公司可以不召回其之前已经分发的年度报告的副本。某公司也可以继续保留该照片，但要受到保留期限的限制。

案例 2 中，撤回同意会导致运营商 A 无法向个人继续提供服务，继而会导致提前终止电信服务合同。运营商 A 应告知个人撤回同意的后果和合同提前终止的后果，例如，个人将无法获得运营商 A 提供的电信服务。

案例 3 中，企业将“撤回电子邮件渠道接收营销信息”和“撤回其他渠道接收营销信息”区分开来，分别设置了不同的撤回渠道，撤回的方式与订阅的简便程序相当，应当认为符合我国《个人信息保护法》“个人信息处理者应当提供便捷的撤回同意的方式”的法律要求。

案例4中,电子公司E不需要通知向其披露自然人D的联系方式的第三方(如有),如果自然人D想撤回同意,他必须自行与这些第三方联系。同时,撤回同意也不影响电子公司E为法律或商业目的而保留自然人D的个人资料,例如,电子公司E仍然可以在其数据库中保留自然人D的个人信息,以便为正在进行的保修提供服务,或为审计目的而保留相关购买记录。

案例5中,自然人F主动注销了影视平台的账号,应当被视为撤回了对该平台处理个人信息的同意。此时平台不能再处理自然人F的任何个人信息,并且应该在规定的时间内删除其个人信息。

案例6中,自然人G虽然决定不再续订,但并未注销会员账号,应当仅被视为个人撤回续订服务的同意,此时平台就不能继续把个人的账户信息提供给第三方支付平台,第三方支付平台也不能再代扣会员费,但平台仍可以处理自然人G的其他个人信息。

四、如何实现个人的"删除权"?

删除权又称为"被遗忘权"(right to be forgotten),西班牙谷歌案首次在司法上确认了该权利。

1998年,一名叫Mario Costeja González的律师申请破产,其物业被公开拍卖,西班牙《先锋报》依据西班牙劳动和社会事务部的指令刊登了拍卖的声明,2008年,该报纸的网络版也开始在互联网上被提供。其后,当使用Google搜索González的名字时,很多搜索结果都显示了该拍卖声明。2010年,González向西班牙数据保护局(Spanish Data Protection Authority)提出申诉,要求《先锋报》删除或更改页面,使与其相关的这条个人信息不再显示;同时要求Google删除或隐藏与其有关的个人信息,使这些信息不再出现在搜索结果或搜索链接中。该案上诉到西班牙国家高等法院,该法院认为案件取决于对《95/46/EC指令》的理解,遂请求欧洲法院就相关问题作出先予裁决。欧洲法院指出,《95/46/EC指令》第12条规定了数据主体的"访问权",数据主体有权"更正(rectification)、删除(erasure)或屏蔽(blocking)不符合《95/46/EC指令》所规定的处理的数据"。此外,《95/46/EC指令》第6条还规定,欧盟成员国必须保证个人数据恰当(adequate)以及和他们被处理和/或进一步处理的目的相关,而且必须准确以及在必要时进行更新。从这些条款中可以得出结论,当搜索引擎对于个人的数据保护和隐私基本权利存在偏见时，个人的这些权利优先于搜索引擎的利益和一般的信息自由利益。

根据 GDPR 第 17 条的规定，个人数据主体请求控制者们删除其个人数据的任何链接、副本或复制件，即为其行使删除权的方式。GDPR 所规定的删除权由于其落地成本极高受到了广泛的质疑。而美国《加州消费者隐私法案》（CCPA）则较 GDPR 有更明显的可操作性，依据 CCPA，个人信息处理者作出某些权限设置使个人信息在正常情况下无法被检索或获取使用，即可满足删除的要求，与此同时，个人信息处理者也可以向国家履行数据存留义务。

我国《个人信息保护法》出台之前，“删除权”是一个颇有争议的话题，大家可以先看一下被称为“中国被遗忘权第一案”的任某某与百度公司名誉权、姓名权、一般人格权案。

案例 1　任某某与百度公司名誉权、姓名权、一般人格权案

任某某自 2014 年 7 月 1 日起在陶氏生物科技有限公司从事相关教育工作。2015 年 4 月 8 日，任某某进入百度公司搜索页面，键入“任某某”后在“相关搜索”处显示“陶氏教育任某某”“国际超能教育任某某”“美国潜能教育任某某”“香港跨世纪教育任某某”；另外，在搜索框内键入“陶氏教育”，在“相关搜索”处显示“陶氏教育骗局”“陶氏远航教育是骗局吗”。任某某主张因陶氏教育公司在业界名声不好，且其并未在陶氏教育公司工作过，百度公司在搜索页面中公开其与陶氏教育公司有关的个人信息侵犯了其名誉权、姓名权及作为一般人格权的“被遗忘权”，要求百度公司断开涉案关键词的搜索链接、赔礼道歉、赔偿经济损失。

上述案例 1 被称为“中国被遗忘权第一案”，该案法院认为，相关搜索词系由过去一定时期内使用频率较高且与当前搜索词相关联的词条统计而由搜索引擎自动生成，并非由于某网络服务公司人为干预。百度公司在“相关搜索”中推荐涉诉词条的行为，明显不属于对任某某进行侮辱、诽谤等侵权行为。“任某某”这三个字在相关算法的收集与处理过程中就是一串字符组合，并无姓名的指代意义，显然不存在干涉、盗用、假冒本案原告任某某姓名的行为。

任某某在本案中主张的应“被遗忘”信息的利益与任某某具有直接的利益相关性，而且，其对这部分网络上个人信息的利益指向并不能归入我国现有类型化的人格权保护范畴,只能从“一般人格权”的角度寻求保护。

由于任某某涉诉工作经历信息是最近发生的情况,其目前仍在企业管理教育行业工作,该信息正是其行业经历的组成部分,与其目前的个人行业资信具有直接的相关性及时效性,这些信息的保留对于包括任某某所谓潜在客户或学生在内的公众知悉任某某的相关情况具有客观的必要性。任某某在与陶氏相关企业从事教育业务合作时并非未成年人或限制行为能力人、无行为能力人,其并不存在法律上对特殊人群予以特殊保护的法理基础。因此,法院最终认定,任某某在本案中主张应被遗忘信息的利益不具有正当性和受法律保护的必要性。

随着《个人信息保护法》的出台,《个人信息保护法》第47条明确规定:“有下列情形之一的,个人信息处理者应当主动删除个人信息;个人信息处理者未删除的,个人有权请求删除:(一)处理目的已实现、无法实现或者为实现处理目的不再必要;(二)个人信息处理者停止提供产品或者服务,或者保存期限已届满;(三)个人撤回同意;(四)个人信息处理者违反法律、行政法规或者违反约定处理个人信息;(五)法律、行政法规规定的其他情形。法律、行政法规规定的保存期限未届满,或者删除个人信息从技术上难以实现的,个人信息处理者应当停止除存储和采取必要的安全保护措施之外的处理。”上述案件中,无法将“删除权”归入类型化人格权的问题将不再存在。

但具体应如何认定删除条件已经成就,仍是困扰处理者的一个常见问题。譬如如何判断个人是否撤回同意?注销账户、卸载App,是否就等同于“个人撤回同意”?立即删除还是需等待一段时间?万一用户是误操作或后悔该如何处理呢?

2021年11月的《网络数据安全管理条例(征求意见稿)》尝试规定了15个工作日的删除响应时限,但在“已实现个人信息处理目的或者实现处理目的不再必要”及“自动化采集”场景下,何时起算15个工作日尚存在不确定性,有待法律法规进一步明确细化。在法律法规不够明确细化之前,通过合同约定的方式确定规则,(包括将《个人信息安全　个人信息安全保护规范》(GB/T 35273—2020)第8.7条项下8种不得注销账号的情形转化为合同条款)不失为一个合理合法的解决方案。

客户关于“删除权”一个更复杂的问题是:个人有权要求在多大范围内删除个人信息?让我们看一则Google诉法国数据保护局的案例。

案例2 Google诉法国数据保护局案[①]

法国数据保护局要求谷歌公司在其应相关个人的请求,将基于该个人的姓名进行搜索后所展示的搜索结果列表中删除相关网页链接之时,必须在Google搜索引擎的全部扩展域名上进行删除。但谷歌公司拒绝遵守该要求,而是向法国数据保护局提出了"地理封锁"的建议。根据该建议,Google可以禁止使用位于相关个人居住国的IP地址访问相关搜索结果。但是,法国数据保护局认为该建议是不充分的,决定对谷歌公司处以10万欧元的罚款。

谷歌公司对该决定不服,向法国最高行政法院提起诉讼,请求撤销法国数据保护局的决定。因本案的审理涉及GDPR的解释,法国最高行政法院遂决定中止本案诉讼,并请求欧洲法院作出先予裁决。本案庭审中,谷歌公司称,在法国最高行政法院提出本案的先予裁决申请之后,其已经执行了一个新的搜索引擎国家版本,网络用户现已被自动导向与其进行搜索的地点相对应的谷歌搜索引擎的国家版本,且该搜索的结果是根据该地点进行展示,该展示由谷歌公司使用地理定位方法予以确定。

案例2中,欧洲法院指出本案的争议焦点是:GDPR第17条第1款是否应解释为在搜索引擎同意删除请求的情况下,应在其搜索引擎的所有版本上进行删除;或者与此相反,其仅在与所有欧盟成员国对应的版本上,甚至仅在与某一欧盟成员国对应的版本上使用"地理封锁"技术进行删除,以确保互联网用户在使用某个IP地址进行搜索时,不能访问该被删除数据所涉及的链接?

2019年9月24日,欧洲法院判决,搜索引擎运营商删除的地域范围目前限于欧盟境内,即搜索引擎运营商目前只负有在其搜索引擎与欧盟成员国对应的所有版本上删除的义务,而不负有在其搜索引擎的所有版本上删除的义务,主要理由是:

(1)从《95/46/EC指令》和GDPR有关数据主体访问权、拒绝权以及删除权等规定的文义无法看出,欧盟立法机关已经选择赋予上述权利超越欧盟领域的适用范围。

---

① See http://curia. europa. eu/juris/document/document. jsf? text = &docid = 218105&pageIndex = 0&doclang = en&mode = lst&dir = &occ = first&part = 1&cid = 2013814.

(2)个人数据保护权并非绝对权利,而是必须根据其在社会中的功能予以考量,且应依照比例原则与其他基本权利进行平衡。而隐私权、个人数据保护权以及互联网用户享有的信息自由权之间的平衡在全世界似乎大不相同,许多第三国并不承认删除权或对该权利采用了不同的处理方法。欧盟立法机关迄今未能就欧盟外的“删除权”范围进行平衡和跨区域合作。

(3)在执行删除时,搜索引擎应在必要的情况下采取相关措施,这些措施不仅符合所有的法律要求,而且还能够有效防止或至少在一定程度上阻止互联网用户经由该搜索引擎后展示的搜索结果列表,对作为删除权申请对象的相关链接进行访问。

Google的全球隐私顾问Peter Fleischer在欧洲法院做出上述判决后,曾设想了下述三种场景,并认为应当区别对待:

(1)个人删除自己所发布的个人信息,即个人在网上发布了某些信息,随后对此感到后悔,希望删除此类信息。对于这类场景,Peter Fleischer认为是最没有争议的,而且几乎所有的网站都提供了此类删除个人信息的选项和服务。

(2)个人删除他人转发的个人信息,即当事人在某个网站上发表了包含个人信息的内容,其他人对此类信息进行了转帖,当事人希望删除此类信息。这种场景具有争议,个人可以要求他人删除此类包含个人信息的转帖,但是如果其他人拒绝,这种情形下个人是否可以要求网络运营者进行删除?Peter Fleischer认为,这是一个颇具争议性的问题,应当由平台企业自行制定政策来进行决定。

(3)个人删除他人在网络上所发表的涉及个人的信息。Peter Fleischer认为,一般情况下不应赋予个人删除此类信息的权利,因为赋予此类权利会严重影响言论自由。

与删除权有关的另一个问题是:个人信息处理者是否有义务通知“受托处理者”或其他“个人信息处理者”进行删除?是否需对其“后手”的不删除承担责任?

有专家学者认为:(1)所有从信息处理者处获得信息的受托方或第三方都应当遵从授权递减原则,即其处理信息的权限不得超出信息处理者处理的范畴。这种限制的对象包括处理信息的类型、数量、目的及时间范围等。(2)当个人信息主体撤回对信息处理者的同意时,受托人及第三方也应当同时停止收集及处理信息主体的个人信息。此时,无须个人信息主体再对不同主体进行单独的同意撤回通知,无论个人信息主体的信息处于信息处理者手中,还是因委托关系处于受托人手中，抑或为存在合同关系的第三人所掌控。[①]

目前《信息技术安全　个人信息安全规范》（GB/T 35273—2020）第 8.3 条中提出，个人信息控制者违反法律法规规定或违反与个人信息主体的约定向第三方共享、转让个人信息，且个人信息主体要求删除的，个人信息控制者应立即停止共享、转让的行为，并通知第三方及时删除。可见国家标准也仅是要求在个人信息处理者违法处理的情况下，才负有通知第三方及时删除的义务。若使合法的个人信息处理者为另一位个人信息处理者的未删除或未及时删除行为承担法律责任，恐怕还需要更为有力的法律予以支撑。

五、个人信息保存期限的规定有哪些？

综上所述，《个人信息保护法》将“法律、行政法规规定的保存期限未届满”作为处理者不予删除个人信息的法定条件。我国相关法律、法规等对数据保存期限的规定如表 8.1 所示：

表 8.1　数据保存期限的规定

法规名称	颁布主体	实施日期	法规内容
《反洗钱法》	全国人大常委会	2007 年 1 月 1 日	第十九条　金融机构应当按照规定建立客户身份资料和交易记录保存制度。在业务关系存续期间，客户身份资料发生变更的，应当及时更新客户身份资料。客户身份资料在业务关系结束后、客户交易信息在交易结束后，应当至少保存五年。金融机构破产和解散时，应当将客户身份资料和客户交易信息移交国务院有关部门指定的机构。
《证券投资基金法》（2015 年修正）	全国人大常委会	2015 年 4 月 24 日	第一百零二条第二款　基金份额登记机构应当妥善保存登记数据，并将基金份额持有人名称、身份信息及基金份额明细等数据备份至国务院证券监督管理机构认定的机构。其保存期限自基金账户销户之日起不得少于二十年。
《网络安全法》	全国人大常委会	2017 年 6 月 1 日	第二十一条　国家实行网络安全等级保护制度。网络运营者应当按照网络安全等级保护制度的要求，履行下列安全保护义务，保障网络免受干扰、破坏或者未经授权的访问，防止网络数据泄露或者被窃取、篡改：……（三）采取监测、记录网络运行状态、网络安全事件的技术措施，并按照规定留存相关的网络日志不少于六个月。

① 参见万方：《个人信息处理中的“同意”与“同意撤回”》，载《中国法学》2021 年第 1 期。

续表

法规名称	颁布主体	实施日期	法规内容
《精神卫生法》(2018年修正)	全国人大常委会	2018年4月27日	第四十七条　医疗机构及其医务人员应当在病历资料中如实记录精神障碍患者的病情、治疗措施、用药情况、实施约束、隔离措施等内容,并如实告知患者或者其监护人。患者及其监护人可以查阅、复制病历资料;但是,患者查阅、复制病历资料可能对其治疗产生不利影响的除外。病历资料保存期限不得少于三十年。
《电子商务法》	全国人大常委会	2019年1月1日	第三十一条　电子商务平台经营者应当记录、保存平台上发布的商品和服务信息、交易信息,并确保信息的完整性、保密性、可用性。商品和服务信息、交易信息保存时间自交易完成之日起不少于三年;法律、行政法规另有规定的,依照其规定。
《电子签名法》(2019年修正)	全国人大常委会	2019年4月23日	第二十四条　电子认证服务提供者应当妥善保存与认证相关的信息,信息保存期限至少为电子签名认证证书失效后五年。
《证券法》(2019年修订)	全国人大常委会	2020年3月1日	第一百三十七条第二款　证券公司应当妥善保存客户开户资料、委托记录、交易记录和与内部管理、业务经营有关的各项信息,任何人不得隐匿、伪造、篡改或者毁损。上述信息的保存期限不得少于二十年。 第一百五十三条　证券登记结算机构应当妥善保存登记、存管和结算的原始凭证及有关文件和资料。其保存期限不得少于二十年。 第一百六十二条　证券服务机构应当妥善保存客户委托文件、核查和验证资料、工作底稿以及与质量控制、内部管理、业务经营有关的信息和资料,任何人不得泄露、隐匿、伪造、篡改或者毁损。上述信息和资料的保存期限不得少于十年,自业务委托结束之日起算。
《个人信息保护法》	全国人大常委会	2021年11月1日	第五十六条　个人信息保护影响评估报告和处理情况记录应当至少保存三年。
《工资支付暂行规定》	劳动部	1995年1月1日	第六条　用人单位必须书面记录支付劳动者工资的数额、时间、领取者的姓名以及签字,并保存两年以上备查。用人单位在支付工资时应向劳动者提供一份其个人的工资清单。
《互联网信息服务管理办法》(2011年修订)	国务院	2011年1月8日	第十四条　从事新闻、出版以及电子公告等服务项目的互联网信息服务提供者,应当记录提供的信息内容及其发布时间、互联网地址或者域名;互联网接入服务提供者应当记录上网用户的上网时间、用户账号、互联网地址或者域名、主叫电话号码等信息。 互联网信息服务提供者和互联网接入服务提供者的记录备份应当保存60日,并在国家有关机关依法查询时,予以提供。

续表

法规名称	颁布主体	实施日期	法规内容
《快递市场管理办法》(2013 年)	交通运输部	2013 年 3 月 1 日	第二十二条　…… 经营快递业务的企业在事故处理过程中,应当对所有与事故有关的资料进行记录和保存。相关资料和书面记录至少保存一年。 第三十一条　…… 经营快递业务的企业收寄已出具安全证明的物品时,应当如实记录收寄物品的名称、规格、数量、重量、收寄时间、寄件人和收件人名址等内容。记录保存期限不少于一年。
《会计档案管理办法》(2015 年修订)	财政部、国家档案局	2016 年 1 月 1 日	根据附表 1《企业和其他组织会计档案保管期限表》和附表 2《财政总预算、行政单位、事业单位和税收会计档案保管期限表》保管 10 年、30 年和永久三类期限。
《旅行社条例实施细则》(2016 年修改)	原国家旅游局	2016 年 12 月 12 日	第五十条　旅行社应当妥善保存《条例》规定的招徕、组织、接待旅游者的各类合同及相关文件、资料,以备县级以上旅游行政管理部门核查。 前款所称的合同及文件、资料的保存期,应当不少于两年。 旅行社不得向其他经营者或者个人,泄露旅游者因签订旅游合同提供的个人信息;超过保存期限的旅游者个人信息资料,应当妥善销毁。
《互联网直播服务管理规定》	国家互联网信息办公室	2016 年 12 月 1 日	第十六条第一款　互联网直播服务提供者应当记录互联网直播服务使用者发布内容和日志信息,保存六十日。
《医疗机构管理条例实施细则》(2017 年修正)	原卫生和计划生育委员会	2017 年 4 月 1 日	第五十三条　医疗机构的门诊病历的保存期不得少于十五年;住院病历的保存期不得少于三十年。
《互联网文化管理暂行规定》(2017 年修订)	文化部	2017 年 12 月 15 日	第二十条　互联网文化单位应当记录备份所提供的文化产品内容及其时间、互联网地址或者域名;记录备份应当保存 60 日,并在国家有关部门依法查询时予以提供。
《人力资源市场暂行条例》	国务院	2018 年 10 月 1 日	第三十三条　人力资源服务机构应当加强内部制度建设,健全财务管理制度,建立服务台账,如实记录服务对象、服务过程、服务结果等信息。服务台账应当保存 2 年以上。

续表

法规名称	颁布主体	实施日期	法规内容
《缺陷汽车产品召回管理条例》(2019年修订)	国务院	2019年3月2日	第九条　生产者应当建立并保存汽车产品设计、制造、标识、检验等方面的信息记录以及汽车产品初次销售的车主信息记录,保存期不得少于10年。 第十一条第一款　销售、租赁、维修汽车产品的经营者(以下统称经营者)应当按照国务院产品质量监督部门的规定建立并保存汽车产品相关信息记录,保存期不得少于5年。
《道路危险货物运输管理规定》(2019年修正)	交通运输部	2019年11月28日	第二十八条第二款　危险货物托运人应当对托运的危险货物种类、数量和承运人等相关信息予以记录,记录的保存期限不得少于1年。
《网络预约出租汽车经营服务管理暂行办法》(2019年修正)	交通运输部等	2019年12月28日	第二十七条第一款　网约车平台公司应当遵守国家网络和信息安全有关规定,所采集的个人信息和生成的业务数据,应当在中国内地存储和使用,保存期限不少于2年,除法律法规另有规定外,上述信息和数据不得外流。
《保障农民工工资支付条例》	国务院	2020年5月1日	第十五条第一款　用人单位应当按照工资支付周期编制书面工资支付台账,并至少保存3年。
《道路旅客运输及客运站管理规定》(2022年修正)	交通运输部	2022年9月26日	第五十二条　班车客运经营者及客运站经营者对实行实名制管理所登记采集的旅客身份信息及乘车信息,除应当依公安机关的要求向其如实提供外,应当予以保密。对旅客身份信息及乘车信息自采集之日起保存期限不得少于1年,涉及视频图像信息的,自采集之日起保存期限不得少于90日。 第六十七条第二款　实行实名制管理的客运班线开展定制客运的,班车客运经营者和网络平台应当落实实名制管理相关要求。网络平台应当采取安全保护措施,妥善保存采集的个人信息和生成的业务数据,保存期限应当不少于3年,并不得用于定制客运以外的业务。
《网络餐饮服务食品安全监督管理办法》(2020年修订)	国家市场监督管理总局	2020年10月23日	第十五条　网络餐饮服务第三方平台提供者和自建网站餐饮服务提供者应当履行记录义务,如实记录网络订餐的订单信息,包括食品的名称、下单时间、送餐人员、送达时间以及收货地址,信息保存时间不得少于6个月。

续表

法规名称	颁布主体	实施日期	法规内容
《规范促销行为暂行规定》	国家市场监督管理总局	2020年12月1日	第十九条　经营者应当建立档案，如实、准确、完整地记录设奖规则、公示信息、兑奖结果、获奖人员等内容，妥善保存两年并依法接受监督检查。
《网络招聘服务管理规定》	人力资源和社会保障部	2021年3月1日	第二十六条　以网络招聘服务平台方式从事网络招聘服务的人力资源服务机构应当记录、保存平台上发布的招聘信息、服务信息，并确保信息的完整性、保密性、可用性。招聘信息、服务信息保存时间自服务完成之日起不少于3年。
《网络交易监督管理办法》	国家市场监督管理总局	2021年5月1日	第三十一条　网络交易平台经营者对平台内经营者身份信息的保存时间自其退出平台之日起不少于三年；对商品或者服务信息，支付记录、物流快递、退换货以及售后等交易信息的保存时间自交易完成之日起不少于三年。法律、行政法规另有规定的，依照其规定。
《征信业务管理办法》	中国人民银行	2022年1月1日	第二十条　征信机构采集的个人不良信息的保存期限，自不良行为或者事件终止之日起为5年。 个人不良信息保存期限届满，征信机构应当将个人不良信息在对外服务和应用中删除；作为样本数据的，应当进行匿名化处理。
《金融机构客户尽职调查和客户身份资料及交易记录保存管理办法》	中国人民银行、银保监会、证监会	2022年3月1日	第四十六条第一款　金融机构应当按照下列期限保存客户身份资料及交易记录： (一)客户身份资料自业务关系结束后或者一次性交易结束后至少保存5年； (二)交易记录自交易结束后至少保存5年。 如客户身份资料及交易记录涉及正在被反洗钱调查的可疑交易活动，且反洗钱调查工作在前款规定的最低保存期限届满时仍未结束的，金融机构应当将相关客户身份资料及交易记录保存至反洗钱调查工作结束。 同一介质上存有不同保存期限客户身份资料或者交易记录的，应当按最长保存期限保存。同一客户身份资料或者交易记录采用不同介质保存的，应当按照上述期限要求至少保存一种介质的客户身份资料或者交易记录。 法律、行政法规对客户身份资料及交易记录有更长保存期限要求的，从其规定。

依据《个人信息保护法》的规定，基于前述有关个人信息保存期限的法律法规梳理，在确定个人信息的保存期限时应注意如下要点：

(1)《个人信息保护法》要求不予删除的法律依据必须是“法律、行政法规”，但表8.1所列的很多规定并不属于“法律、行政法规”。处理者决定是否可援引上述规定时，应注意区分法律位阶。

（2）企业要根据处理目的的不同做好信息分类，以适用不同的保存期限。要实现个人信息留存期限所必要的最短时间，要对企业所收集、使用的个人信息进行分类。企业应基于业务场景、使用目的，进一步探求不同类别个人信息基于业务所需而保存的必要时间。

（3）企业要根据有关信息保存期限的法律法规要求，告知个人信息主体并落实合规义务。企业要根据法律法规关于信息保存的"至少期限"要求，结合自身业务需要，形成保存信息的合理期限。

（4）除非基于法律法规的明确规定，或经用户同意的合理目的，企业应改变原先尽可能长久保存个人信息的习惯，以减少因长久保存不必要的信息而导致的合规成本和风险。

（5）企业要持续关注合规动态，及时更新隐私政策。《个人信息保护法》出台后，各部门、各行业对个人信息保护的制度在不断细化和完善，监管部门也在持续加大对个人信息保护的执法力度。相关产业的监管细则、标准指南接连出台，企业需时刻关注合规立法、执法和司法动向，及时更新隐私政策。

六、如何实现个人的"可携权"？

个人信息的"可携权"可以追溯到 2007 年。一些专家学者在 2007 年提出了《社交网络用户权利法案》的宣言，创立了"数据可携带项目"（Data Portability Project）；2010 年，电子前沿基金会（Electronic Frontier Foundation）建议，携带权应该是《社交网络用户权利法案》的一个组成部分。同年，美国白宫发起了"我的数据"倡议。2011 年，Google 和 Facebook 加入了可携带性项目。在 GDPR 起草过程中，"可携权"面临了种种质疑与反对，但在 2016 年通过的 GDPR 中，这一新型个人信息权利还是被保留了下来。①

这个制度在国际上也是全新的，《信息技术安全　个人信息安全规范》（GB/T 35273—2020）首次规定了个人信息可携权的内容，但其可转移的个人信息是有限的，即个人的基本资料、身份信息、健康生理信息和教育工作信息，且转移的个人信息仅为副本。

① 参见丁晓东：《个人信息保护：原理与实践》，法律出版社 2021 年版，第 418 ~ 421 页。

我国《个人信息保护法》仅用“个人请求将个人信息转移至其指定的个人信息处理者,符合国家网信部门规定条件的,个人信息处理者应当提供转移的途径”进行了原则规定,但在实践中大家不知该规定如何落地。

追根溯源,让我们首先看一下在 GDPR 的 WP29《关于 GDPR 个人自动化决策和用户画像指南》(Guidelines on Automated Individual Decision-making and Profiling for the Purposes of Regulation 2016/679)就可携权出具的指南 Guidelines on the right to “data portability” (wp242rev. 01)①中的意见:

指南1 可携权涵盖哪些处理行为?

根据 GDPR 第 20(1)(a)条的规定,只有基于“数据主体的同意”或者基于“为订立或履行数据主体作为一方的合同”所处理的个人数据才纳入可携权的范围。针对不基于前述“同意”或“合同”为依据处理个人数据的情形,GDPR 并没有为其确立可携权。如金融机构没有义务响应可携权请求,因为个人数据的处理是基于金融机构防止及预防洗钱、其他金融罪行的义务。

数据可携权只适用于“通过自动化方式进行的”个人数据处理,因此不包括大数据纸质文件。

指南2 可携权是否仅涵盖个人数据?

仅“与数据主体有关的个人数据”在可携权请求的范围以内。因而,任何匿名化或者与数据主体无关的数据不在可携权请求范围内。

但是,在很多情况下,处理者处理的信息中包含多个数据主体的个人数据,此时,处理者不应当对“与数据主体有关的个人数据”作过于限制性的解释。例如电话记录可能包含第三方人员的呼入和呼出信息,尽管用户账户记录的数据涉及其他人的个人数据,但用户仍可以获得这些数据记录,因为这些记录也与数据主体有关。

指南3 什么是数据主体“提供”的数据?

GDPR 将可携权的范围缩小为数据主体“提供”的数据。为了使这项权利充分发挥价值,WP29 认为数据主体“提供”的数据不仅包括数据主体有意并主动

---

① See https://ec. europa. eu/newsroom/article29/items/611233.

提供的个人数据,也应包括从用户活动中观察到的个人数据,例如智能电表或其他联网装置处理的原始数据、活动日志、网站使用或搜索活动历史记录。可穿戴设备记录的心跳数据等。

但数据主体“提供”的数据不包括“推测数据”和“派生数据”。例如,通过分析智能电表收集的数据而产生的用户信息、用户健康状况评估结果、金融监管场景下生成的用户画像、个性化推荐等。

指南4 什么是侵犯他人权利和自由?

GDPR规定数据主体行使可携权的第三项条件是不得侵犯他人的权利和自由。譬如当数据接收者将个人数据用于其他目的(如将数据主体联系人目录中的个人数据用于营销目的)时,第三人的权利和自由将无法得到保障。

对于可能与可携权没有直接关系的他人权利和自由,如商业秘密或知识产权,尤其是软件版权,虽然应该在对可携权做出回应时考虑这些权利,但这些考虑结果不应当成为拒绝回应数据主体的理由。数据控制者能够以不泄露商业秘密或者知识产权的方式传输数据主体提供的个人数据。

指南5 回应数据可携权请求的时间限制是多长?

GDPR第12条第3款要求数据控制者在收到请求后的一个月内向数据主体提供“采取应对措施的信息”。如果情况复杂,这一个月的期限最多可以延长至三个月,但需要在数据主体首次提出可携权请求后的一个月内告知迟延的原因。

指南6 什么是对可携权设置障碍?

GDPR第20条第1款规定数据主体有权将数据传输至另一个数据控制者,提供数据的数据控制者不得对此设置障碍。这种障碍可能包括:要求为提供数据支付费用,数据格式、应用程序接口(API)缺乏互操作性或不能访问,检索完整数据集过程过度拖延或过度复杂,易混淆数据集,执行特有、不适当或过度的标准化分类或验证要求。

指南7 如何实现可携数据传输的“技术可行性”?

GDPR第20条第2款规定如果“技术可行”,数据控制者还有权将可携数据直接传输给其他数据控制者。在技术层面,数据控制者应当开发并评估两种不同且互补的方式:(1)直接传输全部可携数据集,或者传输若干提取部分;(2)可提取相关数据的自动化工具。如果涉及多个大型且复杂的数据集,数据控制者可以倾向于选用第2种方式,因为该方式可以按照数据主体的要求,从数据集中提取与数据主体请求相关的任何部分,并有助于将风险降至最低,还可能允许数据同步机制。

这两种方式可以通过各种途径实现数据的可携,例如secured messaging、SFTP server、secured WebAPI或WebPortal。

指南8 应当采用哪种数据格式?

GDPR第20条第1款规定必须以"结构化、通用化和机器可读格式"提供个人数据,其目的是以能够支持数据重新使用的格式提供个人所请求的个人数据。如果特定行业或特定环境中没有通用数据格式,数据控制者应采用常用的开放数据格式(例如:XML、JSON、CSV等)和最佳颗粒度级别上的有用的元数据(metadata)。但是,GDPR"序言"第68条阐明:"数据主体传输或接收与其相关的个人数据的权利,不应当给数据控制者创设一项其必须采用或维护技术兼容处理系统的义务。"因此,数据可携权的目的是产生具有互操作性的系统,而不是兼容系统。

2021年11月14日,国家互联网信息办公室发布的《网络数据安全管理条例(征求意见稿)》第24条对"可携带权"作了专条规定,依据该专条规定,可携带权的行使要点包括:"符合下列条件的个人信息转移请求,数据处理者应当为个人指定的其他数据处理者访问、获取其个人信息提供转移服务:(一)请求转移的个人信息是基于同意或者订立、履行合同所必需而收集的个人信息;(二)请求转移的个人信息是本人信息或者请求人合法获得且不违背他人意愿的他人信息;(三)能够验证请求人的合法身份。数据处理者发现接收个人信息的其他数据处理者有非法处理个人信息风险的,应当对个人信息转移请求做合理的风险提示。请求转移个人信息次数明显超出合理范围的,数据处理者可以收取合理费用。"

与GDPR第20条进行对比,可以发现《网络数据安全管理条例(征求意见稿)》允许转移的不仅包括"个人信息",还包括"合法获得且不违背他人意愿的他人信息",从此维度而言,我国《网络数据安全管理条例(征求意见稿)》实际上借鉴了Guidelines on the right to "data portability"(wp242rev.01)中"处理者不应当对‘与数据主体有关的个人数据’作过于限制性的解释”的观点，更具有实际可操作性。但《网络数据安全管理条例（征求意见稿）》的规定仍不够精细，期待对其进一步细化和完善。

七、如何实现个人的“反自动化决策权”？

我国《个人信息保护法》第24条用了3个条款来规定“自动化决策”（automated decision-making）的问题，即“个人信息处理者利用个人信息进行自动化决策，应当保证决策的透明度和结果公平、公正，不得对个人在交易价格等交易条件上实行不合理的差别待遇。通过自动化决策方式向个人进行信息推送、商业营销，应当同时提供不针对其个人特征的选项，或者向个人提供便捷的拒绝方式。通过自动化决策方式作出对个人权益有重大影响的决定，个人有权要求个人信息处理者予以说明，并有权拒绝个人信息处理者仅通过自动化决策的方式作出决定”。

上述第1款从原则上规定利用个人信息进行自动化决策的程序性要求和结果性要求，并新增了对“大数据杀熟”的禁止规定；第2款规定了个人对通过自动化决策进行个性化推荐的“选择权”和“拒绝权”；第3款规定了个人对自动化决策的“要求解释权”和对仅通过自动化决策的“拒绝权”。

而《信息安全技术　个人信息安全规范》（GB/T 35273—2020）则对“用户画像”（user profiling）作了定义，即“通过收集、汇聚、分析个人信息，对某特定自然人个人特征，如职业、经济、健康、教育、个人喜好、信用、行为等方面作出分析或预测，形成其个人特征模型的过程”。其中，直接使用特定自然人的个人信息，形成该自然人的特征模型，称为直接用户画像。使用来源于特定自然人以外的个人信息，如其所在群体的数据，形成该自然人的特征模型，称为间接用户画像。

客户有时会将“用户画像”“自动化决策”“仅通过自动化决策”之间的关系混为一谈，有必要先作一下解释。

所谓“用户画像”，应由三个要素构成：（1）它应是一种自动化的处理形式；（2）它的实施应是针对个人信息的处理；（3）画像的目的应是分析或预测特定自然人的个人特征模型。

所谓“自动化决策”，按照欧盟WP29中的讲法，自动化决策和用户画像的范围有不同之处但也可能会部分重叠，自动化决策并非必须基于用户画像，用户画像也可以无须做出决策。譬如：

案例 1

开具超速罚单可以仅仅基于速度记录摄像机提供的证据。这是一个无须用户画像的自动化决策。

案例 2

案例 1 也可能变更一个基于用户画像的自动化决策，例如司机的驾驶习惯被持续监测，比如罚单金额的计算结果引入了其他用户画像的因素（如司机是否是超速惯犯，或近期是否有其他交通违规情况）的评估。

案例 3

不具有任何预测目的，仅是基于个人特征如性别、年龄、身高进行评估和分类，这个分析也是一个用户画像过程，但这个过程并不需要做出决策。

我国《个人信息保护法》对“自动化决策”的定义是：通过计算机程序自动分析、评估个人的行为习惯、兴趣爱好或者经济、健康、信用状况等，并进行决策的活动。因此，我国法律所讲的“自动化决策”必须基于“用户画像”的基础上。这点与 GDPR 不完全相同，大家应该注意到。

所谓“仅通过自动化决策”，在 GDPR 项下被称为“单独地自动化决策”（solely automated decision-making），以区别于一般的基于用户画像的自动化决策。让我们看两个小例子：

案例 4

一位出借人通过自动化方式生成的针对申请人的用户画像决定是否同意这笔贷款。这是一个基于用户画像的一般的自动化决策。

案例 5

无须通过任何在先的和有意义的人工评估（assessment by a human），一种算法就决定一笔贷款申请是否可以通过并把这个决定自动传输给申请人。这就是一个基于用户画像的单独地自动化决策。

在分清楚“用户画像”、“自动化决策”、“仅通过自动化决策”（GDPR 项下的

“单独地自动化决策”）之间的关系后，我们会发现，GDPR赋予个人的“反自动化决策权”仅针对“单独地自动化决策”，并且要求该“单独地自动化决策”将对个人数据主体产生“法律后果或类似重大影响”（legal effects concerning him or her or similarly significantly affects him or her）。

对比后我们会发现，我国《个人信息保护法》比GDPR更加严格，体现在：

（1）GDPR第22条规定的“反自动化决策权”仅针对“单独地自动化决策”；而我国《个人信息保护法》规定的个人的“反自动化决策权”不限于是否“仅通过自动化决策”。

（2）对于“通过自动化决策方式向个人进行信息推送、商业营销”，我国《个人信息保护法》项下个人的反对权没有附前提条件，即无须如GDPR一样需对个人数据主体产生“法律后果或类似重大影响”。

（3）GDPR第22条第2款罗列了“反自动化决策权”的三种例外情况，包括达成和履行数据主体作为一方的合同所必需、欧盟或成员国的法律授权做出、基于数据主体的明示同意。而我国《个人信息保护法》没有规定任何例外情形。

当然，我国《个人信息保护法》相对“绝对化”的一个好处就是法律非常清晰，简单且易于操作。事实上，GDPR看似柔性和全面的规定容易带来执法中的不统一，譬如下列自动化决策对个人的影响程度大不相同，何为GDPR项下的“法律后果或类似重大影响”？在实践中很不好掌握。

案例6

个人在国外度假时需要以“后付费”方式租两小时的城市自行车。

个人需要使用信用卡购买厨房用具或电视机。

个人需要获得抵押贷款购买第一套住房。

如果对自动化决策缺乏知情权，会导致人们很可能不知道他们正在被画像，这样可能会削弱个人自由选择的权利，甚至造成不准确的预测、不正当的歧视，如谷歌职位广告歧视案中，卡内基梅隆大学和国际计算机科学研究所的研究人员建立了一个名为AdFisher的工具，经过大量数据研究证实谷歌对男性求职者网络用户展示的高管职位广告中，薪酬要远高于同等的女性求职者看到的数额。因此，保持自动化决策的透明度是至关重要的。

根据我国《个人信息保护法》的规定，个人信息处理者使用自动化决策时，需要特别履行的合规义务包括：

(1)保障个人的知情权

我国《个人信息保护法》中"应当保证决策的透明度"的规定，赋予个人充分的知情权。这意味着处理者采取自动化决策时，应当以准确的、透明的、易懂的且容易被个人获得的方式，将其进行的决策情况告知个人信息主体，释明自动化决策的意义以及相应后果，如在隐私政策中告知使用自动化决策的业务场景，或在具体的业务界面中使用通知弹窗、横幅、标签等形式向用户明示自动化决策机制的使用。

案例7

一家保险公司在监测客户驾驶行为的基础上利用自动化决定程序设定汽车保险费。为了释明这种处理行为的意义和结果，其解释了危险驾驶可能会导致更高的保费，并提供了一个应用程序以比较不同虚拟司机的行为(如快速加速或紧急刹车)，并使用图表来指示用户如何改善这些驾驶习惯从而降低保费。

(2)保障结果公平、公正

我国《个人信息保护法》中应当保证结果公平、公正的规定，赋予个人公平交易权。事实上，除《个人信息保护法》，我国已然制定了多部的法律文件，尤以国务院反垄断委员会《关于平台经济领域的反垄断指南》的规定最为详尽(见表8.2)。

表8.2　"公平交易权"相关法律规定

法规名称	颁布时间	相关条款
《价格法》	1997年12月29日	第十四条　经营者不得有下列不正当价格行为：……(五)提供相同商品或者服务，对具有同等交易条件的其他经营者实行价格歧视……
《消费者权益保护法》(2013年修正)	2013年10月25日	第十条　消费者享有公平交易的权利。 消费者在购买商品或者接受服务时，有权获得质量保障、价格合理、计量正确等公平交易条件，有权拒绝经营者的强制交易行为。
《反垄断法》	2022年6月24日	第二十二条　禁止具有市场支配地位的经营者从事下列滥用市场支配地位的行为：……(六)没有正当理由，对条件相同的交易相对人在交易价格等交易条件上实行差别待遇；……

续表

法规名称	颁布时间	相关条款
《价格违法行为行政处罚规定》(2010年修订)	2010年12月4日	第四条　经营者违反价格法第十四条的规定,有下列行为之一的,责令改正,没收违法所得,并处违法所得5倍以下的罚款;没有违法所得的,处10万元以上100万元以下的罚款;情节严重的,责令停业整顿,或者由工商行政管理机关吊销营业执照:……(二)提供相同商品或者服务,对具有同等交易条件的其他经营者实行价格歧视的。
国务院反垄断委员会《关于平台经济领域的反垄断指南》	2021年2月7日	第十七条　差别待遇 具有市场支配地位的平台经济领域经营者,可能滥用市场支配地位,无正当理由对交易条件相同的交易相对人实施差别待遇,排除、限制市场竞争。分析是否构成差别待遇,可以考虑以下因素: (一)基于大数据和算法,根据交易相对人的支付能力、消费偏好、使用习惯等,实行差异性交易价格或者其他交易条件; (二)实行差异性标准、规则、算法; (三)实行差异性付款条件和交易方式。 条件相同是指交易相对人之间在交易安全、交易成本、信用状况、所处交易环节、交易持续时间等方面不存在实质性影响交易的差别。平台在交易中获取的交易相对人的隐私信息、交易历史、个体偏好、消费习惯等方面存在的差异不影响认定交易相对人条件相同。 平台经济领域经营者实施差别待遇行为可能具有以下正当理由: (一)根据交易相对人实际需求且符合正当的交易习惯和行业惯例,实行不同交易条件; (二)针对新用户在合理期限内开展的优惠活动; (三)基于平台公平、合理、无歧视的规则实施的随机性交易; (四)能够证明行为具有正当性的其他理由。
《互联网信息服务算法推荐管理规定》	2021年12月31日	第二十一条　算法推荐服务提供者向消费者销售商品或者提供服务的,应当保护消费者公平交易的权利,不得根据消费者的偏好、交易习惯等特征,利用算法在交易价格等交易条件上实施不合理的差别待遇等违法行为。

最广为人知的不公平交易是“大数据杀熟”,杀熟的具体表现形式如:Android系统和iOS系统在同一收费服务中的定价不同,同一应用同一服务的注册用户与未注册用户定价不同,同一应用同一服务的高频用户与低频用户定价不同。早在2000年,Amazon公司就被用户投诉采用差别定价的手段。用户称,

在删除了浏览器的 Cookies 之后,其浏览过的 DVD 商品价格下降了 3.5 美元。另外,美国的旅游订票网站 Orbitz 也出现了这样的情况,在其他条件不变的情况下,用 Apple 电脑搜索房间的价格就比其他品牌电脑要高。

案例 8

2020 年 7 月 18 日自然人 C 在携程旅行 App 预订了当天舟山希尔顿酒店豪华湖景大床房一间,订单金额为 2889 元,当天 8 时 42 分付款完成。2020 年 7 月 18 日 8 时 43 分,酒店对外电话接到自称王先生的来电,以自然人 C 名义直接向酒店预订,房款 1377.63 元通过微信支付。2020 年 7 月 19 日自然人 C 退房时,要求酒店开具发票,发现酒店房价为 1377.63 元,遂以携程公司大数据杀熟为由提起诉讼。

案例 8 被称为我国"大数据杀熟"的第一案。法院认为,本案是否认定携程公司存在大数据杀熟,不影响携程公司存在侵害消费者个人信息行为的认定,故本案中未对携程公司是否存在大数据杀熟行为进行查明和认定。同时,法院也指出,案涉隐私政策明确载明携程公司可能将自然人的订单数据用于分析,从而形成用户画像,自然人 C 作为一名普通消费者在面对携程公司掌控平台内所有数据且事先亦告知要进行数据画像等商业利用的情况下,当得知案涉订单支付了不合理高价时,对携程公司产生大数据杀熟的疑虑合乎常理,相关主张有一定的事实基础,而且携程公司提交的 142 笔订单信息显示,同日入住的单价价差最大达到 1600 多元,同日订单价格高低与是否提起预定不相关,其价格机制不透明。携程公司作为一家在行业内占据优势地位,并在国内享有广泛知名度的企业,理应负有更高的社会责任和使命,应聚焦于为何消费者会认为其存在大数据杀熟以及如何提升自身的服务以消除消费者的疑虑。

(3)保障个人对"信息推送、商业营销"的拒绝权

我国《个人信息保护法》中"通过自动化决策方式向个人进行信息推送、商业营销,应当同时提供不针对其个人特征的选项,或者向个人提供便捷的拒绝方式"的规定,赋予了个人对该等行为的拒绝权。

需要注意的是,适用该条款的前提是此等"信息推送、商业营销"必须是基于"用户画像"的自动化决策,未基于"用户画像"的"信息推送、商业营销"不受此限,举例如下。

案例9

补习中心在未征得个人同意的情况下将个人的手机号码加入WhatsApp群组,并向群组内的成员发送推广补习中介服务的讯息,这个做法是否适用本条款?一般而言,不是向特定人士发送的WhatsApp讯息或手机促销短讯并不构成用户画像。例如,有人建立WhatsApp群组,并把一系列字首相同的手机号码(但不知悉号码拥有人的其他个人信息)加入群组,以发送推广转介服务的讯息;又或者有你不认识的人士向你的手机号码发送没有指名道姓的促销短讯,由于讯息的发送没有基于数据画像,所以不受自动化决策的条款限制。

案例10

某电信公司职员来电,提醒你家居宽带合同期限将届满,并告诉你一个更合适的价格套餐,电讯公司职员的做法算是"通过自动化决策方式向个人进行信息推送、商业营销"吗?电信公司知道有关合同即将期限届满,其通话明显是以你作为特定对象,但若该通话内容只通知你合同即将到期,并没有基于计算机程序自动分析、评估,那并没有进行数据画像。但若电信公司通过对你的经济、健康、信用状况进行分析判断你可以匹配一个更合适的宽带套餐,并通过职员给你进行上述商业营销,就构成了数据画像基础上的自动化决策,须遵守《个人信息保护法》的上述限制性规定。

案例11

一家探险训练营公司要求所有的营员提供一个紧急联系人的信息,包括姓名、电话号码和地址等,并征得了紧急联系人的同意。其目的是在发生与该营员有关的紧急情况时,使用该信息来联系其紧急联系人。公司随后通过计算机程序自动分析了这些个人信息,以确定所列个人是否是潜在的探险训练营参与者,并向这些紧急联系人发送了商业营销信息,这构成了数据画像基础上的自动化决策。

(4)保障个人对"仅通过自动化决策"的拒绝权

如之前所解释的内容,"仅通过自动化决策"对应GDPR项下的"单独地自动化决策",此时有无人为干预是一个关键要素。我国《个人信息保护法》赋予个人"仅通过自动化决策"的拒绝权并要求个人信息处理者提供人为干预,需要注意的是，要达到人为干预的法律规定，个人信息处理者应确保对自动化决策的干预是有意义的。如果人为干预对自动化决策从未产生任何实质性影响，则这个决策过程仍会被视为“仅通过自动化决策”。

该款中要求的“对个人权益有重大影响的决定”，《个人信息保护法》未作具体规定，可参照《互联网个人信息安全保护指南》、《信息技术安全　个人信息安全规范》（GB/T 35273—2020）中的相关规定，如自动决定个人征信及贷款额度、用于面试人员的自动化筛选、行政司法决策，以及可能引发限制个人自主决定权、引发差别性待遇、个人名誉受损或遭受精神压力、人身财产受损等，都可归入“对个人权益有重大影响的决定”的范畴之中。

八、如何实现死者近亲属的相关权利？

我国《个人信息保护法》第 49 条规定：“自然人死亡的，其近亲属为了自身的合法、正当利益，可以对死者的相关个人信息行使本章规定的查阅、复制、更正、删除等权利；死者生前另有安排的除外。”

对比《个人信息保护法》二审稿中“自然人死亡的，本章规定的个人在个人信息处理活动中的权利，由其近亲属行使”的规定，大家可以发现，发生了很大的变化。

首先，正式立法中强调保护的是死者近亲属“自身的”合法、正当利益，而非死者的个人信息权益，更非死者近亲属的继承权。从《民法典》对个人信息保护的规定来看，个人信息权益属于人格利益。依据《民法典》第 992 条规定，自然人死后，个人信息不能作为财产被继承，因此，《个人信息保护法》项下的近亲属权利，不应理解为民法意义上的继承权。

其次，近亲属只能针对死者的“相关”而非“全部”个人信息行使权利，所谓“相关”，是指与死者近亲属自身的合法、正当的利益相关。

实践中，如何把握什么样的信息与近亲属的合法、正当利益相关，什么样的信息不相关或相关性不足以优先于死者的隐私权，特别是兼具个人信息和虚拟财产属性的场景下（比如微信、QQ、微博等网站账号和其中的信息）如何界定近亲属合法、正当利益的边界，仍是一个有赖于各界不断探讨和完善的问题。试举例以作参考：

案例1

在江苏省高级人民法院公报2017年第2辑刊登的陈某某诉南京市住房保障和房产局继承人要求查询被继承人名下房产信息案中，为继承父亲名下遗产，陈某某向南京市住房保障和房产局的房产档案部门申请查询父亲名下的房屋登记信息。原告向被告提交了(2015)宁秦证民内字第1632号继承公证书、死亡证明书、常住人口登记卡、婚姻登记记录证明、医学出生证明等材料。但被告认为，原告仅以"姓名"作为查询房产信息的检索条件，不符合法律规定，故对原告的申请予以拒绝。

案例1中，法院二审认定，继承人作为利害关系人，依法具有查询被继承人名下房产信息的权利，房屋登记机构应当予以提供相关信息。尽管《房屋权属登记信息查询暂行办法》等规范性文件对房屋登记信息如何查询规定了具体的操作办法，但执行该操作办法不应妨碍利害关系人依法行使继承权。房屋登记机构以继承人无法提供房屋的坐落或权属证书编号，不具备《房屋权属登记信息查询暂行办法》规定的查询条件为由，拒绝提供被继承人名下房产信息查询的，违反了《物权法》(已失效)的规定，构成不履行法定职责。

最后，增加了死者生前另有安排的除外，这也是为了尊重死者的意愿和保护其个人隐私而作出的例外性规定。

此外，苹果公司设置的"Apple数字遗产联系人"方案具有启发意义，节选苹果公司隐私政策说明中的部分相关内容，以供读者借鉴：

已故家庭成员账号的访问请求(更新日期:2021年10月27日)

在中国客户不幸去世等特殊情况下，其近亲属有权依法查阅、更正或删除死者的个人数据。他们可以通过登录Apple的数字遗产门户网站digital-legacy. apple. com/? r=1&language=CN-ZH行使这一权利。欲了解更多信息，请访问support. apple. com/zh-cn/HT208510和support. apple. com/zh-cn/HT211280。

如何请求访问已故家庭成员的Apple账户(发布日期:2022年4月12日)

(1)每一天，全世界的人们都会在自己的Apple设备和iCloud中存储重要的文稿、回忆等。在Apple，我们认为隐私是基本的人权，并且用户希望我们一直协助他们保持其信息的私密性和安全性。万一某位客户不幸去世，Apple会向其亲人提供选项，以请求访问或删除其Apple ID以及储存在账户中的数据。

(2)为安全起见,Apple 会先要求您提供法律文件,并在完成验证后,我们才能协助处理已故者的账户。这些文件通常包括死亡证明,您还可能需要提供法院判令或其他文件。具体要求因国家和地区而异。我们向已故者的家属表示深切慰问,并尝试尽力、尽快地协助处理请求。

凭法院判令或其他法律文件请求访问权限(发布日期:2022 年 4 月 12 日)

(1)在美国和其他地区,如果您取得法院判令,将您指定为您亲人的个人信息的合法继承人,您可以请求访问已故者的 Apple ID 和数据。在某些司法管辖区,例如法国、德国、日本、澳大利亚和新西兰,可接受其他文件和程序来替代法院判令。

(2)在适用的地区,法院判令需要指明:已故者的姓名和 Apple ID;请求访问已故者账户的直系亲属的姓名;已故者是与相应 Apple ID 关联的所有账户的用户;请求人是已故者的合法个人代表、代理人或继承人,他们的授权能够构成"合法同意";Apple 依照法院判令来协助提供已故者账户中的已故者信息。法院判令应发送至相关 Apple 实体。

关于遗产计划(发布日期:2022 年 4 月 12 日)

(1)我们鼓励 Apple 用户考虑为自己的 Apple ID 添加遗产联系人,或者在遗嘱中增加一项继承计划以涵盖自己储存在设备和 iCloud 中的个人信息。

(2)这样可以简化取得法律判令的程序,为正在经历悲痛的家庭成员减少一些拖延和沮丧。

关于遗产联系人(发布日期:2022 年 5 月 5 日)

(1)从 iOS 15.2、iPadOS 15.2 和 macOS 12.1 开始,您可以为自己的 Apple ID 添加遗产联系人。如果您想让信任的人能够在您去世后访问储存在您 Apple 账户中的数据,那么添加遗产联系人就是最简单、最安全的方法。这些数据可能包括照片、信息、备忘录、文件、您下载的 App、设备备份等。您的遗产联系人无法访问某些信息,例如您使用自己的 Apple ID 购买的影片、音乐、图书或订阅,以及储存在钥匙串中的数据(例如支付信息和密码)。

(2)您的遗产联系人可以是您选择的任何人,您也可以指定多位遗产联系人。对方甚至不需要有 Apple ID 或 Apple 设备。遗产联系人需要年满 13 周岁(年龄因国家和地区而异)。

(3)要在您去世后提出访问请求,对方只需拥有以下资料:(a)在您选择对方作为您的遗产联系人时生成的访问密钥;(b)您的死亡证明。Apple会审核遗产联系人提出的请求,只有在验证这些信息后才会将您Apple账户数据的访问权限提供给对方。访问权限得到批准后,您的遗产联系人会收到一个特殊的Apple ID,对方可以设置这个ID并用它来访问您的账户。您的Apple ID和密码将不再可用,而且使用您Apple ID的所有设备上的激活锁都会被移除。

(4)您的遗产联系人可以在一定时限内访问您的数据(从第一次遗产账户请求获得批准之日起三年)。这个时限过后,您的账户会被永久删除。请注意,如果您有多位遗产联系人,则其中任何一位都可以在您去世后单独决定如何处理您的账户数据,包括永久删除这些数据。

遗产联系人可以访问的数据(发布日期:2021年12月13日)

(1)遗产联系人可以访问的数据取决于Apple ID账户持有人在iCloud和iCloud云备份中储存了哪些内容。例如,如果对方将所有照片都保存在第三方网站上,这些照片没有储存在Apple处,则不会在其Apple ID数据中。

(2)遗产联系人或许能够访问的数据包括:iCloud照片;备忘录;邮件;通讯录;日历;提醒事项;iCloud云端"信息";通话历史记录;储存在iCloud云盘中的文件;健康数据;语音备忘录、Safari浏览器书签和阅读列表;iCloud云备份(其中可能包括从App Store下载的App、储存在设备上的照片和视频、备份在iCloud中的设备设置和其他未被排除在以下列表之外的内容)。

遗产联系人无法访问的数据(发布日期:2021年12月13日)

遗产联系人无法访问的数据包括:受许可证保护的媒体,例如账户持有人购买的影片、音乐和图书;App内购买,例如升级、订阅、游戏币或在App内购买的其他内容;付款信息,例如Apple ID付款信息或为与Apple Pay搭配使用而存储的卡片;账户持有人储存在钥匙串中的信息,例如Safari浏览器用户名和密码、互联网账户(用于"邮件"、"通讯录"、"日历"和"信息")、信用卡号和到期日期以及无线局域网密码。

第九章　数据不正当竞争篇

一、什么是数据不正当竞争行为？

不正当竞争本身有广义和狭义之分。广义的不正当竞争包括垄断行为，狭义的不正当竞争则是指除垄断以外的其他扰乱市场竞争秩序的行为。《反垄断法》重在保护竞争自由，反对排除、限制竞争，解决的是市场中有没有竞争的问题；《反不正当竞争法》重在保护竞争公平，解决的是市场中竞争是否公平有序的问题。

我国1993年《反不正当竞争法》刚出台时，规定的类型化不正当竞争行为包括：市场混淆行为、商业贿赂行为、虚假宣传行为、侵犯商业秘密行为、不正当有奖销售行为、商业诋毁行为6类。

2017年我国《反不正当竞争法》第一次修订时增设了“互联网专条”，明确规定了通过互联网技术进行的3类不正当竞争行为，分别为：

（1）未经其他经营者同意，在其合法提供的网络产品或者服务中，插入链接、强制进行目标跳转，即流量劫持行为。

（2）误导、欺骗、强迫用户修改、关闭、卸载其他经营者合法提供的网络产品或者服务，即软件干扰行为。

（3）恶意对其他经营者合法提供的网络产品或者服务实施不兼容，即恶意不兼容行为。

此外，《反不正当竞争法》第2条第1款就“竞争原则”的一般条款作出了规定，包括“自愿”、“平等”、“公平”、“诚信”以及“遵守法律和商业道德”。

2019年《反不正当竞争法》的修订未变更上述“互联网专条”的规定。

综上，我国不正当竞争的表现形式，既包括违反《反不正当竞争法》第二章规定的实施市场混淆、商业贿赂、虚假宣传、侵犯商业秘密、不正当有奖销售、商业诋毁这6类传统不正当竞争行为,也包括“互联网专条”规定的3类网络不正当竞争等行为。同时,经营者实施的其他非类型化的行为,如果属于违反《反不正当竞争法》第2条第1款规定“竞争原则”一般条款,也能够构成不正当竞争。

数据的不正当竞争行为,目前看来大致可以分为两种情形:

一种是《反不正当竞争法》项下类型化的不正当竞争行为。例如,流量造假类的虚假宣传行为、流量劫持行为等,这类不正当竞争行为,已经为《反不正当竞争法》所明确规定。对这类行为,司法实践中可以依据《反不正当竞争法》第二章相应条文的具体规定进行处理。

另一种属于《反不正当竞争法》项下尚未类型化的不正当竞争行为,属于随着大数据技术的发展出现的新情况,目前的法律对此缺乏相应的具体规定。对于此种行为,司法实践中需要根据《反不正当竞争法》第2条一般条款中关于不正当竞争行为的定义,以特定行为违反“竞争原则”为由,将其认定为不正当竞争行为并进行司法裁判。例如:实行不合理的差别待遇、非法利用他人合法提供的网络产品或服务中的内容和数据等。

需要引起注意的是,《反不正当竞争法》未对违反第2条一般条款的行为规定相应的行政处罚条款,依据依法行政的要求,对此种非类型化的不正当竞争行为,监督检查部门尚无权直接予以行政处罚。

二、不同行业的经营者之间能否构成不正当竞争?

在不正当竞争案件中,常见的一个抗辩理由是被告认为其与原告并非处于同一个行业,故不存在竞争关系。如在北京爱奇艺科技有限公司(以下简称爱奇艺公司)诉深圳聚网视科技有限公司(以下简称聚网视公司)不正当竞争纠纷案中,被告聚网视公司即以其与爱奇艺公司不处于同一行业,不存在竞争关系为由进行抗辩;在爱奇艺公司与杭州飞益信息科技有限公司不正当竞争纠纷案中,被告杭州飞益信息科技有限公司也以其和爱奇艺公司的主要业务完全不同,两者之间并不具有竞争关系为由进行抗辩。

从我国多年的司法实践看,对于经营者之间的竞争关系应作广义理解。虽然经营者不处于同一行业,但不能据此就认为经营者之间一定不存在竞争关系,还需要根据其他事实来判断经营者实施的行为是否损害了其他经营者的利益,如果不同经营者的合法权益存在此消彼长的关系,则可以认为经营者之间存在竞争关系。

案例1 北京爱奇艺科技有限公司诉深圳聚网视科技有限公司不正当竞争纠纷案

原告爱奇艺公司诉称:被告聚网视公司开发了“VST 全聚合”软件,通过其官方网站等途径提供涉案软件的下载和运营。该软件具有视频广告过滤功能,用户在安装该软件后,可以直接通过该软件观看爱奇艺平台的视频内容,而不再需要观看视频广告,导致爱奇艺公司网站访问量以及播放器客户端下载量下降,降低了广告主在爱奇艺公司处投放广告的曝光率,进而导致爱奇艺公司的利益受损,侵害了爱奇艺公司的正当权益,故请求法院判令聚网视公司赔偿爱奇艺公司经济损失,并刊登声明以消除影响。

被告聚网视公司辩称:其与爱奇艺公司不处于同一行业,不存在竞争关系。通过“VST 全聚合”软件播放来源于爱奇艺公司的视频时不播放视频前的广告是由于视频内容和广告内容分属两个不同的片源,其只能获取到视频内容,无法抓取视频前的广告。其并没有通过技术手段屏蔽爱奇艺公司视频前的广告,其使用的技术是创新、中立的,不构成不正当竞争。

案例1中,一审法院(上海市杨浦区人民法院)和二审法院(上海知识产权法院)认定聚网视公司开发经营的“VST 全聚合”软件实现的绕开爱奇艺公司广告直接播放视频的行为,违反了诚实信用原则和公认的商业道德,损害了爱奇艺公司的合法利益,构成不正当竞争。主要理由是:

(1)虽然爱奇艺公司的经营领域是视频提供,而聚网视公司的经营范围是计算机软硬件的开发销售,但聚网视公司开发并经营的“VST 全聚合”软件属于提供视频的软件。使用“VST 全聚合”软件观看来源于爱奇艺公司的视频内容时无须观看片前广告,将导致爱奇艺公司用户选择通过“VST 全聚合”软件观看爱奇艺公司视频内容,在影响爱奇艺公司经济利益的同时,给聚网视公司带来用户,因此,爱奇艺公司、聚网视公司在商业利益上存在此消彼长的关系,双方为竞争关系。

(2)爱奇艺公司通过让用户观看视频前广告为对价向用户提供免费视频,通过广告播放获取利益或者通过让会员免看广告,收取会员费的商业模式获取利益。爱奇艺公司的上述商业模式既未违反现有法律又未违反商业道德,应受法律保护。爱奇艺公司对于其视频内容采取了设置密钥(Key值)的加密措施,明确表明其拒绝他人任意分享其视频内容。被告聚网视公司通过破解爱奇艺公司验证算法,取得密钥(Key值),达到绕开爱奇艺公司片前广告,直接获取正片播放的目的。其虽然没有直接实施去除片前广告的行为,但客观上实现了无须观看片前广告即可直接观看正片的目的,使部分不愿意观看片前广告又不愿意支付原告会员费的网络用户转而使用"VST全聚合"软件,进而造成爱奇艺公司用户的减少和广告收入的下降,损害了爱奇艺公司的合法权益。

三、什么是"流量造假"行为?

《反不正当竞争法》第8条对虚假宣传的行为作出了规定,要求"经营者不得对其商品的性能、功能、质量、销售状况、用户评价、曾获荣誉等作虚假或者引人误解的商业宣传,欺骗、误导消费者"。经营者通过对其商品作虚假或引人误解的商业宣传,欺骗、误导消费者,不当抢夺其他经营者的交易机会,有违诚信原则和商业道德,属于典型的不正当竞争行为。

该法第8条第2款规定的"经营者不得通过组织虚假交易等方式,帮助其他经营者进行虚假或者引人误解的商业宣传"是2017年修订时增加的条款,规制的是帮助进行虚假宣传行为的组织者。

我国在《广告法》中对广告领域的虚假宣传也进行了专门规定,将下列情形的广告都定义为虚假广告:(1)商品或者服务不存在的;(2)商品的性能、功能、产地、用途、质量、规格、成分、价格、生产者、有效期限、销售状况、曾获荣誉等信息,或者服务的内容、提供者、形式、质量、价格、销售状况、曾获荣誉等信息,以及与商品或者服务有关的允诺等信息与实际情况不符,对购买行为有实质性影响的;(3)使用虚构、伪造或者无法验证的科研成果、统计资料、调查结果、文摘、引用语等信息作证明材料的;(4)虚构使用商品或者接受服务的效果的;(5)以虚假或者引人误解的内容欺骗、误导消费者的其他情形。

大数据时代利用虚假交易进行流量造假的情况并不罕见,中共中央网络安全和信息化委员会办公室在其2021年12月部署的"清朗·打击流量造假、黑公关、网络水军"专项行动中,列举了刷分控评、刷单炒信、刷量增粉、刷榜拉票等一系列流量造假行为,具体任务包括:(1)聚焦生活服务、书影音评分、社交、短视频等平台,重点整治雇佣专业写手和网络水军虚构"种草笔记""网红测评",或通过“养号”、占领前排好评、劝删差评等方式，对影视、歌曲、文学作品以及商品、美食、景点进行刷分控评等问题；(2)紧盯短视频、直播、电商平台等商品营销环节，治理制造虚假销量、虚假好评等问题；(3)重点关注社交资讯、论坛社区、视频直播、应用商店、小程序等平台，整治批量购买粉丝、增加“僵尸粉”“达人粉”，组织水军制造虚假阅读量、评论量、转发量、点赞量、下载量、曝光量等问题；(4)密切关注各类网站平台“热搜榜”“排行榜”“热门推荐”等榜单位置，严肃查处利用人工或技术手段恶意炒作、刷榜拉票等问题。

因流量造假而被监管部门行政处罚甚至“入刑”的并不罕见，如：浙江省杭州之壹品牌管理有限公司因利用“网络大V”刷单炒信打造大众点评网的网红店被罚款20万元案，江苏省苏州衣轩峻领电子商务有限公司在京东商场虚构收货地址刷单炒信被罚款5万元案，深圳智硕云科技有限公司推广销售“智硕云”群控管理系统并在抖音平台为他人制造大量虚假访问被顶格处罚300万元案，上海猫探文化传播有限公司为学大教育、拥华信息平台网店组织虚假交易3784单被罚款45万元案，以及蔡某某开发“星援”App有偿为他人提供无须登录即可自动批量转发新浪微博的刷流量服务被认定为“提供侵入计算机信息系统程序罪”判处5年有期徒刑案等。

案例1 北京瑞智华胜科技股份有限公司等侵犯公民个人信息罪刑事案件

北京瑞智华胜科技股份有限公司(以下简称瑞智华胜)(证券代码:872382)是一家互联网新媒体营销解决方案提供商，2017年12月1日在新三板挂牌。据其公开转让说明书记载：其自主管理运营的自媒体账号粉丝数量超过7000万个，其中微博粉丝约5000万个、微信公众号粉丝约1100万个、今日头条等平台粉丝约900万个。其业务模式是与客户签订《内容营销服务合同》，然后根据客户需求在自主运营的新媒体账号上为客户提供广告投放服务或全案策划服务，其中“广告投放服务”是指公司根据客户提供的广告文案和投放要求，经公司审核通过后在属性匹配的自营自媒体账号上进行投放；“全案策划服务”是指其策划团队依据客户需求制定整体推广框架，结合推广内容、实事热点话题及账号属性等创作多类型广告文案，根据内容属性选择投放的自营自媒体账号，确定排期，形成整体策划方案并实施。

2018年8月21日，媒体以“史上最大泄露案！瑞智华胜非法盗取30亿条用户数据"为题报道了浙江绍兴越城警方侦破瑞智华胜的用户数据窃取案,引发广泛关注。瑞智华胜作出紧急停牌处理,8月底,瑞智华胜发布终止挂牌提示性公告,同年11月2日,瑞智华胜发布关于公司股票在全国中小企业股份转让系统终止挂牌的公告。

2018年9~10月,瑞智华胜法定代表人、部门经理、技术总监、运维部员工、研发部员工等7名员工相继因涉嫌"侵犯公民个人信息罪"被刑事拘留。

2019年11月,浙江省绍兴市越城区人民法院作出一审刑事判决,认定瑞智华胜及其他被告人违反国家规定,采用技术手段获取国家事务、国防建设、尖端科学技术领域以外的计算机信息系统中存储、传输、处理的数据,情节特别严重,均已构成非法获取计算机信息系统数据罪且系共同犯罪。刑事判决书认定的要点可归纳如下:

(1)瑞智华胜在经营过程中,联合其关联公司通过与运营商(中国电信浙江号百信息分公司等)签订服务、合作协议的方式获取运营商服务器的登录许可,后恶意部署计算机应用程序采集并保存运营商服务器中的用户登录数据等信息,后又利用公司研发的爬虫程序调用数据库中保存的数据等信息,并服务于公司研发的QQ、淘宝、微博、抖音等加粉程序,据此开展公司的精准广告营销业务。

(2)公安机关在案件侦查中委托福建中证司法鉴定中心对从W电脑中提取的程序进行了功能鉴定。通过安装setup. py、setup_conf. py文件可以实现对指定网卡网络传输流量的监控,并保存网络传输流量数据包和日志文件;sd文件运行后可以实现对指定网卡网络传输流量数据包进行获取并解析的功能;tshark_fields. py文件运行后可以从指定网卡网络传输流量数据包中筛选出需要的数据包;JDColl. py、TaoColl. py文件运行后可以绕过系统保护措施,通过匹配信息从筛选后的数据包中分别提取出京东、淘宝用户信息、订单信息等数据;douyin. py文件运行后会调用test函数,之后通过调用douyin_addfans、douyin_like函数绕过系统保护措施获取用户信息,并对指定的抖音账号进行粉丝添加及点赞操作;baijia_addfans. py文件运行后会调用baijia_addfans函数绕过系统保护措施获取用户信息,并对指定百家号账号进行添加粉丝操作;server. py文件运行后会调用GET、POST函数监听App发起的http请求;prepare. py文件运行后会调用fill_ data 等函数获取数据并整理请求数据;send. py 文件运行后会将请求数据进行发送从而绕过系统保护措施获取用户信息,并对指定淘宝账号进行添加好友的操作;qq_fans_public_new. py 文件运行后会调用 qq_add_fans 函数绕过系统保护措施获取用户信息,并对指定 QQ 账号进行好友添加的操作。

(3)案发前,瑞智华胜在获悉公司采集用户数据信息的行为正在被调查的消息后,随即删除了服务器数据库中保存的数据信息。经浙江淘宝网络有限公司排查,2018 年 4 月 17 日 L 的账号被多个 IP 地址爬取多条订单信息,订单信息内容包括商品名称、价格、金额、收货地址、收货人姓名、手机号码等。公安机关提供的 IP 地址号段爬取订单信息的最晚时间为 2018 年 4 月 18 日,2018 年 4 月 17 日之前的流量已过期,通过技术手段已找到 2018 年 4 月 17 ~ 18 日两天的数据。2018 年 4 月 16 ~ 18 日共计爬取淘宝订单信息 220, 552 条,浙江淘宝网络有限公司实际输出数据明细 10, 000 条。公安机关提供的淘宝账号共计恶意添加好友 137, 096 条,浙江淘宝网络有限公司实际输出数据明细 20, 000 条。

而在民事领域,我国由"流量造假"引发的不正当竞争纠纷案件也屡见不鲜,下面两则案例都是因刷量行为引发的不正当竞争纠纷案例,原告也都是传统意义上被认为因刷量而潜在受益的流量平台。这两则案例为审理涉及互联网流量造假黑灰产业的新型不正当竞争案件提供了有益的裁判指引。此外,两个案件最终的裁判结果虽然都认定被告构成不正当竞争,但在适用的具体法条、赔偿金额的酌定等方面还是存在不一致之处,这也值得引起我们的注意。

案例 2　北京爱奇艺科技有限公司与杭州飞益信息科技有限公司等不正当竞争纠纷案

杭州飞益信息科技有限公司(以下简称飞益公司)提供针对爱奇艺、优酷土豆、腾讯视频等视频网站的刷量服务,该公司通过批量执行访问行为文件等形式,连续访问爱奇艺网站视频。仅 2017 年 2 月 1 日至 6 月 1 日,飞益公司使用"meijujia"字段,对爱奇艺网站的访问日志约 9. 5 亿条(指原始数据,尚未剔除被甄别的虚假访问数据)。北京爱奇艺科技有限公司(以下简称爱奇艺公司)遂以飞益公司等构成不正当竞争为由,起诉请求:(1)立即停止针对爱奇艺网站视频内容的刷量行为;(2)赔偿经济损失 500 万元;(3)登报声明,消除影响。

飞益公司则主张其不构成不正当竞争,抗辩理由主要有:(1)视频刷量行为不属于《反不正当竞争法》中明确列举的不正当竞争行为。(2)飞益公司的视频刷量行为改变的是视频的播放数据,不仅对于平台经营者的爱奇艺公司没有不利影响,客观上还大幅提升了爱奇艺公司的广告收入,未损害爱奇艺公司的合法权益。

案例2中,针对本案的争议焦点,法院的主要观点为:

(1)虚构视频点击量的行为属于《反不正当竞争法》第8条所规制的"虚假宣传"的不正当竞争行为,无须引用《反不正当竞争法》第2条另行评判。

(2)爱奇艺网站获取的视频访问数据具有商业价值,体现在:(a)爱奇艺网站会采取按照视频访问量支付许可使用费的方式获取利益,视频访问数据是该种许可使用费的计算依据。(b)访问数据是爱奇艺公司向广告投放者收取广告费的计算依据。(c)经过统计分析访问数据信息可以知悉访问者的地域分布、观看视频的时间分布、相关视频的受欢迎程度等信息,这是爱奇艺公司确定市场需求,决定视频采购、视频推介、服务器布局等经营活动决策的依据。(d)访问量是影响爱奇艺网站视频排位的因素之一,进而可能影响消费者对爱奇艺公司商业信誉的判断。(e)爱奇艺公司采取了有效的技术手段甄别无效的视频访问数据,可见爱奇艺公司明确知悉视频访问数据的商业价值,并积极采取有效措施予以保护。

(3)视频访问数据对于爱奇艺公司具有商业价值,相应涉案行为也就造成了爱奇艺公司的损害结果:(a)爱奇艺公司根据访问数据支付著作权许可使用费,而基于甄别技术的有限性、滞后性,爱奇艺公司如未能甄别虚假访问数据,将支出不应承担的许可使用费。(b)基于不真实的访问数据,爱奇艺公司会做出错误的判断,导致竞争优势的丧失。(c)虚假访问量而排位在先的视频由于并不能真实反映消费者以及市场的需求,因此被误导的消费者一旦发现视频排位与质量不相吻合时,将产生不良用户体验,从而怀疑爱奇艺网站的访问数据,进而不再信赖爱奇艺公司的商业信誉,最终选择其他服务提供商导致爱奇艺公司经济利益的再损失。

(4)在无充分的证据证明爱奇艺公司具体损失以及飞益公司依据案涉视频刷量行为获利的情况下,可以基于以下因素,酌情确定经济损失的数额为50万元:(a)侵权期间;(b)侵权规模;(c)视频刷量行为的收费标准;(d)视频刷量行为干扰破坏爱奇艺网站访问数据的实际情况;(e)被告的主观恶意程度。

案例3 深圳市腾讯计算机系统有限公司与数推(重庆)网络科技有限公司等不正当竞争纠纷案

被告数推(重庆)网络科技有限公司(以下简称数推公司)提供针对腾讯视频、天天快报、微信、腾讯微视等内容的刷量、刷单服务,被告接受有偿虚假刷量服务委托后,将刷量订单转交给彩虹系统等专门从事刷量服务的网络营销平台服务商完成,以此赚取客户缴费与网络营销平台服务商收费之间的差价。本案的争议焦点是被告的行为是否构成不正当竞争、被告承担法律责任形式和原告经济损失。

案例3中,针对争议焦点,法院的主要观点为:

(1)根据《反不正当竞争法》第12条的规定,原告需要举证证明被告在行为上"利用技术手段",在结果上"妨碍、破坏"原告"合法提供的网络产品或者服务正常运行"。其一,在本案中,刷量行为的直接实施者并非被告,且原告、被告双方均未能举证证明刷量行为是通过何种"技术手段"来实现的。其二,原告指控被告的不正当竞争包括两种情形,一种是对原告产品或服务的刷量行为,另一种是对与原告有竞争关系的产品或服务的刷量行为。对于后者,因为不涉及原告的产品或服务,对"妨碍、破坏"其"合法提供的网络产品或者服务"的性质难以认定。

(2)尽管如此,本院认为,被告将刷量订单转交他人,让他人采用某种技术手段完成刷量,在没有获得互联网经营者允许的情况下,故意躲避互联网经营者监管,必然会采取互联网领域现有的插入、搭载、链接或者劫持等技术手段来暗中实施刷量行为,这是不言自明的。客户委托被告,被告委托或者转让他人实施刷量行为,是一个分阶段连续实施的过程,被告从接受客户委托刷量时,为客户有偿提供虚假刷量的服务就已经开始实施。因此,被告有偿提供虚假刷量服务的行为,符合《反不正当竞争法》第12条关于"其他妨碍、破坏其他经营者合法提供的网络产品或者服务正常运行的行为"的规定,应受《反不正当竞争法》调整。

(3)如若不遵守诚实信用原则,提供虚假数据,表面上提高了原告产品或服务及其内容信息的关注度,扩大了影响,实际上是对原告商业模式的非法干预,是对原告建立并正常运行的制度和规则的破坏,是对原告合法利益的损害,也是无视终端用户和消费者的真实意愿和信任,陷互联网产品或服务的用户和消费者以及互联网信息受众于被蒙蔽和欺骗的境地,是对用户和消费者合法权益的严重损害。因此,被告实施刷量行为,导致数据虚高,既不符合我国反不正当竞争立法精神,违背诚实信用原则,也是包括原告在内的广大互联网经营者不能接受和容忍的,这一行为侵害了消费者的知情权和选择权,扰乱了正常公平的市场竞争秩序,破坏了互联网经营者间的良性竞争关系。

(4)数推公司系一人独资公司,被告谭某是该公司唯一股东。无论被告谭某作为法定代表人履行职务,代表数推公司并利用公司注册备案网站实施有偿刷量行为,还是被告谭某个人利用其注册备案网站实施有偿刷量行为,被告谭某实施有偿刷量服务行为时,其身份在公司和自然人之间已然发生人格混同。本院根据被告数推公司成立之前,被告谭某已经存在有偿刷量行为的事实,并结合被告所有网站有偿刷量服务价款均通过被告谭某个人账户收取的情况,认定二被告主观上存在共同实施不正当竞争行为的意思联络,客观上分工合作,构成共同侵权。

(5)本案中,因原告就被告的不正当竞争行为所受到的实际损失,以及被告因实施不正当竞争行为所获利益难以通过相应证据予以直接证实。本院综合以下因素确定赔偿数额:(a)被告提供虚假刷量服务行为所针对对象的知名度。被告提供的虚假刷量服务行为针对的是腾讯视频、微信、天天快报等知名网络产品。(b)被告提供虚假刷量服务行为所针对对象的广度。被告提供虚假刷量服务行为所涉产品或服务,不仅包括原告旗下产品或服务,还涵盖其他互联网知名产品或服务。(c)被告提供虚假刷量服务行为的时间跨度。被告谭某在2017年12月25日就已开始运营刷量网站,直到2019年11月被诉后才关停网站,时间长达两年。(d)被告提供虚假刷量服务行为的规模化和组织化。被告谭某在2017年成立网站后,利用域名qiehy. com开设大量分站,且在2019年7月还专门成立数推公司,专门从事刷量业务。(e)被告提供虚假刷量服务行为支付较高的推广费。被告在庭审中承认其在5个月内2次向同一人转账推广费6万元,且支持其刷量业务的上游企业多达12家。(f)被告提供虚假刷量服务业务的利润高。本案证据显示被告刷量业务每单进价3元,卖出7.6元,利润高达153%。(g)被告提供虚假刷量服务行为的主观恶意明显。(h)此外,原告为维权已经支付了律师费、公证费、保全费、保全担保费共计182,140元。综上,本院酌情确定被告连带赔偿原告经济损失及为制止侵权支付的合理费用共计120万元。

四、什么是“流量劫持”行为？

在当下“注意力经济”时代，流量蕴含着巨大的商业利益，对流量的争夺已经成为互联网市场竞争的重要场域。所谓“流量”一般是指用户对网站或网站上的产品、服务的访问数量，通常包括独立用户数量、总用户数量、浏览网页的总数量、每个用户或特定群体用户浏览网页的数量、用户在网站或网页的停留时间等。流量在一定程度上能够反映产品或服务的市场影响力、用户规模及发展潜力，是数字经济行业评价的重要标准。

法律未对“流量劫持”进行专门定义，目前在计算机技术领域也未出现权威的定义。综合目前的各种观点，“流量劫持”通常是指不法分子利用各种木马插件、恶性程序、误导提示等手段，修改浏览器设置，锁定网站主页，截转本属于其他互联网经营者的用户流量，从而导致被劫持网站流量损失，不法分子则利用流量变现机制获利的行为。有关“流量劫持”的相关规定如表9.1所示。

表9.1　“流量劫持”相关规定

颁布日期	法规名称	相关规定
2019年4月23日	《反不正当竞争法》	第十二条　……经营者不得利用技术手段，通过影响用户选择或者其他方式，实施下列妨碍、破坏其他经营者合法提供的网络产品或者服务正常运行的行为：（一）未经其他经营者同意，在其合法提供的网络产品或者服务中，插入链接、强制进行目标跳转……
2021年8月17日	《禁止网络不正当竞争行为规定（公开征求意见稿）》	第十三条　经营者不得利用数据、算法等技术手段，通过影响用户选择或者其他方式，实施流量劫持、干扰、恶意不兼容等行为，妨碍、破坏其他经营者合法提供的网络产品或者服务正常运行。 第十四条　未经其他经营者同意，经营者不得在其他经营者合法提供的网络产品或者服务中，实施下列插入链接或者强制进行目标跳转等流量劫持行为： （一）在其他经营者合法提供的网络产品或者服务中，插入跳转链接、嵌入自己的产品或者服务链接； （二）利用关键词联想等功能，设置指向自身产品或者服务的链接，欺骗或者误导用户点击； （三）其他通过技术手段进行流量劫持的行为。

续表

颁布日期	法规名称	相关规定
2022年3月16日	《最高人民法院关于适用〈中华人民共和国反不正当竞争法〉若干问题的解释》	第二十一条　未经其他经营者和用户同意而直接发生的目标跳转,人民法院应当认定为反不正当竞争法第十二条第二款第一项规定的"强制进行目标跳转"。 仅插入链接,目标跳转由用户触发的,人民法院应当综合考虑插入链接的具体方式、是否具有合理理由以及对用户利益和其他经营者利益的影响等因素,认定该行为是否违反反不正当竞争法第十二条第二款第一项的规定。

让我们先看一则发生在2010年,被称为国内首例流量劫持案的案件,该案件即属于"未经同意,在其他经营者合法提供的网络服务中插入链接"的案例。

案例1　北京百度网讯科技有限公司诉中国联合网络通信有限公司青岛市分公司等不正当竞争纠纷案

北京百度网讯科技有限公司(以下简称百度公司)起诉认为用户通过中国联合网络通信有限公司青岛市分公司(以下简称联通青岛公司)的网络信号上网,在使用百度搜索引擎对相关关键词进行搜索时,由联通青岛公司配合青岛奥商网络技术公司在百度搜索结果页面出现前插入广告页面,该广告页面严重遮挡百度搜索结果页面,持续时间为5秒钟。其间,点击该广告页面即进入相关广告宣传网站新窗口;不点击则5秒钟后自动展现百度搜索结果页面。

案例1中,青岛市中级人民法院和山东省高级人民法院的裁判要点归纳如下:

(1)在互联网上登录搜索引擎网站进行关键词搜索时,正常出现的应该是搜索引擎网站搜索结果页面,不应弹出与搜索引擎网站无关的其他页面,但是在联通青岛公司所提供的网络接入服务区域内,却出现了与搜索结果无关的广告页面强行弹出的现象。联通青岛公司既没有证据证明在其他网络接入服务商网络区域内会出现同样情况,又没有对在其网络接入服务区域内出现的上述情况给予合理解释,可以认定在联通青岛公司提供互联网接入服务的区域内,对于网络服务对象针对百度网站所发出的搜索请求进行了人为干预,使干预者想要发布的广告页面在正常搜索结果页面出现前强行弹出。

(2)竞争关系的确定并不要求原告、被告属同一行业或服务类别。虽然联通青岛公司是互联网接入服务经营者,百度公司是搜索服务经营者,服务类别不完全相同,但是联通青岛公司实施的在百度搜索结果出现之前弹出广告的商业行为,与百度公司的付费搜索模式存在竞争关系。

(3)联通青岛公司的行为诱使本可能通过百度公司搜索结果检索相应信息的网络用户点击该广告页面,影响了百度公司向网络用户提供付费搜索服务与推广服务,属于利用百度公司提供的搜索服务来为自己牟利。该行为既没有征得百度公司同意,又违背了使用其互联网接入服务用户的意志,容易导致上网用户误以为弹出的广告页面系百度公司所为,会使上网用户对百度公司提供服务的评价降低,对百度公司的商业信誉产生不利影响,损害了百度公司的合法权益,同时也违背了诚实信用和公认的商业道德,已构成不正当竞争。

(4)综上,本案最终判决:联通青岛公司等两被告应当立即停止不正当竞争行为;根据原告为本案支出的合理费用,被告不正当竞争行为的情节、持续时间等,酌定两被告共同赔偿原告经济损失 20 万元;且两被告应在其各自网站的首页上刊登消除影响的声明。

可以看出,该案由于发生在 2017 年《反不正当竞争法》修订之前,当时法律并没有增加“互联网专条”,法院无法援引该条中的“流量劫持行为”作出判决,故最终依照当时《反不正当竞争法》第 2 条的原则性规定,认定被告行为为不正当竞争行为。

案例 2 浙江淘宝网络有限公司等诉北京易车信息科技有限公司不正当竞争纠纷案

北京易车信息科技有限公司(以下简称易车公司)在易车 App 客户端的“URL Scheme”规则中输入了对应淘宝网协议名称的“Taobao”,这使用户在安装易车 App 后,使用支付宝、各浏览器等访问淘宝 App 时,就会弹出仅显示是否打开易车 App 的提示框,且用户只能选择“打开”或“取消”。若点击“打开”,则直接跳转到易车 App;若选择“取消”,此时用户虽然可以不用打开易车 App,但也无法选择打开淘宝 App。浙江淘宝网络有限公司(以下简称淘宝公司)认为易车公司的行为属于流量劫持的不正当竞争行为,遂诉诸法院。

案例 2 中,法院认为,易车公司通过自定义唤醒协议的技术手段,在没有正当理由的情况下将本应打开淘宝 App 的用户引流至易车 App(且用户虽然可以选择取消打开易车 App,但却无法再选择打开淘宝 App),这对于用户而言是具有强制性的应用跳转行为,迫使其放弃原定应用程序(淘宝 App),使用户丧失了自主选择权,也使淘宝 App 权利人丧失了应得的网络流量和交易机会,违背了诚信原则和商业道德。易车公司的被诉行为容易造成用户对应用软件服务来源的混淆。它在经营活动中使用了淘宝公司具有高知名度的协议名称,容易造成用户混淆和误认,主观上有过错。至于易车公司辩称该协议名称属于开发时的"技术漏洞",法院不予支持。因为即使是技术漏洞,易车公司也应当知道该技术漏洞的存在,但其仍利用自定义唤醒技术作为不正当竞争的手段。易车公司作为易车 App 的经营者和服务提供者,其应当始终掌握该 App 的运行状态,并对运行过程中的一切功能负责,故易车公司属于不正当竞争行为的实施者和责任承担者。易车公司的被诉行为客观上导致用户在安装易车 App 后,欲通过各应用软件打开淘宝 App 时,无法正常跳转至淘宝 App,而是被易车 App 强制进行目标页面跳转,妨碍了该部分用户流量进入淘宝 App,无疑攫取了本应属于淘宝公司的潜在交易机会。就市场竞争秩序而言,易车公司未经其他经营者同意强制进行目标跳转的行为,妨碍了淘宝公司合法提供的淘宝网络产品的正常运行,破坏了互联网经营者间的良性竞争关系,扰乱了市场竞争秩序。就消费者而言,易车公司不当引流的行为干扰了其正常的网上购物,侵害了消费者的知情权和自主选择权等合法权益。

法院在判决中亦对手机应用间跳转行为合法性进行论述。法院认为,易车 App 在"URL Scheme"规则中输入了协议名称"Taobao",进而使 ios 系统将用户对于淘宝 App 的目标请求跳转到了易车 App。最终法院认为易车公司采用技术手段,通过影响用户选择的方式强制进行目标跳转,违反了《反不正当竞争法》的规定,判令其赔偿原告 50 万元。

本案作为杭州互联网法院 2020 年度知识产权司法保护十大案例之一,明确了流量劫持类型的不正当竞争纠纷适用《反不正当竞争法》第 12 条第 2 款第 1 项的条件是审查具体行为是否符合该类型化条款的要件。

案例 3　杭州追风信息技术有限公司与北京京东叁佰陆拾度电子商务有限公司不正当竞争纠纷案

杭州追风信息技术有限公司(以下简称追风公司)为淘帮手 App 的运营者,

其通过插入链接的方式，使用户下载淘帮手 App 后，若在点击使用京东、什么值得买等 App 中由北京京东叁佰陆拾度电子商务有限公司（以下简称京东公司）投放的广告时，并非直接跳转到相应的京东 App 的页面，而是打开淘帮手 App。此外，追风公司还实施了强制的目标跳转行为。用户在安装京东 App 和淘帮手 App 后，再点击微信中出现的京东公司商品链接或网易新闻 App 上的京东公司广告，会直接跳转到淘帮手 App 的界面。京东公司认为追风公司具有劫持京东公司流量的主观故意，其不正当竞争行为给京东公司造成严重经济损失，遂诉至法院。

案例 3 中，法院认为，互联网不正当竞争行为尤其是劫持流量侵权行为损害后果的认定，应兼顾经营者、消费者、社会公众之间的利益，并不一定要求有实际损害的发生。本案中，追风公司的被诉行为客观上导致了本想进入京东 App 购物的用户，点击京东 App 的广告或商品链接后并没有被引导至京东 App，而是跳转至淘帮手 App，进而跳转到其他电商平台，无疑攫取了本应属于京东公司的潜在交易机会。就市场竞争秩序而言，追风公司在未付出任何经营成本的情况下，免费享受了京东公司广告带来的既得流量，为自己谋取不当商业机会和竞争优势，违反了诚信原则，扰乱了市场竞争秩序。就消费者而言，追风公司不当引流的行为干扰了其正常的网上购物，妨碍了消费者的自主选择权，损害了消费者的合法权益。

综上，法院认为，追风公司作为一家手机应用软件的开发企业，本应通过自身软件为电商平台提供正常商品引流服务，但其却错误配置代码，劫持京东公司的流量引入其自身，并以此赚取利润。该行为有违诚信原则，也有损市场竞争秩序和消费者利益。一审法院认定其构成《反不正当竞争法》第 12 条第 2 款第 1 项规定的不正当竞争行为。追风公司的行为违背了诚信原则、公认的商业道德，扰乱了正常的市场竞争秩序，故其构成不正当竞争，判令其赔偿原告 50 万元。

五、有哪些新类型数据不正当竞争行为？

除上述《反不正当竞争法》中已经类型化的数据不正当竞争行为，随着大数据技术的发展，新类型的不正当竞争行为仍在不断出现，但万变不离其宗，其与类型化的不正当竞争行为的本质特征仍是类似的，都是经营者在经营活动中违反“竞争原则”，扰乱市场竞争秩序，从而损害了其他经营者或者消费者合法权益的行为。

我国最典型的数据不正当竞争案件当属2010年北京市海淀区人民法院审理的大众点评诉爱帮网案，在该案中，大众点评指责爱帮网大量复制其网站内容（商户介绍与用户点评内容），先后以著作权、不正当竞争为诉由起诉，其著作权诉由曾获北京市海淀区人民法院支持，后被北京市第一中级人民法院撤销，但其不正当竞争诉由最终获得法院支持。

继大众点评诉爱帮网案之后，有关数据不正当竞争的案件不断出现。如2012年上海市第二中级人民法院审理的钢联诉纵横、拓迪不正当获取商业数据案，2013年北京市第一中级人民法院审理的百度诉360违反Robots协议案，2015年北京市知识产权法院审理的新浪诉脉脉通过Open API非法抓取微博用户数据案，2016年上海市浦东区人民法院审理的大众点评诉百度抓取用户点评信息案，2017年深圳市南山区人民法院年酷米客诉车来了破坏加密措施爬取App数据案，2017年北京市海淀区人民法院审理的奋韩网诉58同城不正当获取分类信息案，2017年运满满诉货车帮盗取用户信息案，2018年杭州互联网法院审理的淘宝诉美景案，2019年北京市海淀区人民法院审理的微博诉饭友数据抓取案，2021年腾讯诉私氏新媒体公司抓取微信公众号文章数据案，2021年抖音诉小葫芦直播数据抓取案，以及有关淘宝屏蔽百度搜索，顺丰与菜鸟物流数据接口的争议，新浪与今日头条有关微博内容爬取的争议，华为在Magic手机中利用微信用户聊天记录进行AI服务推荐等相关案件。试举几例新类型不正当竞争的案例以作辨析：

案例1 “Open API收集用户信息”的不正当竞争认定

原告微梦公司是新浪微博的经营人，淘友技术公司、淘友科技公司共同运营脉脉软件及脉脉网站，双方通过Open API开发合作并签订开发者协议。原告主张两被告实施了多项不正当竞争行为：第一项是双方合作期间，非法抓取并使用了新浪微博用户的教育信息、职业信息，双方合作结束后，不仅未及时删除双方合作期间获取的新浪微博用户信息，还非法抓取并使用新浪微博用户的头像、名称、教育信息、职业信息、标签信息等。第二项是淘友技术公司、淘友科技公司非法获取并使用脉脉注册用户手机通讯录联系人与新浪微博用户的对应关系，以此获取并使用非脉脉用户的新浪微博信息，这违反了开发者协议及脉脉服务协议之约定。

淘友技术公司、淘友科技公司共同辩称：第一，淘友技术公司、淘友科技公司与微梦公司非同业竞争者，不存在竞争关系。第二，脉脉软件中的用户信息来源合法，未非法抓取新浪微博用户信息。第三，新浪微博及其他应用软件早已展示用户通讯录联系人手机号与新浪微博账号的对应关系。第四，被告获取和使用该等对应关系并未侵犯新浪微博的竞争商业利益，亦未危害新浪微博用户的信息安全。第五，就非脉脉用户相关信息的权利主张，应当由用户提出，微梦公司作为原告并不适格。

案例2　“数据收集使用行为”的不正当竞争认定之一

原告汉涛公司是大众点评网的运营者，被告百度公司是百度地图、百度知道的运营者，被告杰图公司是城市吧街景地图的运营者。百度地图除提供商户地理信息，还向网络用户提供该商户的点评信息。餐饮类商户的大部分点评信息主要源于大众点评网。网络用户在百度知道搜索餐饮商户名称时，百度公司会直接向网络用户提供来自大众点评网的点评信息。杰图公司运营的城市吧街景地图向网络用户提供实景地图，该公司调用了百度地图或腾讯地图。汉涛公司主张，百度公司大量使用大众点评网的点评信息，构成不正当竞争，杰图公司构成共同侵权。

百度公司辩称，其与汉涛公司不存在竞争关系，其行为没有给汉涛公司造成损害。杰图公司辩称，其没有使用大众点评信息，不构成侵权。

案例3　“数据收集使用行为”的不正当竞争认定之二

原告谷米公司为开发和运营酷米客 App（提供实时公交查询服务），与公交公司达成合作，在公交车上安装定位器，以获取实时公交位置数据。谷米公司所收集的实时数据不仅被用于酷米客 App 运营，还被提供给深圳市交通运输委员会（以下简称深圳市交委）。深圳市交委基于信息化建设工作将该实时数据提供给深圳北斗应用技术研究院开展研究工作。经深圳市交委同意，深圳北斗应用技术研究院将深圳公交电子站牌数据测试接口开放给被告元光公司车来了 App（提供实时公交查询服务）。元光公司为了增加其开发的车来了 App 在中国市场的用户量及信息查询的准确度，元光公司破解了谷米公司的酷米客App加密系统，并利用爬虫技术爬取了酷米客App内的实时数据。谷米公司认为元光公司的数据爬取行为违背了商业道德和诚实信用原则，构成不正当竞争行为，遂诉至法院。

案例4 "大数据产品"的竞争性财产权益及不正当竞争认定

原告淘宝公司系"生意参谋"零售电商数据产品的开发者和运营者。该数据产品通过记录、采集用户在淘宝电商平台（包括淘宝、天猫）上浏览、搜索、收藏、加购、交易等活动留下的痕迹，对其进行深度加工处理，最终形成统计、预测型衍生数据。这些数据可为商家店铺运营提供参考。在该数据平台运营过程中，淘宝公司发现，美景公司运营的"咕咕互助平台"及"咕咕生意参谋众筹"网站，通过提供远程登录服务的方式，招揽、组织、帮助他人获取"生意参谋"数据产品中的数据内容，并从中获益。淘宝公司遂以不正当竞争为由将美景公司诉至法院。

案例5 "网络抢购服务"的不正当竞争认定

原告陆金所公司是知名互联网财富管理平台，陆金服公司系其全资子公司。两原告均开设有金融服务网站及手机应用，债权转让产品交易是其中的热门服务。为抢购债权转让产品，两原告的会员需经常登录上述网站或手机应用，频繁刷新关注债权转让产品信息。被告系陆金所代购工具软件的提供者陆智投公司，用户通过安装运行该软件，无须关注两原告平台发布的债权转让产品信息即可根据预设条件实现自动抢购，并先于手动抢购的会员完成交易。两原告认为，陆智投公司实施的不正当竞争行为损害了两原告通过多年经营所积累的竞争优势，导致两原告会员流失、产品关注度下降、商誉受损，对两原告造成了较大损失。据此，两原告诉请法院判令被告停止涉案不正当竞争行为、消除影响并赔偿原告经济损失及合理费用共计50万元。

被告辩称，原告、被告不存在竞争关系，被告提供的抢购服务核心是在用户授权的前提下，使其更为便捷地购买两原告平台的债权转让产品。该抢购服务既不阻碍用户正常登录两原告平台进行交易，也不影响两原告平台其他注册用户的正常购买行为，故请求驳回两原告的全部诉讼请求。

案例6 “群控软件”的不正当竞争认定之一

原告腾讯计算机公司、腾讯科技公司分别是微信软件的著作权人和微信产品的经营者。两被告开发、运营的某群控软件，利用 Xposed 外挂技术将该群控软件中的“个人号”功能模块嵌套于微信产品中运行，为购买该软件服务的微信用户在微信平台中开展商业营销、管理活动提供帮助。其形式主要表现为自动化、批量化操作微信的行为（包括朋友圈内容自动点赞、群发微信消息、微信被添加自动通过并回复、清理“僵尸粉”、智能养号等），监测、抓取微信用户账号信息、好友关系链信息以及用户操作信息（含朋友圈点赞评论、支付等）存储于其服务器，攫取数据信息。据此，两原告认为，两被告的行为妨碍了微信平台的正常运行，损害了两原告对于微信数据享有的数据权益，违反了《反不正当竞争法》第2、12条的规定，构成不正当竞争，诉请判令赔偿经济损失500万元并承担赔礼道歉、消除影响的民事责任。

两被告辩称，被控侵权软件突破了微信产品未实现的功能，该部分新增功能契合了微信电商用户提升自身管理与运营效率的需求，属于技术创新，具有正当性，并没有妨碍或破坏微信产品的正常运行。被控侵权软件用户与其买家好友的社交数据权益应当归用户所有，用户享有个人数据携带权，其将选择个人数据以何种方式备份、存储，这与该数据控制者无关，两原告对于其所控制的用户信息不享有任何数据权益，故上述行为均不构成不正当竞争行为。

案例7 “群控软件”的不正当竞争认定之二

原告腾讯计算机公司、腾讯科技公司分别是微信软件的著作权人和微信产品的经营者。两被告开发、运营的萝卜客微信营销系统基于微信用户群，运用人工智能技术手段，通过一台主控电脑，指挥多台手机设备24小时执行任务，实现批量控制、批量加粉拓客的功能。腾讯科技公司委托广东安证计算机司法鉴定所对萝卜客微信营销系统进行功能验证及代码分析。鉴定意见为萝卜客微信营销系统中有针对微信软件编写的软件代码、脚本，在系统运行过程中存在调用微信方法、函数的情况，存在破解、抓取微信数据及用户数据并上传服务器的行为，存在监听微信状态、注入微信进程的情况。该系统通过 Hook 微信方法改变微信方法正常的运行逻辑，通过模拟点击模拟用户操作等方法妨碍、破坏微信软件的正常运行。

据此，两原告认为，两被告的行为妨碍了微信平台的正常运行，损害了两原告对于微信数据享有的数据权益，构成不正当竞争，诉请判令赔偿经济损失1000万元，停止不正当竞争行为，并承担赔礼道歉、消除影响的民事责任。

案例8 全国首例"人工刷量平台干扰搜索引擎算法"不正当竞争纠纷认定

原告百度公司诉称：被告是"我爱广告任务网"网站（以下简称"我爱网"）的运营主体。原告发现，被告通过设置广告任务发布平台，帮助诱导网站用户设置、点击搜索任务，利用百度搜索排序算法中用户点击行为占有一定算法比重的客观情况，使用户制造虚假点击数据，扰乱原有的客观排序结果。被告行为将不法网站推到搜索结果中更高的位置，进而损害消费者利益。被告通过从用户充值金币中抽成、流量变现的方式谋取不正当利益。被告的行为扰乱了竞争秩序，构成不正当竞争。

被告辩称：被告未利用任何技术手段对原告的网络产品进行妨碍、破坏。被告并未违反《反不正当竞争法》的规定和公认的商业道德，也未损害原告的合法权益。被告是通过自己的网站将自己的用户介绍至原告网站，用户在原告网站上自主完成搜索操作，被告的行为等同于线下的"居中介绍"行为。虽然该行为没有经过原告同意，但并未违背用户的主观意志，也未给原告造成损失，不会对原告的商誉产生不良影响，且被告已自行终止涉案行为。

案例1中，法院认定，脉脉存在非法抓取、使用微博用户信息的行为，被告的行为违反了诚实信用原则，违背了公认的商业道德，危害到新浪微博平台用户信息安全，损害了微梦公司的合法竞争利益，对微梦公司构成不正当竞争，故判决被告停止不正当竞争行为，并赔偿原告经济损失220余万元。该案中，法院首次提出了第三方应用通过开放平台如Open API合作模式获取用户信息时应坚持的"用户授权 + 平台授权 + 用户授权"的三重授权原则。互联网企业在运用Open API开展合作开发时，应事先取得用户的同意再收集并利用相关信息。同时，数据提供方不仅应将用户数据信息作为竞争优势来加以保护，还应将保护用户数据信息作为企业的社会责任，采取相应的技术措施增强对Open API合作模式中相应权限的控制，通过检测Open API接口调用以及保存调用过程的记录，不断完善Open API合作模式。第三方应用基于Open API合作模式利用用户信息时，除应取得数据提供方同意外还应再次取得用户的同意，尊重用户的自由选择权。数据提供方与第三方应用均应遵守开发者协议,在读取和运用用户数据时以取得“用户同意 + 平台同意 + 用户同意”的三重同意为原则,以保护用户的隐私权、知情权和选择权为底线,以公平、诚信为行为准则,维护互联网络的公平竞争秩序,实现数据经济的合作共赢。

案例 2 中,一审法院认为,在互联网领域,即使双方的经营模式不同,只要是在争夺相同的网络用户群体,即可认定为存在竞争关系。大众点评网的用户点评信息是汉涛公司的核心竞争资源之一,能给汉涛公司带来竞争优势,具有商业价值。百度公司的搜索引擎抓取大众点评网上的涉案信息虽未违反 Robots 协议,但这并不意味着百度公司可以任意使用搜索引擎抓取信息。Robots 协议只涉及抓取网站信息行为是否符合公认的行业准则的评价判断,不能解决抓取网站信息后的使用行为是否合法的问题。经营者抓取其他网站信息即使不违反 Robots 协议,仍应当本着诚实信用的原则和公认的商业道德,合理控制源于其他网站信息的使用范围和方式。对信息使用市场竞争行为是否具有不正当性的判断应当综合考虑涉案信息是否具有商业价值,能否给经营者带来竞争优势,请求救济方获取信息的正当性、难易程度和成本付出,竞争对手使用信息的范围和方式等因素加以评判。本案中,百度公司大量、全文使用涉案点评信息,替代大众点评网向用户提供信息,对汉涛公司造成损害,其行为违反了公认的商业道德和诚实信用原则,构成不正当竞争。但是,早期版本的百度地图只提供三条来自大众点评网的点评信息,每条点评信息均未全文显示,且每条点评信息均设置了指向信息源网站的链接,百度地图中的此类使用方式,不足以替代大众点评网向公众提供点评信息,不会对汉涛公司造成实质损害,该类行为不违背公认的商业道德和诚实信用原则,不构成不正当竞争。侵权的信息仅存在于百度地图中,杰图公司的网站通过调用应用程序编程接口(API)调用百度地图,其行为符合行业通行做法,并无不当。故判决百度公司停止不正当竞争行为,赔偿汉涛公司经济损失 300 万元及为制止不正当竞争行为所支付的合理费用23 万元。百度公司不服一审判决,提起上诉。二审驳回上诉,维持原判。

案例 3 中,法院认为,谷米公司和元光公司在提供实时公交信息查询服务软件的服务领域存在竞争关系。酷米客 App 后台服务器存储的公交实时类信息数据具有实用性并能够为权利人带来现实或将来的经济利益,已经具备无形财产的属性。谷米公司系酷米客 App 的著作权人,对该 App 所包含的信息数据的占有、使用、收益及处分享有合法权益。未经谷米公司许可,任何人不得非法获取该软件的后台数据并用于经营行为。元光公司利用网络爬虫技术大量获取并且无偿使用谷米公司酷米客 App 的实时公交信息数据的行为,具有非法占用他人无形财产权益,破坏他人市场竞争优势,并为自己谋取竞争优势的主观故意,违反了诚实信用原则,扰乱了竞争秩序,构成不正当竞争行为,应当承担相应的侵权责任。据此,法院判决元光公司向谷米公司赔偿经济损失及合理维权费用50万元并驳回谷米公司的其他诉讼请求。本案明确了存储于权利人 App 后台服务器的公交实时类信息数据,具备无形财产的属性,属于反不正当竞争法保护的对象。同时还应注意,破解信息提供者所设的技术措施,获取计算机信息系统中的数据,是具有刑事违法性的行为。在本案中,实施数据爬取行为的元光公司的员工都被认定构成非法获取计算机信息系统数据罪。

案例4中,一审法院认为:"生意参谋"系原告淘宝公司耗费人力、物力、财力,经过长期经营积累形成的数据产品。其数据收集、整理、使用具有合法性,且经过深度开发与系统整合,所得到的信息可供消费者参考、使用。淘宝公司对"生意参谋"大数据产品应享有独立的财产性权益。被告美景公司未付出劳动创造,即将"生意参谋"数据产品直接作为获取商业利益的工具,其开发的"咕咕互助平台"对原告数据产品构成实质性竞争,这种不劳而获的"搭便车"行为有悖于商业道德,构成不正当竞争。如不加禁止将会严重打击大数据产品开发者的创造积极性,阻碍产业发展。二审法院支持了一审判决,认为"生意参谋"数据产品具有商业价值,独立于原始网络数据,能够带来直接经济收入,且因其决策参考的独特价值,构成淘宝公司的竞争优势,故该大数据产品属于竞争法意义上的财产权益。美景公司经营的"咕咕互助平台"对于淘宝公司"生意参谋"账号的分享行为直接导致了原平台用户减少,其损害行为存在主观故意,扰乱市场秩序,对淘宝公司合法权益造成损害,构成不正当竞争。

案例5中,法院经审理认为,在网络抢购服务不属于《反不正当竞争法》互联网专条明确列明的行为类型从而适用该条兜底条款的情况下,除应考量其对抢购服务目标平台及用户是否造成损害外,还应审查其是否具有不正当性。被告通过运营软件提供抢购服务的行为,给原告造成严重的损害后果:一是平台流量利益的减损。抢购服务导致用户对两原告平台的访问频度下降,客观上减少了两原告其他金融产品的展示机会。二是用户潜在交易机会的剥夺。抢购服务改变了债权转让产品在两原告平台用户间的收益分配,造成了大量用户机会利益的减损。三是平台营商环境的破坏。抢购服务将冲击两原告平台最为依赖的投资者信心,导致用户黏性降低、投资者与资本流向其他投资渠道。同时,涉案抢购服务行为明显具有不正当性:一方面,抢购服务对两原告平台规则的颠覆破坏了产品抢购的公平基础。使用抢购服务的用户抢购成功率更高,用户间公平竞争的基础丧失殆尽。另一方面,涉案抢购服务刻意规避两原告的监管机制,反映了被告对该行为所持的主观故意。因此,被告提供的抢购服务利用技术手段,通过为两原告平台用户提供不正当抢购优势的方式,妨碍两原告债权转让产品抢购业务的正常开展,对两原告及平台用户的整体利益造成了损害,不正当地破坏了两原告平台公平竞争的营商环境,构成不正当竞争。故法院依法判令被告停止涉案不正当竞争行为、公开消除影响,并赔偿两原告经济损失及合理开支共计50万元。

案例6中,法院认为,两被告的行为不符合用户数据可携带的基本要求,构成了对微信用户信息权益的侵害。被控侵权软件批量化操作微信、发布商业活动信息,异化了个人微信产品作为社交平台的服务功能,给用户使用微信产品造成了明显干扰,已妨碍、破坏了两原告合法提供的网络产品与服务的正常运行,属于《反不正当竞争法》第12条第2款第4项所规定的其他妨碍、破坏其他经营者合法提供的网络产品或者服务正常运行的行为,构成不正当竞争。最终判令两被告停止涉案不正当竞争行为,赔偿两原告经济损失及合理费用260万元,并为其消除影响。同时,法院提出,该案争议焦点涉及数据权益的归属、权利边界以及数据抓取行为不正当性应如何判断两个问题,法院提出自己的裁判规则为:(1)数据权益的归属与权利边界问题。法院认为应以"价值贡献说"作为数据权益归属的主要判断依据。数据资源商业化开发过程中,网络数据价值链中存在"用户信息→原始数据→原始数据汇聚→大数据产品"四个节点,该案判决明确了对于单一原始数据,企业只能依其与用户的约定享有原始数据的有限使用权。未经许可擅自使用企业控制的单一原始数据,只要不违反"合法、必要、征得用户同意"的原则,一般不应被认定为侵权行为,数据控制主体亦无赔偿请求权。单一原始数据聚合而成的一定规模的数据资源(整体),系企业经过长期经营积累聚集而成。应注重对企业数据竞争性权益的保护,未经许可规模化破坏性使用企业所控制的数据资源,攫取他人市场竞争优势的,构成不正当竞争,数据控制主体有权请求获得赔偿。(2)数据抓取行为不正当性应如何判断的问题。法院认为,数字经济不同于传统经济,其价值更体现在“开放、共享、效率”等新内容上。数字经济天然具有了“搭便车”的属性,所以数字经济的“共生性”决定判断数据竞争行为是否正当不能一味以是否遵守诚信原则与商业道德为判断标准,而应综合考量是否有利于维护市场竞争秩序,是否有利于增进消费者的福利、经营者利益等方面。如果企业是在获取已公开的数据产品内容基础上通过自己的创新劳动开发出新的数据产品,且能够给消费者带来全新体验,提升整体竞争效能的,这样的竞争行为并非不正当。

案例7中,法院认为,不正当竞争行为应当符合以下四个要素:一是该竞争行为属于经营者在生产经营活动中发生的行为,其他经营者的合法权益因该竞争行为受到了实际损害;二是该竞争行为所采用的技术手段损害了消费者的利益,如损害消费者的自主选择权、知情权、隐私权等;三是该竞争行为违反诚信原则和公认的商业道德而具有不正当性;四是该竞争行为属于妨碍、破坏其他经营者合法提供的网络产品或者服务正常运行的行为,破坏了互联网环境中公平竞争的市场秩序。关于第一个要素,二原告通过经营投入获得的网络用户注意力和与此相关的正当商业利益及竞争优势应当受到法律保护。关于第二个要素,涉案萝卜客智能营销软件中的微信群控产品,使微信用户处于群发信息轰炸中,必然会影响微信用户的用户体验,对微信用户个人数据权利也会造成严重威胁,严重损害微信用户的自主选择权、知情权、隐私权等消费者权利。微信用户还可能被群控系统操控的虚假微信用户及其提供的虚假信息欺骗,这对微信用户的合法权益造成严重损害。关于第三个要素,二原告在微信平台向网络用户免费提供网络服务,并不直接向网络用户收取费用,而是围绕争夺网络用户的注意力而展开商业竞争,网络用户的注意力是影响微信平台收益高低的重要因素。被告在未支付相应对价的情况下抢占微信用户的注意力,获取自身商业利益,使二原告丧失了相应的市场成果,对二原告通过诚实经营微信平台争取到的网络用户注意力和与此相关的交易机会造成破坏和损害,有违诚信原则。关于第四个要素,被告作为市场竞争者,不正当地利用二原告构建的微信生态系统的市场成果,为自己谋取商业机会从而获取竞争优势的行为,破坏了互联网环境中公平竞争的市场秩序。从长期来看,会严重干扰社会对互联网流量经济的判断,干扰投资者对网络产品价值及市场前景的判断,还影响网络用户的真实选择,严重扰乱公平有序的网络营商环境。综上所述，被告的行为构成《反不正当竞争法》第12条互联网专条的兜底性概括条款，即其他妨碍、破坏其他经营者合法提供的网络产品或者服务正常运行的行为。

案例8中，法院认为，“我爱网”直接针对百度搜索引擎进行了定制式的运营，通过帮助、指引流量需求方发布需求任务，以“盈利”为诱饵，诱导“接任务”用户伪装成正常用户完成刷量任务，其目的是满足“发任务”用户的刷量需求，干扰搜索引擎算法，提升搜索排名，其行为实际上是针对搜索引擎进行人工制造虚假点击量的行为。被告为虚增目标网站点击量而实施的行为，实际上是制造虚假的用户搜索需求，使搜索结果与关键词更加匹配，增加目标网站在搜索引擎中的权重，以干扰原告搜索引擎排序算法的行为。该行为使用户花费更大的时间成本搜索到其需求网站，或者根据虚假点击数据作出错误的判断，增加百度公司维护正常搜索运营服务的各项成本，破坏原告提供的正常服务环境，还扰乱了市场竞争秩序，构成《反不正当竞争法》第2条中规制的不正当竞争行为。最终，法院考虑到被告主观故意明显、其被诉不正当竞争行为影响较大、被告在本案中未如实举证等因素，判决被告登报消除影响并赔偿原告经济损失200万元及合理开支5万元。

上述争议，无一例外，均与海量数据及用户注意力的争夺有关，但又各具特色，譬如：

（1）从系争数据类型上讲，案例1和案例2中发生争议的是新浪微博和大众点评网平台上未经加工的原始数据，而案例3中谷米公司的酷米客App和案例4中淘宝公司的“生意参谋”则是经过二次开发后的大数据产品。

（2）从行为性质上讲，案例1中不仅涉及侵权行为，也涉及违约行为；而其他案例中，虽然没有专门约束原告、被告双方的协议（Open API开发者协议），但往往也会涉及单方制定的平台协议或规则（如微信软件许可及服务协议、微信公众平台服务协议、微信朋友圈使用规范、微信生态规则与治理措施等）。

（3）从表现形式上讲，案例1、案例2、案例3、案例4均直接指向数据，案例5、案例6、案例7则直接指向平台流量和用户注意力。案例8作为全国首例涉及刷量平台干扰搜索引擎算法不正当竞争纠纷案引发了公众的新一轮关注，但究其实质，案例8的违法内核与前文中“刷单炒信”干扰播放量及帮助他人虚假宣传的不正当竞争行为并无二致。案例6中还涉及对个人信息主体可携权与企业数据竞争性权益的认定与辨别。

(4)从不正当竞争的后果上讲,《反不正当竞争法》不要求同时损害其他经营者和消费者的合法权益。上述案例中有的仅侧重于对是否损害其他经营者的合法权益展开论述(如案例2、案例3、案例4、案例5);有的则对是否同时损害消费者的合法权益进行论述,如案例7明确将该竞争行为所采用的技术手段损害了消费者的利益列为不正当竞争行为应当符合的四要素之一;案例6中法院更是区分"单一原始数据"和"数据资源(整体)"建立不同的裁判规则,力图修正片面强调数据保护、制止"搭便车"而忽视数字经济时代鼓励数据"开放、共享、效率"的社会经济需求。

第十章　数据交易市场篇

一、有哪些数据交易模式？

数据交易近些年成为一门显学，国际上关注、两会上热议。数字企业关心的问题更是不少，譬如：我的数据是不是可以交易？有哪些可选交易模式？如何评估和定价？受谁的监管？要不要去标识化？隐私计算靠不靠谱？如何保障合规性？是否具有商业可行性？不一而足。

譬如，上海数据交易所成立伊始，黄丽华教授就在第一届上海市数据交易专家委员会会议上介绍了上海数据交易所十大研究方向，包括：

(1)数据要素市场生态及其参与者(数商理论)；

(2)数据要素的权属及其权属保障；

(3)数据要素市场的安全与合规条件；

(4)数据要素市场交易产品(标的物)及其边界；

(5)数据要素市场安全可信的运行逻辑；

(6)数据产品的定价理论及方法；

(7)数据要素资产化和资本化的路径；

(8)数据交易运营商的商业模式；

(9)数据要素流通与交易中的科技创新及其创新生态；

(10)数据要素市场的监管理论与方法。

2018年4月26日，欧盟的官方网站上公布了一份名为《关于欧洲企业间数据共享的研究》(Study on Data Sharing between Companies in Europe)[①]的报告，该报告系欧盟委员会委托咨询公司everis Benelux制作，通过对欧洲31个国家

---

① See https://publications. europa. eu/en/publication-detail/-/publication/8b8776ff - 4834 - 11e8 - be1d - 01aa75ed71a1/language-en/format-PDF/source - 69800191.

129 家不同规模的企业进行调查访问作出，与该报告一同发布的还有针对如下欧洲 16 家公司的数据共享案例研究(案例研究报告)(见表 10.1)。[①]

表 10.1　部分欧洲企业间数据共享案例研究报告

数据共享产业的主要模式		公司及简介
类型	说明	
数据货币化	指公司通过向其他公司分享数据而取得额外收入的单边方法，也包括因获得服务而实现数据货币化，是欧洲企业比较典型和常见的方式	(1)geo(英国公司，能源监测设备供应商) (2)Here(德国/荷兰公司，为个人和公司提供数字地图和定位服务的国际公司) (3)Michelin(法国公司，米其林轮胎) (4)orange(法国公司，电信运营商) (5)Telefonica(西班牙公司，电信运营商) (6)TOMTOM(荷兰公司，导航服务商) (7)Van den Borne Aardappelen(荷兰公司，智慧农业产业)
数据交易市场	指数据供应企业和数据需求企业通过受信任的中介机构，在其设立或管理的安全的在线平台上交易数据，中介机构对平台上的每一笔数据交易收取佣金	DAWEX(法国公司，数据交易的信任中介)
工业数据平台	指一些公司选择达成战略合作伙伴关系，自愿加入一个封闭、安全和专属的平台，以便从数据交换中获得互惠互利，数据可在该平台上免费共享，也可支付对价	(1)AIRBUS(法国公司，空中客车) (2)MAN Truck & Bus(德国公司，大众集团旗下的卡车、大巴生产商，主导了 RIO 平台)
技术推动者	指一些企业被视为数据共享的技术“推动者”或“实现者”，他们并不直接从数据共享中获得收入，而是专门从事并致力于开发和实施针对数据共享的技术解决方案(例如基于网络的软件产品、应用程序或平台)，然后据此获得收入	(1)API-AGRO(法国公司，智慧农业数据技术服务商) (2)DKE-Data(德国公司，由 10 家国际农业机械制造商共同成立的农业技术数据管理服务商) (3)Nallian(比利时公司，物流数据技术服务商) (4)Sensative AB(瑞典公司，智能家居数据技术服务商)

① See https://publications.europa.eu/en/publication-detail/-/publication/004fcf02-49c7-11e8-be1d-01aa75ed71a1/language-en/format-PDF/source-69800191.

续表

数据共享产业的主要模式		公司及简介
类型	说明	
开放数据策略	指一些公司选择完全开放数据以促进新产品、新服务的开发。采取此策略的公司大多在法律上负有开放数据的义务,尤其集中在能源领域,目前还比较少见	(1)Elering(爱沙尼亚公司,天然气、电力输送运营商) (2)Enedis(法国公司,电网运营商)

案例研究报告逐一分析了上述16个数据共享案例。① 譬如就"数据货币化"模式,报告中关于米其林(Michelin)的相关分析归纳如下:

案例1 米其林如何实现数字货币化

米其林作为世界知名的轮胎制造商,早在21世纪初就推出了网站Via Michelin,允许司机使用最新的、带有交通事件(例如道路施工、事件、事故或天气状况)实时信息的道路地图,来规划在欧洲的道路行程并估算旅行费用。此外,司机可以获得有关酒店和餐馆的信息(如价格范围、提供的服务类型和本地化)、旅游提示和有关他们的目的地的信息。

除收集和提供数据,米其林还利用其数据集,在付费的基础上向其商业客户提供定制、创新和数据驱动服务,并为此建立了一个专门的业务部门(Michelin solutions)以促进这些数据驱动的服务。米其林提供的这些数据是其通过处理放置在轮胎或车辆中的传感器产生的数据,这些传感器收集的数据类型包括近乎实时的轮胎气压、温度数据、里程数、地理位置数据、半挂车内温度、挂车门开启警报以及其他任何有助于优化轮胎使用的信息。

2017年,米其林推出了四项新的数字服务:"我们提供路线"(My Best Route)帮助运输专业人士在考虑到所有相关费用的情况下选择效益最佳的路线;"我的检测"(My Inspection)指导司机逐步检查其专业车辆;"我的培训"(My Training)帮助教员有效地培训司机;"我的道路挑战"(My Road Challenge)是一

① 冯坚坚、刘晓春:《对"数据共享合法化"的分析与思考系列之一:以〈关于欧洲企业间数据共享的研究〉为起点》,载公众号"网安寻路人"2018年5月16日,https://mp.weixin.qq.com/s/YxNZRDrV3-k2-P_8GaBs2Q。

个通过游戏的方式检验卡车司机技能的应用程序，并据此对高质量的驾驶行为进行奖励，这个应用程序中嵌入的算法可以检查由司机的手机GPS收集的加速和减速情况。

除车队和运输运营商用户，越来越多的汽车保险公司对米其林持有的数据感兴趣。例如，Driving Data Intelligence（DDI）利用放置在车辆中的传感器的数据来分析司机的行为和车辆的使用，分析结果将使保险公司能够根据客户的驾驶方式来调整保险费用。

米其林与每个数据用户签订了量身定做的特定服务合同，这些合同通常会详细说明要共享的数据类型、对数据滥用的制裁以及数据的价值，而数据价值则是根据特定服务中数据的最终用途来确定的。

但是，数据所有权的不确定性一定程度上限制了米其林获取某些数据集并进一步与他人分享数据的可能性，如原始设备制造商（OEM）倾向于认为其车辆产生的数据属于他们，而米其林认为其轮胎产生的数据是其财产。数据共享的另一个障碍则与确保遵守现有数据保护法规有关，这些规定要求采取组织和安全措施，如假名化或加密以保护个人数据，而米其林公司提供的一些数据集可能包含可识别的司机信息，米其林必须采取具体行动，以确保数据共享行为合规，同时也满足客户在个人数据保护方面的要求。

而对于“数据交易市场”模式，报告详细介绍了DAWEX的相关案例。

案例2 数据交易市场——DAWEX

DAWEX是一个总部位于法国的在线全球数据平台市场，成立于2015年，作为一个独立的第三方，服务于企业之间的数据共享和再利用。DAWEX连接数据供应商和数据用户，数据供应商和数据用户通过平台进行数据交换和流通。该平台市场其主要的数据用户是在汽车、能源、农业、卫生或零售等行业经营的企业。

数据供应商和数据用户在开始分享之前，需要在该平台上进行注册并描述企业的主要业务。然后，DAWEX会对公司的背景信息进行审核以确认其身份。通过审核后，企业可以描述他们所提供的数据类型，或他们正在寻找的数据类型。基于这些信息，DAWEX会将数据的供应和需求进行匹配。DAWEX提供的搜索工具可以根据特定的标准（如商业部门、数据类型、地理区域或价格范围）寻找数据，供需双方使用嵌入在DAWEX中的信息传递工具进行交流，从而最终达成数据交易。

在 DAWEX 上交易的数据有不同的类型,如客户数据、产品数据、财务数据、物联网产生的数据等。尽管 DAWEX 主要是为了买卖商业数据而创建的,但该平台也可以用来交换开放数据。DAWEX 开发了一系列工具,以帮助数据供应商和用户理解、评估数据并进行交流。例如可视化工具为数据用户提供关于一个完整数据集的不同信息,这些信息可以在交易完成之前被安全地共享。

有意通过 DAWEX 共享其数据的公司,需要声明他们对数据拥有所有权,此外还需要确认其在法律上有权分享这些数据。在经过了这些初步且重要的步骤之后,企业需要配置参数,因为这些参数确定了使用其数据的条件和限制。这些参数包括允许访问数据的商业部门、使用数据的条件、允许(或不允许)再次出售数据、可以使用数据的地理区域、允许使用数据的期限。供需双方签订的许可协议是根据数据供应商选择的参数而定制的,对应的法律条款由专门从事数据使用权和知识产权的律师撰写,以使许可协议具有法律约束力,当然,数据供应商和用户之间仍可以就相关协议进行协商。

DAWEX 对通过平台共享或存储的数据不享有所有权。数据的所有权完全属于数据供应商,供应商始终对其在平台上的数据拥有完全的控制权。只有在数据供应商信任数据用户的情况下,根据数据供应商提出的条款和条件进行数据交易,才会发生权属的转移。

数据的价值由数据供应商进行评估,也可以由数据供应商和数据用户之间协商决定。如果数据供应商无法对其数据进行估价,也可以委托 DAWEX 使用相应的工具帮助数据供应商进行评估。

对于"工业数据平台"模式,则列举了 AIRBUS 的例子。

案例3 AIRBUS 的产业数据平台

AIRBUS 认为,拥有大量的飞行相关数据可以更好地了解设备的运转情况,并在问题发生前进行预测,以使公司能够不断改进其产品和服务。因此,AIRBUS 与运营其飞机的航空公司在双边协议的基础上共享数据已有 20 年之久,多年来,AIRBUS 的数据共享活动依赖于基础的通信工具,如电子邮件交换或 CD-ROMs/DVD。

2017 年 6 月,AIRBUS 推出了一个线上的集中、安全的航空数据共享平台——Skywise,逐步从昂贵的点对点数据共享方式转变为使用通用条款的全球统一方法,这将为所有参与的企业节省时间和金钱。加入该计划的航空公司所分享的数据,使AIRBUS作为航空制造商能够增强并改进飞机和设备设计,并改善其服务。作为回报,参与的航空公司会收到免费的全球飞行基准报告。这些报告是基于AIRBUS汇总和处理的数据而产生的,可以帮助航空公司提高企业性能和效率,从而提升行业竞争力。

2017年6月,有7家航空公司(亚洲航空、达美航空、易捷航空、阿联酋航空、香港航空、捷蓝航空、乐桃航空)最早加入了Skywise。4个月后,约有15家航空公司已经在积极使用该平台,并且目前这个数字还在不断增加。

Skywise旨在成为航空业的云数据共享平台,使航空公司用户能够存储、访问和分析选定的AIRBUS数据、他们自己的数据和全球飞行基准数据,最终能够提高他们的运营绩效和业务成果。Skywise提供了一种独特的综合机队管理和运营方法,使航空公司能够看到其运营的全部情况,且仅需要点击几下鼠标就能获得即时的可视化报告。

航空公司通过该平台与AIRBUS共享的典型数据集包括机载传感器数据、部件数据、飞机和机队配置、维修事件、燃料消耗、运营数据(如飞行时间表)。其他数据源可能包括运营中断历史、零部件更换、飞行后报告、飞行员报告和服务公告。基于这些数据,AIRBUS能够制定关于飞机性能的全球基准,然后与航空公司分享,使航空公司能够了解在同行业中的竞争情况。目前,航空公司尚未与AIRBUS分享关于客户偏好的数据,但根据AIRBUS的说法,将来这类个人数据也可能会根据隐私规则进行共享。

原则上来说,AIRBUS与航空公司签订的销售合同中通常不包含要求对通过飞机上的传感器收集的数据拥有所有权的条款。因此,运营商对其飞机上产生的数据保留完整的所有权和使用权。同时,航空公司可以自由地使用他们通过Skywise获取的数据,但不能对数据进行二次销售。

AIRBUS认为,通过Skywise的数据共享并不是为了成为公司的额外收入来源。相反,数据共享是其工作的一个组成部分,AIRBUS将数据共享的系统视为所有参与者的“双赢”工具,这就是为什么参与的航空公司暂时不需要为使用其服务支付费用。

对于“技术推动者”模式，DKE-Data 公司的相关案例如下：

案例 4　DKE-Data 的技术中介平台

DKE-Data 是一家由 10 家农业机械制造商于 2016 年 7 月成立的新公司。该公司创建了一个数据交换平台 Agrirouter，该平台于 2018 年秋季全面投入使用。这个平台使农民（作为数据供应商）能够与其他有关各方交换不同的机器和软件应用程序产生的数据。数据通过 Agrirouter 传输，数据用户包括种子生产商、食品加工厂、机器制造商、应用程序供应商等。农民可以免费使用 Agrirouter，而数据用户则需要根据数据传输量的不同水平，支付使用该平台的费用。DKE-Data 目前提供 5 种年度统一费率。

Agrirouter 是一个与 SAP 合作开发的，基于网络的软件，该平台的主要优点是结合不同机器制造商产生的数据，并将其格式固定，使其能够普遍兼容于种类繁多的 App，这样可以提高数据共享的效率。

为了将他们的机器和软件连接到 Agrirouter，农民需要在电脑或智能手机上创建自己的 Agrirouter 配置文件，然后进行设置，以表明他们希望与哪些数据用户分享他们的数据，以及在哪段时间内分享。

根据农民定义的设置，数据用户可以通过不同编程语言提供的 API 在 Agirouter 平台访问数据。Agrirouter 充当数据集的“转发代理”。一旦数据被移交给相应的数据用户，这些数据就会从 Agirouter 上删除，Agirouter 不对传输的数据做进一步的评估或处理。作为一个技术媒介，DKE-Data 也不会为通过其平台共享的数据发布任何许可协议，DKE-Data 只负责维护平台的良好运作，并确保数据的传输符合高度的安全和隐私标准，其对数据的不准确或误用不承担任何责任。

而对于“数据开放策略”模式，Elering 开放数据平台的相关案例如下：

案例 5　Elering 的数据开放策略

Elering 是爱沙尼亚的一个独立的电力和天然气系统运营商。在 2014 ~ 2015 年，Elering 参加了一个受资助的项目，在该项目下开发了 Estfeed——数据交换平台。Estfeed 允许终端消费者和能源供应商、其他服务提供商等数据用户访问能源消费数据，其是终端消费者和需要这些数据的用户之间的中介平台。

连接Estfeed的电力和天然气数据中心存储着来自智能仪表的计量点和终端消费者的能源消费数据,这些数据以小时为单位记录,每天更新一次,计量点和消费数据被自动收集并转发到Elering的数据中心。除电力和天然气的能源消耗数据,Estfeed还整合了天气预报和电价信息,随着数据需求的增长和用户数量的增加,可用的数据清单会继续扩大。

能源消耗数据属于私人数据,因此,没有个人消费者的事先同意,这些数据不能被共享。为此,Elering开发了一个用户界面,使个人消费者能够向能源供应商、其他服务提供商甚至他们自己选择的私人用户授予对其数据的访问,此种授权同样存储在平台的授权数据中心里。为保护消费者的数据权利,与平台相连并从平台请求数据的用户必须说明他们要使用个人数据的原因,且每一次私人数据被访问都会经过授权检查。

通过Estfeed共享数据的主要技术机制是Estfeed协议。在与该平台建立连接之前,数据用户必须与Elering签署使用Estfeed的条件和条款协议。Estfeed协议规定了使用该平台的义务和要求,平台用户应当与Estfeed就通过该平台访问和处理数据的方式达成一致。平台使用X-Road技术对通过该平台交换的数据进行加密和打上时间戳。

为了避免可能的个人数据违规问题,目前该公司只向爱沙尼亚统计局提供个人数据的访问权。该局是收集统计信息的国家机构,有查询这些数据的合法权利。其他数据用户,则必须得到个人消费者的事先同意才能访问。

Estfeed的最终目标是与第三方分享能源数据(经终端消费者同意),以发展为终端消费者和企业创新和增值的能源服务。

各个国家法律规定的个人数据保护要求是目前数据开放共享的障碍之一。Elering报告中提及,如何解释GDPR的具体内容对企业来说具有挑战性。为了更好地理解这一法律,Elering正与爱沙尼亚数据保护监察局积极合作。

可以看出,在欧盟对于数据尤其是个人数据严格保护的环境下,欧洲企业间数据共享的规模化和商业化并未止步,成功的数据共享案例不仅出现在产业经济和社会生活的多个领域,而且也在很大程度上影响着政府的立法和监管。

事实上,2022年5月16日欧盟理事会批准的《数据治理法》(DGA)就旨在促进数据的可用性,建立一个值得信赖的环境以促进数据用于研究、创新服务和产品的创造，并培育一种新的商业模式——数据中介服务，增加对数据中介服务的信任，并在整个欧盟促进数据共享。

二、数据交易市场的发展现状如何？

数据交易市场是一个用户可以购买和销售数据的平台。数据交易是数据供应商营销、管理和变现他们的数据的一种简单方法。反过来，数据交易市场允许数据用户在一个易于浏览的市场中浏览、比较和购买多个来源的数据。大体而言，全球的数据交易市场可分为三种类型：

（1）个人数据交易市场

个人数据交易市场允许自然人在接受市场规则的基础上，分享他们的个人数据从而获得报酬，他们分享的信息可以与任何东西有关，如地理位置、食物偏好、他们偏好的网站设计等。个人信息主体可以选择为其数据设定价格并等待用户购买，也可以选择市场提供的注册现金或礼品卡等奖励。个人数据交易平台的例子有 datum、DataWallet、Fysical 等。

（2）B2B 数据交易平台

B2B 数据交易市场是机构之间的数据交易平台，是目前数据交易市场上的主流平台。通过该数据交易市场，机构能够通过购买和出售数据来实现其业务和运营目标。B2B 数据交易市场将众多数据供应商的数据收集和存储到平台上，使数据用户能够访问来自多个来源的数据信息，这些信息可用于营销、销售和商业智能化目的。与个人数据交易市场相比，B2B 数据交易平台共享的数据集数量更大。

从数据供应商的角度来看，他们倾向于选择那些容易整合他们的数据，或者无须进行数据整合的数据交易市场。B2B 数据交易市场根据不同的商业模式运作，有些平台要求供应商必须订阅并付费才能展示和出售他们的数据，也有一些平台则提供一个免费的数据货币化途径，供应商只有在成功出售他们的数据时才需付费。

从数据用户的角度来看，他们选择从 B2B 数据交易平台上购买数据而非开源的替代品，主要是因为 B2B 数据交易市场可以提供分析级的数据集。这些强大的数据集和 API 让企业在行业竞争上凸显优势。因此，在 B2B 数据交易市场上列出的商业数据集和 API 通常价值不菲。B2B 用户依靠数据交易市场来帮助他们以合适的价格获得合适的数据。

B2B 数据交易市场的例子包括：Datarade[①]、snowflake[②]、Eagle Alpha[③]、Dataguru[④]、Ocean Protocol、Informatica B2B Data Exchange[⑤]等。

(3)物联网数据交易市场

物联网是一个通过传感器产生数据的设备网络。物联网数据交易市场是一个购买和销售物联网产生的数据的智能平台。可从物联网数据交易市场购买的数据完全来自这个相互连接的设备网络，该设备网络为数据用户提供来自数字接触点的实时信号。

创建物联网数据交易市场的目的是统一全球范围内一直在产生的信息流。如果对这些数据流加以利用和结构化，可以产生对消费者行为、在线趋势和技术发展的重要观察和总结。伴随有灵活的定价选项，物联网数据交易市场通常便于使用。

通过物联网数据交易市场实现数据货币化，对许多企业来说是一个有吸引力的选择。随着企业在其技术堆栈中增加硬件的数量和提升硬件的质量，越来越多的数据作为副产品被生产出来。这些副产品是一种宝贵的数据资产。通过列出物联网来源的数据，公司可以通过开发利用他们已经使用的产品来获得新的业务收入来源。

物联网数据交易市场的例子主要有：DAWEX[⑥]、Streamr[⑦]、zenodys[⑧]等。

我国自2020年以来在多个文件中提及了“数据交易”和“数据流通”相关内容，其中涉及数据交易平台建设以及相配套的数据资产评估、登记结算、交易撮合、争议仲裁、财税体系、黑产打击等多个方面(见表10.2)。

---

① See https://about. datarade. ai/.

② See https://www. snowflake. com/cloud-data-platform/.

③ See https://www. eaglealpha. com/.

④ See https://datarade. ai/data-providers/dataguru-in/profile.

⑤ See https://www. informatica. com/products/data-integration/b2b – data-exchange. html.

⑥ See https://www. dawex. com/en/data-exchange-platform/.

⑦ See https://streamr. network/.

⑧ See https://www. zenodys. com/.

表 10.2　“数据交易”相关文件

颁布时间	文件名称	主要内容
2020 年 4 月 28 日	工业和信息化部《关于工业大数据发展的指导意见》	构建工业大数据资产价值评估体系,研究制定公平、开放、透明的数据交易规则,加强市场监管和行业自律,开展数据资产交易试点,培育工业数据市场
2020 年 8 月 30 日	《中国(北京)自由贸易试验区总体方案》	探索创制数据确权、数据资产、数据服务等交易标准及数据交易流通的定价、结算、质量认证等服务体系,规范交易行为
2020 年 12 月 23 日	国家发展改革委、中央网信办、工业和信息化部、国家能源局《关于加快构建全国一体化大数据中心协同创新体系的指导意见》	牵引带动数据加工分析、流通交易、软硬件研发制造等大数据产业生态集聚发展。 加快完善数据资源采集、处理、确权、使用、流通、交易等环节的制度法规和机制化运营流程。建立完善数据资源质量评估与价格形成机制。完善覆盖原始数据、脱敏处理数据、模型化数据和人工智能化数据等不同数据开发层级的新型大数据综合交易机制。探索有利于超大规模数据要素市场形成的财税金融政策体系。开展数据管理能力评估贯标,引导各行业、各领域提升数据管理能力
2021 年 3 月 11 日	《国民经济和社会发展第十四个五年规划和 2035 年远景目标纲要》	建立健全数据产权交易和行业自律机制,培育规范的数据交易平台和市场主体,发展数据资产评估、登记结算、交易撮合、争议仲裁等市场运营体系
2021 年 4 月 23 日	中共中央、国务院《关于支持浦东新区高水平改革开放打造社会主义现代化建设引领区的意见》	建设国际数据港和数据交易所,推进数据权属界定、开放共享、交易流通、监督管理等标准制定和系统建设
2021 年 6 月 10 日	《数据安全法》	国家建立健全数据交易管理制度,规范数据交易行为,培育数据交易市场。 从事数据交易中介服务的机构提供服务,应当要求数据提供方说明数据来源,审核交易双方的身份,并留存审核、交易记录
2021 年 9 月 24 日	最高人民法院《关于加强新时代知识产权审判工作为知识产权强国建设提供有力司法服务和保障的意见》	加强涉数据云存储、数据开源、数据确权、数据交易、数据服务、数据市场不正当竞争等案件审理和研究,切实维护数据安全,为数字中国建设提供法治保障

续表

颁布时间	文件名称	主要内容
2021年12月12日	国务院《关于印发"十四五"数字经济发展规划的通知》	培育发展数据交易平台。提升数据交易平台服务质量,发展包含数据资产评估、登记结算、交易撮合、争议仲裁等的运营体系,健全数据交易平台报价、询价、竞价和定价机制,探索协议转让、挂牌等多种形式的数据交易模式
2021年12月21日	国务院办公厅《关于印发要素市场化配置综合改革试点总体方案的通知》	探索"原始数据不出域、数据可用不可见"的交易范式,在保护个人隐私和确保数据安全的前提下,分级分类、分步有序推动部分领域数据流通应用。探索建立数据用途和用量控制制度,实现数据使用"可控可计量"。规范培育数据交易市场主体,发展数据资产评估、登记结算、交易撮合、争议仲裁等市场运营体系,稳妥探索开展数据资产化服务
2022年1月18日	国务院《关于支持贵州在新时代西部大开发上闯新路的意见》	支持贵阳大数据交易所建设,促进数据要素流通。建设国家大数据安全靶场,开展数据跨境传输安全管理试点
2022年1月24日	国家发展改革委、商务部《关于深圳建设中国特色社会主义先行示范区放宽市场准入若干特别措施的意见》	在严控质量、具备可行业务模式前提下,审慎研究设立数据要素交易场所,加快数据要素在粤港澳大湾区的集聚与流通,鼓励深圳在国家法律法规框架下,开展地方性政策研究探索,建立数据资源产权、交易流通、跨境传输、信息权益和数据安全保护等基础制度和技术标准。探索建设离岸数据交易平台,以国际互联网转接等核心业态,带动发展数字贸易、离岸数据服务外包、互联网创新孵化等关联业态,汇聚国际数据资源,完善相关管理机制

上述文件中,国家多次提及"培育发展数据交易平台",并支持和推动多个地方的数据交易平台建设。作为推动数据要素市场建设的重要载体,数据交易平台迎来了发展的新一波热潮。

据零壹智库发布的《全国39家数据交易所对比——交易标的、交易方式与股东结构》[①]的统计,2015年至2017年是数据交易所成立的第一波"爆发期"。自2014年中关村大数据交易产业联盟发起筹建的中关村数海大数据交易平台

① See https://www.01caijing.com/finds/details/319989.htm.

上线和 2015 年贵阳大数据交易所正式挂牌运营以来,这一期间内,先后有近 20 家数据交易所成立;2020 年之后,山西、广西、北京和上海等地成立了新一批数据交易所,包括北方大数据交易中心、西部数据交易中心、深圳数据交易所、广州数据交易所等在内的 16 家数据交易所也开始陆续启动建设,自此,数据交易所建设正式进入 2.0 阶段。截至 2022 年 3 月,全国由地方政府发起、主导或批复的数据交易所已有 39 家(未包括港澳台地区)。

从区域分布看,这些数据交易平台所在地在分布上存在较高的重合性(见图 10.1)。

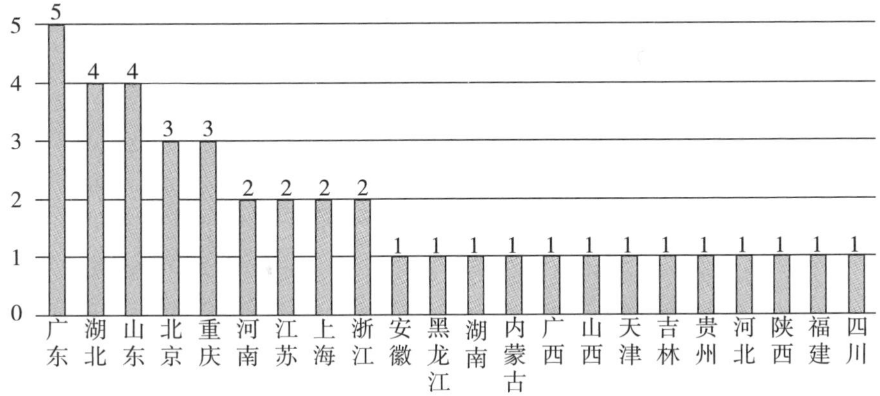

图 10.1 39 家数据交易市场地区分布

从 8 家公布数据服务类型的数据交易平台看,其数据类型和服务类型如表 10.3 所示。

表 10.3 8 家数据交易所的数据服务和数据类型

平台名称	数据服务	数据类型
武汉东湖大数据交易中心	数据定制、API 商城、东湖 AI(气象数据、宏观经济等数据集)	气象、车辆、企业、征信、电商、旅游、通信、医疗等数据
华东江苏大数据交易中心	数据解决方案(身份核验、电商风控、电力大数据、金融行业等解决方案)	金融(银行、保险、创新金融)、交通(物流、汽车、船舶、铁路)、政务(工商、司法、公安、电力、税务)、消费(房产、旅游、新零售、电商、共享)

续表

平台名称	数据服务	数据类型
浙江大数据交易中心	数据安全岛解决方案(隐私计算平台)、数据质押(知识产权)	金融、智慧城市等
青岛大数据交易中心	数据源、模型算法、可视化组件、数据管理等	运营商数据、政府数据、金融数据、企业数据等
山东数据交易中心	数据接口、数据集、数据报告、数据应用	企业管理、电子商务、地理交通、金融风控、大宗商品、公共事务、制造数据、工业数据等
北部湾大数据交易中心	数据API、行业数据包、数据解决方案及数据共享平台	运营商、公安、金融、企业、交通、工业、物流、媒体、农业等
北京国际大数据交易所	数据API、数据包、数据报告及数据增值、交易保障、数据中介等数据服务	公共数据、行业数据、研究数据、社会数据
上海数据交易所	挂牌数据产品及覆盖数据交易前、中、后的服务	金融、交通、通信等八大类

《关于欧洲企业间数据共享的研究》指出,在受访的129家企业中,有50家表示会数据共享,占总数的39%;而在这50家公司中,有52%认为在数据共享中遭遇了障碍。

调研中每个企业列出其认为最重要的四个障碍选项。其中,技术障碍占73%,其中包括兼容性壁垒、安全要求、基础设施成本等;法律障碍占54%,包括数据权属的不确定性、数据处理合规性的要求;此外,对于他人使用数据的监控能力的担忧也占42%,专业人才的缺乏则占38%,数据本地化限制占27%,对于数据处理风险可能导致名誉损失的担忧占19%,数据许可途径的困难占19%,而对于数据招致损害的责任承担的担忧亦占15%。除前述占54%的法律障碍之外,其实关于数据监控、本地化限制、法律责任等顾虑都与法律和合规相关。

中国人民银行科技司司长李伟在“第四届中国新金融高峰论坛2019”上将金融数据治理之困归纳为:一是不愿共享,多数机构都将数据作为战略性资源,认为拥有数据就拥有客户资源和市场竞争力,主观上不愿意共享数据;与之类似,机构内部数据权属分割,数据所有权和事权密切相关,部门宁愿将数据“束之高阁”,也不愿轻易拿出来共享。二是不敢共享,部分金融数据具有一定敏感性,涉及用户个人隐私、商业秘密甚至国家安全,数据共享可能存在法律风险,客观上给机构间共享数据带来障碍。三是不能共享,由于各机构数据接口不统一,不同机构的数据难以互联互通,严重阻碍数据开放共享,导致数据资产相互割裂、自成体系。

2022 年 5 月 27 日贵阳大数据交易所在数据流通交易规则体系发布活动上披露,自 2021 年 10 月贵州省数据流通交易服务中心升级上线以来,已经聚集数据商 213 家、上架产品 283 家、交易 59 笔、交易额达 4095 万元。发布会仪式现场,有 6 家数据商代表签约,协议金额超过 6000 万元,这也可从侧面反映我国数据交易仍存在相当多的难点。

三、如何在数据交易市场进行交易?

在基本层面上,数据交易市场的工作就像任何其他在线市场或电子商务平台一样。只是在数据交易市场上,用户购买的产品不是有形产品而是数据。数据交易大体可以分成 6 个基本阶段:挂牌前准备、浏览数据、比较数据、提供数据样本、数据交易及交付、后评价。

(1)挂牌前准备

数据挂牌前需经过一系列准备流程。以上海数据交易所为例,数据挂牌前,首先,数据供应商需要盘点数据资产,填写数据说明等。其次,数据交易所需要进行合规评估,审查数据合法性与合规性。只有审查通过后的数据,才可以在交易平台上挂牌展示。其中,合规评估则通常包含以下环节:

一是要对数据交易主体做调查。此时需重点了解数据用户的使用场景,对于不合法的场景应当拒绝交易。例如,上海数据交易所在合规审核方面确立了“不合格不挂牌,无场景不交易”的原则,数据用户应当说明数据的具体应用场景,并且不得超出约定的场景使用数据。又如,目前上海数据交易所暂不涉及数据出境,故交易主体都应是境内主体。

二是要对标的数据的可交易性做调查。此时应根据数据分类分级要求识别不同的数据类别并分别进行分析。如《上海市数据条例》要求危害国家安全、公共利益,侵害个人隐私的数据不得进行交易。如涉及重要数据的,需要依照法律法规规定实行更加严格的交易准入管理(如《网络数据安全管理条例(征求意见稿)》要求交易重要数据的,应当征得设区的市级及以上主管部门同意,主管部门不明确的,应当征得设区的市级及以上网信部门同意)。

三是要对数据来源的合法性作调查,如自行产生的数据,须提供系统运行和记录形成的情况报告;若数据是数据供应商收集产生,须提供获得相关主体同意的证明、数据收集合同或合法收集(如直接通过爬虫获取)数据的证明等,同时也须排除在先协议的限制(如有无限制数据二次对外提供的条款)。

显然,在交易阶段的合法合规问题很重要,数据交易市场平台可以在这个方面提供专业的帮助,这对于打消交易双方的合规疑虑是十分重要的助力。

另外,数据交易市场作为拥有丰富经验的平台,能够及时预见和解决数据挂牌前可能出现的问题。例如如何实现数据安全交付的问题,国际化的数据交易市场还会涉及双方使用不同货币等情形。好的数据交易市场可以在整个数据交易过程中持续提供独立的建议性意见,尽力促成数据交易的顺利完成。

(2)浏览数据

数据交易市场在一个平台上承载了多个数据供应商。例如,Datarade的数据交易市场拥有超过2000个数据供应商,这种多样性使用户有更好的机会找到合适的数据源。数据交易市场可以连接来自世界各地的数据供应商和数据用户。

为了优化浏览过程,数据交易市场允许用户根据特定的数据参数来细化搜索的过程。就像能够在Amazon上为产品设定一个价格范围,或者在Airbnb上根据位置进行过滤一样,用户可以使用数据交易市场来搜索特定类型的数据。

(3)比较数据

通过数据交易市场,数据用户可以对数据供应商进行一个快速比较。数据交易市场内含一个数据供应商的数据产品概览,不同平台的详细程度不同。一些数据交易市场允许数据用户与数据供应商取得联系,以了解其数据解决方案的更多信息,而另一些平台则通过可视化的方式让数据用户更容易深入了解供应商的数据能力。

例如,使用Datarade,数据供应商可以建立一个“数据店铺”,其可以通过列出数据产品来展示数据产品、解释竞争优势,并突出展示成功案例、客户评价和关键信息的认证。对于数据供应商来说,一个优秀的数据店铺是数据货币化的关键。对于数据购买者来说,数据店铺可以让他们更轻松地对供应商进行基准评价,并权衡不同供应商的数据集的优劣。

与其他数据交易方法不同,数据交易市场将重点放在“比较数据”这一阶段。

因为数据交易市场是独立的平台,让数据用户能够便利地在数据供应商之间进行客观的比较,用户就有更大的概率能够发掘他们需要的数据。数据交易并非新兴的产业,然而,数据交易市场提供的独立平台却是新生事物。数据交易市场鼓励的是高效和透明的数据交换方式。数据用户可以自由比较数据供应商提供的数据,并且如果数据用户需要,市场可以提供独立的数据采购建议。数据交易市场通常将这种咨询服务纳入其收费标准,并将其作为价值优势。这样一来,数据供应商将会收到经过筛选的交易机会推荐,而数据用户只有在数据源和服务确实符合他们的要求时才会收到交易建议。

(4)提供数据样本

进行数据比较之后的下一步多半是"先试后买"。一旦数据用户将搜索范围缩小到几个数据供应商候选人,在大多数情况下,他们都会要求候选人提供一定的数据样本。

在承诺购买数据之前,数据用户必须确保拟购入的外部数据能够满足他们的使用要求。这意味着数据必须准确地包含能使用户做出数据驱动决策的要素。此外,外部数据必须与数据用户的内部系统和软件整合。有了数据样本,分析师和数据学家可以运行测试,以确保数据集、数据服务或 API 可兼容。

数据交易市场使样本数据共享变得更加容易,其不同的功能可以使获得数据样本的过程更加简便,并简化数据采购过程。一些数据交易市场提供 CSV 格式的即时样本下载,也有一些平台支持用户和供应商在平台上进行沟通,由此供应商可以通过高效且安全的方式向数据用户提供数据样本。

(5)数据交易及交付

一旦数据用户确认数据样本能够满足其使用要求,并与其软件系统相兼容,就可以参与数据交易。商业数据有多种不同的格式,有些供应商提供 API,有些通过 S3 投放提供批量的数据库,还有一些提供持续的数据流。通常情况下,数据交易市场为连接供应商和数据用户收取一定的佣金费用。

(6)后评价

最后阶段是数据用户可以对数据交易的满意程度作出评价。这种评价模式在我们的日常购物中已经十分常见了。通过这种方式,数据交易市场在外部数据行业中扮演了一个关键的角色,即通过数据用户审核他们购买的数据产品,最终形成评价反馈,并促成交易的循环。数据行业长久以来的透明度问题,部分源自缺乏来自真实数据用户的公开反馈。数据交易市场为透明性问题提供了一套解决方案,即让用户留下评论。

随着更多数据资本的出现,数据用户需要确保他们选择了正确的数据来源。数据交易市场使用户能够清楚直观地了解哪些数据供应商在其数据提供、质量和客户服务方面排名靠前,从而能提供更简单、更有效的数据购物体验。宏观来看,在数据交易市场上留下的评价有助于为外部数据交易的整体市场塑造一个良好的前景。用户评价带来的透明度鼓励数据供应商尽可能地提供最好的数据解决方案和服务,形成供应商之间的良性竞争。

随着技术的进步,数据交易市场不断发展,变得更加安全。如 Datapace 和 Ocean Protocol 等就使用区块链对数据供应商提交的数据流进行加密和匿名化访问,数据用户可以通过自动智能合约购买数据。一旦交易完成,代币将根据商定的价格在各方之间分配。

四、数据交易协议要注意哪些要点?

无论是《网络安全法》、《数据安全法》还是《个人信息保护法》,都未对数据权属的性质进行明确界定。除《民法典》和《个人信息保护法》中认可了要对个人信息的人格性权益作为权利进行保护,其他类型数据的权益(包括个人信息的财产性权益、非个人信息类数据)的法律属性依然不清晰,理论界也围绕"债权说"、"知识产权说"、"物权说"和"新型权利说"等有着激烈的争辩。实践中,司法机关通常将数据认定为一种竞争性的财产权益,主要通过《反不正当竞争法》予以保护。2021 年通过的《深圳经济特区数据条例》《上海市数据条例》也都将交易数据的权属性质界定为数据财产权益。

因此,对于数据交易协议的条款,需要综合考量数据交易本身的特殊性,在法律法规不清晰的情况下,对交易条款进行全面、合理的设计。

鉴于数据交易与知识产权交易具有较高的相似性,如两者的标的都属于无形资产,都具有非唯一性,可以被无限复制和利用;同时,如果数据产品满足了一定的独创性,则可能被纳入知识产权体系进行保护(如具有独创性的数据库可构成汇编作品,特定算法可能构成方法专利等),因此,我们借鉴著作权授权许可协议,同时参照 Amazon 云科技数据交易市场的标准交易条款(default Data

Subscription Agreement，DSA）①，列表解读数据交易协议的主要条款及注意要点（见表10.4）。

表10.4　数据交易协议主要条款及要点提示

<table>
<tr><th>条款</th><th colspan="3">要点提示</th></tr>
<tr><td>鉴于条款</td><td colspan="3">虽然鉴于条款并非一份协议的必备条款，但考虑到数据交易协议相对新颖和复杂，建议在鉴于条款中对双方（以及数据交易市场）签订协议所依赖的事实、合同目的、法律关系作出开宗明义的表述，以避免发生纠纷时争执不下</td></tr>
<tr><td>定义条款</td><td colspan="3">对于数据交易协议中常用的和关键的术语如关联方、交易数据、原始数据、衍生数据、公共数据、数据格式、数据处理活动、信息传输的自动化工具（如代码、脚本、接口、算法模型、API等）、数据运行程序、运行终端、重要数据、敏感信息、去标识化、数据画像、个性化展示、汇聚融合等进行定义，避免各方因理解不一致而产生争议</td></tr>
<tr><td rowspan="2">授权条款</td><td colspan="3">授权条款属于数据交易协议中的核心条款之一，关系到数据用户能否实现其主要商业利益</td></tr>
<tr><td>交易标的</td><td>鉴于数据的无形资产属性，协议中需要对数据的类别、子类、字段、数量、来源、用途、所在的系统或所支撑的应用、所在的行业或地区、存储情况等数据要素进行定义说明，以有效识别交易数据，避免在交易标的交付和验收时理解不一致。
另外，协议中建议明确交易标的的合规性。数据用户可以针对合规的问题要求数据供应商满足一定的条件。以个人信息为例，数据用户可以要求数据供应商对所交易的数据进行必要的去标识化处理并征得个人的单独同意，以符合《个人信息保护法》项下数据对外提供的安全性和合法性要求</td><td>DSA示例：
对个人信息的限制。供应商声明并保证，在任何数据可识别或可被用户或任何第三方（用户或其许可人除外）用于识别自然人或根据适用法律或法规可能被视为个人数据或个人信息的情况下，这些数据：（a）已经合法地向公众提供，例如通过政府记录、广泛传播的媒体或法律要求的公开披露。（b）不包括关于个人的敏感信息，或根据适用的法律和法规不应视为敏感信息，包括与生物识别或遗传数据、健康、种族或民族血统、政治观点、宗教或哲学信仰、性别或性取向、工会会员资格或个人付款或财务信息有关的信息。例如，任何数据都不包括《公平信用报告法》（经修订）（FCRA）中定义的任何消费者报告，《格雷姆—里奇—比利雷法》（经修订）（GLBA）中定义的非公开个人信息，《健康保险可携性和责任法》（经修订）（HIPAA）中定义的、未按照HIPAA规定进行身份识别的受保护健康信息，或《通用数据保护条例》（经修订）中定义的特殊类别个人数据</td></tr>
</table>

① See https://aws.amazon.com/marketplace/features/standardized-contracts.

续表

条款	要点提示		
授权条款	授权对象	根据交易场景的不同,数据用户除自身需要使用这些数据外,有可能还需要转授权给关联方或为其提供服务而需要访问和使用这些数据的第三方;未来亦可能因情势变更不再自行处理数据(如原交易场景的主体发生变更)而需要交由第三方处理这些数据。对于数据用户来说,获得转授权的权利则意味着其对数据拥有更大的处置权。 具体到交易条款的设计上,双方可以在协议中明确数据用户是否可以对数据产品进行转授权,让第三方使用,以及该等转授权是否需要经过数据供应商的事先同意。值得注意的是,即使可以转授权,第三方对数据产品的使用也不应超过原授权的范围	DSA示例: (1)对于数据用户允许使用数据的关联方和第三方(包括承包商):(a)数据用户仍然对与该关联方和第三方处理数据有关的所有义务负责。(b)数据用户同意对该关联方或第三方的行为直接负责,该行为等同于数据用户自己做出,因此关联方或第三方违反本协议的规定将被视为数据用户违约。关联方或第三方,为了数据用户或通过数据用户,履行本协议下的任何行为将被视为数据用户自己的行为。 (2)除本协议特别规定外,数据用户不得:(a)向任何第三方发布、传播、分发或提供对数据或其任何材料子集的任何形式的访问。(b)出售、分许可、贷款、租赁、转让、授权他人访问、使用或披露,或试图向第三方授予对数据或其任何材料子集的任何权利。(c)除非法律允许,否则不得对数据进行反编译、反向工程或以其他方式试图从数据中获取源代码。(d)使用数据或其实质子集作为顾问、服务局或应用服务提供商。(e)在数据以不识别个人身份的方式提供的情况下,使用数据来创建、生成或推断与个人身份有关的任何信息。数据用户将不会移除、删除或改变数据供应商或其许可人的任何商标、版权声明或其他专有权利声明(如有)

续表

<table>
<tr><th>条款</th><th colspan="3">要点提示</th></tr>
<tr><td rowspan="3">授权条款</td><td>权利类型</td><td>数据用户授予权利中的每一项具体权利可以不同。对于数据交易授予权利的设计应当进行明确约定,例如授予的权利是独占许可、排他许可还是普通许可(数据许可并没有如专利法一样有明确的法律规定,简单套用专利法的概念虽然有效,但仍不够,有必要对关键概念作出明确定义)。
同时,对数据用户的数据处理行为也应当进行约定,例如可以概括性地限定所有处理行为,也可以结合具体业务场景和使用目的进一步地对收集、存储、使用、加工、传输、提供、公开等部分使用行为进行逐一列举</td><td rowspan="3">DSA 示例:
供应商授予数据用户、其关联公司及其每个用户非独占性的、全球性的、不可转让或转授权或分许可的许可,用以接收、保留、使用和修改数据,并使用数据创建衍生数据。任何情况下供应商都应当遵守本协议的条款和符合 DSA 报价。数据供应商保留本协议中未明确授予数据用户的所有权利。尽管有上述约定,但是授予数据用户的有关第三方数据的权利和许可可能比上述的权利和许可范围更加有限。有关第三方数据任何额外的权利或许可将包括在 DSA 要约中,或根据本协议第 1.4 条传达给数据用户的第三方条款中</td></tr>
<tr><td>授予期限</td><td>如果不是一次性数据交易,而是持续性的数据订阅或数据授权许可,双方应对授权的期限进行约定,包括授权期限届满后的续期问题</td></tr>
<tr><td>授予区域</td><td>在区域限制方面,需要特别关注是否涉及数据跨境的问题,即是否允许跨境使用数据产品。一旦涉及,考虑到现有相关规定对于数据跨境的限制和特殊要求,可能会影响到数据可交易性的评估</td></tr>
<tr><td>交付验收条款</td><td colspan="2">数据的形态可能千差万别,结构化或非机构化数据(如文件)可能交织在一起,故数据交易对交付的约定应更为精准。同时,不同安全等级的数据,交付的方式也可能大不相同(如采用密文等技术手段实现交付)。
对于数据用户而言,需要考虑的要素包括:是否需要数据供应商明确接收数据的具体硬件或软件配置要求;是否应当通过指定的交付平台完成数据交付;是否需要数据供应商在交付后进行数据使用的技术服务或培训等。
由于数据的不断更新迭代,双方需要就首次交付后是否还需要按约定的次数或期限进行持续交付等作出约定。
同时建议对验收的标准、程序以及验收不达标的处理方式以及相应的违约责任作出约定</td><td>DSA 示例:
供应商将根据本协议向数据用户提供并出售数据,而数据用户将分别收到并购买 DSA 要约中列出的数据。如适用的 DSA 要约中所述,订购包括通过 AWS 市场分发的数据,这些数据可以通过亚马逊简单存储服务(Amazon S3)或其他可用功能下载。通过供应商的数据修订对数据进行更新的频率,以及订购的费用或费率,应适用的 DSA 报价中的规定。
注:由于 AWS 已有一套较成熟的交付系统,因此其标准合同中对数据交付的约定较为简洁。AWS Data Exchange 会加密所有传输中的数据和静态数据,并与 AWS CloudTrail 集成,从而使用户能够审计所有的 AWS Data Exchange API 调用</td></tr>
</table>

续表

<table>
<tr><th>条款</th><th colspan="2">要点提示</th></tr>
<tr><td>财务条款</td><td colspan="2">目前,数据资产评估定价的主要依据是中国资产评估协会在2019年12月印发的《资产评估专家指引第9号——数据资产评估》,其指出了数据资产价值的评估方法包括成本法、收益法和市场法三种基本方法及其衍生方法。但是实际业务中,对数据资产的估值并不简单,协议定价在短期内可能依然更为便利可行。通常在数据交易时,有以下几种交付和付款方式:
(1)一次性数据交易。数据用户以固定价格支付单个数据集或数据库的费用,这种一次性的交易并不保证对数据集的任何更新权利。
(2)持续的数据订阅。数据用户可以在固定期限的订阅基础上访问数据,并定期更新(通常是每月或每年)。
(3)数据的许可使用。数据用户和供应商之间签订一个持续的协议,数据用户在需要时支付数据费用,有时数据供应商会在许可协议中要求最低月使用量保证</td></tr>
<tr><td>衍生数据条款</td><td>衍生加工是指对数据产品的分析或处理,包括但不限于翻译、增强、汇总、修改、使用数据库构建服务等。衍生数据则是指由数据用户在数据产品的基础上开展衍生加工或使用而产生的数据,双方需要对衍生数据的权属和使用进行约定。
一般而言,在对衍生数据进行界定的前提下,交易双方可基于自身的谈判地位以及各自的商业需求对数据产品和衍生数据的权属进行安排。对于衍生数据,基于不同分类,双方可对其作出不同的权属安排,既可以约定衍生数据为数据供应商或数据用户单独所有,也可以约定为双方共有</td><td>DSA示例:
(1)供应商将保留其在原始数据中可能拥有的所有权利,包括其中的所有专有权利。本协议中的任何内容都不会被解释为授予数据用户所有权,或除本协议明确规定外,授予数据用户其他专有权利。
(2)除可能包含在衍生数据中的原始数据外,数据用户向供应商声明和保证,其拥有衍生数据的所有权利,包括其中的所有专有权利。本协议中的任何内容都不会被解释为授予供应商、所有权,或除本协议明确规定外,授予衍生数据用户其他专有权利</td></tr>
<tr><td>数据出境条款</td><td>《网络安全法》《数据安全法》《个人信息保护法》中均对数据出境作出了相应规定,因此在数据交易协议的设计上,双方首先应当对数据出境可能需要遵守的法律作出约定,明确各自是否具备数据出境的主体资格。其次,双方应当在协议中明确约定数据出境相关的安全审查、安全认证和订立标准合同的义务由哪一方承担,以及另一方应当承担的必要协助事项</td><td>DSA示例:
各方将遵守美国和/或其他国家所适用的涉及在本协议下的活动,包括数据用户访问或使用数据,以及供应商提供数据的海关和出口管制法律和法规,各方要证明本人及其相关人员不在美国政府禁止人员名单上,包括但不限于美国财政部的特别指定国民名单和商务部的拒绝人员名单。任何一方都不会向受到美国禁运或其他制裁的国家出口、再出口、运输或以其他方式转让数据</td></tr>
</table>

续表

条款	要点提示	
陈述保证条款	数据交易协议中,陈述与保证条款尤为重要。正如上文所言,作为数据供应商一方,其至少需要保证数据交易在交易主体、交易标的的来源和可交易性三方面均合规,才能实现挂牌交易。因此,对于数据用户而言,有必要在数据交易协议中对供应商所需承担的陈述和保证义务进行明确规定,降低后续数据使用方面存在的侵权和违规风险。 由数据供应商作出的典型的陈述与保证条款例如:数据产品的收集和对外提供是根据法律法规的要求进行的,交易数据不会侵犯任何第三方的合法权益,交易数据不涉及任何个人敏感信息;数据用户接收数据产品和/或使用数据产品或基于数据产品进行衍生加工均不会违反适用的法律法规,不会侵犯任何第三方的合法权益;数据产品真实、准确、完整、可用。 当然,数据供应商同样也可以对其提供数据的某些义务进行免除,也可以要求数据用户就数据的使用如存储地点等作出合规保证	DSA 示例: (1)供应商声明并保证,在任何数据可识别或可被用户或任何第三方用于识别自然人或根据适用的法律或法规可能被视为个人信息的情况下,这些数据:(a)已经合法地向公众提供,例如通过政府记录、广泛传播的媒体或法律要求的公开披露。(b)不包括关于个人敏感信息,或根据适用的法律和法规不应视为敏感信息,包括与生物识别或遗传数据、健康、种族或民族血统、政治观点、宗教或哲学信仰、性别或性取向、工会会员资格或个人付款或财务信息有关的信息。例如,任何数据都不包括《公平信用报告法》(经修订)中定义的任何消费者报告,《格雷姆—里奇—比利雷法》(经修订)中定义的非公开个人信息,《健康保险可携性和责任法》(经修订)中定义的、未按照 HIPAA 规定进行身份识别的受保护健康信息,或《通用数据保护条例》(经修订)中定义的特殊类别个人数据。 (2)供应商应进一步声明和保证:供应商将使用行业标准的做法来检测和保护数据,以防止任何病毒、特洛伊木马、蠕虫、间谍软件、广告软件或其他旨在或用于未经授权访问或使用、披露、修改或破坏数据内信息的有害代码,或干扰或损害数据或任何系统、网络或数据的运行,包括使用反恶意软件。 (3)除本协议规定的保证外,任何一方都不做其他明示或暗示的保证,包括但不限于对数据的适销性、特定用途的适用性、所有权或不侵权的任何暗示保证

续表

条款	要点提示	
终止条款	终止条款的要点之一在于明确双方各自可终止协议的具体情形以及终止协议后双方的义务。 数据供应商一般会保留下述情形下的单方终止权:(a)数据用户未在授权使用的范围之内使用数据产品;(b)数据用户未能采取充分的数据安全措施保护数据产品的保密性和安全性。 在数据供应商行使单方终止权,或协议终止或届满时,通常会要求数据用户通过双方共同约定的安全的电子方式向数据供应商返还数据的所有备份或删除数据用户服务器中所有剩余的数据	DSA 示例: (1)数据用户可以在任何时候使用 AWS 服务提供的终止或取消功能,无理由地终止订购或本协议。如果用户选择终止,退款将根据各自 DSA 报价中规定的退款政策退还给用户。 (2)有下列情形之一的,供应商可以暂停或终止本协议,而不退还预付费订购的未使用部分的费用(除 DSA 报价中明确规定的以外):(a)需要遵守任何适用的法律或政府实体的要求;(b)数据用户不配合数据用户对涉嫌违反本协议的合理调查;(c)供应商确定中止是必要的,如以防止或减轻由拒绝服务攻击或其他任何第三方的行为或不行为(如黑客攻击或引入病毒或其他恶意软件)对供应商、供应商承包商或数据用户的系统或网络造成损失。 (3)在本协议终止或到期时,数据用户根据本协议使用数据的授权也将终止,并且在终止后的九十个日历日内,数据用户需要从自己的 AWS 服务账户下使用的 AWS 服务基础设施以及由数据用户操作或为其操作的其他计算机系统中删除数据,并且如果供应商指示,数据用户还需要销毁数据的其他副本

第十一章　域外动态篇

一、什么是美国的 CLOUD 法案？

2018 年 3 月 23 日，美国总统特朗普签署《合法使用境外数据明确法》（Clarify Lawful Overseas Use of Data Act，以下简称 CLOUD 法案）。此次推出的 CLOUD 法案，是对 1986 年生效的《存储通信法案》的修订。CLOUD 法案的出台，主要是为了解决《存储通信法案》没能明确的美国监管机构的搜查令能否强制要求通信服务商提交存储在境外的数据的问题。

CLOUD 法案的导火索是微软公司与美国政府就合法使用境外数据问题的一起争议。2013 年，美国纽约南区联邦地区法院法官 James C. Francis 签发搜查令（search warrant），要求微软公司协助一起毒品案件的调查，将一名用户的电子邮件内容和其他账户信息提交给美国政府。关于该名用户电子邮箱的登录时间、地点等元数据确实存在美国国内，对此，按照搜查令的要求，微软公司已经提供了相关信息。但该名用户的电子邮箱内容数据存储于微软公司位于爱尔兰的数据中心，微软公司拒绝提供此信息，并随即提出废除搜查令的动议。微软公司方面认为，数据存储在爱尔兰，只适用于美国境内的搜查令怎么能覆盖到爱尔兰？因此，搜查令违法，微软公司无须执行。而美国政府则不同意，其坚持执行搜查令并没有必要去到爱尔兰，微软公司有能力在美国境内进行操作，因此搜查令没有针对美国境外。

CLOUD 法案的核心内容主要包括两部分：一是美国当局获取境外数据；二是外国当局获取美国境内数据。对中国境内的数据处理者直接产生影响的是 CLOUD 法案关于美国政府获取境外数据的规定，因此让我们看一下在 CLOUD 法案下，美国当局可以如何获取境外数据：

（1）义务主体

根据 CLOUD 法案的规定，在符合条件的情形下，应当提交境外数据的义务主体为两类:电子通信服务提供商、远程计算机服务提供商。其中,电子通信服务(ECS)是指任何提供给使用者发送或接收有线或电子通信的服务。远程计算服务(RCS)是指通过电子通信系统向公众提供计算机存储或处理的服务。

另外需要注意,CLOUD 法案中专门强调了面向公众提供服务。因此,该法案主要限定于面向公众的服务提供商。同时,数据调取命令的对象也是这些服务提供商的客户(customer)或服务订阅者(subscriber)。

(2)适用范围

CLOUD 法案规定:"无论通信、记录或其他信息是否存储在美国境内,服务提供者均应当按照本章(《存储通信法案》)所规定的义务要求保存、备份、披露通信内容、记录或其他信息,只要上述通信内容、记录或其他信息为该服务提供者所拥有、监管或控制。"

CLOUD 法案通过后,微软公司应向美国当局提交其存储于爱尔兰的电子邮件内容,就再没有争议了。

值得关注的是,CLOUD 法案并不只适用于美国公司、总部设在美国的公司或美国人拥有的公司。如果一家中国的电子通信服务提供商、远程计算机服务提供商与美国有足够多的联系时,也将受到该法案的约束。

(3)抗辩事由

针对美国当局的搜查要求,CLOUD 法案赋予了服务提供商撤销或变更的抗辩权。抗辩事由为:(a)提供商有合理理由认为该用户不是美国人(此处美国人是指美国公民、合法承认为永久居民的外国人、相当数量的成员是美国公民或拥有合法承认的永久居民的外国人的法人团体,在美国注册成立的公司),且不居住在美国;(b)服务商直接提供该数据将会陷入违反"适格外国政府"(qualifying foreign government)法律的重大风险。

(4)礼让原则

为解决美国与数据所在国的法律冲突,CLOUD 法案也罗列了法官在做出是否撤销美国当局搜查数据的抗辩时,遵循"礼让原则"需要考虑的 8 个因素:(a)美国的利益,包括提出披露要求的政府机构的调查利益。(b)适格外国当局在保护禁止披露信息方面的利益。(c)由于对提供商施加法律要求的不一致性,导致的提供商或其雇员所面临处罚的可能性、程度及性质。(d)被要求提供通信记录的客户的位置和国籍,以及该客户与美国之间联系的性质和程度。如果披露要求是由外国当局依据《美国法典》(U. S. Code)第3512条发起的,则考虑该客户与外国之间联系的性质和程度。(e)提供商与美国之间的联系及其在美国活动的性质和程度。(f)要求披露的信息对于调查的重要程度。(g)采用其他负面影响更小的方式能够及时有效获取所需披露信息的可能性。(h)如果数据披露要求是由外国当局依据《美国法典》(U. S. Code)第3512条发起的,则考虑发布协助要求的外国当局进行调查的利益。

2019年4月,美国司法部发布了一份关于CLOUD法案的白皮书——《推动全球公共安全、隐私和法治:CLOUD法案的目的和影响》[①],该白皮书通过自问自答的形式回应了CLOUD法案的要点。篇幅所限,我们截取了问答清单中的典型问题,以帮助读者直观感受一下美国司法部的观点:

问题1:CLOUD法案的目的是什么?

美国颁布CLOUD法案,以改善外国和美国调查人员获取服务提供商持有的电子信息的程序。这些信息对世界各国政府开展严重犯罪的调查至关重要,严重犯罪包括恐怖主义、暴力犯罪、儿童性剥削和网络犯罪。虽然美国在获取这些信息以保护公共安全方面面临严重问题,但我们的伙伴国更需要获取这种信息,因为很多持有此类信息的公司总部位于美国。近年来,从美国寻求电子证据的司法协助请求数量激增,导致资源紧张,响应不及时。外国当局一再表示需要加快获取电子证据的速度。此外,美国收到的许多协助请求都是寻求与位于美国境外的个人或实体有关的电子信息,调查与美国的唯一联系是证据恰好由一家总部在美国的公司所持有。

CLOUD法案更新了20世纪的法律框架,以应对电子通信的革命和全球技术公司对其系统配置方式的创新。这项法案允许对隐私和公民自由提供强有力保护的伙伴国与美国签订执行协议,使伙伴国能够行使其获取电子证据的权力,打击严重的犯罪。因此,CLOUD法案代表了一种新的范例,即通过加强现有法律机构对电子数据的有效访问,为公共安全提供高效的隐私保护方法。这一方式使美国和伙伴国更安全,同时更能保护隐私和公民自由。

CLOUD法案还修订了《存储通信法案》,以实现CLOUD法案所设想的框

---

① See https://www.justice.gov/dag/page/file/1153436/download.

架,即每个国家都将依据自己的法律来访问数据。CLOUD法案明确规定,美国法律要求受美国司法管辖的供应商披露数据以回应合法的美国法律程序,不论其将数据存储在何处。这保证了美国根据《布达佩斯网络犯罪公约》第18(1)条承担的义务,使美国与公约的其他60多个缔约国保持一致。

问题2:谁能与美国签订CLOUD法案执行协议?

CLOUD法案规定,美国只能与尊重人权的法治国家签订CLOUD法案执行协议。需要特别说明的是,CLOUD法案要求美国与伙伴国签署CLOUD法案执行协议之前,美国总检察长向美国国会证明伙伴国在其法律和实践中通过实体法和程序法保护隐私和公民自由,证明要素包括如下方面:

- 关于网络犯罪和电子证据的充分的实体法和程序法,例如《布达佩斯网络犯罪公约》中列举的法律;
- 尊重法治和不歧视原则;
- 遵守适用的国际人权义务;
- 明确关于电子数据收集、留存、使用和共享的法律授权和程序;
- 关于电子数据收集和使用的问责和透明机制;
- 对信息自由流动和全球互联网的明确承诺。

问题3:CLOUD法案执行协议如何减少国家之间的法律冲突?

美国与签订CLOUD法案执行协议的伙伴国都同意在两国认为合适的情况下,取消对服务提供商遵守协议项下命令的法律限制。因此,签署CLOUD法案执行协议的国家能使用熟悉的国内法律程序获得数据访问权,并保证另一方的法律不会成为遵守法律命令的障碍。在该协议下可能发出的命令类型必须在充分考虑两国利益的情况下共同商定。

问题4:如果外国签署了CLOUD法案执行协议,美国是否可以使用该协议将该国国民数据作为目标?外国是否可以使用该协议将美国国民的数据作为目标?

CLOUD法案要求,受协议约束的外国政府不得故意以美国人或处于美国的人员的数据为目标。外国政府可以自由地进行协商,寻求类似的限制,以防止美国使用协议下的命令来定位其国民或居民的数据。

问题5:一国根据CLOUD法案执行协议发布的法律程序是否必须先提交给美国政府,然后才能要求服务提供商?

不是。外国当局根据CLOUD法案执行协议处理相关问题时,可以根据其法律直接向服务提供商启动国内法律程序,服务提供商也可以直接向外国当局披露响应数据。

问题6:根据CLOUD法案执行协议,美国和其他国家可以获取哪些类型的数据?

CLOUD法案执行协议涉及通信服务提供商存储或处理的数据。此类数据包括通信内容信息、与此类通信相关联的非内容信息、用户信息以及代表用户远程存储(在云上)的数据。虽然CLOUD法案执行协议可以涵盖通信内容信息、非内容信息以及实时获取通信数据,但并不要求所有的CLOUD法案执行协议都要涵盖全部类型。

问题7:CLOUD法案执行协议是否涵盖民事、行政或商业咨询?是否可以用于在另一国进行间谍活动?

不行。CLOUD法案执行协议仅用于获取预防、侦查、调查或起诉严重犯罪的相关信息,并且仅用于回应法律程序。

问题8:CLOUD法案执行协议是否允许美国政府获取以前不能获取的数据?

不允许。CLOUD法案执行协议消除了一方披露数据的法律限制与另一方收集证据的法律权力冲突的可能性。CLOUD法案执行协议不会改变宪法和法律的基本要求,美国执法部门必须满足数据获取的法律程序,这些标准是世界上最能保护隐私的标准之一。

问题9:CLOUD法案中对《存储通信法案》的修正是否为美国执法部门获取信息赋予了新的权力?

不是。CLOUD法案对《存储通信法案》的修正恢复了美国法律的确定性,以确保其符合长期惯例和《布达佩斯网络犯罪公约》规定的义务。美国执法机构利用现有的法律权力,要求受美国法律约束的公司披露数据,这符合传统的法律标准,即世界上最能保护隐私的标准之一。

问题10:CLOUD法案对《存储通信法案》的修正是否允许美国单方面获得外国国民在海外的数据?

与许多国家一样,根据《布达佩斯网络犯罪公约》的要求,美国法律规定:受美国司法管辖的公司可能被要求按照法院命令出具受其控制的数据,无论数据存储在何处。如果符合美国法律的严格要求,这些数据可能与非美国国民有关。

如果没有CLOUD法案执行协议,公司遵守美国法院命令可能与那些禁止数据出境的国家的法律冲突。在这种情况下,美国政府可以选择寻求替代途径,例如缩小或修改避免冲突的请求;通过更密切的调查或真诚的谈判解决冲突;或根据适用的法律互助条约(MLAT)提出请求。如果美国政府试图执行与外国法律冲突的命令,可以期望美国法院应用美国国内和国际上关于法律冲突的长期原则,通过多因素平衡、考虑美国和其他国家利益的方式确保适当尊重国际礼让原则。

问题11:哪些类型的提供商受《存储通信法案》的约束?

关于提供商保存和披露数据的条款仅适用于RCS和ECS的提供商。RCS和ECS由美国法律定义,见《美国法典》(U. S. Code)第18款第2510(15)条、第2711(2)条。该定义涉及电子邮件提供商、手机公司、社交媒体平台、云存储服务等公司,但不包括与互联网交互的公司比如某些电子商务网站。

问题12:谁受《存储通信法案》要求的约束?是只有美国公司、总部设在美国的公司,还是美国人拥有的公司?《存储通信法案》规定的搜查令是否适用于位于美国境外但在美国境内提供服务的公司?

CLOUD法案没有赋予美国法院扩大其对公司的司法管辖权的权力。其对《存储通信法案》的修正只是规定了已经受美国司法管辖的服务商所承担的义务,明确他们有义务披露其拥有或控制的特定数据,无论这些数据存储在何处。

为了对服务商提出法律要求,服务商必须受美国司法管辖。美国的司法管辖范围并不限于美国公司、总部设在美国的公司或美国人拥有的公司。但是,美国的管辖权也不是不受限制的。美国对行使司法管辖权的要求往往比其他国家的法律更严格。某一家美国境外公司是否受美国司法管辖,是高度基于事实的分析,要分析该实体是否与美国有足够多的联系,从根本上保证公平地行使管辖权。一家公司越是有意利用在美国开展活动的特权或故意将其行为引导到美国,美国法院就越有可能认定该公司受美国管辖。

二、CLOUD法案对我国有什么影响?

从上述分析可以看出,CLOUD法案对数据的管辖权判断采用的是数据控制者标准而非数据存储地标准,同时该法案仅在涉及非“美国人”且该对象非在美国境内时,才给服务提供者提供一定程度上的避免法律冲突的机制,并且是由美国法院来做礼让分析。

CLOUD 法案的出台对中国企业的影响显而易见,例如阿里巴巴、华为、中兴等诸多电子通信服务提供商和远程计算机服务提供商在美国提供服务,根据CLOUD 法案的规定,上述企业均极可能成为 CLOUD 法案所管辖的义务主体,需要根据规定披露其拥有、监管或控制的与其用户相关的记录或信息,即使该数据存储于美国境外,即使该数据与美国人无关。

也因此,CLOUD 法案在境外数据获取上的长臂管辖权,必然与我国的数据本地化及数据跨境流动规制相冲突。一家与美国有足够多联系,但数据存储于中国境内的境内企业,很可能陷入一方面需要遵守 CLOUD 法案向美方提交数据,另一方面也面临着中国法律不允许数据跨境的窘境。虽然 CLOUD 法案赋予了义务主体在特殊情形下的抗辩权,但由于我国很难被美国认定为“适格政府”,企业很难依据 CLOUD 法案赋予的例外情形做出抗辩。

下述案件虽然发生在 CLOUD 法案之前,但也足以反映中国企业在美国经营时可能面临的数据合规风险。

案例 1 美国法院判令中资银行不得援引中国法律和指引拒绝提供银行记录

2019 年 3 月 18 日,美国哥伦比亚特区联邦地区法院首席法官 Beryl A. Howell 就大陪审团是否可以向在美的中资银行发出传票要求其提供银行记录配合刑事调查的事项做出裁决[In re Grand Jury Investigation of Possible Violations of 18 U. S. C. § 1956 and 50 U. S. C. § 1705 (March 18,2019)]。法院要求,三家中资银行应遵守大陪审团的传票,就美国执法机构对一家香港公司涉嫌违反美国制裁朝鲜相关法令的调查提供银行记录。

本案的背景是美国执法部门对一家香港公司进行反洗钱调查,为此大陪审团发出传票,要求三家中资银行提供银行记录配合调查。三家中资银行根据国际司法礼让原则对大陪审团的传票提出异议,并援引《国际刑事司法协助法》以及由中国人民银行颁布的《法人金融机构洗钱和恐怖融资风险管理指引》抗辩称,如果其遵守美国大陪审团的传票要求直接配合境外司法调查则会触犯中国国内法。所以,如果法院要求执行传票的要求,这三家中资银行将不可避免地被美国或中国所处罚。三家中资银行辩称,在国际司法礼让原则之下,法院不应强制执行大陪审团的传票。

案例 1 中,根据美国联邦最高法院 Societe Nationale Industrielle Aerospatiale

诉美国联邦艾奥瓦州地区法院一案以及美国联邦第二上诉巡回法院在林德诉阿拉伯银行一案判决，Beryl A. Howell 法官提出了关于国际司法礼让问题应考虑的7点因素：(1)调查所需信息的重要性；(2)所需的信息是否足够具体；(3)信息的来源；(4)获得信息的其他手段；(5)冲突中他国的利益；(6)要求相关方遵守美国法律的困难程度；(7)善意。

(1)调查所需信息的重要性

第一点因素强调的是所需信息对于调查的重要性。本案中，美国执法机构主张，大陪审团传票中所提到的资料是美国政府调查的基础，即执法机构需要通过银行的记录追溯被调查公司的现金流是否违法，且无法从其他渠道得到相关信息。银行则辩称，所需资料虽然可以进一步推进调查，但是距大陪审团发出传票已有接近一年的时间，美国执法机构此时要求法院执行传票的要求，说明该信息对于调查并非那么重要。

Beryl A. Howell 法官注意到，美国执法机构之所以拖延将近一年才请求法院执行该传票，是因为美国政府一直在寻求外交途径通过《中华人民共和国政府和美利坚合众国政府关于刑事司法协助的协定》(以下简称《中美刑事司法协助协定》)获取相关信息。因此，此拖延不该视为美国执法机构对该信息不重视。第一点因素更"支持"执法机构的论点。

(2)获取信息的具体要求

第二点因素指的是所需的信息是否足够具体。Beryl A. Howell 法官指出，本案中的传票指向具体的金融记录，其有确定的日期并且仅针对该被调查的香港公司用以洗钱的银行账户。此外，其他法院曾经做出过判决，针对某项违法调查相关的特定银行账户发出的传票符合具体性要求。本案一家案涉银行指出，鉴于此次大陪审团所发出的传票要求所有相关账户，因此所需信息不够具体，很可能会被用来获取其他的无关信息。Beryl A. Howell 法官指出，该香港公司仅仅作为涉嫌洗钱调查的皮包公司，因此并没有其他银行信息。第二点因素依然"支持"执法机构的论点。

(3)信息的来源

第三点因素是审查信息的来源地。如果信息源于他国，那么第三点则支持不执行强制措施。在这一点上，美国执法机构承认信息来自中国，所以第三点因素对这些银行有利。Beryl A. Howell 法官表示认同，没有展开论述。

(4)获得信息的其他手段

第四点因素考虑的是执法机构是否有其他手段可以获得相关信息。这是最有争议的一点。美国执法机构主张,尽管《中美刑事司法协助协定》可以作为另一条渠道来获取信息,但在过去的十年中,中方提供的信息距大陪审团所需要的信息相去甚远。银行则辩称,美方的论点没有能够准确地反映出《中美刑事司法协助协定》的司法互助渠道,三家银行和中国司法部已经承诺,如果美方通过该协定来要求获取相关信息,中方愿意配合。Beryl A. Howell 法官列出认为《中美刑事司法协助协定》不是一个有效获取所需信息的替代渠道的三点原因:第一,联邦最高法院在 Societe Nationale 案判决中并没有要求美国政府通过类似《中美刑事司法协助协定》的司法互助渠道来获取信息,因为这样做可能会造成拖延和其他问题。第二,美国司法部称,在获取银行账户记录方面,中国的帮助没有实际用处。美国司法部称,通常美方会收到有限的回复,且这些回复不够完整、及时或者缺乏必要的认证。第三,美方称,尽管三家银行真诚地表示愿意配合,但是还需中国司法部和其他部门的批准,这使得配合变得不确定。尽管中国司法部致函美方保证其将提供及时协助,但信中表示,中国司法部并不负责该事项的最终批准,亦未就其他中国部门能否及时配合做出保证。美方还援引了此前中国相关机构在作出保证后最终没有配合美国进行调查的先例。Beryl A. Howell 法官最终作出裁决:鉴于以上情况,美方没有其他渠道获得相关信息。第四点因素"支持"执法机构的论点。

(5)冲突中他国的利益

第五点因素考虑的是处于冲突中的双方国家利益问题。一方面,对美国而言,本案关系到作为一个拥有核武器且支持恐怖主义的国家如何在大规模制裁的情况下继续为其发展大规模杀伤性武器持续注资的问题。如果不按照传票的要求获取信息,会对美国国家利益造成损害。另一方面,Beryl A. Howell 法官也接受了三家中资银行的观点,中国在构造完善的银行体系方面也有巨大的国家利益。如果配合美方调查,则会影响中国银行信息安全,违背相关法律,如中国人民银行指引。但是,Beryl A. Howell 法官表示,在中国国内,根据中国现行法律,中国的银行应当配合中国政府的调查提供相关信息,因此中国政府机构也认为遵守银行保密义务与向政府提供有限的信息并不矛盾。此外,鉴于大量的中国政府机构被赋予了可以获取保密信息的权利,证明中国的相关保密要求并不意在保护违法的中国公民。基于此观点,Beryl A. Howell 法官认为本案中并不存在中国法益受损的情况,继而认为第五点因素是对美国政府的“有力支持”,即如果不披露相关信息会损害美国利益而披露相关信息并不会损害任何中国明文规定的利益。

(6)要求相关方遵守美国法律的困难程度

第六点因素考虑如果银行配合美方调查,会遇到何种程度的困难的问题。这里有两个问题:一是如果银行配合美国调查,面临中国政府严厉的行政处罚的可能性;二是这些银行或其雇员是否会面临刑事处罚。

Beryl A. Howell 法官认为,银行提供的关于中国行政和刑事处罚案例或与案情不完全相关,或仅为名义处罚,因此不具备说服力。法官同意,在当前的情况下,中方对这些银行的处罚可能会“史无前例”地严重。尽管银行提交的中国司法部公函中表示如果银行擅自配合美方调查,会受到民事、行政和刑事处罚。但是法官认为信中的警告前后不一致,对本案的细节认定存在错误,并且缺乏银行可能面临的明确、具体的处罚。因此,Beryl A. Howell 法官认为此类公函并未表明中国政府会采取有违常理的措施,对其持有相当权益的银行进行严厉处罚。不过,法官依然认为第六点因素“即使非常微弱”,但还是“支持”了银行方的观点,因为直接配合美方调查对银行来说确有难度。

(7)善意

第七点因素是这些银行的行为是否是善意的。美国执法机构承认银行的行为没有恶意,因此第七点因素“支持”银行。

在对以上7点因素做出权衡后,Beryl A. Howell 法官认为国际司法礼让原则不应当阻止执行传票。法官认为信息源于中国,银行在执行时会遇到困难和银行存有善意三点支持银行的论断;但是信息的重要性、传票的具体要求、缺乏替代渠道获得信息和对美国国家利益的潜在损害四点支持执法机构的观点。尤其是美国国家利益是最重要的一点因素,法院应当支持执行该传票。法官表示,在美国的国家利益遭到危机而中国的国家利益并未受损的情况下,根据对国际司法礼让原则的分析,应当支持执行该传票。

本书之前章节提及的滴滴文件中,根据滴滴公布的招股说明书,其上市主体 Xiaoju Kuaizhi Inc. (Caymand Islands)(滴滴开曼公司)的前两位股东为 Softbank Vision Fund(软银)和 UBER,分别持股21.5%和12.8%。其中,UBER

为美国公司，滴滴开曼公司的境内子公司北京嘀嘀无限科技发展有限公司（Beijing Didi Infinity Technology and Development Co. ,Ltd. ）与境内持牌公司北京小桔科技有限公司（Beijing Xiaoju Science and Technology Co. ,Ltd. ）之间存在 VIE 架构安排。根据实际控制理论，滴滴开曼公司对于在北京小桔科技有限公司在中国境内存储的用户数据拥有实际控制权。而随着滴滴在美国上市，滴滴开曼公司将新增大量美国公民或法人团体股东，与美国的联系势必是越来越多。从这个角度再来看，滴滴最终宣布从美国退市，完全可以看成是对极可能落入 CLOUD 法案规制范围而可预见地将受"夹板气"的一次主动的合规风险规避。

三、什么是美国《外国公司问责法案》？

2020 年 5 月 22 日，美国参议院一致通过《外国公司问责法案》（Holding Foreign Companies Accountable Act），该法案要求所有在美全国性证券交易所或受美国证监会（SEC）监管的交易场所交易证券的外国发行人，必须确保为其出具审计报告的会计机构能接受美国公众公司会计监督委员会（PCAOB）的全面监督检查。如果三年未接受 PCAOB 的检查，SEC 可暂停其所服务上市公司的股票交易。如果再次出现 PCAOB 无法监督检查的情况，该公司股票将会暂停交易 5 年。

2021 年 5 月，为加快落实《外国公司问责法案》的立法要求，顺利实现《外国公司问责法案》的执法闭环，PCAOB 又起草了 6100 号规则，并确定了 PCAOB 跨境审计执法的流程与框架。2021 年 12 月，SEC 批准了《外国公司问责法案》的实施规则，同时要求所聘会计师事务所位于美国司法管辖区以外的外国发行人必须披露公司的 VIE 架构，用以确认公司未被政府拥有或控制等。

《外国公司问责法案》通过的外在诱因是在美国上市的瑞幸咖啡于 2020 年 4 月 2 日公开承认其虚假交易额达 22 亿元，该造假行为给美股投资者造成了较大损失。

《外国公司问责法案》对《2002 年萨班斯—奥克斯利法案》（又称《2002 年公众公司会计改革和投资者保护法案》，以下简称 SOX 法案）进行了修改。SOX 法案对美国《1933 年证券法》《1934 年证券交易法》作出大幅修订，在公司治理、会计职业监管、证券市场监管等方面作出了许多新的规定。其中，第一部分规定了《外国公司问责法案》的名称，第二部分明确了 PCAOB 有权要求上市公司履行披露义务并发布禁令，第三部分规定了会计师事务所额外的披露义务。

(1)《外国公司问责法案》的核心要求

《外国公司问责法案》的核心是要求在美上市的外国公司聘请的会计机构接受PCAOB的全面检查。《外国公司问责法案》引入“无检查年度”(Non-Inspection Year)的概念,将其界定为PCAOB无法监管检查在美上市的外国公司所聘请的会计师事务所的一个自然年度。《外国公司问责法案》要求,在每一个“无检查年度”,在美上市外国公司应当向SEC披露并确认其并不为外国政府所有或者控制。如果在美上市的外国公司连续三年出现“无检查年度”,SEC可以禁止该公司股票的上市交易,直到其向SEC证明已聘请一家受PCAOB监管的注册会计师事务所。在SEC恢复其股票交易后,一旦该公司出现一个“无检查年度”,股票交易禁令将再度生效。

《外国公司问责法案》重申并强化美国对在美上市的外国公司信息披露的“长臂管辖”,要求不在美国司法管辖区域内,但注册在PCAOB且从事美股审计工作的外国会计师事务所或者美国会计师事务所的分支机构全面接受PCAOB的审计检查。PCAOB要求,申请在PCAOB注册的会计师事务所应当同意在PCAOB或者其他监管机构的调查或执法行动中给予合作。从PCAOB的执法实践以及PCAOB和其他国家、地区达成的监管合作协议的内容来看,会计师事务所应当接受PCAOB包括质控、工作底稿等在内的全方面检查。

(2)《外国公司问责法案》的主要内容

一是要求上市公司向SEC披露外国司法管辖区禁止PCAOB履行SOX法案规定的审查职责的信息,并要求SEC确定此类上市公司名单。

二是负有上述披露义务的上市公司须向SEC提供文件,以证明和确认其不被外国政府拥有或不受外国政府控制。

三是如果PCAOB连续三年无法对上市公司的审计师进行检查,则美国证券交易委员会应禁止该上市公司的股票在美国任何全国性证券交易所(如纳斯达克或纽约证交所)或任何场外交易市场进行交易。如上市公司能够向美国证券交易委员会证明,其已经聘用了美国公众公司会计监督委员会可以检查的审计师,则可恢复其股票交易。之后再次出现无法检查的情形时,该恢复立即被撤销,且导致一个新的五年禁止交易期。

四是要求上市公司必须在每一个“无检查年度”,披露其所在国政府持股比例(不论该国政府是否对该上市公司拥有控制性的财务利益),该上市公司董事会(或上市公司运营实体)成员中属于中国共产党官员的名单,以及该上市公司章程性文件中是否包含任何中国共产党党章。

四、美国《外国公司问责法案》对我国有什么影响?

美国通过《外国公司问责法案》进一步强化了对中国在美上市公司及为其提供服务的会计师事务所的监管,加大了两国在跨境审计监管上的分歧。

《外国公司问责法案》旨在加强对外国在美上市公司的监管,其中最核心、对我国影响最大的有两方面内容:一是要求在美上市公司接受美国当局审计监管,否则将被强制退市;二是要求在美上市公司披露其是否为外国政府所有或控制。

美国证券法具有域外效力,赋予 PCAOB 广泛的审查权和处罚权来进行执法活动。PCAOB 在实践中对于因外国司法管辖区采取的立场而无法进行审查或调查的会计师事务所形成了三种主要规则:(1)PCAOB 必须能够按照其规定进行检查和调查;(2)PCAOB 必须能够选择要审查的审计工作和潜在违规行为;(3)PCAOB 必须有权接触公司人员、审计工作文件以及其工作人员认为有关的其他信息和文件。此外,PCAOB 还有权定期检查注册会计师事务所的审计活动以及实施相应的处罚措施等。

而我国的规定则采取审慎的监管政策,对于外国监管机构对我国会计师事务所和上市公司的跨境审查以及我国的数据跨境流动都有一定的限制。《外国公司问责法案》的要求与中国立法关于审慎开展证券类数据跨境流动的一系列要求相冲突,譬如:

(1)早在 2009 年,中国证券监督管理委员会、国家保密局和国家档案局就联合发布了《关于加强在境外发行证券与上市相关保密和档案管理工作的规定》,其第 6 条第 1 款规定"在境外发行证券与上市过程中,提供相关证券服务的证券公司、证券服务机构在境内形成的工作底稿等档案应当存放在境内"。

(2)财政部在 2015 年制定的《会计师事务所从事中国内地企业境外上市审计业务暂行规定》中,第 5 条进一步明确了受中国内地公司委托的会计师事务所进行审计活动,其在中国境内形成的底稿应当存放在境内。

(3)2020 年 3 月 1 日施行的《证券法》专门明确了执法主权和数据出境的要求,其第 177 条第 2 款明确规定境外证券监督管理机构不得在中华人民共和国境内直接进行调查取证等活动。未经国务院证券监督管理机构和国务院有关主管部门的同意，任何单位和个人不得擅自向境外提供与证券业务活动有关的文件和资料。

（4）此外，《保守国家秘密法》还要求，机关、单位应当加强对国家秘密载体的管理，任何组织和个人不得未经有关主管部门批准，携带、传递国家秘密载体出境。

（5）《档案法》（2016年修正）同样要求，属于国家所有的档案和本法第22条规定的档案以及这些档案的复制件，禁止私自携运出境。

这些规范性法律文件阻碍了SEC和PCAOB获取中概股的审计工作底稿，使上市地点在美国、经营实体在中国的中概股无法完全履行美国的披露规则，也导致中概股在跨境审计监管的信息壁垒中容易遁藏财务欺诈行为。

为此，2020年4月，SEC专门针对广泛采用VIE模式上市的中概股发表了名为"新兴市场投资涉及重大披露、财务报告和其他风险；补救措施有限"的公开声明，详细说明了对新兴市场国家的财务报告质量存疑、PCAOB无法检查中概股的审计工作底稿、美国当局的境外执法活动受限、股东的追索权和法律补救措施有限等内容。2020年6月，美国众议院起草了《追究中国责任法》（Holding China Accountable Act），再次要求中概股聘用的会计师事务所依照《外国公司问责法案》完成相关披露，并对拒不执行的中概股做出禁止上市的规定。如果中概股打算继续在美国证券交易所上市，就必须遵守美国的信息披露规则和《外国公司问责法案》的审计检查要求，但这也意味着中概股很难避免违反中国法律的相关保密规定。

目前PCAOB已经和24个国家和地区签订了正式的跨境监管合作协议，依据PCAOB公布的数据，目前其无法开展审查的会计师事务所包括中国内地、中国香港、比利时和法国的会计师事务所。在法国和比利时于2021年与美国PCAOB合作，允许其开展审查之后，无法检查的会计师事务所主要集中在中国内地和中国香港。

《外国公司问责法案》的威力已经初步显示出来，譬如：

（1）2021年12月3日，滴滴宣布美股退市，启动在中国香港特别行政区上市准备工作。2022年4月16日，滴滴连续发布三则公告，称其将于5月23日举行股东大会，就公司股票从纽约证券交易所退市进行投票。虽然滴滴在公告中并未明确表示此次退市表决与《外国公司问责法案》和我国的监管要求冲突有直接联系，但从配合网络安全检讨及整改措施这类的措辞中可以推测，目前的监管困境对在美上市的企业产生了一定的影响。

（2）2022年3月10日，SEC官网发布公告，依据《外国公司问责法案》认定了5

家在美上市公司(百济神州、百胜中国、再鼎医药、盛美半导体、和黄医药)为有退市风险的“相关发行人”。进入暂定名单的5家公司将有15天时间提出申诉。

(3)2022年3月30日,SEC又将百度、富途控股、爱奇艺、凯信远达医药和从事渔业养殖的Nocera加入“预摘牌名单”,这5家公司需要于2022年4月20日前向SEC提供证据,证明自己不具备被摘牌的条件。

五、什么是《区域全面经济伙伴关系协定》?

2020年11月15日,东盟10国和中国、日本、韩国、澳大利亚、新西兰共15个亚太国家正式签署了《区域全面经济伙伴关系协定》(Regional Comprehensive Economic Partnership,RCEP)。

RCEP的签订体现了各缔约国提升数据治理的努力。事实上,区域内各国大多数已经开展数据和个人信息保护的立法和监管(见表11.1),一方面,RCEP缔约国加紧数据保护是基于对数据价值的认识提升,意在保护国民的基本权益和国家的战略安全免遭外部的侵害;另一方面,欧盟主导的数据保护模式也对各国形成了压力。欧盟是RCEP缔约国最重要的贸易伙伴之一,为了避免本国企业遭受欧盟的严苛处罚,并且确保本国企业与欧盟之间的正常数据交流,RCEP缔约国也不得不向GDPR看齐,努力提升本国的数据保护水平。

表11.1　RCEP缔约国相关立法进程

国家	相关立法
日本	2005年实施《个人信息保护法》,并于2017年和2020年进行大幅修订
马来西亚	2010年出台《个人数据保护法令》
印度尼西亚	2012年就颁布了关于电子系统和交易的第82号法规
新加坡	2012年颁布《个人数据保护法》,并于2018年通过《网络安全法》
越南	2019年开始施行《网络安全法》

在相关立法的基础上,各国政府也在加大执法力度,对违规事件的处罚越来越频繁。2019年1月15日,新加坡个人数据保护委员会对新加坡健康服务私人有限公司、综合健康信息系统公司分别处以罚款25万新加坡元和75万新加坡元,理由是该等机构未能采取适当的保护措施,导致150万名患者的个人信息被盗。2020年3月9日,澳大利亚信息专员办公室在联邦法院对Facebook提起诉

讼,称被告未经同意就泄露了30多万名澳大利亚用户的个人信息。

目前,RCEP缔约国的数据保护规则基本上都遵循欧美所倡导的"合法、正当、必要、主体许可、最小化"等原则,然而,各国的数据保护规则在相似的外表下仍存在较大的差异(见表11.2)。RCEP的签订体现了缔约国统一数据保护规则,弥合各国高矮疏密不一的数据篱笆,打破新型贸易壁垒所做出的努力。

表11.2 RCEP缔约国数据保护差异分析

差异点	相关差异分析
各国的网络安全和个人信息保护水平不统一	缔约国中既有拥有全球领先网络安全监管的新加坡,也有老挝、柬埔寨、缅甸等尚在进行网络安全基础建设、没有专门的个人数据保护法律的国家;而除了日本、新加坡、澳大利亚、中国等,其他缔约国鲜有对违反个人信息保护的情形展开调查或处罚的先例
各国对监管对象的认识不统一	对于监管对象个人信息,大部分国家将其定义为能对自然人的身份进行识别的信息,但对这类信息的具体范围,一些国家仅将其限定于姓名、生日、性别、住址、电子邮箱等基本信息;而另一些国家,则将监管信息扩大至银行账户、网络名称、虚拟货币账号等信息,甚至某些本身不能识别自然人但与其他信息结合则可识别特定自然人的信息也被囊括在内,如IP地址、个人上网记录、个人位置信息等
各国对于数据跨境传输的限制不统一	虽然大多数国家原则上规定数据主体的同意是跨境传输的必要条件之一,但同时又对某些特殊信息设置额外的限制条件。例如,泰国对于重大战略性信息的限制,越南对于国家秘密的限制,新加坡对于金融信息的限制等
各国对于数据本地化存储的要求不统一	例如,印度尼西亚、越南、澳大利亚、中国都对数据有本地化存储的强制要求,也就是说企业必须在运营所在国设置存储在该国产生的个人信息的服务器。这种要求导致了东南亚的数据中心投资被迫快速增长。据预测,东南亚IDC市场投资在2021年至2026年,将以8%的复合年增长率增长,阿里云、腾讯云、UCloud等国内云计算服务商都在加快东南亚布局,新加坡、印度尼西亚、马来西亚、菲律宾、印度等地都有外资数据中心的存在

RCEP一共分为20个章节,包含了对货物或服务投资、政府采购、标准和科技监管、知识产权、电子商务和其他问题的安排。其中,数据跨境流动规则也成为RCEP保障数字贸易的重要部分。RCEP在第8章的服务贸易章节、第12章的电子商务章节对数据跨境流动作出了规定。RCEP的亮点可归纳为:

(1)确立数据跨境自由流动的原则

随着数据跨境流动需求的大幅增加,各国对数据跨境流动的管控规则也越来越细致,但各国管控措施之间的差别也是巨大的。在数据跨境流动方面,国际上存在数据自由流动与数据管控两种思路。

美国是数据自由流动规则的坚定支持者,其理念也体现在以美国为主导的《跨太平伙伴关系协定》(TPP)中。TPP 提出了商业信息跨境自由传输条款,这一规则也基本为《全面与进步跨太平洋伙伴关系协定》(CPTPP)所接受。

但是,也有很多国家对数据自由流动抱有很强的疑虑,并为数据跨境自由设定不同等级的限制规则。如欧盟通过隐私权和个人信息权实现对数据自由流动的有序管控,俄罗斯、澳大利亚等则设立了特殊信息禁止出境规则,印度则在承诺数据自由流动的同时要求实现数据的本地备份。

RCEP 作为一份自由贸易协定,对跨境商务以及支撑跨境商务的数据跨境自由流动有天然的亲近性。所以,虽然面临成员国间规则差异性较大等困难,RCEP 仍然确立了高标准的数据自由流动规则。如果不考虑例外条款的话,RCEP 中限制数据本地化规则与数据跨境自由流动规则的内容与 CPTPP 中规定的内容并无本质差别。例如 RCEP 与 CPTPP 均规定,不得将数据本地化作为实施商业行为的前提条件,且不得阻止为进行商业行为而实施的跨境传输数据。

(2)强调数据跨境安全流动

RCEP 成员国间经济情况差别较大,有发达国家,也有最不发达国家,这也使各国对数据跨境流动的态度差异很大。例如韩国、马来西亚以及菲律宾设置了非常宽松的数据跨境流动规则,且越来越倾向于数据的跨境自由流动;而印度尼西亚、越南等国家的数据跨境流动规则较为严格,更强调对数据跨境流动的管控。完全的数据自由流动规则很难为 RCEP 各成员国所接受。

所以,RCEP 在规定数据跨境流动规则时特别强调数据跨境流动中的安全问题。例如,RCEP 第 17 章“一般条款和例外”中的第 13 条规定了“安全例外”条款,指出 RCEP 中任何条款均不得解释为要求其披露违背其基本安全利益的信息、阻止其采取其认为对保护其基本安全利益所必需的行动、阻止其为履行其在《联合国宪章》项下维护国际和平与安全的义务而采取的任何行动。

此外,RCEP 在规定数据跨境自由流动时需要兼顾成员国的不同需求,赋予成员国较大的自由裁量权。例如,RCEP 规定缔约方可因实施合法公共政策而限制数据跨境流动,对于实施合法公共政策的必要性则完全由实施的缔约方决定。又如,当缔约方因保护其基本安全利益而限制数据自由流动规则时,其他缔约方不得对此类措施提出任何异议。

考虑到各国数据跨境流动的理念可能会发生变迁，RCEP也为未来的发展预留了足够的空间。例如，RCEP第12章第16条规定，缔约方应就源代码、金融服务中跨境数据流动和计算机设施的位置、线上争端解决等问题进行对话，这些也属于协定确立的一般性审议内容。

六、RCEP对我国有什么影响？

目前，我国在《个人信息保护法》对国际条约、协定作出了专门规定，其在第38条第2款规定："中华人民共和国缔结或者参加的国际条约、协定对向中华人民共和国境外提供个人信息的条件等有规定的，可以按照其规定执行。"

RCEP作为我国缔结的多边协定，表11.3中的规定都可以纳入向"中华人民共和国境外提供个人信息"时"可以按照其规定执行"的条款：

表11.3　向中国境外提供个人信息时RCEP中可参照执行的条款

类别	第8章 附件一 金融服务	第8章 附件二 电信服务	第12章电子商务	
			计算设施的位置	通过电子方式 跨境传输信息
承认条款	第9条第1款：缔约方认识到，每一缔约方可就信息转移和信息处理设置其管理要求。		第14条第1款：缔约方认识到每一缔约方对于计算设施的使用或位置可能有各自的措施，包括寻求保证通信安全和保密的要求。	第15条第1款：缔约方认识到每一缔约方对于通过电子方式传输信息可能有各自的监管要求。
不得限制数据流动的条款	第9条第2款：缔约方不得采取下列措施阻止： (一)其领土内的金融服务提供者为进行日常营运所需的信息转移，包括通过电子方式或其他方式进行数据转移； (二)其领土内的金融服务提供者进行日常营运所需的信息处理。		第14条第2款：缔约方不得将要求涵盖的人使用该缔约方领土内的计算设施或者将设施置于该缔约方领土之内，作为在该缔约方领土内进行商业行为的条件。	第15条第2款：缔约方不得阻止涵盖的人为进行商业行为而通过电子方式跨境传输信息。

续表

类别	第8章 附件一 金融服务	第8章 附件二 电信服务	第12章电子商务	
			计算设施的位置	通过电子方式跨境传输信息
豁免限制数据流动的条款	第9条第3款：第9条第2款中的规定并不阻止缔约方的监管机构出于监管或审慎原因，要求其领土内的金融服务提供者遵守与数据管理、存储和系统维护、保留在其领土内的记录副本相关的法律和法规，只要此类要求不被用作规避缔约方在本协定项下之承诺或义务的手段。 第9条第4款：第9条第2款中的规定不限制缔约方保护个人数据、个人隐私，以及个人记录和账户机密性的权利，包括根据其法律和法规进行保护的权利，只要此类权利不被用作规避缔约方在本协定项下的承诺或义务的手段。	第9条第2款：每一缔约方应当保证其领土内公共电信网络或服务提供者，除为提供此类服务的目的外，不使用或不提供通过互联互通安排所获得的与用户相关的商业上的敏感或保密信息。	第14条第3款：本条的任何规定不得阻止缔约方采取或维持： （一）任何与第2款不符但该缔约方认为是实现其合法的公共政策目标所必要的措施，只要该措施不以构成任意或不合理的歧视或变相的贸易限制的方式适用； （二）该缔约方认为对保护其基本安全利益所必要的任何措施。其他缔约方不得对此类措施提出异议。	第15条第3款：本条的任何规定不得阻止缔约方采取或维持： （一）任何与第2款不符但该缔约方认为是其实现合法的公共政策目标所必要的措施，只要该措施不以构成任意或不合理的歧视或变相的贸易限制的方式适用； （二）该缔约方认为对保护其基本安全利益所必需的任何措施。其他缔约方不得对此类措施提出异议。

上述“承认条款”主要在于承认每个缔约方可能对于“金融信息转移及处理”“计算设施的位置”“通过电子方式跨境传输信息”有本国的监管要求。

上述“不得限制数据流动的条款”则主要在于要求：（1）不得阻止其领土内的金融服务提供者为进行日常营运所需的信息转移、信息处理；（2）不得将“计算设施的位置”置于缔约方境内作为在其领土内进行商业行为的条件；（3）不得阻止为进行商业行为而通过电子方式跨境传输信息。

上述“豁免限制数据流动的条款”则主要在于认可“公共政策目标”及“基本安全利益”的例外。第 8 章附件一金融服务则将“监管或审慎原因”及“保护个人信息、个人隐私,以及个人记录和账户机密性的权利”作为例外的原因。与此同时,RCEP 特别强调,基于“公共政策目标”、“基本安全利益”、“保护个人信息、个人隐私”以及“个人记录和账户机密性的权利”的例外,不能成为规避缔约方在本协定项下的承诺或义务的手段。

结合 RCEP 的要求,以实践中金融数据出境的场景为例:原则上缔约国不得阻止其领土内的金融服务提供者为进行日常营运所需的信息转移、信息处理。但是,金融行业的监管规则又决定了,金融数据可能因其含有个人信息和重要数据而负有较高的出境合规义务,例如应当在境内存储、必须进行安全评估等。为此,如果各国基于“监管机构出于监管或审慎原因”“保护个人数据、个人隐私”“保护个人记录和账户机密性”的目的,给予数据出境合理的限制,并不违反 RCEP 的规定。但是,如果是出于其他目的(如仅仅是为了保护本土金融机构的市场垄断)借此作为规避其促进数据流通的承诺的手段的,则为 RCEP 所禁止。

由此可见,RCEP 虽然确定了缔约方不得阻止出于商业目的的数据跨境流动的原则,但同时也提出缔约方可以出于“公共政策目标”及“基本安全利益”而限制数据跨境流动,其间的规则存在颇多有待实践检验的具体措施,其最终效果尚有待进一步观察。